Los años irrecuperables

PENÍNSULA

Los años irrecuperables

Jaume Asens

PENÍNSULA

Primera edición: febrero de 2025

Ediciones Península,
Diagonal 662-664
08034 Barcelona
edicionespeninsula@planeta.es
www.edicionespeninsula.com

REALIZACIÓN PLANETA - fotocomposición
Impresión y encuadernación: Limpergraf
Depósito legal: B. 1.097-2025
ISBN: 978-84-1100-329-2

Printed in Spain - Impreso en España

A Anna, por ser mi sostén.
A quienes se fueron, por caminar a nuestro lado.
A Vanessa, por su sonrisa permanente.
A quienes nos precedieron, en condiciones mucho peores.
A quienes vendrán, en condiciones mucho mejores.

Índice

Prólogo de Santiago Alba Rico 13
Prefacio 19
Introducción. Habitar la trinchera 25

1. Rebelión en las aulas 39
Las asambleas universitarias: mi primer cargo 45
Un pensamiento político comprometido 50
Primer objetivo: frenar el abuso urbanístico y el acoso inmobiliario 56
Un torbellino llamado Ada Colau 61
Ciudad en disputa: ocupación, activismo y cuerpos policiales 70
Desobediencia, disturbios y excesos policiales 76
No a la guerra, el germen del cambio 88
2. Activismo con toga: la lucha desde los juzgados 97
La defensa de Xirinacs y el Vaquilla 108
Torturas en comisaría y políticos que miran a otro lado 116
De Guantánamo a las pelotas de goma 126
Impunidad y guerra sucia: *Ciutat morta* 133
El ejercicio de la abogacía 137
Los anarquistas y los independentistas 148

3. Sí se puede: el 15M y el salto a la política 163
Nace la PAH, la iniciativa ciudadana 164
La gran sacudida del 15M 173
Deutocracia: la llegada de Rajoy y sus recortes 181
La situación se desborda: comienza la represión del 15M 188
La política del miedo: la ley mordaza 197
El 15M se enfría... El paso de la calle a las instituciones 203
4. La renovación política: los partidos nacidos del 15M 209
Primer objetivo: la alcaldía de Barcelona 216
La victoria de Ada 233
La llegada al Ajuntament de Barcelona 241
El origen de Podemos 259
Iglesias versus Errejón 282
La ruptura definitiva 291
Dos hipótesis para Podemos 299
5. La llegada al gobierno: de Pablo Iglesias a Yolanda Díaz 303
Investiduras fallidas 307
Con Iglesias sí. El gobierno de coalición 317
Sucesión: Iglesias versus Díaz 335
La candidatura de Yolanda Díaz 345
Comuns: la candidatura que no prosperó 345
6. El nuevo gobierno de coalición y mi retorno a la política 375
Una llamada tras las elecciones 377
La investidura y la amnistía 390
El dilema de Puigdemont 400
La ruptura definitiva y mi dimisión de Podemos 424
Mi regreso a la política: el sueño europeo 434

La aniquilación de Palestina ante los ojos del mundo 443
La dimisión de Yolanda 460
La caída de Errejón 467
Y ¿ahora qué? 478

Agradecimientos 499
Bibliografía 501
Índice onomástico 505

Prólogo

Recuerdo que en el año 2015, en plena efervescencia morada, alguien dijo (no sé si Pablo Iglesias o Íñigo Errejón) que «en el futuro se estudiaría el nacimiento de Podemos en las facultades de Ciencias Políticas». También se estudiará, probablemente, su derrumbe, tras un curso vital celerísimo, como el de una mosca política, pues en apenas diez años pasó de tocar los cielos a descomponerse en un montón de astillas sin sutura posible. Tanto su éxito inicial como su estrepitosa caída constituyen uno de los fenómenos más interesantes y también más tristes (al menos para el que esto escribe) de la década. Su contribución a la historia reciente de España no es, en cualquier caso, baladí, y ello al menos por tres motivos. El primero, sin duda, porque abrió una brecha en la línea de flotación del llamado «régimen del 78», con su turnismo electoral en apariencia monolítico. El segundo, porque, al hacerlo, dio lugar al primer (y luego, con Sumar, al segundo) gobierno de coalición de la democracia española. El tercero, porque, como solo había ocurrido antes a finales de los años setenta del siglo pasado, la renovación de la clase política vino desde fuera de los mecanismos reglados del Estado: militantes que, en pocos meses, pasaron de los bastidores del activismo horizontal a las pompas del Parlamento y, en general, de las instituciones.

Este es el caso de Jaume Asens, abogado comprometido, filósofo camusiano, miembro fundador de los Comuns, exteniente de alcalde de Barcelona, exdiputado en Madrid, diputado ahora (o por ahora) en Bruselas. A partir de este currículum el lector avisado puede acercarse a *Los años irrecuperables* con la curiosidad un poco morbosa de explorar los entresijos de la gestación y descomposición de la sedicente «nueva política»; puede hacerlo, desde luego, y no se verá decepcionado, pues Asens se ocupa en detalle, como artífice y testigo privilegiado, de los avatares —la ilusión, la esperanza, la institucionalización, los conflictos internos— de esta experiencia decisiva.

Pero este libro, que arranca en realidad en noviembre de 1994, no es un libro sobre Podemos y sus cuitas, como tantos que se han publicado en los últimos años. Crónica generacional, memorias políticas, colección de semblanzas muy personales y manual de intervención activista, *Los años irrecuperables* relata la construcción de una cierta forma de mirar e interpelar el mundo. Relata, por así decirlo, la trabajosa forja de un militante que, a partir de un cierto momento, enredado en las instituciones, hace concesiones, negocia, mide sus palabras y calcula posibilidades, pero que nunca deja de serlo. El libro admite una lectura, sí, puramente narrativa y documental, biocolectiva (si se quiere), fundada en la recapitulación minuciosa de luchas iniciáticas casi olvidadas (la PAH o el cine Princesa) y de grandes hitos históricos que han marcado la década (del 15M al 1-O, de los «ayuntamientos del cambio» a la amnistía de los presos del *procés*); recapitulación viva de alguien que estuvo siempre ahí, investido de un discreto protagonismo y de una serena ecuanimidad, dos virtudes que proporcionan al lector, de manera simultánea, un inventario fidedigno y un análisis convincente de la historia colectiva de los últimos treinta años: es un libro, en definitiva, con el que se puede y se debe discutir pero con el que no podemos enfadarnos.

Pero no es solo eso. *Los años irrecuperables* contiene, además, una meditación reprimida. Quiero decir que esta urdimbre de acontecimientos, retratos y confesiones se trenza alrededor de dos ideas centrales. Sé que Asens siempre pensó en este libro como en un libro anfibio, que no ambiguo: un libro, digamos, en el que la biografía política se concebía acompañada de glosas y escolios más filosóficos. Fue quizá un acierto dejar fuera esas reflexiones más teóricas, pero permanecen ahí, alentando entre las páginas, a modo de un aura que, en realidad, da tono al texto entero y justifica su apuesta final por un imperativo de esperanza. Esos dos pivotes aludidos son dos nexos: el nexo entre la política y los principios y el nexo entre la política y la amistad.

«Nunca tuve un póster del Che Guevara en las paredes de mi dormitorio», confiesa Asens en un momento dado para desmarcarse de esos Grandes Relatos, vástagos del siglo XX, cuyos ambiciosos ideales acabaron tantas veces en un «orden despótico». ¿De qué se nutre entonces el compromiso político de Asens? No de las «viejas utopías», sino de «una endiablada voluntad de empatía con el sufrimiento de los otros». Fue esta sacudida emocional muy inmediata y muy antigua la que llevó a Asens en su juventud a una doble elección. Una filosófica y otra profesional. La filosófica tiene que ver con su claro alineamiento, en la disputa entre Sartre y Camus, al lado del malogrado autor de *La peste*, al que cita a menudo como referente e inspiración. Es el «hombre rebelde» camusiano, más que «el hombre nuevo» marxista, el que orienta todo su pensamiento activo en un mundo que reclama al mismo tiempo acción y reflexión. Pero es asimismo este rebelde camusiano el que le induce justamente a no dedicarse a la filosofía sino al ejercicio de la abogacía, y ello a partir de la convicción de que el Derecho constituye al mismo tiempo un instrumento de intervención y un campo de batalla. *Los años irrecuperables*, en efecto, empieza con una defensa de los derechos humanos y acaba con una defensa de la presunción de inocencia y, entre una y otra, Asens va hilvanando muchos de los casos (algunos perdidos, otros ganados) en los que ha intervenido como abogado, siempre consciente de la fragilidad de los más débiles frente a las instituciones: desahucios, represión policial, abusos de poder contra ciudadanos anónimos (y también algunos casos notorios, como el del filósofo y sacerdote Xirinacs o el del Vaquilla, del que Asens nos ofrece una imagen de terrible e ingenua vulnerabilidad).

Ahora bien, al contrario que su mentor francés, Asens no se concibe a sí mismo como un «solitario solidario». Su apuesta política es inseparable de la amistad; su compromiso nace de la amistad y con el propósito de extender la amistad, a sabiendas de que es la única protección material posible frente a la intemperie: «Una comunidad de vínculos, sensibilidades y complicidades estrechas». Cualquiera que haya seguido la implosión de Podemos puede leer con escepticismo —o, peor, con derrotismo— esta ingenua frase de Asens. No debe hacerlo. Por carácter y convicción, el autor de *Los años irrecuperables* ha sabido proteger, contra viento y marea, incluso dentro de las instituciones, sus vínculos personales; a ello le ha ayudado también, sin duda, el hecho de haber militado siempre en organizaciones pacientes y relativamente acogedoras. Su supervivencia afectiva, es decir, señala la distancia entre Barcelona y Madrid, entre los Comuns y Podemos (o Sumar), entre Ada Colau y Pablo Iglesias, dos de sus grandes amigos, largamente retratados, junto a otros muchos personajes públicos, en estas páginas. «Hoy la mayoría de los dirigentes de los comunes siguen implicados en el proyecto —escribe—, sin demasiadas rupturas abruptas o escisiones. En cambio —añade—, la red de amistades que impulsó la dirección de Podemos, de la cual yo formé parte, ya no existe.» Se dirá (y lo dirán sin duda los que lo conocen) que el caso de Jaume Asens es una excepción. Pero se dirá que, si hay una excepción, puede haber muchas. Y se dirá, sobre todo, que el deber de un partido democrático es el de normalizar la excepción, es decir, el de convertir la amistad en un marco y un método políticamente republicanos.

Acabo con dos palabras sobre el concepto de «irrecuperable» incluido en el título. Los años —todos los años— son obviamente irrecuperables en la medida en que se disuelven en el tiempo irreversible. Lo son, además, porque en la historia, por mucho que rime o se repita, todos los acontecimientos son singulares; las oportunidades se cierran muy deprisa y, si vuelven a abrirse, lo harán en condiciones muy azarosas que no se pueden predecir y solo parcialmente preparar. Pero el libro de un rebelde camusiano no puede concluir con un acta de rendición. No lo hace. De hecho, *Los años irrecuperables* no concluye; sigue escribiéndose en el mundo. «Caer derrotado y no rendirse —dice Asens en las últimas páginas—, es una victoria.» Porque, en efecto, «la esperanza no es lo mismo que el optimismo». Motivos para ser optimistas no hay ninguno y la obligación de todos nosotros, defensores de los derechos humanos, la igualdad social y la democracia, es ser tan pesimistas como negro es el presente del planeta, sin melindres ni autoengaños. Pero sin olvidar tampoco que la rebeldía es ingenua y que sigue dando la batalla por la misma razón que los cuerpos siguen amasando el pan y los enamorados mirándose a los ojos: una batalla que, en estos momentos, nos recuerda Asens, pasa por «disputar todas las dimensiones del Estado, peleando cada centímetro de terreno político» desde las instituciones, pero sin temer, sin embargo, «el viaje de vuelta», lejos de ellas, a ese activismo movilizado y vigilante donde han comenzado siempre todos los principios.

Santiago Alba Rico

Prefacio

«Recuérdalo tú y recuérdalo a otros» era la llamada insistente que encabezaba el poema titulado «1936» de Luis Cernuda, cuando rememoraba el encuentro con un antiguo combatiente del Batallón Lincoln en la guerra civil española. Un imperativo moral de la lucha contra la tentación del silencio y el olvido.

Vivimos en un tiempo donde todo es frágil, se acelera vertiginosamente y no dura. No duran las promesas, las alianzas, el apoyo popular, el compromiso, los liderazgos, las amistades ni las esperanzas. Las personas, los discursos, irrumpen en escena. Se desgastan rápidamente y desaparecen. Frente a esa fugacidad, los balances son imprescindibles para conjurar la decepción. Cada vez que el tiempo pasa, algo se borra. Y corremos el riesgo de que las cosas que nos suceden se hundan en el vacío, sin dejar huella, legado, o sin anticipar el futuro. Este cierre de ciclo político se merecía un balance de época. ¿Qué queríamos? ¿Qué se intentó? ¿Qué se descartó? ¿Qué ocurrió? ¿Cuál es nuestro legado? En la actualidad se hacen pocos balances. Impera una fuga hacia adelante, correr a toda prisa. No mirar atrás.

Milan Kundera decía que la lucha del ser humano contra el poder es una lucha contra el olvido. El olvido borra, la memoria transforma. Este libro pretende precisamente encarnar esa lucha contra el olvido. Salvar, de ese progresivo borrado, las vivencias, los momentos políticos que marcaron profundamente a una generación de jóvenes, primero como activistas, luego en posiciones institucionales tras las movilizaciones del 15M.

Los años irrecuperables viaja a ese mundo del ayer, pero también al presente más inmediato. A veces los balances se hacen solo mirando muy atrás. El hoy parece trivial. Los propios historiadores se abstienen de leer los periódicos diarios. Los encuentran irrelevantes. La mayoría no soportan el presente. En cambio, se entregan a la admiración del pasado y se pasan las horas en bibliotecas o hemerotecas leyendo periódicos de hace cien años. Como si un hecho se ennobleciera solo cuando le cae el tiempo encima, solo les interesa lo petrificado por la historia. No obstante, nuestro mundo de hoy es tan vivo o monótono como el de ayer. Por eso, este libro empieza en el ayer lejano, en los años noventa, pero termina treinta años después, en el hoy cercano, el de hace unos meses antes de su publicación. Una parte importante del hoy se cuenta mientras sucede. Y otra parte del ayer, para acercarlo al hoy, se cuenta como si sucediera en el presente.

Los recuerdos se asemejan a las piedras. Apoyadas unas en otras forman un muro. El muro de nuestras casas. Nuestras vidas también se levantan como una edificación de recuerdos. La historia que se cuenta aquí es una ciudad levantada piedra a piedra durante treinta años, ahora en riesgo de ruina. Una trama indisolublemente imbricada con centenares de personas. Cito a muchas, hay muchos nombres, pero son muchos más los que faltan. Cuento vivencias, reflexiones personales, de esa historia en común. Toda historia es común. La narración, sin embargo, es solo mía, así que nadie más es responsable de sus imprecisiones, su perspectiva subjetiva, sus sesgos o errores, que he intentado reducir al mínimo. Algunos recuerdos son fruto de notas tomadas en el momento de los hechos, pero no de un diario organizado y metódico. Otras, ni tan siquiera eso. Son tan solo fruto de mi memoria, con el apoyo de alguna conversación, algún libro o alguna noticia publicada.

Cuando empecé a escribir, sentí que rasgaba el lienzo de una pared pintada. En otros momentos, en cambio, me asaltaban preguntas incómodas. ¿Alguien estaba detrás de mí haciendo muecas? Todos tenemos un lado oscuro que luchamos por esconder. He intentado estar en guardia constante frente a esos peligros, huir del autoengaño, salir de mi zona de confort. No evitar los acontecimientos que me pudieran dejar mal o quitarme la razón. Atenerme a los hechos, tal cual sucedieron. Encontrar el sentido de las cosas narradas. ¿Lo he logrado?

En una famosa anécdota le preguntaron al cineasta Fellini de qué iba su siguiente película. «Acabo de averiguar de qué iba la anterior», respondió. A mí me ha sucedido algo parecido. Empecé a escribir sobre cosas que no pensaba escribir. Dejé que fuera la historia la que me llevara libremente donde quisiera. Los ríos de palabras fluían sin rumbo. No sabía adónde iban, ni su sentido profundo. Parecían tener vida propia y llegué por accidente a resultados sorprendentes.

Al inicio, los recuerdos se amontonaron desordenadamente. Eran piezas dispersas, mal encajadas, esbozos borrosos. Con el tiempo, ganaron precisión, coherencia, inteligibilidad, complejidad, perspectiva. Como una vista aérea que revela el plano de una ciudad, invisible desde el suelo. El proceso ha durado más de un año. Y durante ese tiempo, he sentido que el libro me ha transformado, curado heridas o miedos. La forma de escribir es en el fondo nuestra forma de ser. La escritura se volvió parte de mi vida. Se apoderó incluso de ella. «Del azar de lo leído depende lo que eres», escribió Elias Canetti. Lo que somos también depende de lo escrito. Somos lo que escribimos. «Un animal que cuenta historias», añadió el filósofo Alasdair MacIntyre. Vivimos narrativamente nuestras vidas y las entendemos en términos narrativos.

Este libro no es de memorias, sino de memoria selectiva. En realidad, ¿no lo son todos? Es imposible contar las cosas como suceden. Podemos contarlas solo tal como nos sucedieron y recordamos. La memoria no es una sirvienta que esté a nuestro servicio. Dispone de voluntad propia, juega al escondite. Tanto puede evocar lo que preferimos olvidar como ocultar lo que preferimos recordar. Los recuerdos son material sensible, volátil. Partículas en constante y creciente alteración. Son como un perro que se tumba donde le place, advertía el holandés Cees Nooteboom. Se transforman, se mezclan, se desdibujan. Unos desaparecen en ese hoyo voraz llamado olvido. Otros irrumpen por sorpresa contra nuestra voluntad por razones desconocidas.

Hay una frase del escritor alemán Paul Friedrich que siempre me pareció de una gran belleza pero a la par de una gran ingenuidad: «Los recuerdos son el único paraíso del cual no podemos ser expulsados». No obstante, los recuerdos no se conservan en cajones. Ninguno es inmune a la representación del futuro de quien lo guarda. Nadie puede disponer de ellos totalmente, con libertad. Cuando los recuerdos se hacen manejables, pierden su color como delicados tapices expuestos a la hiriente luz solar. La escritura los salva, les otorga sentido, coherencia, sí, pero el pasado no se mantiene totalmente limpio de la sucia marea del presente. La objetividad absoluta es un espejismo. La memoria es como esa manta que siempre te deja los pies fríos. La estiras o la extiendes pero nunca es suficiente. No es un mero receptáculo, un almacén de datos ni un administrador neutro de lo vivido. Es una facultad creadora. Con el transcurso del tiempo, inclina sus preferencias a unas vivencias, a unos momentos u otros diferentes. Reelabora recuerdos constantemente en función del presente, con una parcialidad y una deformación que llegan a confundir. Sucesos que parecen trascendentales cuando ocurren, luego se despojan del oropel con que los adornó la petulancia o el orgullo. El pasado quizá no cambia, sí nuestra manera de organizarlo. La memoria es, en efecto, selectiva. Así que pido disculpas de antemano, si no logro reflejar con total precisión todo lo sucedido. También a todos los que salen pero no se reconocen o vivieron los hechos de otro modo. Y a todos los que no salen en el libro esperándolo o mereciéndolo.

Una última aclaración. En este libro hay cierta intertextualidad en homenaje a algunos poetas, escritores o cantantes que me han marcado a mí, a toda mi generación o incluso a otras anteriores, como José Agustín Goytisolo, Rafael Alberti, Federico García Lorca, Lluís Llach, Luis Cernuda, William Shakespeare, Raimon, Jaime Gil de Biedma, Mario Benedetti, Fiódor Dostoievski, Gustave Flaubert... Pero de entre todos ellos destaca uno: Stefan Zweig.

Los años irrecuperables es precisamente un título que brotó de la mente del escritor austriaco para su último libro, pero no traspasó el mundo de las ideas. Lo desechó. Un día antes de suicidarse en Brasil mandó su último manuscrito con otro más comercial: *El mundo de ayer*.

Este libro evoca con nostalgia también un mundo que ya fue y no será ya jamás el mismo. No obstante, se hace con otra actitud a la de Zweig. A él le pesaba demasiado la impaciencia, el pesimismo o la tristeza. La amenaza de un «Reich de mil años» que se cernía sobre ese añorado mundo de ayer le hundió. Como a Walter Benjamin, la desesperanza le llevó al exilio y luego al suicidio. Ambos se equivocaron. Sí había futuro. Hitler cayó, en contra de la opinión de Zweig, y la frontera española se levantó el día posterior del suicidio de Benjamin en Portbou. En *Los años irrecuperables* no hay optimismo, pero sí paciencia. Y, sobre todo, mucha esperanza. La esperanza a veces es tan frágil como una promesa no cumplida, pero conserva la luz que guía nuestros pasos en la oscuridad. Sin la esperanza, la memoria está muerta. Ahora bien, sin la memoria, la esperanza está vacía. Recordar es necesario pero debe estar al servicio del futuro. Con esa intención, el libro viaja al pasado para liberarlo y proyectarlo hacia al futuro. La vida solo puede ser comprendida mirando hacia atrás, pero debe vivirse mirando hacia adelante.

Y ¿qué hay allí delante? Un compromiso para seguir luchando y transformar el mundo. La voluntad de volver a empezar. De dejar de lado las heridas, traiciones o errores cometidos. Los propios y los ajenos. «El rencor es denso y mundano. Déjalo en la tierra, muere liviano», aconsejaba Jean-Paul Sartre. El mundo nos induce al reproche, el ajuste de cuentas, la rabia o el rencor. Todos esos sentimientos nos mantienen atrapados en la prisión asfixiante del pasado. Como la venganza, hipotecan el futuro. Cuando abrazas el pasado con demasiada fuerza es difícil que tus brazos, tan llenos, puedan abrirse al futuro. Es tan importante aprender a recordar como a olvidar. Nada otorga tanta paz como dejar a un lado esas pasiones tristes, perdonar a los otros y perdonarnos a nosotros mismos. Nos merecemos ese perdón colectivo. Situarnos en el presente otra vez. Dejar de ser quienes éramos para llegar a ser quienes todavía no somos. Acercarnos a ese ser aún por ser y que quizá pronto seremos. Volver a levantar un proyecto de futuro ilusionante. Tras la larga noche que vivimos, viene el amanecer.

Introducción

Habitar la trinchera

No hay nada como un sueño para crear el futuro.

Victor Hugo

Me rebelo, luego somos.

Albert Camus

Una pequeña rebelión de vez en cuando es algo bueno y necesario.

Thomas Jefferson

Protestar más allá de lo que establece la ley no es alejarse de la democracia. Es absolutamente indispensable para su existencia.

Howard Zinn

«Dormimos, despertamos», decía una consigna pintada en la pared durante las movilizaciones del 15M de 2011 en Madrid. Y, efectivamente, en aquel momento, la sociedad española estaba despertando de un largo mal sueño. Al principio decían que éramos unos pocos, pero pronto fuimos muchos más. La corrupción, la crisis económica, el problema de la vivienda, el bipartidismo centralista, la precariedad, la austeridad, el recorte de derechos, la falta de oportunidades de los jóvenes... Era el momento de levantarse en medio de ese mar adormecido. Y lo hicimos. Irrumpimos en la escena política como una bengala que estalla sobre un cielo oscuro. Unidos. Con fuerza. Todo parecía posible.

Este libro trata del largo y tortuoso despertar de un grupo de jóvenes que, henchidos por la pasión política, nos organizamos para luchar contra las injusticias del mundo a finales de los noventa del siglo xx y principios del xxi. Sin apenas saberlo, nos convertimos en activistas: personas que se entregan en cuerpo y alma a las luchas sociales para defender a los oprimidos, vencidos o perseguidos. Pero jamás nos sentimos héroes. Ni entonces, ni ahora. Éramos gente común. Deseábamos ser recordados simplemente como personas que quisimos ser libres para que otros también pudieran serlo.

Como un florecimiento que se vuelve cosecha, el compromiso nos empujaba a sembrar en los otros. A actuar, dejando de lado el individualismo. No queríamos aceptar la realidad tal cual era. El mundo debía ser transformado. La injusticia no era irremediable. Cuando actuábamos, asumimos que igual nos equivocábamos, pero creíamos que solo quien se compromete, el *homme engagé*, ejerce plenamente su libertad. Mejor unas manos sucias que vacías, escribió Bertolt Brecht. Sin auténtico compromiso no hay libertad.

Nuestro compromiso iba ligado a una promesa, a un horizonte de futuro mejor, pero en mi caso convivía con cierto escepticismo. Nunca necesité tener más convicciones que las decididamente imprescindibles ni creer en algo ciegamente para actuar. Los dogmas más bien me paralizaban. Siempre me costó lograr certezas. Cuando las tenía, eran interinas. No me servían las verdades absolutas. Pero el mío no era el escepticismo bobo o trivial de quien se queda tocando la lira mientras Roma se quema. Escéptico comprometido, sentía que debía luchar contra los pirómanos del mundo.

Nunca tuve un póster del Che Guevara en las paredes de mi dormitorio. No quería repetir los errores de quienes cegados por sus ideales construyeron un orden despótico. El asalto de los cielos pronosticado por Marx en la práctica fue un descenso al inframundo. Una montaña de ruinas. Las víctimas de las revoluciones no pueden ser, como decía Hegel, simples florecitas al borde del camino expuestas a ser pisadas por la marcha triunfal de la historia. Quería hacer más vivible ese infierno que es la tierra más que traer el paraíso en la tierra. Sustituir la falta de fe en esas viejas utopías del siglo XX, por una endiablada voluntad de empatía con el sufrimiento de los otros. Me movía la indignación o compasión por su situación de injusticia, más que utopías preñadas de sus propias distopías.

Cualquier distracción que me apartara de ese compromiso, o me quitara tiempo, era una traición a la humanidad a la que secretamente había prometido servir. Vivía ese despertar de la conciencia ética como una rebelión interior contra la resignación, la pereza, la indiferencia o el conformismo. Un compromiso desengañado. A fondo perdido.

A pesar de las derrotas, debía levantarme una y otra vez para continuar luchando como el Sísifo del escritor francés Albert Camus. Mi vida se parecía a la historia de esos escaladores que aspiran a coronar grandes cumbres y que nada más alcanzar una, ya piensan en la próxima. Cada batalla era el anticipo de la siguiente. La adicción al compromiso era peor que el síndrome de abstinencia. Mi corazón quedó obnubilado, prendado, por la política. Lo entregué en prenda.

Habitantes de pequeñas islas o enclaves de libertad en ciudades como Barcelona o Madrid, al principio, éramos pocos. Luego, fuimos miles. La marea subió y entramos en una especie de trance común. Desplegamos al aire el pendón de la batalla. Todo era muy frenético. No había día después. Hiperactivos, vivíamos en una llamarada de emociones, una excepcionalidad permanente. Éramos un río desbordado que arrastra todo a su paso. Siempre había una urgencia que atender. Un desalojo que parar, un acto de solidaridad donde acudir, un detenido a quien asistir, una persona migrante a quien ayudar, un encierro, una charla que dar, una protesta o asamblea en la que participar. El precio real de algo es la cantidad de vida que entregas a cambio, decía Henry David Thoreau. La principal fuerza organizativa de nuestras vidas eran esas luchas sociales. Esa entrega efervescente hizo que nuestras relaciones sentimentales, el trabajo y un largo etcétera se construyeran en relación con ellas. Todo giraba a su alrededor. Quemamos demasiado rápido nuestros cuerpos. Algunos nos jodimos la salud. Nuestro compromiso no quería adeptos, exigía amantes.

El germen de ese compromiso, nuestro momento político iniciático, brotó en la universidad. Luego, en los barrios, empezamos a disputar un determinado modelo de ciudad en un contexto de expansión inmobiliaria, encarecimiento de la vivienda o crecientes desalojos. Vivíamos a contracorriente. La sangre galopaba en nuestras venas. El hilo rojo que nos atravesaba era un viejo topo cavando de modo subterráneo con paciencia, pero obstinadamente. La topera fue tomando forma en la autoorganización ciudadana en grupos vecinales. A partir del año 2000 en movilizaciones contra la globalización neoliberal fue el primer gran momento europeo compartido. En una espiral ascendente, luego vinieron las protestas contra la guerra de Irak o la manipulación por parte del PP de los atentados del 11M de 2004. Ese periodo fue nuestro particular Mayo del 68.

En mi caso, me hice abogado. Abogado de activistas. Una nueva trinchera. Mi vida transcurrió ya no solo en las calles y las asambleas. En juzgados, comisarias o cárceles tomé conciencia de la distancia existente entre lo que aprendí en la Facultad de Derecho y el funcionamiento real del Estado de derecho. En charlas o artículos ponía el derecho al servicio de las luchas sociales para que estas ganaran mayor legitimidad. El derecho —explicaba— es la expresión del poder, pero también una aspiración de justicia de quien lucha contra él. Cuando el poder se despeña por la ilegalidad, la protesta social, la desobediencia, es el primero de los derechos a recuperar. La mayor fortaleza de los tiranos es la inacción del pueblo, ya defendió Maquiavelo.

Finalmente, la topera se abrió a la luz cuando siete años después nació la PAH, la Plataforma de Afectados por la Hipoteca. Como un pulso que golpea las tinieblas, el viejo topo empezó a rugir. Con la crisis, aumentó el hartazgo social. En Barcelona organizamos a los afectados por las estafas de las hipotecas y levantamos una movilización por todo el Estado que se convirtió en la auténtica oposición a los gobiernos de derechas. Luego, una mañana de mayo de 2011, pasó algo inesperado. Un amanecer deslumbrante rompió definitivamente el cascarón de ese largo letargo social. Una parte importante de la sociedad estaba indignada por la creciente corrupción, degradación democrática y el deterioro de los servicios públicos. Empezamos a ocupar las plazas de las principales ciudades de España. A las autoridades no les pareció buena idea y desalojaron con contundencia las acampadas. La represión fue un bumerán. Encendió una mecha de larga duración. Como el magma bajo el Vesubio, de repente, se levantó una oleada de simpatía sin precedentes. La movilización más potente desde la Transición. Un nuevo «sentido común de época». Vibramos con el 15M, y su emblemático lema «Sí se puede». Allí empezó a cambiar todo. Nada sería igual. Le dimos la vuelta a la sociedad. Se rompió la carcasa ideológica del régimen del 78. El 15M devino en un cisma político que atrajo la atención del mundo.

Poco después, llegaron nuevos activistas. Un impulso renovado de la sangre. Primero, las huelgas generales. Luego, las «mareas ciudadanas» contra los recortes en sanidad o educación, ocupaciones de servicios públicos para evitar su cierre, propuestas de rodear el Congreso y manifestaciones de todo tipo. El surco en las calles se hizo más profundo. Teníamos algo grande entre las manos. Saltó las fronteras y se replicó por ciudades de todo el planeta. Con el tiempo, la ola empezó a deshincharse. El viento dejó de soplar. Era el momento de la bajamar y el reflujo. El cansancio. La frustración. El miedo. La represión. La reforma del Código Penal. La ley mordaza. Había que obligarnos a volver a casa.

En ese largo ciclo de protestas nos hicimos mayores a golpes. Que cuando la gente pierde el miedo y se organiza, las cosas pueden cambiar, pero también aprendimos los límites de la protesta. A veces no es suficiente con parar desalojos o ser muchos en la calle. La gente se cansa de darse golpes contra la pared. Cuando quieres cambiar las reglas del juego, hay que abrir brecha, dar pasos valientes, excepcionales. La indignación se convirtió en sujeto político. Había un malestar hondo, pero también ilusión desbordante. Con una plataforma ciudadana, nos presentamos a las elecciones municipales. En los mítines, las plazas volvían a llenarse. Los barrios se levantaron. Los ojos volvían a brillarnos. Emanaban un vigoroso halo soñador. Una fuerza desconocida, arrebatadora, nos elevaba por encima de nuestra cotidianeidad. De tanto mirar al cielo, acabamos por tener alas.

Hace justo ahora diez años. La flecha de la historia siguió el camino de nuestros deseos. Contra todo pronóstico, ganamos en las urnas. La clave fue confluir entre personas de diferentes tradiciones políticas. La ola municipalista empezó en Barcelona y se expandió como un tsunami por buena parte de la geografía española. Fuimos fuente de inspiración. Ganamos en las principales ciudades como Madrid, Zaragoza, A Coruña o Valencia. El panorama político quedó trastocado.

¿Cuál debía ser el siguiente paso? ¿El gobierno del Estado? Con un PSOE descolocado y un PP corroído por la corrupción, el entramado institucional de los últimos treinta años empezaba a cojear. La victoria de quienes siempre mandaron estaba amenazada. Podía darse o no, pero el cambio difícilmente se abriría paso sin una confluencia amplia. Llegamos a una conclusión. Debíamos dar ese salto histórico. «Primero tomaremos Manhattan, luego tomaremos Berlín», comienza una canción de Leonard Cohen. Con ese espíritu planteamos un nuevo movimiento audaz para ganar y echar al PP del gobierno español.

Los adversarios eran poderosos y llevaban ventaja. No desconocíamos su superioridad de partida. Podíamos perder, sí, pero en ningún lugar de Europa sucedió algo como lo de Barcelona. La victoria de una plataforma ciudadana en unas elecciones, seis meses después de crearse, era una auténtica hazaña. Nada estaba escrito. Todo era posible. En momentos de descomposición acelerada de lo viejo acontecen situaciones extrañas e inimaginables antes. La reacción de Cataluña era clave. O ganábamos allí o no ganábamos. Había una estrecha ventana de oportunidades abierta. Las ventanas se abren pocas veces y se cierran rápidamente. Son pocas las generaciones que a lo largo de la historia pueden aprovecharlo.

Levantamos un mundo propio con leyes propias de gravitación. Nadie lo había hecho antes. Rompimos el candado del bipartidismo, el turnismo de los últimos cuarenta años. Con nuestra aparición en la arena política estatal, tocamos el cielo con los dedos. Las encuestas del CIS de 2015 nos confirmaron como opción preferida de los españoles. La primera fuerza en intención de voto directo. El *sorpasso* al PSOE estaba a nuestro alcance. Ese año, Syriza lo logró en Grecia. Parecíamos imbatibles. El triunfalismo formaba parte del espíritu del momento.

No obstante, la realidad no siempre está a la altura de los sueños. El coraje no siempre obtiene recompensa. Íbamos muy rápidos. Demasiado rápidos. Para escalar montañas elevadas, es mejor empezar caminando despacio. Quien se eleva demasiado cerca del sol con alas de oro las funde, escribió Shakespeare.

Además, la ofensiva del régimen y los grandes poderes económicos por tierra y mar fue brutal. Duró años. El PP no dudó en utilizar las cloacas del Estado, la policía patriótica, para fabricar pruebas falsas contra nosotros, y sus medios afines trazaron un círculo a nuestro alrededor. Una gigantesca campaña mediática para manchar nuestra inmaculada imagen pública. Decenas y decenas de querellas que luego se deshinchaban, pero el daño ya estaba hecho. La ciudadanía empezó a retirarnos su confianza. La ventana de oportunidades para patear el tablero se cerró.

Con un suspiro de amargura, afloraron las divisiones internas. La primera ola de desencanto, abandonos, traiciones y rupturas. Una vez rota la espada que empuñamos triunfantes, lo que fue un grupo de amigos bien avenidos empezó a ser una olla de grillos. Las luchas fratricidas se adueñaron del partido. Las diferentes facciones eran como aquel cuadro de Goya a orillas del Manzanares. Dos hombres hundidos hasta las rodillas moliéndose a palos.

En cada envite electoral, nos íbamos deshilachando de modo gradual y vertiginoso en una espiral descendente. No obstante, tuvimos suficiente fuerza todavía como para obligar al PSOE a dejar de tratarnos como apestados y constituir el primer gobierno de coalición desde la Segunda República. Hubo que ir tres veces a elecciones para que aceptara esa realidad. Luego, se rompió la cláusula de exclusión que impedía a un profesor con coleta estar en el Consejo de Ministros como vicepresidente, como antes a una activista de la PAH ser la primera alcaldesa de Barcelona.

Estar en ese gobierno de coalición como socio minoritario no fue fácil. Nunca logramos llegar exactamente adonde queríamos, pero fuimos hasta donde nunca antes se fue. La derecha anunció las siete plagas. Que saldría azufre de las alcantarillas y el gobierno se desmoronaría. No obstante, la cosa se estabilizó y demostramos que sí se podía gobernar de otro modo. Sí se podía aprobar todos los presupuestos y que el PSOE se moviera hacia su izquierda como nunca lo había hecho antes. Fue la legislatura más progresista desde la recuperación de la democracia. El gobierno de coalición se convirtió en la auténtica fortaleza del progresismo europeo.

Sin nosotros no se habría levantado un escudo social que salvó a millones de ciudadanos en la pandemia. No habría habido unas alianzas, un bloque histórico de progreso en el Congreso, no se habría plantado cara a las eléctricas recortando sus beneficios por primera vez. No se habría aprobado la ley de memoria democrática ni la de eutanasia. Tampoco se habría acabado con la dañina reforma laboral del PP.

Pasamos de ser fuerza de resistencia, de protesta, con la obligación de mantener bien altas las banderas porque no llegó su momento, a ser fuerza de gobierno, de hegemonía, con la obligación de hacerse cargo de la situación, de dar certezas, de conquistar derechos asumiendo que la política es cabalgar contradicciones. Sin duda, quedarnos en la oposición sin mancharnos era más confortable, más épico, pero la situación era excepcional y la política consiste en transformar la vida de la gente.

Por otro lado, la sociedad se endureció. Cuando teníamos las respuestas, la COVID-19 nos cambió las preguntas. Del estado de *shock* ante la COVID-19 se pasó al estado de guerra. Y siempre que vienen tiempos de guerra vienen tiempos de reacción. Es la ley del péndulo. El clima político y social muta. El miedo al futuro reaparece. Galopa veloz por toda Europa. El ciclo progresista parecía agotado, pero el gobierno de coalición en España aguantó. *In extremis*, por la mínima, se renovó tras las últimas elecciones. Con un margen estrechísimo y dependiendo de partidos —como Junts o PNV— no situados en el lado izquierdo. Pero aguantó. Como aquellos pacientes que salen del servicio de urgencias con sobrepeso y el corazón delicado, sobrevivimos, pero con mala salud. Nada es fácil. La niebla se extiende por todo el horizonte. Como una ola del mar, avanza hacia nosotros.

Las fuerzas conservadoras llevan la iniciativa político-cultural, lideradas por sus facciones más radicales. Nos situamos en un interregno todavía abierto. El ciclo político de la década rápida pasada no acaba de terminar completamente. No tiene una dirección clara. Es una correlación de debilidades. Ningún proyecto de país tiene la suficiente fuerza para imponerse a medio y largo plazo. Ni el democrático-plurinacional de las izquierdas ni el reaccionario de las derechas.

Ese es el balance. Las luchas de las que venimos nos empujan a ir hacia adelante, pero hay otras fuerzas poderosas que nos frenan. Esa dialéctica entre las fuerzas del pasado y del futuro son dos adversarios de un campo de batalla donde nos ponemos en juego, cuenta una parábola de Franz Kafka citada por Hannah Arendt. El ser humano lucha contra dos enemigos. El primero le acosa por detrás, desde los orígenes. El segundo le cierra el camino por delante. En realidad, el primero le apoya en su lucha contra el segundo, quiere impulsarle hacia adelante y, de la misma manera, el segundo le apoya en su lucha contra el primero, le empuja hacia atrás. Es una metáfora precisa que describe nuestra situación actual. Con todo, hemos navegado entre el oscuro oleaje de cien mares. Hemos atravesado varias veces el estrecho de Escila y Caribdis. Hemos atracado en cien puertos, sin sucumbir. No lo vamos a hacer ahora. En el corazón de todos los inviernos vive siempre una primavera palpitante. Detrás de cada noche, una aurora sonriente.

En toda esa aventura vivida, la amistad entre aquel grupo de activistas del inicio fue un gancho de acero. La política no nace de la soledad. La amistad junto al amor o más bien como parte del amor, es uno de nuestros mayores impulsos para vincularnos a otro ser humano. En esa época éramos un ser conjunto: una comunidad de vínculos, sensibilidades y complicidades estrechas. Compartimos una misma manera de entender la vida y la política. Cargados de un pasado común, acumulábamos muchas primaveras. En Barcelona, se sumaría con posterioridad la gente de un partido (ICV-EUiA Iniciativa per Catalunya Verds - Esquerra Unida i Alternativa), donde también había fuertes lazos de afectividad. Poco a poco unos y otros fuimos dejando las identidades previas de lado hasta fusionarnos con un mismo bloque cohesionado. Hoy la mayoría de los dirigentes de los comunes siguen implicados en el proyecto, sin demasiadas rupturas abruptas o escisiones. El vínculo parece indestructible. En cambio, la red de amistades que impulsó la dirección de Podemos, de la cual yo formé parte, ya no existe. Los «Cinco de Vistalegre» de 2014 —Carolina Bescansa, Luis Alegre, Juan Carlos Monedero, Pablo Iglesias e Íñigo Errejón— salieron todos de la cúpula. A esos cinco debe sumarse Tania Sánchez, pareja de Pablo entonces, y el líder de la Izquierda Anticapitalista, Miguel Urbán. Ambos rompieron también con Podemos. Las rupturas, peleas, deslealtades, traiciones, engaños o escisiones fueron la tónica dominante en la breve historia del partido. Como el mito de Ícaro que se eleva hacia el sol y luego se precipita, todos ellos tocaron con sus dedos las nubes y, en su caída, su amistad se resquebrajó.

La base esencial e inexcusable de toda comunidad política se sustenta en la amistad de quienes se comprometen con algo que está por encima de ellos. En su célebre *El principito*, Antoine de Saint-Exupéry afirma que dos personas son amigas no por mirarse mutuamente, sino por mirar ambas en la misma dirección. La amistad política es precisamente ese mirar hacia el mismo horizonte con el objetivo de transformar la realidad y tomar cuerpo común para disolver el miedo. Como los enamorados, es justo en ese momento cuando nos comprometemos con unos valores y principios, que luego bajo la presión de la soledad pueden olvidarse. Eso vale para los egos individuales, pero también para los egos colectivos.

En los inicios de cualquier proyecto político se crea un sentimiento de equipo muy fuerte. Se actúa con visión de conjunto; las discrepancias, el egoísmo o individualismo son secundarios. Se vive en los otros. El objetivo es común. Se comparten muchas confidencias e información importante; creencias, valores o prácticas comunes; vínculos que parecen un pegamento indestructible, difícil de encontrar en otros ámbitos. Ahora bien, cuando aparece el poder, las cosas pueden torcerse. El poder siempre ha sido el lado oscuro de la política. Quien no lo ostenta, y está cerca de él, lo desea. La amistad es un afecto puro y desinteresado. El poder, en cambio, lleva implícito relaciones tóxicas, la búsqueda de la fama, un juego de sillas y egos. Agudiza las diferencias ideológicas, petrifica y corrompe las almas más puras como un ácido terrible. De los amigos más íntimos pueden nacer los enemigos más acérrimos. Se dice que hay enemigos mortales y luego están los compañeros de partido.

Con el reparto de poder político, la red de amistades del núcleo fundador de Podemos estalla, como la porcelana, en mil pedazos afilados. Las fuerzas creadoras de vínculos coexisten con otras destructoras. La política puede más fácilmente deshacer la amistad que consolidarla. Una irritada desconfianza se apodera del ambiente. Con los malos resultados electorales, las cosas empeoran. De golpe, como un gran cuchillo, las rivalidades internas escinden al partido. La grieta va de arriba abajo. Ya no son rivales midiendo en el juego sus propias fuerzas, sino enemigos jurando aniquilarse mutuamente. Lo que la política unió, la política lo separa.

Con todo, «nada está perdido si se tiene el valor de proclamar que está todo perdido y hay que empezar de nuevo», escribió Julio Cortázar. En medio de la oscuridad, hay la luz de una vela que no se apaga. Una oportunidad para el reencuentro. En tiempos adversos como estos, unirse es una necesidad. El arma más poderosa para vencer a los enemigos de la democracia. Quizá serán otros quienes logren reconstruir los puentes rotos. Tras el oleaje de estos diez años, no podemos caer en la desesperanza. Por muy larga que sea la tormenta, es un estado transitorio. El sol nunca se rinde. Habita siempre en él la promesa de un nuevo amanecer que nos impulsa a seguir adelante. A perseverar. El invierno en nuestro espacio político es gélido, pero dentro de nuestros corazones siempre habrá un verano invencible. Lo decía Camus en *El verano*. En medio de la tristeza, en nuestro interior, algo más fuerte empuja y aparece.

Una sonrisa invencible.

I

Rebelión en las aulas

12 de noviembre de 1994. A las siete un sol liviano flota sobre las nubes dormidas y se desparrama sobre las tiendas de campaña instaladas delante de la Facultad de Derecho de la Universitat de Barcelona, en la avenida Diagonal. La ciudad desvelada circula por mis venas. Las calles ajardinadas del barrio alto resplandecen como una casa recién pintada. Mientras los partidos políticos debaten en el Parlament los presupuestos de la Generalitat, un grupo de estudiantes lo hacemos en asamblea sobre el siguiente paso que dar. Es un acto de resistencia frente a la opresión de este mundo. Sentados en el verde tapete del césped, exigimos que se destine el 0,7 por ciento del PIB a la cooperación con los países empobrecidos, maltratados por las desigualdades globales.

En la sociedad se respira un clima de resignación y apatía. Las grandes causas fueron demolidas. Los conceptos demasiado abstractos atufan a pescado podrido. Las desilusiones, cuando hay un exceso de ilusión, llevan inevitablemente al conformismo o a una simple denuncia abstracta sin comprometerse. No queremos caer en ese cinismo descarnado ni considerar el mundo como algo acabado donde ya no quede nada por lo que luchar.

Como oxígeno para los pulmones, la esperanza nos alimenta en un leve batir de alas. No nacimos para aceptar las cosas tal como nos eran dadas. Decidimos prolongar la protesta durante treinta y cinco largos días. La universidad nos deja acceder a las duchas de los servicios deportivos. La gente nos trae comida. Son días de mucha relación entre los acampados. Una corriente nerviosa atraviesa nuestros corazones. La solidaridad nos empapa el alma. Allí comienza mi amistad con Jesús Rodríguez, ahora periodista de *La Directa*, investigado en 2023 en la causa Tsunami, exiliado a Suiza hasta su archivo en 2024. Será el principio de nuestra etapa de activismo en la calle.

Henchidos por la pasión entusiasta de la política, el compromiso continuará desde otras trincheras sociales. La ciudad es la gente, decía Shakespeare. Sus vecinos y vecinas. En verdad, son ellos y ellas quienes merecen distinciones honoríficas, como la Creu de Sant Jordi o la Medalla de la Ciutat de Barcelona, otorgadas por las autoridades a un delincuente confeso como Fèlix Millet —si bien la primera le sería retirada y la segunda quedaría en suspenso tras su condena por corrupción—. Como vecino que soy del casco antiguo, me uno a la Associació de Veïns en Defensa de la Barcelona Vella. Desde esa trinchera empiezo a luchar por una ciudad de rostro más humano, ajena a los prodigios urbanísticos de las Olimpiadas de 1992. Veinte años después formaré parte del gobierno de la ciudad, pero entonces soy un simple disidente de una diminuta isla de activistas que intentamos poner cuñas al avance de una gran máquina que parece imparable.

De esa época de agitación política, de sentadas, reparto de panfletos, huelgas, ocupaciones universitarias y otras protestas, recuerdo especialmente un jueves, 19 de enero de 1995. A las ocho de la tarde, un centenar de estudiantes nos encerramos en la Facultad de Filosofía de la Universitat de Barcelona. Ada Colau y yo, entre ellos. Empezamos una huelga tras una manifestación contra la reducción del horario de la asignatura de Filosofía en el bachillerato y su supresión en las pruebas de selectividad. «Sócrates, desaparecido», rezaba una pancarta presidiendo la protesta. «Pienso, luego estorbo», añadía otra. La manifestación terminó con una *performance* en la plaza de Sant Jaume donde todos simulamos suicidarnos tomando cicuta como Sócrates.

La consigna era clara. Vivir sin filosofía no es solo vivir con los ojos cerrados. Es vivir sin querer abrirlos. La ciudadanía y las instituciones debían abrirlos. La filosofía enseña a pensar por uno mismo. Desenmascara certezas aparentemente fundamentales, meramente funcionales. Al inicio, produce vértigo, inquietud e incertidumbre. No te instala en la verdad definitiva, pero, a la larga, te hace más libre y fuerte. Es un antídoto contra el fanatismo, el dogmatismo y la ceguera moral. Con ese objetivo, durante la República, entró hasta en las casas de la gente más humilde para contribuir a acabar con el analfabetismo. Las aulas se convirtieron en herramientas para construir ciudadanos libres, críticos, con los ojos abiertos, en lugar de súbditos pasivos o resignados.

En cambio, la reforma universitaria del último gobierno de Felipe González prioriza las enseñanzas técnicas. Relega el pensamiento, la filosofía, al ámbito del ocio de una minoría privilegiada con el tiempo suficiente para ocuparse de ello. Con ese objetivo, la dictadura franquista se cargó las bibliotecas. No hacían ensayos sino dogmas, proclamaba la Falange. «No te fíes de los intelectuales», decía Franco haciendo gala de una cierta alergia antiintelectual de la derecha española. Más recientemente, en 2021, el aún líder del Partido Popular, Pablo Casado, despreciaba a menudo al ministro Manuel Castells, uno de los intelectuales españoles más reconocidos internacionalmente. «Nadie lo conoce», decía haciendo gala de su ignorancia.

Nuestra protesta en el campus es un ejemplo de la recuperación del músculo reivindicativo del mundo universitario. Superada la dictadura, los partidos asumieron el protagonismo en la llamada «cultura de la Transición», que dejó las reivindicaciones en manos de los políticos. La llegada del PSOE de Felipe González al poder en 1982 fue un remanso de agua tranquila. El freno progresivo de los movimientos de base. En los años noventa, la juventud volvemos a politizarnos y a ocupar el espacio público. Las protestas son pragmáticas, no por grandes ideales sino a partir de luchas concretas. Por ejemplo, contra la aprobación de la LOGSE del PSOE de 1990 o de las subidas de tasas universitarias de 1993 —el llamado «tarifazo», que suponía un incremento de hasta el 14 por ciento en las matrículas—. Nuestras demandas: la democratización real de la universidad con una mayor participación estudiantil, el incremento de la financiación pública o una política de becas valiente.

Tras la manifestación, grupos de piquetes se instalan en la universidad. Vigilan los accesos a las aulas. Megáfono en mano, irrumpen en las clases para llamar a los otros a sumarse y no actuar por egoísmo. El nerviosismo y la agitación suben de golpe. Las aguas gorgotean a punto de ebullición por las aulas. Pero la temperatura se eleva sobre todo en el acceso principal al edificio: «No puedes impedir mi derecho de ir a clase», «Compañero, si vas a clase, haces fracasar la huelga». Al final, la facultad se paraliza. El sentido de una huelga es que nadie debe hacer nada. Cuanto mayor resultado alcance esa intención, más probabilidad de ganarla.

Un centenar de personas estamos en un aula, con sacos de dormir. El ambiente es electrizante. Hay bullicio.

Debatimos sobre el sentido de la huelga. ¿Cuánto tiempo debe durar? ¿Dos días? ¿Una semana? Tras un rato discutiendo, dos estudiantes, Pau Ureña y Jordi Bonet, dibujan en la pizarra las diferentes opciones. No hay acuerdo. Al final, alguien propone una votación, pero un estudiante vestido de negro toma envalentonado la palabra. «No podemos votar. Somos asamblearios. Hay que decidir por consenso», dice tras ponerse en pie. Otros se suman a defender la misma idea con matices. Con posterioridad, un estudiante larguirucho propone someter a votación la discrepancia. «No podéis imponer vuestra visión de la metodología a los otros. Votar es la forma más democrática y rápida para resolver esta controversia», asegura. Aplauso cerrado. La idea gusta a una buena parte de la asamblea. Una votación es una forma eficaz para tomar decisiones cuando las razones se agotan sin haberse alcanzado un acuerdo. Una vez expresadas todas las opiniones a favor y en contra, es razonable que la decisión se adopte por la regla de la mayoría. No obstante, los disidentes vuelven a la carga. Plantean algo obvio. «¿Cómo vamos a votar de verdad si estamos en contra de votar? Es una contradicción», exclaman. «Las contradicciones nos harán libres. Menos de cinco contradicciones es dogmatismo», responde el estudiante larguirucho, esta vez con voz grave. «Pues no votéis, si estáis en contra, pero dejadnos al resto hacerlo», añade pragmático otro estudiante, en tono neutro, sin gestos bruscos, desde una de las últimas filas. Surrealista, ¿no? Así es la Facultad de Filosofía. Con todo, hoy aprendemos dos cosas. La primera es el poder del relato sobre la realidad. En un debate, la pregunta y cómo agrupar las opciones es determinante. El horizonte de la pregunta prefigura la respuesta. La segunda es que el propio hecho de la asamblea —su sentido o cómo organizarla—

es una temática que avanzará a partir de las resistencias del camino.

La facultad llevaba meses en plena efervescencia política. Mi vida de estudiante se superponía a la de activista. Era una simbiosis idílica entre reflexión y acción. Una época de pancartas, pintadas, pasaclases, asambleas, seminarios o conferencias. En el primer curso ya nos tocó movilizarnos contra acontecimientos como la guerra del Golfo. El rechazo a la participación española en aquel conflicto de 1991 contra Irak tras su invasión de Kuwait aumentó nuestra sensibilidad y conciencia antimilitarista. Muchos nos negamos entonces a cumplir el servicio militar obligatorio y en su lugar nos hicimos objetores de conciencia o insumisos. Aún no lo sabía, pero apenas unos años después iniciaría mi carrera como abogado precisamente defendiendo a esos insumisos cuando los casos llegaban a juicio.

Pertenezco a una generación que no vivió el franquismo ni las luchas relevantes de la Transición. La incertidumbre en mis años universitarios era mayor. El fantasma del paro aparecía por primera vez. La defensa de la enseñanza pública y la lucha contra las subidas de tasas suponía nuestro amanecer político. En esta época estoy estudiando la carrera de Derecho y la de Filosofía al mismo tiempo. Algo que penaliza la reforma universitaria que pretende aplicarse. También simultaneo la militancia en la asamblea de Filosofía con la de un sindicato de izquierdas cercano a Esquerra Republicana de Catalunya (ERC) de la Facultad de Derecho. En este último conoceré a Jordi Bosch y Joan Abellà, ambos hoy gerentes de diferentes instituciones y vinculados a Òmnium Cultural, asociación destinada a promover la lengua y cultura catalanas, o Toni Nicolau, cantante mallorquín de Ocults, a futuros cuadros de ERC, como Josep Castells, Joan Ridao, Pilar Vallugera, Lluís Salvadó, David

Minoves o Sergi Sol. Con el tiempo, me alejaré y frecuentaré otro sindicato de izquierdas cercano a Iniciativa per Catalunya Verds (ICV), donde conoceré a personas como Mateu Hernández, futuro director general de Turismo de Barcelona, Alicia Ramos, diputada de los comunes, o Joan Herrera, líder de ICV, Gemma Ubasart, futura consejera de ERC de la Generalitat, y Eulàlia Reguant, diputada de la CUP (Candidatura d'Unitat Popular).

Las asambleas universitarias: mi primer cargo

El espacio asambleario de Filosofía nace de la pura nada tras convocar a los estudiantes en el propio *hall* del edificio con carteles pegados por las paredes. Es algo totalmente abierto. Queremos experimentar otras fórmulas de participación directa más allá de la vía de sindicatos, delegación y urnas. Experimentar es una palabra clave para cualquier joven. El mejor gobierno es el que nos enseña a gobernarnos a nosotros mismos, creemos. Confiamos en el viejo anhelo socrático de descubrir la verdad y la justicia mediante el esfuerzo deliberativo.

Leemos a los filósofos griegos. La idea de democracia asamblearia viene de la Grecia clásica. Posteriormente, se replicó en las revoluciones francesas y americanas. En las ciudades-Estado, el poder se articuló jerárquicamente alrededor del palacio del rey o el templo. En cambio, en las ciudades griegas era el *ágora*: relativamente pequeña, donde los ciudadanos deliberaban, escuchaban y decidían sin más mediaciones que la palabra de cada cual. Se organizaban en una asamblea de seis mil ciudadanos reunida unas cuarenta veces por año. Fue el origen de la democracia. Y de la filosofía.

La primera teoría democrática se levantó desde allí de forma casi natural en cada proceso de insurrección popular. Solo más tarde y en principio como una distorsión obligada por las circunstancias, se aceptó la idea de «representación». Fue un giro necesario para adaptarse a formaciones políticas gigantescas —los Estados absolutos como Francia—, donde la democracia de «cercanía» era imposible por el tamaño y la distancia. La deriva entroncaba con el fracaso de la democracia ateniense. Fue el inicio de la democracia de los expertos o sabios que arrebató la iniciativa propia de la democracia directa a los ciudadanos.

Nosotros estamos imbuidos por todas esas ideas. Como todos los jóvenes, venimos a llevarnos la vida por delante. Con una cierta arrogancia adolescente, creemos que hacemos algo que nunca nadie ha hecho antes. No hay nada más viejo en la historia que la obsesión por empezar algo nuevo que en realidad es un *remake* del pasado. De hecho, la asamblea fue una seña de identidad del movimiento estudiantil años atrás. La fórmula llevaba tiempo desprestigiada, desgastada, en beneficio de las estructuras de partido o sindicatos. La facultad es lo suficientemente pequeña para poner en práctica otra vez la idea.

Inicialmente, en aquel grupo éramos pocos más de una treintena. Entre ellas, Ada. También estudiantes —que posteriormente se harían profesores—, como la actual filósofa Marina Garcés o el citado Jordi Bonet, luego asesor de Ada en el Ayuntamiento de Barcelona. En algunas ocasiones, el número aumentó a más de dos centenares de personas. Fue el espacio hegemónico de intervención en detrimento de los sindicatos. Una *rara avis*. Más adelante, surgiría el debate de si presentarse o no a las elecciones a los órganos de gobierno universitarios. Era algo contradictorio con ser asamblearios. Al final se decidió que sí, no sin controversia. Nuestro programa electoral estaba en blanco. Era un mandato imperativo. El delegado no podía defender sus propias ideas. Ejercía de portavoz de los acuerdos tomados previamente en la asamblea. Yo salí elegido. Mi primer cargo representativo. Entonces, comprobé cómo en el plano práctico las cosas no se adecuaban al plano teórico. Asumí también labores de representación en la Facultad de Derecho. En ese rol era todo más *realpolitik*, más pragmático. Iba de una facultad a la otra con una doble militancia complicada de sostener.

En la Universitat de Barcelona (UB), la hegemonía la tenían las asociaciones estudiantiles en detrimento de la fórmula asamblearia, solo implantada en facultades como Filosofía, Bellas Artes o Geografía e Historia. En la Universitat Autònoma de Barcelona (UAB), en cambio, las asambleas fueron el modelo dominante. Allí estaban Xavier Domènech o David Fernández. Los asamblearios de las diferentes facultades a veces nos organizábamos para llevar a cabo acciones de protesta. Por ejemplo, un encierro en el rectorado de la UB, donde coincidí con un excompañero de la escuela infantil Decroly, Carles Guillot, a quien diez años después defenderé ante el Tribunal de Estrasburgo por la pérdida de un ojo tras un impacto de bala de goma de la Policía Nacional en el transcurso de una manifestación antirrepresiva. Cosas que sucedían antes de derogar los protocolos de uso de tales armas lesivas.

En esta época empecé a pensar sobre las contradicciones en las formas organizativas de la acción política. Aprendí a negociar la distancia entre las ideas y la práctica. El riesgo de caer en un pragmatismo sin ideales y el de caer en una rigidez ideológica sin consecuencias reales. A conocer los límites de una organización horizontal, como una asamblea, y los de una vertical, como los sindicatos. Estos últimos tendían a convertirse en organizaciones demasiado burocráticas, con jerarquías estudiantiles a modo de meros gestores académicos, pero en general eran máquinas más eficaces que la asamblea para taladrar la realidad, el mundo universitario y sus relaciones de poder.

La asamblea fue una puesta en práctica de la democracia directa. Un enclave político para dudar que nos abrió la mente. Horas y horas de debates nos permitieron crecer personalmente, aunque la experiencia no dejó de ser un ejercicio de ensimismamiento. La ausencia de introspección crea inteligencias impulsivas, toscas e imprevisibles, pero un exceso de análisis, de forma continuada, lleva a la parálisis. Aprendimos mucho; sin embargo, transformamos muy poco más allá de nosotros mismos. Con poca trascendencia práctica, con contenidos políticos contradictorios, poca capacidad resolutiva y muchas brumas discursivas, constituíamos un mundo particular sumergido en la marginalidad e incapaz de articular ninguna alternativa potente. Un simple reservorio de democracia directa atravesado por juegos dialécticos y diletantes propios de estudiantes de Filosofía.

No sabíamos mucho cómo actuar. Íbamos improvisando sin experiencia previa, construyendo el propio espacio, con emoción y temor. No existía un cuerpo teórico fuerte común. Todo era muy estimulante, pero quebradizo como un cristal. Ese marco inestable contrastaba con la clara vocación de duración de las asociaciones. Uno de los problemas precisamente era no dejar legado. La gente se marchaba. Quienes se incorporaban por primera vez a veces no se sentían comprometidos por las decisiones precedentes. «Esta asamblea es soberana para decidir con independencia de lo decidido antes en otra anterior», decía alguien cuando se suscitaba alguna controversia. La asamblea era un ave fénix permanente. Se perdía el vínculo con la memoria de otras luchas. Se construía desde el olvido. No había acumulación ni aprendizaje. La propia condición transitoria del estudiante lo hacía más difícil todavía. La siguiente generación empezaba de nuevo. Cuando quienes lo impulsamos terminamos la carrera, el artilugio político fue apagándose poco a poco hasta desaparecer como mariposas que mueren en su vuelo.

El ambiente en la facultad era peculiar. En el bar la gente fumaba porros. Como su humo, el mundo de las ideas sobrevolaba cualquier discusión. Se elevaba como una paloma hasta perder el contacto con la realidad. Había un empacho de abstracción discursiva que llevaba a cierta arrogancia intelectual. La izquierda era hegemónica. La pelea política basculaba entre sus diferentes facciones. Si asomaba un grupo de derechas o extrema derecha para repartir trípticos, rápidamente se los invitaba amablemente a irse.

En la Facultad de Derecho había mucha más formalidad, con estudiantes con corbata, ropa de marca y coches caros. Los politizados éramos una minoría. Como la propia disciplina jurídica, las discusiones tenían mayor peso práctico. El contexto era más hostil para las opciones transformadoras. La derecha ganaba las elecciones y la extrema derecha disponía de buen arraigo organizativo. Algunos de los estudiantes de derechas con quienes discutía me los encontraría luego en primera línea política, como Daniel Sirera, concejal del PP en el consistorio barcelonés. Sus militantes venían a menudo a boicotear actos. Por ejemplo, uno crítico sobre el Día de la Hispanidad en el que intervine con el profesor Manuel Delgado. Incluso hubo enfrentamientos físicos. Con el objetivo de reventar literalmente las urnas durante los comicios electorales de los delegados estudiantiles, un grupo de militantes de Fuerza Nueva liderados por Ricardo Sáenz de Ynestrillas irrumpió con insultos, empujones y puñetazos al grito de «Viva Cristo Rey». El propio Ynestrillas llegó a exhibir una pistola de modo amenazante. «¡Fuera fascistas de la universidad!», gritamos con el ritmo de letanía habitual. Era una época de brazos en alto y puños cerrados.

Un pensamiento político comprometido

Volviendo a la Facultad de Filosofía, podremos comprender cómo entre aquellos estudiantes florece una nueva forma de entender la política. Aún no lo sabíamos, pero en aquellas aulas, mientras nos manifestábamos o encerrábamos para protestar por las medidas del Ministerio de Educación, se iba gestando un mundo nuevo en nuestros corazones. Un activismo social que, con el paso de los años, nos llevaría a crear colectivos con objetivos concretos y fundar nuevos partidos políticos, como Barcelona en Comú.

Con el encanto descarado de la juventud, queríamos transformar la sociedad, pero también nuestras vidas. Leíamos con entusiasmo la declaración de principios de Jack London: «Prefiero ser, antes que un planeta adormilado y estable, un espléndido meteoro con todos mis átomos brillando con un magnífico fulgor. La función propia del ser humano no es existir sino vivir». Y para nosotros, vivir era militar. Comprometernos en la lucha social. Buscábamos la intensidad de la acción, la profundidad del pensamiento, el sentido de las cosas. Nos preguntábamos el porqué del porqué del porqué. Y, así, en bucle hasta el infinito.

La Facultad de Filosofía nos abrió los ojos como platos gigantes. Era un hervidero fulgurante de ideas. Comenzamos con las manos vacías. En esa época la utopía neoliberal coqueteaba con el espejismo de convertirse en hegemónica en el imaginario colectivo. La crisis de 2008 sería su particular caída del muro. Nuestro activismo era de un entusiasmo descreído o desencantado, sin albergar los sueños de la razón tras el derrumbe de todas las utopías del siglo xx. La realidad era la que era. Debíamos mirar de frente el mundo, no ser arrastrados por las verdades que se solidifican en el cerebro, para utilizar una expresión de Coetzee. Pero a la vez tampoco queríamos renunciar a la esperanza. No podíamos quedarnos, como decía Habermas, sentados al borde del abismo mientras saboreábamos un buen coñac. La crisis de los relatos emancipadores del pasado no podía convertirse en una piedra en el zapato que nos impidiera andar o nos lanzara a abrazarnos a su antagonista. Estábamos dispuestos a conservar la esperanza a costa de no caer en las trampas de la ingenuidad.

Las corrientes de pensamiento que nos influyeron surgían de la desconfianza hacia unos partidos y sindicatos tradicionales que fracasaron en sus objetivos. En el caso de Ada Colau y el mío, nos marcó especialmente la Escuela de Fráncfort, una corriente de pensamiento sin traducción organizativa. No conducía a ninguna teoría política ni se encarnaba en ningún partido ni otra organización que la llevara a la práctica. Alrededor de ella se situaban pensadores como Jürgen Habermas, Herbert Marcuse o Pierre Bourdieu, gente influenciada por la liberación de los dogmas marxistas, por el movimiento estudiantil alemán o de Berkeley de los sesenta. Theodor Adorno y Max Horkheimer fueron dos de sus referentes más relevantes. La brutal experiencia de inhumanidad de los campos de concentración les hizo plantear un nuevo imperativo: que no volviera a ocurrir nada semejante. Recordar para que el horror no se repita. Auschwitz era un laboratorio del mal. Un proyecto de olvido. La ética como justicia surgida del campo era una respuesta, no a un juicio racional universal como el kantiano, sino a las injusticias concretas.

La otra corriente filosófica que nos dejó una huella indeleble fue el existencialismo, también sin traducción organizativa. Estaba concebida para transformar la vida de las personas y pensar sobre los grandes temas de la condición humana. Al principio me sentía más atraído por el entusiasmo militante de Jean-Paul Sartre, pero al final ganó claramente Albert Camus. Me atrajo su humanismo, su desprecio al totalitarismo, pero también al relativismo, su extraña mezcla de pesimismo y optimismo, su sentido de la responsabilidad personal, su lucidez. Los acontecimientos le dieron la razón. Su pensamiento había resistido mejor el paso del tiempo y conectaba plenamente con nuestra época. Hubo un tiempo en el que parecía obligatorio elegir: ¿Sartre o Camus? ¿La rebelión o la revolución? En los años sesenta la mayoría elegía la revolución. La esperanza. En los años noventa, la mayoría elegíamos rebelión. La responsabilidad. La revolución o las utopías del pasado no formaban parte de nuestro imaginario. Yo era un camusiano militante que no quería vivir a base de fábulas. El progreso social no debía venir de esa vereda. El objetivo era legítimo, pero, cuando se ponía en práctica, los métodos para lograrlo podían producir justo lo contrario de lo deseado. Manipular la historia como un experimento físico, el sueño de una humanidad liberada, engendró monstruos totalitarios. Arrancar de cuajo la vieja piel de la humanidad, para dotarla de una nueva, avanzar por ensayo y error a gran escala, era una aventura peligrosa. A lo largo de la historia se han asesinado a más personas para imponer la justicia que para satisfacer la codicia, escribió Steven Pinker.

El peligro está en los optimistas armados de ideales dispuestos a todo que legitiman cualquier medio para su realización. Seres puros, idealistas, que pueden derramar más sangre que un tirano. En el fondo, quien está dispuesto a morir por un ideal, acostumbra a estar dispuesto también a matar por él. Empieza como mártir, termina como inquisidor. Y es que lo difícil no es iniciar una revolución, sino frenarla cuando empiezan los excesos. Buen ejemplo de ello fue la Revolución francesa: Robespierre defendía organizar el despotismo de la libertad para destrozar el despotismo de los reyes. Apelaba al pueblo como entidad abstracta, pero despreciaba su existencia concreta. Convencido de que el mundo era terrible, pretendió mejorarlo por métodos terribles. Pero ser injusto para que reine la justicia o imponer la libertad con el cuchillo de la guillotina es una contradicción con resultados atroces. Ese legado jacobino de violencia mesiánica fue asumido a grandes rasgos por los revolucionarios de los siglos XIX y XX.

El último en demostrar que del mal no puede surgir el bien fue Pol Pot en los arrozales camboyanos de los años setenta. En mi último año de la carrera de Filosofía, se murió en la selva espesa de Indochina. El personaje siempre me inquietó. Hice un trabajo titulado *De Foucault a Pol Pot.*

El carnicero jemer había suscitado la fascinación de ciertos intelectuales progresistas en los turbulentos tiempos de fe de los sesenta. Estudiante becado en la Sorbona de París, Pol Pot parecía haber aprendido de los errores de sus predecesores. Era un gran estudioso de Foucault, pero sus lecturas mal digeridas desencadenaron unos resultados aterradores. Una vez en el poder, la obsesión de Pol Pot por eliminar cualquier vestigio de «occidentalización» le llevó a perseguir a quienes usaban gafas o leían libros extranjeros. Quemó miles de libros. Refundó el alfabeto, la lengua jemer. «Debemos extirpar del pueblo de Camboya las ideas antiguas», advertía entusiasta. «La revolución será completa cuando la lengua sea perfecta», decía el encargado de elaborar el diccionario de la nueva lengua en la novela *1984* de George Orwell publicada ya en el año 1949. No en 1984, como dijo en 2022 Alberto Núñez Feijóo haciendo gala de su recurrente ignorancia cultural.

Pol Pot quería hacer tabla rasa. Un nuevo calendario. 1975 era el año cero. La historia empezaba con él. Soñaba con el esplendor perdido de su pueblo jemer, la civilización floreciente de Angkor en los siglos XII y XIII. Para terminar con la división entre explotadores y explotados, llegó al fondo de sus experimentos sociales con la deportación de miles de habitantes de las ciudades a un inmenso arrozal de trabajos forzados, como aparece en la famosa película *Los gritos del silencio*. Uno de cada ocho murió en la construcción de ese «hombre nuevo».

Las ideas políticas confrontadas con la realidad pueden transformarse en lo contrario de lo representado en el plano estrictamente teórico. Lo escribió Musil: los ideales tienen extrañas propiedades, entre otras, transformarse en lo contrario cuando se los quiere seguir escrupulosamente.

La revolución cuanta más ruptura implica, más decepciona y traiciona sus orígenes como revuelta. Suele convertirse en su contrario: una reacción, un viraje autoritario. O en una restauración, donde la revolución se evapora y deja atrás —escribió Franz Kafka— una estela de burocracia. Frente a la revolución exaltada con los pies en el cielo, Albert Camus reivindicaba una revuelta de lo posible que partiera de la realidad para transformarla. Que admitiera la ignorancia, rechazara el fanatismo, reconociera los límites del mundo, el rostro amado y la belleza.

El motor de la historia para Sartre era la violencia, para Georg W. F. Hegel, la guerra. Para Camus, el anhelo de libertad. Sartre quedó en el olvido en beneficio de Camus, pero había cosas que rescatar de él. El ser sartriano debe entrar en juego y escoger adversarios. Embarcarse y actuar, no quedarse en la orilla, como espectador. Era una persona comprometida, *engagé*, con los problemas de su tiempo. El deber del intelectual es tomar partido. La imparcialidad o neutralidad es imposible, siempre elegimos. Callar es también hablar. Cuando el ser humano elige, se elige a él, pero la elección compromete a la humanidad entera. Estamos condenados a ser libres. De allí surge la angustia de escoger. En política los fines justifican los medios, decía Sartre. Camus, lo contrario. La política necesita valores que la guíen, pero estos no nos pueden cegar. No pueden convertirse en un fin en sí mismos ni justificar cualquier acción. La responsabilidad sin convicciones sería ciega; las convicciones sin responsabilidad, vacías. Quien sintetiza mejor ese dilema es Max Weber. La política se hace con la cabeza, decía, pero debe nacer y alimentarse de la pasión para no caer en un frívolo juego intelectual. Pasión y distanciamiento, ética de la convicción y ética de la responsabilidad. Weber las aúna, pero en política debe primar la responsabilidad: hacerse cargo de la consecuencia de sus acciones, y más cuando pueden ser previsibles.

Esas lecturas asentaron las bases de quienes somos. En mi caso, aspiraba a convertirme en profesor de filosofía o de ciencias políticas, pero las interpelaciones persistentes del entorno activista donde me movía me llevaron a decantarme por la abogacía. Cada cliente que venía a mi despacho me alejaba un poco más de mi vocación real. Con todo, la filosofía me resultó útil. Como en la ética de la alteridad, un abogado debe ponerse en la piel del defendido. La filosofía me marcó también en mi activismo social. La indignación contra las injusticias del mundo no me hacía caer en el olvido de los límites de la acción política. Como Camus, quería anteponer la verdad a las fábulas y la vida a los sueños irreales. No aspiraba a la consecución del «sumo bien» de ciertas «utopías positivas», sino a una «utopía negativa» que actúa a modo de límite: evitar el «sumo mal» que amenaza el futuro. La humanidad no debía deshacerse. Las generaciones pasadas querían rehacer el mundo. Nosotros, evitar su desintegración.

Primer objetivo: frenar el abuso urbanístico y el acoso inmobiliario

En 1995 se abre un nuevo universo ante mis ojos. Recién acabada mi licenciatura en Derecho y mientras sigo estudiando Filosofía, entro en contacto con un abogado urbanístico de referencia del movimiento vecinal, Eduard Moreno, crítico con el modelo de gestión urbanística del entonces alcalde de Barcelona Pasqual Maragall. El negocio olímpico ha entregado gran parte del suelo público, que debía destinarse a vivienda social y zonas verdes, a los grandes constructores para sus negocios particulares. Mi visión de la ciudad cambia enseguida y, a partir de ese año, me dedicaré a defender como abogado a los afectados por los procesos de gentrificación de los proyectos urbanísticos municipales, pero especialmente a las víctimas del *mobbing* promovido en el barrio de Ciutat Vella por bancos y grandes propietarios.

Este sería un problema que iría creciendo con los años tanto en Barcelona como en otras ciudades españolas, sobre todo, en las grandes urbes, como ocurre en los barrios de Lavapiés y Malasaña de Madrid o en los de Ciutat Vella y

Russafa de Valencia. Como señalaría el relator de Naciones Unidas en materia de vivienda, Miloon Kothari, en 2018, el acoso inmobiliario en España es más grave que en cualquier otro país europeo. Una auténtica vergüenza social enlazada a dos factores estructurales: la insuficiente regulación del mercado privado de alquiler y la ausencia de un parque público de vivienda asequible. La satisfacción de derechos como la educación y la salud depende en buena medida de la existencia de equipamientos públicos y un sector privado bajo control. En cambio, en el trabajo o la vivienda, es el sector privado el que determina las políticas respectivas, con la diferencia de que se trata de un mundo donde las relaciones no son de igualdad. En el laboral, esa desigualdad se mitiga parcialmente con leyes y organizaciones específicas de protección de los trabajadores. Los inquilinos no gozan de protección equivalente frente al uso especulativo de la vivienda de los bancos u otros grandes propietarios. En este contexto, no es extraño que el *mobbing* sea una práctica extendida. Diez mil familias catalanas lo padecían, según la Generalitat.

A mediados de los noventa, comenzamos a ser conscientes del problema. Como una bola de nieve, no dejará de crecer en las décadas siguientes, hasta alcanzar la insostenible situación actual. Tras vivir la indefensión de muchos ciudadanos, me especializo como abogado en llevar casos como el de la calle Robadors del barrio barcelonés del Raval, creamos el Taller contra la Violencia Inmobiliaria y la plataforma Afectados por el Mobbing Inmobiliario para dar apoyo a los afectados, y publicamos un libro para explicar cómo funciona ese acoso. Las víctimas más frecuentes que atendemos son personas mayores y sin recursos, con rentas antiguas en barrios con fuerte presión inmobiliaria, objeto de transformación urbanística.

Nuestra presión obtiene recompensa. Ya entrado el nuevo siglo, las instituciones se mojan. Se crea una fiscalía especializada, teléfonos y oficinas municipales de atención a las víctimas para coordinarse con nosotros. Se introduce un nuevo delito: el acoso inmobiliario. En Cataluña, el gobierno tripartito de PSC-ERC-ICV aprueba una ley del derecho a la vivienda. Con todo, es como el agua que se escurre entre los dedos. El modelo urbanístico y habitacional sigue siendo insostenible. Exigimos protocolos de investigación, mayor transparencia y control democrático a un ayuntamiento que practica un «despotismo ilustrado», según Manuel Vázquez Montalbán, demasiado dócil a los intereses de los grandes buitres inmobiliarios. Nosotros lo tenemos claro: la ciudad no debe ser de ellos, pertenece a sus habitantes. Y estamos dispuestos a luchar desde la trinchera vecinal.

En un determinado momento, una nueva generación de activistas —algunos de los cuales acabaremos fundando Barcelona en Comú, la formación con la que Ada Colau gana la alcaldía de la Ciudad Condal— entramos en masa en la Federación de Vecinos de Barcelona (FAVB). Uno de nosotros, el citado Jordi Bonet, es elegido su presidente en 2011. Lejos de la época gloriosa de los setenta, la entidad es una fiera adormecida. Envejecida y desmovilizada, necesita savia nueva. Uno de nuestros centros de operación es la librería El Lokal, en el barrio del Raval, dirigida por Iñaki García, pista de aterrizaje del movimiento zapatista en Europa.

La disputa por la ciudad de Barcelona comienza. Como un animal que aúlla, en la federación de vecinos nos erigimos en portavoces de la indignación ciudadana. «Soy el ojo del pueblo, ustedes son, en el mejor de los casos, el dedo meñique», decía el revolucionario Marat, burlón y despectivo, a los representantes de la Comuna de París. Como ojos privilegiados de nuestros barrios, vigilamos la ascendente corrupción que mancha la ya brumosa imagen de las instituciones. Cuando fracasan sus mecanismos internos de control, ese rol ciudadano es clave para deshacer el oscuro nudo entre política y dinero que destruye día a día nuestros barrios.

La corrupción se incrusta en la mayor parte de las instituciones públicas como un férreo musgo, mientras se intenta cerrar el agujero financiero provocado con más ajustes. Ejemplos no faltan y, desde la FAVB, iremos sacándolos poco a poco a la luz. Como abogado de la entidad actuaré contra la trama municipal de sobornos y amenazas para lograr licencias de apartamentos turísticos en 2006, desvelada por la concejala Itziar González. Otra batalla judicial relevante será la del caso Hotel del Palau, una ramificación colateral de la investigación sobre el expolio del Palau de la Música a manos de sus gestores. Merece una explicación detallada, por ser un claro ejemplo de la impunidad de algunas élites en Barcelona y de cómo funcionan los pelotazos inmobiliarios.

¿Es creíble que un ciudadano pudiera encapricharse de un equipamiento de barrio, pedirlo gratuitamente, buscar un promotor inmobiliario y encargarle —a pesar de ser público— que construyera allí un hotel a cambio de una suculenta comisión de cuatrocientos mil euros y de una compensación del antiguo propietario? ¿Y es normal que esa ilícita operación obtuviera el impulso de los poderes públicos? En Barcelona era posible si te llamabas Fèlix Millet y disponías, como él, de una agenda repleta de citas con casi todos los cargos públicos con responsabilidades en la materia. Así que en nombre de la FAVB presenté una querella contra Millet que salpicaba al gobierno tripartito. Este se convertiría en el primer juicio de toda la trama de corrupción vinculada a Convergència i Unió (CiU), donde sentamos en el banquillo y condenamos a Millet, al partido de Jordi Pujol y Artur Mas, y a su extesorero, por el saqueo del Palau de la Música. Àlex Solà y yo fuimos los abogados.

Los papeles del sumario del caso Hotel del Palau muestran un cruce insomne de correos, llamadas y reuniones que evidencian tratos de favor desde los despachos municipales. Un grupo de promotores inmobiliarios gozaba de una capacidad de influencia, fuera del alcance de los vecinos, para decidir el futuro de la ciudad. La iniciativa urbanística se presentó como de gran interés público, pero ocultaba detrás su carácter privado y especulativo. Se pretendía construir un hotel de lujo, con la connivencia de altos cargos del tripartito, que acarreaba la destrucción de un edificio modernista protegido como patrimonio histórico-arquitectónico. De entrada, se firmó un convenio secreto, al margen de otro público, para ocultar que el propietario de los terrenos era un simple hotelero, no el Palau de la Música. Con posterioridad, se falsificaron documentos públicos, se aprobaron trámites administrativos bajo presión y permutas y cambios en las calificaciones urbanísticas con perjuicio de las arcas municipales. Todo ello a pesar de la firme oposición vecinal de un barrio con pocos servicios públicos. Logramos sacar a la luz ese irregular proyecto, asesorados por el abogado urbanista Daniel Jiménez, y frenar al ayuntamiento ante los tribunales. Finalmente, en 2013 la justicia determinó que se debían proteger los edificios afectados por el proyecto hotelero, tal como nosotros pedíamos. Esta victoria frente a los desmanes del gobierno dirigido por el PSC se sumará a otras que nos catapultarán años después al gobierno municipal.

La sentencia de enero de 2018 condenó a Fèlix Millet a nueve años de prisión como principal responsable. A la espera del veredicto final del Supremo, hay quien no entiende nuestra oposición como abogados de la acusación a su ingreso en la cárcel como medida preventiva. Una cosa no quitará la otra. Queremos dar ejemplo. No caer en el punitivismo excesivo de la Fiscalía. Además, reconozco que sentía pena por él. Cuando le interrogué en el juicio, estaba enojado. Era un hombre millonario, convergente, con mucho poder y totalmente corrupto. En cambio, tras el juicio, lo veía como un anciano en silla de ruedas, desvalido y abandonado por la sociedad. Me conmueve su vulnerabilidad. «Odia el delito, compadece al delincuente», decía Concepción Arenal. Su final fue triste. En 2020 ingresó en la cárcel para cumplir su condena. Murió tres años después.

Un torbellino llamado Ada Colau

De aquellos años de formación, me llevo haber conocido a quien sería mi mejor amiga y, luego, mi pareja. A la primera mujer que, contra todo pronóstico, se convertiría años más tarde en alcaldesa de Barcelona. En la forma de hacer política hay un antes y un después de Ada Colau. Como activista ya nos marcaría el camino. Un momento clave fue cuando creó la Plataforma de Afectados por la Hipoteca. Entre personas con hipotecas impagables, donde no había esperanza, ella la inventó. Nadie se imaginaba aún lo que el destino le iba a deparar, pero ya entonces era una mujer que resplandecía con una luz especial.

Recuerdo el instante de conocerla. De inmediato, se produjo una alquimia. Era un espíritu libre, vehemente e irreverente. Como los animales más salvajes de las selvas vírgenes, se resistía a ser domada por las convenciones sociales. El compromiso político, un refugio, una forma de escapar del mundo. Su centro de gravedad permanente, cómo diría su querido Franco Battiato; la he oído cantar esa canción infinidad de veces. Era una chica de dieciocho años, pero en realidad probablemente tenía muchos más, tal como suelen tener los adolescentes con una vida difícil, arrojados de cabeza de la infancia a la madurez. Nuestra primera conversación larga fue en el metro; tras una asamblea de la Facultad de Filosofía en medio de las huelgas estudiantiles. Con cicatriz profunda en su alma vieja, era como aquellos adolescentes que ya hablan de los «viejos tiempos» y parecen estar de vuelta de todo cuando aún les queda tanto por vivir.

Ada creció en un ambiente progresista de una familia humilde del barrio barcelonés del Guinardó, donde les llegaron a cortar la luz, ya con los padres separados. En su casa se habían visto desfiles trans. Se fue muy joven de casa, se buscó la vida y les dejaba dinero. El padre vive en Almería. Su madre es su pilar vital. La relación es muy estrecha. Salían a bailar salsa con desparpajo y destreza a locales colombianos o cubanos. Sobre ellas hay una anécdota de calendario curioso: Ada nació pocas horas después de que el gobierno franquista ordenara el asesinato por garrote vil de Salvador Puig Antich. Lo primero que hizo su madre al abrir los ojos tras el parto fue preguntar por la suerte del militante anarquista.

Con una beca Erasmus, Ada se fue un año a vivir a Milán con su compañera sentimental antes de nuestra relación, una profesora italiana de arquitectura. En la ciudad lombarda visitaba regularmente librerías feministas. Ya era una mujer emocional, intuitiva, ávida de lectura y de mundo. Una esponja aprendiendo rápido de modo autodidacta. Un torbellino de una fuerza imparable con una mirada atlántica y penetrante. Pero también le gustaba la soledad. Emulando al personaje principal, Cosimo, de *El barón rampante* de Italo Calvino, quien vivía en los árboles desde muy joven, fantaseaba con subir a un árbol cargada de latas de comida y libros para no bajar en mucho tiempo. No por casualidad, la lectura era su gran pasión. Ya de regreso en Barcelona, le gustaba irse a leer sola a un café de la plaza del Pi o de Sant Felip Neri. El barrio de Ciutat Vella era su pequeño París. Su mejor deseo, atesorar una inmensa biblioteca. No soportaba que nadie desordenase su librería. Si movías un ejemplar de su sitio, lo detectaba con la velocidad de un parabrisas. Reclamaba siempre cualquier libro prestado como un bien preciado, un trozo de su corazón; devoraba libros de filósofos existencialistas como Sartre y Camus.

Recuerdo como un cuadro impresionista de Toulouse-Lautrec a Ada en algunas noches del pequeño bar Pastís del Raval, lleno de voces y humo. En medio de la oscuridad, su presencia era sobrecogedora. La sonrisa, enigmática. Una forma de mirar penetrante, como si nada se le pasara por alto. Interpretaba y arrancaba hasta tu último pensamiento íntimo suspendido en el aire para apropiárselo, entenderlo y archivarlo. Era una chica de una belleza afilada pero sencilla, segura de sí misma. Vestía de un negro tan absoluto que arrasaba todos los colores de su alrededor. Se sentaba en un taburete mientras tomaba un cóctel o un pastís, la bebida anisada de Francia. Sonaba Édith Piaf. *Non, je ne regrette rien*. Tenía una figura delgada y fumaba cigarrillos, a veces puritos. Le gustaba el gesto. Unos años después, el periodista Manuel Trallero la comparó con Grace Kelly. Se lo decía cada vez que la veía y lo acabó publicando en su libro *Barcelona 2004 como mentira*. «Llega Ada, va con traje chaqueta como para asistir a un cóctel. Yo le repito la frase de que fuma como Grace Kelly y me propina, en justa recompensa, una mirada de esas que matan. A pesar de ello me muero de ganas de propinarle unos mordiscos amorosos en su nuca desnuda», escribió en su crónica sobre el intento de desalojo de Can Masdeu en el barrio de Canyelles, al pie de la montaña barcelonesa de Collserola, el 1 de mayo de 2002.

Aquel desalojo fue un ejemplo más de las muchas acciones en las que Ada se dio a conocer. Los vecinos del barrio habían decidido unos meses antes convertir Can Masdeu en un centro social abierto a todo el mundo. El edificio llevaba medio siglo abandonado, casi en ruinas. La propiedad deseaba derruirlo a pesar de su protección patrimonial. Ese día, una decena de jóvenes estaban amarrados con cuerdas y arneses en la fachada para oponerse a la orden de desalojo del edificio. Llevaban tres días así. Era un escenario de fuerza simbólica y confrontación política inédita: un ejercicio de desobediencia pacífica. Sus cuerpos, debilitados por el hambre y la sed, representaban un acto de resistencia dramático. Era como una huelga de hambre forzada. La policía antidisturbios había sitiado *manu militari* el lugar: optaron por dejarlos sin agua y comida, hasta conseguir su agotamiento. Los alumbraban con potentes focos por la noche para impedirles dormir. Encima, les llovió. Los activistas estaban calados, deshidratados y hambrientos. No desistieron, ponían su cuerpo en juego. Nos conmovía contemplar esos cuerpos sedientos, extenuados y tozudos. Era la fuerza de los débiles. Solo un despertar de los cuerpos puede desafiar y desplazar los límites de lo posible, dirá Amador Fernández-Savater.

Ese día Ada ayudaba sobre el terreno a explicar la situación a los periodistas mientras yo estaba en el juzgado, como abogado de los activistas tras presentar un escrito solicitando suspender la orden judicial. Al final, conseguí que el médico forense los visitara para valorar su estado de salud. La gente concentrada en el lugar se vino arriba cuando llegamos con la comitiva judicial acompañando al médico. En base a su informe, alegué que el derecho a la vida estaba por encima del de propiedad. El juez me dio la razón y suspendió la orden. Con posterioridad, se retiró la denuncia penal. Una vez archivado el caso, un domingo, el juez se quitó la toga y por curiosidad fue a visitar el lugar, para sorpresa de todo el mundo. Luego llegó el juicio civil. Recuerdo el interrogatorio que le hice a un testigo de la propiedad, uno de los guardas del edificio.

—¿Usted va algunas mañanas a tomar el café con los activistas de Can Masdeu? ¿Participa de sus actividades? —le pregunté.

—Sí, es así —me respondió.

—Pero, a ver, ¿este señor no era el testigo de la propiedad? Parece de la parte demandada —apuntó el juez.

Con posterioridad, el mismo juez instó a las partes a encontrar una salida negociada, dado el valor social y comunitario del proyecto. Así, los vecinos pudieron ocuparse de su rehabilitación, con la ayuda desinteresada de Arquitectura Sin Fronteras. Veinte años después, Can Masdeu sigue en pie como espacio de referencia barcelonesa para todo tipo de actividades vecinales gratuitas: huertos comunitarios, visitas escolares, talleres agroecológicos... En el fondo, esta es la historia de muchos centros cívicos de la ciudad. Es mi historia como abogado, la de la futura alcaldesa y la de centenares de otros activistas barceloneses.

Pero volvamos otra vez a Ada y nuestra época universitaria. La suma de su indumentaria negra, su andar firme, una figura esbelta, un peinado al estilo *garçon*, un rostro aceitunado, el modo de fumar puros, un estilo directo, unos gestos rotundos pero elegantes y la convicción impropia para su edad le conferían una aureola de mujer fatal que despertaba curiosidad a su alrededor. Los estudiantes y profesores querían conocer a esa estudiante aventajada, la Grace Kelly de los movimientos sociales. Ella confraternizaba con una profesora: Fina Birulés.

Fina era más que una profesora. Nos abrió las puertas del pensamiento de mujeres como María Zambrano, Simone Weil o Hannah Arendt. Recuerdo un día que acompañé a Ada a una ceremonia de despedida de la compañera sentimental de Birulés, la poeta y traductora Maria Mercè Marçal, en el restaurante Margarita Blue, en Ciutat Vella. Escuchamos recitar sus poemas en medio de un ambiente de velas junto a Fina. Iban desfilando otros poetas. Marçal era una de las mejores poetas catalanas del momento. Recuerdo el impacto producido tras leer sus versos sobre la maternidad o la menstruación, vivencias esencialmente femeninas, y sobre temas universales como el amor o la muerte. Pero el amor era el de mujeres y, la muerte, la de un cuerpo de mujer derrotado por un cáncer. Su marcha prematura, como la de la escritora Montserrat Roig, nos dejó a nuestra generación un vacío de palabras.

Ada me abre puertas a nuevos horizontes. Representaba un mundo dentro de mí que tal vez no habría nacido si no la hubiera conocido. Mi entorno era el de los movimientos sociales; el suyo, intelectual. Como secretaria general del Movimiento de Crítica Radical, de inspiración italiana, se peleaba por el derecho a la objeción de conciencia, la apostasía o la eutanasia. Escribíamos en una revista llamada *La Monja Enana*, una publicación irreverente hecha con papel reciclado y cuyo nombre era un homenaje al cineasta italiano Federico Fellini. Su politización empezó precisamente en la Academia Ferrer, donde estudiaba BUP y ejercía de delegada de clase. Uno de sus mejores amigos era precisamente Vicent Molina, profesor de Historia del instituto, entusiasta de la vida que influyó en su pensamiento republicano y libertario. Otro personaje de su círculo era Santi Castellà, liberal convencido de izquierdas, luego senador con el PSC, ferviente anticlerical que se sabía de memoria todos los textos bíblicos.

Fue él quien nos acercó a ciertas lecturas liberales: Tocqueville, Stuart Mill, Bertrand Russell, Eduard Bernstein, Carlo Rosselli, Norberto Bobbio, Manuel Azaña o Fernando de los Ríos. Las grandes aportaciones del liberalismo —Estado de derecho, separación de poderes, frenos y contrapesos, libertades individuales o la democracia representativa— forman parte del patrimonio más valioso de nuestra cultura política. Eso no tiene nada que ver con la deslegitimación de lo público de la forma ideológica adoptada por la derecha: el neoliberalismo. Una de las peores cosas que le ocurrió al liberalismo durante la crisis de 2008 fue precisamente ser considerado la ideología de los poderosos. En nombre del liberalismo, se otorgó carta de naturaleza a la desigualdad económica, a recortes y privatizaciones, perpetrando los mayores abusos a su ideario básico.

Dos décadas después, como diputado en el Congreso, pude desenmascarar a una derecha llamada «liberal» que defendía algo tan poco liberal como el espionaje masivo a ciudadanos a través del *Pegasus*. Desde la tribuna, califiqué al PP y Ciudadanos de «falsos liberales» —«liberales de burla» o «manchesterianos», diría Unamuno—. «Soy más liberal yo que ustedes», añadí, mirándolos a la cara con el rostro tenso.

Hubo una risotada general en la bancada de la derecha. Entonces, argumenté la idea. Pedir la ilegalización de partidos, la cárcel de sus dirigentes o su visión nacionalista, uniformadora y excluyente de España era incompatible con el credo liberal. Ser liberal —añadí— es defender de modo radical la libertad de expresión, no aprobar la ley mordaza o delitos de opinión para encarcelar a cómicos y raperos. Es ser laico, no su defensa de los privilegios de la jerarquía católica y de las subvenciones públicas a su proselitismo religioso. Ser monárquico, defensor de los privilegios de los reyes, su opacidad e impunidad en casos de corrupción no tenía nada de liberal. Estar siempre del lado de los poderosos tampoco. Ser liberal no es hacer de abogado de las eléctricas. Es proteger a los débiles recortando, por ejemplo, sus beneficios para bajar la factura de la luz a los ciudadanos. Ser liberal es ser antifranquista; no negarse a romper amarras con la dictadura y rechazar el derecho a la reparación, la justicia y la verdad de sus víctimas.

No hay nada más de izquierdas —decía Jorge Semprún— que la libertad. La derecha española se apropia del concepto, pero para defender única y exclusivamente la libertad de mercado. En realidad, la izquierda es la legítima heredera del liberalismo nacido en Cádiz; quien conquistó la democracia como libertad de la mayoría, no de una minoría. Y a partir de allí amplió derechos propios del credo liberal frente a la resistencia de la derecha: el aborto, la eutanasia, el matrimonio entre personas del mismo sexo... Lo recordaba el propio Indalecio Prieto con su famosa frase «socialismo a fuer de liberal». De hecho, en Estados Unidos los liberales son los progresistas.

En el círculo de amistades de Ada también estaban la catedrática de Filosofía, que años después sería senadora del PSC, Victoria Camps, e intelectuales vinculados a la masonería francesa, como el catedrático de Derecho Financiero Joan-Francesc Pont, un gran maestro fundador de la Gran Logia Simbólica Española. Este último nos abrió las puertas a un mundo enigmático y nos despertó la admiración por la figura del pedagogo anarquista Francesc Ferrer i Guàrdia, condenado a muerte en 1909 tras ser considerado instigador de la Semana Trágica de Barcelona. Lo asesinó la ignorancia, escribió medio siglo después Albert Camus. Por aquel entonces no sabíamos que el mundo de Ferrer i Guàrdia volvería a nuestras vidas tras entrar en el ayuntamiento veinte años después: cada 13 de octubre, Ada o yo asistiremos y hablaremos en su homenaje, un acto entrañable ante el monumento levantado en su memoria en la montaña de Montjuïc, cerca de donde fue asesinado y enterrado.

Ada era una mujer inquieta. Se notaba en sus mudanzas: cambiaba mucho de piso. Al final alquiló uno en un edificio anodino, cerca de la inacabable Sagrada Familia, encima del piso donde vive su madre. Desde entonces, siempre ha vivido allí. Lo digo porque sobre su vida personal se han difundido muchas mentiras; una era la compra de un piso en los barrios altos; otra, su hospedaje en un hotel lujoso que ni había pisado. Esa vivienda modesta se convirtió en su centro de gravedad permanente. El otro serán sus dos hijos. Flaubert decía que todos los que tienen hijos están «en lo verdadero». A Ada le permite olvidar su yo, deshacer el suplicio de los nervios. También tuvo muchos trabajos. La mayoría precarios, como cuando se disfrazó de Papá Noel en centros comerciales o de estatua humana para el Museu de Cera, situado al final de la Rambla. Lo hacía sin perder nunca su cálida sonrisa.

Con una gran capacidad de reinventarse en sus proyectos vitales o profesionales, Ada sabe vivir sin mirar atrás. Tiene la habilidad de crear múltiples personajes vividos con pasión y defendidos hasta el final. No es nostálgica. No tiene miedo a los cambios: se arraiga rápidamente, pero, cuando debe cambiar, levanta el vuelo con la facilidad de una mariposa dorada. Su trabajo más duradero fue el de traductora de italiano, por ejemplo, en unos seminarios de un grupo de psicólogos conductistas, donde aprendió mucho de psicología. Luego, trabajó en una productora de televisión y actuó como actriz de teatro. Ocasionalmente, pisó un plató de televisión en una serie con guion de su padrastro, *Dos + Una*, emitida en 2001: se interpretó a sí misma en la vida real con sus tres hermanas. Nunca se sintió orgullosa de ella, pero hay escenas que arrancan carcajadas.

Su último trabajo estable fue en el Observatori DESC, un laboratorio de ideas progresistas. Yo formaba parte de la junta y le propuse contratarla a su directora, Vanesa Valiño. Al poco, Ada se convirtió rápidamente en la líder indiscutible y la cara pública de esa plataforma. También coincidió allí con Gerardo Pisarello y el carismático Jordi Borja, antiguo dirigente del Partido Socialista Unificado de Cataluña (PSUC) y colaborador de Pasqual Maragall. Con posterioridad, Ada entregó todas sus energías de modo obsesivo al objetivo de crear una asamblea de afectados por las hipotecas. Dar ese paso significó un antes y un después en su biografía vertiginosa. El resto de su trayectoria, que la llevaría al sillón del ayuntamiento de la Ciudad Condal, lo veremos más adelante.

Ciudad en disputa: ocupación, activismo y cuerpos policiales

La ocupación de edificios abandonados se convierte en una práctica recurrente en toda España en las décadas de 1990 y 2000. Como en el caso de Can Masdeu ya mencionado, sus protagonistas reclamaban su uso comunitario en barrios que no disponían de suficientes centros cívicos o servicios sociales. También era un medio para satisfacer necesidades básicas. O para hacer visibles situaciones consideradas inaceptables —como la especulación en el acceso a la vivienda, el cierre de un centro ambulatorio o la protesta contra la guerra de Irak del PP—. En muchas ocasiones, era todo a la vez. Aunque su actividad fuera pacífica, eran desalojados con uso extremo de la fuerza, a menudo en medio de grandes disturbios. Y, precisamente, una de mis principales ocupaciones una vez terminada la carrera de Derecho fue la defensa de estos activistas sociales, junto con la de los insumisos del servicio militar obligatorio. Fueron muchos los casos a los que me enfrenté, pero hubo uno especialmente significativo. Hay recuerdos que aunque pase el tiempo la memoria no los difumina.

Es lunes 28 de octubre de 1996 y sobre las cinco de la mañana duermo en un sofá destartalado de mi despacho de abogado en la Via Laietana del centro de Barcelona. Todavía no ha salido el sol cuando un ruido sordo de botas se desliza a galope en medio de la oscuridad. Contrasta con el silencio de esa hora en la calle desierta. Vacía, tras los cortes del tráfico. Como si estuviéramos presenciando una película, la escena es sobrecogedora: el azul de los trajes policiales inunda la calle amplia, la negrura de la madrugada. Las botas retumban con ardor guerrero. Sus pasos, cada vez más cercanos, a un ritmo que parece ensayado. Es el inicio del desalojo del emblemático cine Princesa, situado justo al otro lado de la calle. Un rugido vacuo llega al cabo de unos minutos desde el cielo envejecido. El helicóptero zumba como un moscardón de acero justo en el corazón de la noche. Gira sobre nuestras cabezas; su potente foco vigila las calles; ilumina la escena mientras sus alas leonadas dibujan círculos sobre los tejados. Los perfiles humanos sobresalen iluminados con una luz tenue en medio de la oscuridad. Parece un cuadro tenebroso del italiano Caravaggio. El alboroto despierta al resto del vecindario. En el despacho están una periodista, Joana Garcia, y el citado Jesús Rodríguez. Entre los tres hemos hecho turnos por la noche, a la espera del desenlace esperado. Yo soy el abogado. El edificio está protegido por un plan urbanístico. Solo puede albergar oficinas públicas o un nuevo cine. No puede derruirse. Llevaba casi treinta años abandonado. Los vecinos se quejaban insistentemente de la situación durante largo tiempo. Lo reivindicaban como equipamiento para el barrio. Hace siete meses decidieron pasar a la acción. Lo convirtieron en un centro social. Organizaban todo tipo de actividades: un comedor popular, charlas, teatro, clases de música y conciertos para la cooperación entre pueblos. En verano recibieron la orden de desalojo.

Como abogado, presenté varios recursos contra esa decisión mientras se organizaban actos para frenar el desalojo. El último sábado se organiza una marcha nocturna de antorchas. Al día siguiente, domingo, un maratón cultural en la azotea del edificio, por donde pasan artistas y cantantes. De allí nace mi relación con Manu Chao y Lluís Llach. Coincidiré con ellos a lo largo del tiempo en luchas que compartiremos. A los dos les duele el mundo, prestan su música a diversas causas sociales. Por ejemplo, Manu Chao nos ayuda a visibilizar los efectos de la ofensiva de la ordenanza del civismo del consistorio barcelonés. Llegará a tocar y grabar vídeos para denunciar la persecución sufrida por los artistas callejeros.

Durante toda la semana la tensión hierve, anuncia tempestades. Los activistas del cine Princesa recogen colchones viejos y maderas de las inmediaciones para su resistencia. Las autoridades atemorizan al barrio con el vuelo de helicópteros y la presencia insomne de la policía secreta. Se genera un agrio debate entre los vecinos. Unos son partidarios de la mano dura. Otros se solidarizan con los activistas.

El desalojo parece el asedio a una fortaleza medieval en manos de un peligroso grupo guerrillero. Lo vemos todo atónitos desde el balcón de un primer piso, apenas a diez metros de la escena, tumbados con la luz apagada por temor a ser descubiertos. Más vecinos lo contemplan, agazapados tras las cortinas. Siluetas temerosas detrás de un enjambre de ventanas con la luz amarillenta. El día y la noche se anulan en el crepúsculo en medio de una miríada de gritos de unos y otros. Algunas televisiones lo transmiten en directo. Los antidisturbios están literalmente bajo nuestros pies, los accesos al edificio están cerrados. Un grupo de unos treinta okupas están parapetados en la azotea con colchones y otros artilugios. Son un hormiguero humano que se desliza con rapidez en el fondo de la oscuridad. Lanzan a la calle lo que encuentran a mano. Prenden fuego a la madera, cartones y trastos viejos. Las llamas avivan la hoguera. El naranja brilla sobre la escena, con su juego de sombras. Un sofá vuela por los aires. No son seres angelicales. Los agentes antidisturbios tampoco se quedan cortos. Unos acceden mediante escaleras por el tejado mientras otros disparan como francotiradores. Desde otros edificios, desde la propia calle, contra cualquier sombra que se mueva. Lanzan gas lacrimógeno, balas de goma. Es la hora incierta de la penumbra. La luz tenue desdibuja sus contornos más negros. Se oye un tumulto cargado de insultos y gritos. Parecen aullidos de gargantas enronquecidas. Pim, pam, pum. Con una sucesión de estallidos de diferente intensidad, todo va como una traca interrumpida. Como si hubieran detonado decenas de fuegos artificiales al mismo tiempo.

Los corazones latiendo a toda mecha. La pólvora. La adrenalina. El clímax.

Tras la batalla, centenares de proyectiles yacen dispersos en la calle. El diputado de ICV, Ignasi Riera, aparece con el rostro compungido en mitad de la escena. Sostiene algunos en la mano; critica ante la prensa el excesivo uso de la fuerza.

La operación dura horas. A las ocho y media de la mañana se da por terminada. Además del helicóptero, se ha movilizado a los bomberos, a doscientos agentes antidisturbios y 25 furgonetas. Habrá 15 heridos y 48 detenidos. Uno de ellos, sacado en camilla, con heridas por todo el cuerpo. Solo el PP acabará respaldando de forma clara una actuación criticada desde diferentes ámbitos por la desproporción en la exagerada utilización de medios. La Federación de Asociación de Vecinos de Barcelona pide la dimisión de la delegada del Gobierno, Julia García-Valdecasas. La coalición Iniciativa per Catalunya Verds-Esquerra Unida i Alternativa (ICV-EUiA) también exige explicaciones. La represión dura normalmente lleva a la desmovilización. A veces genera el efecto inverso: se percibe la necesidad de hacer algo y la movilización prende como paja seca. La batalla campal del cine Princesa abre el camino a protestas en cadena en Barcelona y otras localidades como Terrassa. La misma noche del desalojo, se inflama una manifestación para reclamar la libertad de los detenidos. Acaba con disturbios, más heridos y detenidos tras un inédito asalto a la comisaría de la Jefatura Superior de la Policía Nacional de Via Laietana. Lanzamiento de objetos. Policías parapetados detrás de las vallas. Sirenas. Porrazos. Gente corriendo. Nuevas ocupaciones. «Un desalojo, otra okupación», gritan los manifestantes.

Como un hacha que corta el mar congelado de la ciudad, sobrevuela otra vez el potente imaginario de la Rosa de Foc —el apodo que recibió Barcelona durante las protestas anarquistas de la Semana Trágica de 1909, cuando ardía como una «rosa de fuego»—. La capital catalana tiene fama de reivindicativa: el lugar donde más barricadas se levantaron durante el siglo XIX, según Friedrich Engels. La ciudad europea que más rebeliones populares vivió a lo largo del siglo XIX y XX, según el historiador inglés Eric Hobsbawm. A partir de 1995 el espacio público de la ciudad postolímpica se convierte en un espacio de disputa. Las protestas sociales se multiplican. Los centros sociales autogestionados crecen como setas por todos sitios. Los enfrentamientos entre activistas y policía son frecuentes. El grupo de *punk hardcore* KOP populariza su canción *Desalojos son disturbios*.

Mi trabajo se centra cada vez más en la defensa de los activistas ante la justicia. La represión me especializa. La primera vez que aparezco en los telediarios, con veintitrés años, es precisamente con el desalojo del cine Princesa. Las imágenes todavía circulan por las redes. Los dos días posteriores, me los paso enteros entre comisaría y juzgados con otro abogado mayor, Francesc Arnau. En total, 48 asistencias a detenidos. Una tras otra: me cuesta mantenerme despierto. Voy a los platós de televisión, a estudios de radio. «La actuación fue claramente desproporcionada. Es un error tratar el problema desde el Código Penal. Era un espacio abandonado, lleno de ratas y jeringuillas. Hay mecanismos en el derecho civil suficientes para resolverlo», repetiré ante la prensa. Años después, los tribunales me dan la razón. En 2003, la justicia considera ilegal el desalojo y absuelve a todos los detenidos. El derecho penal no debe —dice— ocuparse de estos asuntos. Con ello, se callan muchas bocas y se produce un giro de guion inesperado de un episodio histórico.

Desobediencia, disturbios y excesos policiales

El caso del cine Princesa es una de mis primeras victorias judiciales más sonadas. Pero, como abogado, en esa época llevo también muchos casos de insumisos al servicio militar y a la prestación social sustitutoria. No suelo ganarlos, no es fácil. Para empezar, porque el delito es claro. En alguna ocasión, algún juez progresista atiende mi alegato sobre un defecto jurídico o por el «estado de necesidad» como eximente completo por razones de conciencia, pero no es lo habitual.

En mis alegatos finales siempre había reflexiones sobre el derecho a desobedecer. Utilizaba lo aprendido en filosofía. «El deber de obedecer del derecho no es absoluto. Cuando la sociedad crea injusticias y el derecho no es capaz de corregirlas, surge el deber de desobedecer», decía desde el estrado. Citaba a los teóricos de la desobediencia civil como Rawls, Habermas, Dworkin o Erich Fromm, quien decía que la historia humana empezó con un acto de desobediencia y que no sería improbable que terminase en un acto de obediencia. Traía a colación a líderes políticos que la llevaron a la práctica como Gandhi o Martin Luther King. Una ley no es justa porque sea ley, debe ser ley porque es justa. Todo lo que hizo Hitler en Alemania lo hizo con la ley en la mano, decía el líder contra el *apartheid*. Esa es la «obediencia cadavérica», según Arendt, con la que Eichmann y los demás jerarcas nazis justificaban sus crímenes. El objetivo era poner la desobediencia civil en el centro del debate y conectarla con la realidad social del momento. Se desobedecía el servicio militar obligatorio por razones morales, pero también jurídicas, vinculadas al deber de defender la paz prevista en los tratados internacionales o la libertad de conciencia amparada por la Constitución. Para hacerlo, mostraba el derecho, su discurso, no solo como artefacto de legitimación del poder, sino también como arma dirigida a deslegitimar sus actuaciones injustas o arbitrarias. En nombre del derecho se han hecho auténticas barbaridades. En la guerra del Golfo, se puso al servicio de una lógica destructora, pero en nombre del derecho también se alzaron desobedientes como los insumisos. Ante la arbitrariedad disfrazada de legalidad —decía en mis alegatos— siempre hay una Antígona dispuesta a desenmascararla en nombre del derecho y la razón. Les recordaba a los jueces, mientras los miraba directamente a los ojos, que quien estaba en el banquillo sentado era somo el personaje del mito de Sófocles: «Está en sus manos ser justo o no. Ser benevolente o no», les decía apelando a su conciencia. La batalla no solo se libraba entre las paredes de la sala judicial. Los alegatos finales eran un altavoz para llevar la lucha política fuera, a la calle, en lo que el famoso abogado Jacques Vergès bautizó como «juicio político».

La persecución penal contra los insumisos agravó el problema en vez de solucionarlo. Debía resolverse políticamente, no con la cárcel. Los jueces y fiscales buscaron brechas legales para suavizar las penas e incluso archivar directamente los casos. Al final, ganamos la batalla. Se derogó el delito en 2001 y se aplicó retroactivamente a todos los casos pendientes, poniendo fin a más de dos siglos de reclutamiento militar. En buena medida fue un triunfo de esa estrategia de confrontación. El PP indultó antes a centenares de insumisos para adelantar el efecto de la ley, como argumentaré veinte años después, en el debate de los indultos sobre los líderes del *procés*.

Tras el desalojo del cine Princesa, el mar se va a encrespar. En 1996, José María Aznar gana las elecciones y firma el pacto del Majestic con la CiU de Pujol. El llamado oasis catalán empieza a resquebrajarse como un espejo rajado en la Barcelona postolímpica. La desobediencia y las acciones directas adoptarán multitud de formas diferentes. Sentadas, campañas, manifestaciones todas las semanas, acampadas e incluso encadenamientos. Uno de los casos que defendí en los tribunales fue el de un grupo de activistas detenidos, tras encadenarse en contra del plan Caufec de urbanización de unos terrenos en Esplugues de Llobregat, cerca del parque natural de Collserola. Luego fueron absueltos.

La onda expansiva llega a los campus universitarios. La protesta, y posterior represión, con motivo de una visita en el año 1999 del presidente Aznar a la Universitat Autònoma de Barcelona, ayuda a construir un nuevo movimiento estudiantil potente durante la década de los dos mil. Hay hambre de agitación. Otro episodio destacado de enfrentamiento fue el 12 de octubre de 1999 con motivo de una manifestación antifascista contra la presencia de grupos neonazis en Sants, un barrio barcelonés de fuerte tradición anarcosindicalista. Los vecinos y vecinas no querían ver sus calles como un escaparate de exaltación a la dictadura, con agresiones de los cabezas rapadas. La noche anterior habían apuñalado a dos personas.

Esa mañana, un pálido gris oscurece el azul del cielo. Densas columnas de humo de los contenedores arden. La primera carga policial rompió la manifestación en grupos que se dispersaron por el barrio. Un hormiguero de jóvenes encapuchados revienta sucursales bancarias e inmobiliarias. Se deslizan por las calles como sombras de un lado a otro en una danza frenética. Cristales por el suelo. Coches entrecruzados. Huidas y escaramuzas. Persecuciones policiales. El ruido ensordecedor de un helicóptero. Porrazos y balas de goma a discreción. Como resultado de los disturbios, decenas de jóvenes detenidos. Uno de ellos, el hijo del actual responsable de seguridad del gobierno barcelonés, Albert Batlle. Varias de las detenciones fueron al azar, a bulto. La jueza de guardia mandó a catorce directamente a la cárcel. Yo era el abogado de la mayoría. Como si me hubieran golpeado, lloré de impotencia. Se trataba de una medida claramente desproporcionada de escarmiento. Dos de los encarcelados eran menores de edad. No había riesgo de fuga ni de reincidencia. El argumento: la «alarma social» causada tras la bomba informativa de los hechos. Las imágenes de los disturbios se repetían en bucle en la televisión. Un motivo así no podía justificar la privación de libertad. El propio Consell de la Informació de Catalunya en su dictamen posterior concluyó que algunos medios de comunicación vulneraron el código deontológico del Col·legi de Periodistes. Con filtraciones policiales no contrastadas, instigaron un clima de alarma social determinante en el desenlace judicial. Paradójicamente, los nazis *skins* detenidos por diversas agresiones ya estaban en libertad. Las familias estaban destrozadas. Cuando bajé a los calabozos, hubo algún momento dramático. Gritos. Rabia. Llantos. «No he estado ni en la manifestación. Me han detenido en un bar por mi aspecto», me decía asustada una menor de edad entre sollozos, cuando le informé de que iba a la cárcel. La desproporción de la medida generó una cascada de protestas. La misma juez al final decidió ponerlos en libertad. La «alarma social» había menguado, dijo diez días después. ¿De repente? Lo decidió dos días antes de una masiva manifestación de protesta de más de diez mil personas. Con todo, ese litigio tendrá su epílogo al año siguiente. La Delegación del Gobierno español trasladará, para evitar incidentes, el acto neonazi a la montaña de Montjuïc. Los activistas lograron su objetivo de expulsarlos del barrio para mandarlos a un lugar aislado, menos visible.

Otro de los momentos calientes de aquella época fue el 24 de junio de 2001, tras la manifestación convocada en el Passeig de Gràcia de Barcelona por más de trescientas cincuenta entidades en el marco de la campaña contra el Banco Mundial. Es el momento del auge del movimiento antiglobalización. «Otro mundo es posible» era el lema de la campaña. Fue prohibida previamente, presenté un recurso. Dos días antes, el Tribunal Superior de Justicia de Cataluña me dio la razón, tras una vista. La manifestación se autorizó en contra del criterio del ayuntamiento y de la Delegación del Gobierno.

Barcelona se llenó de gente. José María Aznar estaba indignado. «Cataluña es una sociedad enferma», llegó a decir. La protesta se dislocó bajo los golpes de una contundente carga policial contra el grueso de los manifestantes, con veintitrés detenciones y más de sesenta heridos. El crujido de las porras abatiéndose sobre la cabeza de decenas de fotógrafos de prensa fue como el gemido de un cuerpo herido. La Comissió de Defensa del Col·legi de Periodistes emitió un duro comunicado e impulsó una querella que terminó tan solo con la condena de un agente. Las imágenes de un grupo de policías infiltrados, camuflados y con palos entre la minoría alborotadora generó una gran polémica. Ada Colau, como portavoz de la campaña, se dedicará a explicar lo sucedido ante los medios; yo estaré en los juzgados asistiendo a los detenidos. Otra vez se decretó cárcel. Pero algo estaba cambiando: los hechos tuvieron un efecto polarizador; buena parte de la sociedad se vio obligada a tomar partido. Un centenar de entidades, sindicatos y partidos políticos nos pidieron presentar una querella para investigar los excesos policiales. Un procurador me llamó indignado: ofreció llevar gratuitamente el caso. Era Jaume Moya, futuro diputado por Lleida de los comunes. Los abogados y abogadas de la Comissió de Defensa me ayudarán desinteresadamente en su redacción. La iniciativa iba dirigida contra la responsable política del operativo, la delegada del Gobierno del PP, García-Valdecasas. Se dio la casualidad de que justo por aquellas fechas su hijo, Ignacio Añoveros, tenía una relación que iba más allá de la estricta amistad con una de las personas involucradas en la protesta, Toni Comín, futuro *conseller* de Salut de la Generalitat de Catalunya. La situación era surrealista. En aquella época él ya era uno de mis mejores amigos y a Ignacio no le hacía ninguna gracia.

La tesis de la querella no era fácil de probar. ¿Detrás de la actuación policial contra los manifestantes —denominada operación Sellado— se ocultaba un plan criminal? ¿Los policías infiltrados ejercieron de «agentes provocadores»? El presidente del Tribunal Superior de Justicia de Cataluña había calificado de auténtico peligro su modo de actuación, señalando que los policías «no tienen por qué llevar palos ni barras de hierro, porque no son el arma reglamentaria». El ayuntamiento y la mayoría de los partidos catalanes también atribuyeron la violencia a los policías infiltrados. ¿Con qué objetivo? Provocar los disturbios para justificar la actuación policial de manera premeditada y evitar el éxito de una manifestación pacífica. La Delegación del Gobierno llevaba toda la semana caldeando el ambiente, tras perder en los tribunales. Sucederá algo parecido unos días después en las manifestaciones antiglobalización llevadas a cabo contra la reunión del G8 en Italia, la denominada contracumbre de Génova, donde unos *carabinieri* introducirán cócteles molotov en un edificio con el objetivo de justificar su posterior intervención. La confesión de un agente arrepentido reconociendo los hechos será clave para condenarlos años después. Nunca vi suceder algo así en España. Aportamos cien testigos y trece horas de vídeo para sostener tal tesis, pero al final la causa se archivó tras las primeras diligencias. Uno de los argumentos era recurrente: no se podía identificar a los autores de los hechos. No será el último carpetazo con idénticos motivos. Y ante esa vía de escape no podíamos quedarnos de brazos cruzados.

Días después hubo otro caso de impunidad. En medio precisamente de las protestas en la contracumbre de Génova, el 17 de julio de 2001. En Barcelona, el día se despierta con telarañas en los ojos. Las nubes flotan dormidas en un cielo plomizo. La ciudad todavía no ha entrado en calor. De repente, un tumulto de gritos y balas de goma galopa por las calles del barrio de Gràcia. Un ruido amargo, ensordecedor, corta el pálido lienzo del alba. Nadie lo esperaba. La policía asalta inesperadamente y sin orden judicial el emblemático centro social Kasa de la Muntanya. Soy el abogado. Me desplazo al lugar de los hechos. Pido hablar con quien esté al mando, infructuosamente. Observo cómo avanza el operativo desde la calle.

La historia de este edificio modernista se remonta a la huelga general de 1902, que desató una serie de altercados contra la burguesía barcelonesa. Esta solicitó protección. Como el Gobierno carecía de fondos, Eusebio Güell —el aristócrata ideólogo del Park Güell— construyó con su dinero un cuartel para la Guardia Civil. En 1982 quedó abandonado. Seis años después, un grupo de vecinos lo convierte en un centro social abierto al barrio. Ironías de la vida, quién iba a decir que una casa promovida por un aristócrata como cuartel de la Guardia Civil terminaría como centro social okupado.

El edificio cuyo destino era proteger el barrio de los disturbios esta mañana es escenario de uno de ellos. Desde su terraza, una decena de personas lanzan todo tipo de objetos contra los agentes durante el desalojo de un inmueble cercano. La operación la dirige un gallego cuyo nombre se hará muy conocido en los juzgados, el subinspector Silverio Blanco, jefe de los antidisturbios de la Policía Nacional en Barcelona. Lo tendré que interrogar en multitud de ocasiones. Yo también soy muy conocido entre los agentes antidisturbios. Los tengo que interrogar infinidad de veces. Silverio da la orden de responder a la agresión con una lluvia de balas de goma. Luego, pide autorización al juez para entrar y registrar el edificio. La orden no llega. Se impacienta. La sangre le sube a la cabeza. «Malditos burócratas», quizá piensa. En vez de esperar, pasa a la acción. Yo ya estoy en el juzgado de guardia. El juez me dará la razón. La entrada y el registro son ilegales. No pueden efectuarse. La orden del juez llega tarde.

Como en un asalto medieval de un castillo, los antidisturbios abren a golpe de picos y mazos un boquete en la puerta metálica. Pum. Pum. «¡Vamos a desalojar el edificio, no opongan resistencia!», se oye de un megáfono. La operación dura más de dos horas. Cuando los antidisturbios se van, se llevan detenidas a treinta personas, todos los moradores, menos una niña de nueve años.

A la jueza le bulle la sangre. La policía ha actuado a espaldas de la justicia. Tras nuestra denuncia, abre una investigación. Como en la serie *Antidisturbios* de Movistar Plus+ dirigida por Rodrigo Sorogoyen, aparece la parte más oscura de ese cuerpo de asalto. Los agentes destrozan por dentro el inmueble, golpean a sus ocupantes y se apoderan de algunas de sus pertenencias personales. Incluso utilizan sus tarjetas de crédito en los peajes mientras sus propietarios permanecen detenidos en los calabozos. Sorprendente, ¿no? La jueza hace declarar uno a uno a todos los policías. Unos cuarenta. Decidimos ejercer nuestro derecho a interrogarlos en catalán. En esa época, lo hacíamos a menudo como gesto reivindicativo. La jueza pone un intérprete. El trámite se alarga. Todos rechazan ser los autores de los hechos. Como son imputados, pueden negarse a contar la verdad. La jueza, abatida, comprueba *in situ* cómo opera la impunidad de los cuerpos policiales. Son hechos probados, pero no tiene más remedio que archivar la causa. Alguien es el autor de los delitos, pero ¿cómo saber quién ha hecho qué? Entre ellos se encubren. Además, las imágenes grabadas no sirven de nada. Los agentes llevan un casco con la visera bajada, ocultando su rostro, y sin identificación visible en el chaleco. ¿Cómo atribuirles una identidad concreta?

En la protesta frente a ese desalojo ilegal, el activista Carles Guillot, de quien hablé ya antes, perdió un ojo tras un impacto de bala de goma. En ese momento, los pocos periodistas que dieron la noticia lo hicieron de modo aséptico, como fríos notarios que no relatan los gritos, la zozobra, el dolor. En cambio, yo recuerdo el momento.

Todo sucedió muy deprisa. Los policías disparan. La gente huye y se dispersa. Cunde el pánico. Sin compasión, los agentes no paran. Las balas vuelan veloces. De repente, el frío cañón de una escopeta le apunta. Dispara casi a quemarropa. La parte puntiaguda de la bala llega hasta el hueso de la cavidad del ojo derecho. Imágenes congeladas en su mente nublada. La súbita ceguera. Todo se vuelve negro. El rostro en llamas: el párpado desgarrado, el globo ocular reventado. La pupila negra, una cavidad roja. Un dolor punzante, casi le deja sin consciencia. Su cuerpo es como un horno en explosión. Cae, se retuerce en el suelo. Su cuerpo postrado, a tientas, tambaleante. Los músculos agarrotados. Un grito en la garganta. Un eco sombrío carcomiendo el alma temblorosa hasta el confín. Los ojos cerrados, abrazándole como dos carbones al rojo vivo. Las manos instintivamente protegiéndolos. La sangre derramando por las mejillas, mezclada con lágrimas, como ríos de sal. La cara empapada de un espeso carmesí. Su rostro marcado para siempre. Un charco de sangre en el suelo.

Su vida da un vuelco. La cara es algo que no se puede ocultar. «Me miro en el espejo cada mañana y no me reconozco en la imagen que me devuelve. Ya no puedo ver como vosotros y vosotros ya no me veis como era antes», dice tras su mutilación. Aceptarlo será difícil. Deberá reconstruirlo todo: lo emocional, lo laboral, lo social. Las heridas perdurarán. Una mueca en el espejo. Una sobrecogedora oquedad profunda en el rostro le acompañará para el resto de su vida. «He decidido que no me voy a cubrir el ojo por una cuestión ideológica. Es una mutilación provocada por la violencia policial. He decidido que la ética debe estar por encima de la estética», dice con serenidad, pero con la fatiga de quien transitó por un camino largo y doloroso.

Protestar le cuesta un ojo, pero él sigue protestando. Se organiza con el resto de los afectados para crear una asociación, Stop Balas de Goma. Su objetivo: ser el último mutilado en España. En realidad, será uno de los primeros. En las dos siguientes décadas, habrá más de cuarenta casos. Todos sin condena del autor material del disparo. Esa injusticia me rebela por dentro y me lleva a implicarme también en su lucha para prohibir ese tipo de armas.

La impunidad de los antidisturbios era un gran agujero negro. Por eso se les iba fácilmente la mano en sus actuaciones. De hecho, era como tener patente de corso. La Comissió de Defensa de los abogados llevábamos años reclamando la obligación de los antidisturbios, pero también del resto de los funcionarios policiales y de prisiones de llevar una insignia identificativa en sus prendas. Sin ella, era imposible saber quién había hecho qué, y que pudiera responder por sus actos. Me reuní con el *conseller* Joan Saura, de ICV, para lograrlo. «No tengo suficientes apoyos internos para dar ese paso», me dijo. Estaba en una posición interna y externa débil, asediado por los sindicatos policiales, la oposición y el *establishment* mediático. No era fácil dirigir una consejería como la de Interior por el máximo líder del partido más a la izquierda del arco ideológico catalán, integrado como socio menor en un gobierno de coalición. Y menos en un contexto de contestación social creciente. Se puso en evidencia durante las cargas contra las movilizaciones estudiantiles de 2009. La respuesta fue tan desmedida que Saura, en un gesto inédito, cesó al director general de la policía, admitió errores y pidió disculpas. En una decisión también inusual, cesó al director general de la policía, Rafael Olmos. En cambio, la mayoría de la clase política cerró filas con la policía. «Asumir Interior fue la última decisión del PSUC», me reconoció Joan Herrera (ICV), contrario a hacerlo. También Cayo Lara, coordinador federal de Izquierda Unida, criticó la decisión. Saura sufrió un sándwich político. Por la izquierda, nuestra presión: la de la sociedad civil organizada. Por la derecha, el resto. En ese contexto, la decisión se demoró. El primer paso lo dio el gobierno español del PSOE en 2007, estableciendo la obligación de identificación. Luego, lo haría él. La derecha y los sindicatos policiales se opusieron con vehemencia. «Los dejaban al descubierto, expuestos a las denuncias», decían. También hubo alguna resistencia entre las filas de la izquierda. En unas jornadas en el Colegio de Abogados interpelé sobre esa anomalía a la *consellera* de Justicia del PSC, Montserrat Tura. Mientras me escuchaba, en cada respiración suya, percibía su soberbia incómoda. «Los alborotadores van encapuchados, los agentes también deben ir con la identidad oculta», me respondió al final con cinismo. Las caras del auditorio, lleno de juristas, eran de estupefacción. Equiparar a un agente del orden con un alborotador es una pobre concepción democrática del orden público. Es más, ¿un presunto delincuente no tiene derechos? ¿No puede denunciar ser víctima de un delito? Con un argumento similar, en su partido, no pocos justificaron años antes la existencia del grupo armado GAL. Los consejeros de justicia deberían ser juristas, pensé ese día. El riesgo de decir alegremente ciertas barbaridades disminuiría.

No era difícil ver en estos argumentos corporativos la estrechez de miras de quien pretendía situarse por encima de la ley y del control público. En una sociedad democrática no se puede desligar ni anteponer una supuesta eficacia de los resultados a los medios utilizados. Las alarmas deberían haber saltado mucho antes, cuando tanto un relator sobre derechos humanos de la ONU como el Síndic de Greuges (el defensor del pueblo en Cataluña) concluyeron que los abusos eran recurrentes y que los mecanismos de investigación internos resultaban insuficientes. El derecho de los ciudadanos a identificar a los agentes y su respectiva obligación de hacerlo no se garantizaba. Invocar esa razón de Estado es nefasto a la hora de prevenir, investigar o castigar desmanes. La relación entre la fuerza arbitraria y la ausencia de dispositivos de control es innegable. Basta verlo con los efectos de los protocolos de los gobiernos vasco y catalán. La instalación de cámaras de videovigilancia significó una disminución notable de las denuncias por torturas. Pero en aquellos años de excesos policiales las hubo, como veremos a continuación. Y tendrían consecuencias. Los abusos cometidos por los que debían defendernos y el posicionamiento de los representantes públicos a favor de los torturadores provocarían una enorme indignación en la ciudadanía y nos llevaría a muchos a pensar que era necesaria una renovación política.

No a la guerra, el germen del cambio

Sábado, 15 de febrero de 2003. España y Europa viven grandes manifestaciones contra la guerra de Irak. «¡No a la guerra!», el lema, adoptado universalmente, no puede ser más rotundo y unánime. En la calle, nace una nueva nación. La nación europea. Lo que en un principio es una marcha por la paz será también el germen de grandes movilizaciones posteriores. Una nueva forma de clamar contra las injusticias y la globalización en todo el continente. En los balcones cuelgan todo tipo de pancartas reivindicativas. Salen a la luz los problemas reales de la ciudadanía tras años de pelotazos urbanísticos y, como se empieza a intuir y más tarde se confirmará, corrupción sin medida. Más allá de la guerra, algo está cambiando. Crece el malestar y la gente toma las calles. Sentíamos en la espalda la mano de la historia que nos empujaba. Una bella sinfonía de fraternidad.

Yo asisto a la manifestación en Barcelona. Recuerdo el día. La ciudad tiembla de emoción como una mariposa. Marchamos exultantes por las calles entre sonidos de tambores y bocinas. Somos un único cuerpo estremecido por un mismo clamor frente al apoyo del gobierno del PP a la invasión de Irak. Desde la sociedad civil llevamos semanas de asamblea en asamblea. La convocatoria en Barcelona y Madrid es un éxito. Tres millones de personas: la manifestación más multitudinaria de la historia. Europa nos mira, vibra con la gran demostración de desborde popular. «Las manifestaciones de Barcelona no harán cambiar nuestra política», dice George Bush padre en un acto de la industria petrolera de Texas. La ciudadanía ocupa las calles. Caceroladas en las esquinas y desde los balcones retumban cada día a las nueve de la noche contra el terceto de las Azores —Bush, Aznar y Blair—. Los restaurantes apagan las luces a esa hora en señal de protesta. Acampadas ante los ayuntamientos. Ocupación de espacios municipales abandonados, bautizados como «Espacios Liberados contra la Guerra». El surgimiento de colectivos como Miles de Viviendas, que alertan sobre la precariedad, el urbanismo salvaje y las dificultades para acceder a un piso, mientras promueven la ocupación de locales vacíos y abandonados. Irónicamente, lo llaman «Promociones de Vivienda *Realmente* Pública» (PHRP, por sus siglas en catalán). Sucede en la calle Magdalenes del casco viejo barcelonés. Los inquilinos se resisten a ser desalojados. Piden ayuda para visibilizar su situación, frenar el *mobbing* que sufren. El propietario quiere construir un nuevo hotel. Yo soy el abogado de los vecinos que se oponen. Otra acción se produce en un edificio de titularidad municipal en el Turó de la Peira, en el distrito de Nou Barris, que el ayuntamiento de Joan Clos desalojará sin autorización judicial. Como abogado, llevaré el caso ante la justicia y un juez me dará la razón un año después: la actuación fue ilegal y el ayuntamiento será condenado por vulnerar los derechos fundamentales de los activistas. Fue un precedente relevante para frenar ciertos excesos en la gestión municipal del espacio público.

Las disputas por el derecho a la ciudad de finales del siglo xx y principios del xxi tienen un fuerte contenido político: comienza un ciclón contestatario marcado por las movilizaciones antiglobalización y las contracumbres que desemboca en 2003 en la vorágine de las movilizaciones contra la guerra. Ada y yo nos dedicamos en cuerpo y alma a la lucha social. Los partidos no nos atraen. Entendemos su utilidad, pero nos organizamos de otro modo. Empieza un cierto desborde activista, un momento político iniciático. Frenético. Es nuestro Mayo del 68. No existe el día después. El vendaval arrastra nuestra vida personal, incluso nos lleva más allá de nuestras fronteras. Tras la movilización contra la guerra, participaremos en Grecia en la contracumbre de Tesalónica, ante la reunión de junio de jefes de Estado de la Unión Europea. Como un puerto invadido de flamas y mástiles, la ciudad griega se convertirá en un escenario casi bélico. Cargas policiales. Gases lacrimógenos. Cócteles molotov. Barricadas. Más de ciento treinta detenidos: siete en prisión, entre ellos, dos españoles. Los asistiré en sus declaraciones acompañando a su abogado griego, Harris Ladis. Ada hará labores de comunicación. Era lo suyo. Siempre ha tenido madera de comunicadora.

Vivimos en una llamarada de emociones, en un trance común. El sociólogo Durkheim calificaba de enamoramiento los estados de efervescencia colectiva propios de movilizaciones o episodios revolucionarios. Le damos la razón, nos sentimos transportados a un estado diferente al de nuestra existencia privada. Realmente es un enamoramiento y como tal obviamos los inconvenientes, nos olvidamos de nuestras preocupaciones cotidianas. Es nuestro momento partisano. Cada minuto del día está impregnado de compromiso político. Ocupa casi por completo nuestra atención. Debemos bajar a la plaza pública, tomar la palabra para crear, dentro del *statu quo*, un mundo nuevo de espacios de resistencia y desobediencia. No dudamos en impulsar campañas de difusión y sensibilización sobre cualquier injusticia. Cambiar nuestras vidas y cambiar el mundo. Las cosas muertas son arrastradas por la corriente, nos sentimos vivos por ir a contracorriente. La izquierda tradicional nos parece triste, impotente y perdedora. Los trípticos reflejan el carácter embriagador del entusiasmo activista, pero no nos mueven los grandes relatos emancipatorios de los años sesenta ni las grandes batallas por el poder. Defendemos una cultura de la resistencia social más ética y más modesta.

No queremos el poder, queremos poder, dicen algunos. Existir es resistir, dicen otros, inspirados por la idea de Spinoza de la perseverancia en el ser. Lo primero es resistir, incluso antes de encontrar las razones para hacerlo. No podemos ser neutrales ante este tren en marcha de la humanidad, que corre desbocado hacia el precipicio. La revolución ya no es la locomotora del progreso, sino la parada de la catástrofe, anticipaba Walter Benjamin. Somos una generación marcada por la densa atmósfera de la derrota de nuestros antecesores. Como notarios de la muerte de la mayoría de las cosas que dotaron de sentido a las generaciones precedentes, sentimos el peso de las derrotas acumuladas. No queremos cometer sus mismos errores de arrogancia. Compartimos con otros activistas un mismo deseo de vida y compromiso en la lucha contra las injusticias concretas. Entre ellos el activista David Fernàndez, años después diputado de la CUP, el sociólogo vinculado al movimiento okupa Iván Miró, Jesús Martínez, los futuros fundadores de Podemos Íñigo Errejón y Pablo Iglesias, o Gemma Ubasart, que llegaría a ser *consellera* de Justicia de la Generalitat de Catalunya... Echando la vista atrás, te das cuenta de que de aquellos años saldrán muchos de los protagonistas de la siguiente década de renovación política.

No nos guía una ética prescrita, ni una idea cerrada sobre cómo debe ser el mundo. Es la «moral de la situación», descrita por el filósofo Karl Jaspers. Somos las situaciones que atravesamos. A diferencia del militante clásico de partido, el vínculo es solo con el aquí y el ahora, no la promesa de un mundo utópico. Replegados en las trincheras sociales, el objetivo es acumular fuerzas en movimientos antifascistas, ecologistas, pacifistas, vecinales o feministas. Crear contrapoderes, espacios de ayuda mutua, ateneos y cooperativas a la espera del deshielo. Intelectuales como Manuel Sacristán o Paco Fernández Buey, mi director de tesis, defienden ensanchar la democracia desde esos espacios de resistencia cotidiana.

Tenemos rituales casi religiosos. Los sábados vamos a una manifestación. Cada semana montamos alguna charla y, de vez en cuando, algún acto de desobediencia, poniendo el propio cuerpo en juego. Y, por supuesto, una intensa vida afectiva, con muchas fiestas alternativas y reivindicativas en los centros sociales: algunas para pagar mis honorarios. La vida y la política se mezclan en una fiesta de frenesí y éxtasis. De noches de cristal y espuma. Lo *queer* está de moda. Algunos referentes del feminismo alternativo como la francesa Virginie Despentes, autora de *Teoría King Kong*; el filósofo Paul B. Preciado, por aquel entonces, Beatriz, autora de *Testo yonqui*, o Itziar Ziga, autora de *Devenir perra*, también los frecuentan. En su obra *Sexual Herria*, Ziga explicará su «dulce sexilio» en la Barcelona de los dos mil, cautivada por el ambiente de libertad exultante que se respiraba en la ciudad.

La fascinación por la acción no tiene límites. No estamos realmente vivos si no hacemos política. Sentimos como nuestras las palabras del poeta Gabriel Celaya, hacemos política porque vivimos a golpes, política necesaria como el pan de cada día, como el aire que exigimos trece veces por minuto. Queremos politizar todos los aspectos de nuestra vida. Todo lo personal es política.

Una de nuestras luchas en las trincheras sociales es la disputa por un determinado modelo urbano. Organizamos charlas con Manuel Vázquez Montalbán: lo leemos con pasión. Su ideario crítico de la ciudad es una fuente de inspiración. «Barcelona es la historia de un expolio continuo sobre sus 97 kilómetros cuadrados. Parece que el destino de esta ciudad sea el de ser saqueada siempre por una tribu constantemente renovada de depredadores del espacio público», cuenta en el libro de 1991 *Barcelona, ¿adónde vas?* No queremos vivir en una ciudad reducida a una marca como un gran parque temático. No aceptamos un decorado donde los ciudadanos seamos meros figurantes pasivos, aislados y obedientes.

Como otras ciudades españolas, la Barcelona actual nació del sueño de la gente organizada que en los años sesenta y setenta se encontró con condiciones muy duras. Sin plazas, sin servicios, sin transportes públicos. Estas personas levantaron la ciudad con sus manos. Muchas de ellas venían de Andalucía, también de otras partes de España. La lucha por la dignidad fue el lema de la reivindicación vecinal del siglo XX.

Uno de esos héroes anónimos que transforma la vida de su entorno sin aparecer luego en ningún libro de historia se llama Manuel Vital. Conductor de autobús, en 1978 secuestra una línea de Barcelona para demostrar que el transporte público puede llegar hasta su barrio, Torre Baró, situado en la sierra de Collserola. La película *El 47*, de Marcel Barrena, recupera su historia del olvido.

Detrás de cada nueva línea de bus, de cada centro social, guardería, biblioteca o jardín público está el coraje de la lucha persistente de centenares de vecinos y vecinas como Manuel Vital. Queremos ser leales a ese legado, coger su relevo. Sea para frenar la construcción de un hotel en el casco antiguo, sea para evitar la privatización de un espacio público o reclamar un carril bici. En sus respectivas ciudades, otros activistas como los ya mencionados comparten nuestras ideas y trabajan por lograr lo mismo. Nosotros nos movilizamos contra el ostentoso desfile militar del año 2000 o denunciamos las *razzias* contra emigrantes como la de la plaza André Malraux. En julio de 2004 protagonizamos una protesta acuática que zarpa de la playa de la Nova Mar Bella en Barcelona con pateras construidas con lo que encontramos —botellas de plástico o materiales de obra— para «asaltar desde el mar» el Fórum de las Culturas de 2003-2004. Con ese evento internacional se comenzó a urbanizar una parte del litoral de Barcelona sin saber siquiera a qué iba a estar destinado, lo que provocó un gran rechazo vecinal. Finalmente, el Fórum fue una caricatura de los Juegos Olímpicos, pretendía repetir un ciclo similar, pero se estrelló contra los arrecifes a nivel de construcción de un imaginario. No cumpliría las expectativas creadas y con el tiempo se destaparían irregularidades en sus costes de construcción. Mientras tanto, el gobierno municipal desalojaba enclaves sociales a golpe de porra, como el llamado Forat de la Vergonya ('Agujero de la vergüenza'), un espacio de cinco mil metros cuadrados fruto de la remodelación del casco antiguo de Barcelona que conllevó el derribo de varios edificios con la excusa de crear una gran zona verde y que poco después el ayuntamiento intentó recalificar para construir un aparcamiento. La resistencia de los vecinos arruinó el pelotazo urbanístico e impidió la recalificación del suelo. En aquella época, el urbanismo de Barcelona olía a engaño.

El espacio público se convierte progresivamente en una vorágine de espuma, donde rompen las olas. Interpelamos críticamente a los gobernantes. No obstante, estos no permanecen de brazos cruzados. El espacio público debe ser un lago adormecido: solo para pasear, desinfectado de conflicto social, donde ni las reivindicaciones ni los problemas de sus gentes perturben su imagen de postal. Espacios físicamente ordenados y limpios, aunque degradados social y espiritualmente. Ese proceso de transformación, que también se da al mismo tiempo en otras ciudades como Madrid y Valencia, llevará a la expulsión de las clases populares a las periferias para favorecer su sustitución por los nuevos usos terciarios en la hostelería, el ocio y el consumo. A la vez se implementarán de modo paulatino los discursos de tolerancia cero en las ciudades. Una cruzada «cívica» para ahuyentar a la población considerada socialmente desviada o indeseada.

Las soluciones serán de carácter punitivo: intensificación de la actuación policial, prohibición de actividades antes toleradas, endurecimiento de las infracciones previstas. La posibilidad de detención en caso de incumplimiento. El castigo ejemplar de los pequeños desórdenes o de cierta disidencia como medio idóneo para deshinchar la tensión social. Una suerte de constitución, un nuevo escenario urbano de ley y orden, que barre las calles de indigentes, músicos o mujeres que ejercen la prostitución. El punto álgido llegará con la aprobación de la ordenanza cívica en Barcelona. Con posterioridad, otras ciudades españolas seguirán su ejemplo.

2

Activismo con toga: la lucha desde los juzgados

> La policía por todas partes, la justicia en ninguna.
>
> Victor Hugo

> Toda pena que no se deriva de la absoluta necesidad, es tiránica.
>
> Cesare Beccaria

> La represión es ciega. Y esa ceguera convierte en delictivo todo lo innovador.
>
> Antonio Negri

Es lunes 12 de diciembre de 2005. Aún no me dedico a la política, pero estoy en el Salón de Crónicas del Ayuntamiento de Barcelona. Se ha convocado una audiencia pública para debatir sobre la futura ordenanza de la convivencia y el civismo. La sala se queda pequeña. Por primera vez, tomo la palabra en este lugar. La próxima será dentro de diez años como teniente de alcalde. El alcalde Clos no asiste. En las intervenciones no hay grises. Los representantes de los comerciantes defienden la norma. Quieren firmeza. Las asociaciones de vecinos y las entidades de derechos humanos reclaman su retirada. «Reclamamos nuestro derecho a ejercer la prostitución sin coacción y que no se nos retire de la calle. La ordenanza solo persigue a la de la calle porque la otra no se ve», dice una joven con una camiseta con la leyenda «Yo también soy puta».

«Es un error mezclar cuestiones de incivismo con problemas sociales, porque no hay suficientes recursos para atender, por ejemplo, a los indigentes», dice una portavoz de la ONG Casal d'Infants, del barrio del Raval. Las entidades que ayudan a colectivos en situación de exclusión social dan un claro diagnóstico sobre la ordenanza de convivencia: criminaliza a los más débiles, oculta la pobreza real de las calles para mostrar un bonito escaparate a los turistas. «Esta ordenanza representa un paso atrás en la cohesión social de esta ciudad», afirma el representante de SOS Racisme. La Universitat de Barcelona y la Síndica de Greuges de la ciudad, Pilar Malla, critican también el texto. Incluso la propia secretaria general de Políticas de Igualdad del gobierno español, Soledad Murillo, señala la afinidad entre la ordenanza y las «propuestas higienistas de la Barcelona del siglo XVIII, en la que la limpieza de las calles se mezclaba con la persecución de las prostitutas». Nunca antes en España una normativa similar había llegado tan lejos en su afán regulador y sancionador.

En mi turno, hablo en nombre de los abogados de la Comissió de Defensa. «Se opta por priorizar las medidas punitivas en perjuicio de la mediación u otras vías sociales para abordar la creciente conflictividad urbana», empiezo explicando. Al final, una parte del auditorio aplaude con entusiasmo. Otra gruñe.

Sin embargo, esa ordenanza no es un fenómeno aislado de Barcelona. Sus antecedentes se remontan al menos a las viejas Leyes de Vagos y Maleantes y guarda un estrecho parentesco con las políticas de «tolerancia cero» impulsadas por el alcalde Rudolph Giuliani en Nueva York o por Nicolas Sarkozy en Francia.

La insistencia del PP dará sus frutos. CiU, primero, y una parte importante de la izquierda, más tarde, acabaran sumándose al discurso de ley y orden. En ese contexto, el alcalde Joan Clos anunciará la voluntad de aprobar la nueva norma. Los socialistas, empeñados en despejar cualquier sospecha sobre su capacidad para abordar un conflicto en términos policiales, se sumarán sin tapujos al discurso de sus adversarios. A veces los superará en gestos o declaraciones de intenciones. La ordenanza se aprobará definitivamente en el último pleno de 2006, con los votos de CiU, PP y PSC. La iniciativa también contará con el apoyo final de ERC. En cambio, ICV-EUiA se opondrá: poco antes, yo había entrado en contacto con sus concejales, la afable Imma Mayol y el incombustible Ricard Gomà, quienes me empezaron a pedir opinión jurídica para fijar sus posiciones políticas. Esa relación será clave años después para construir nuestro proyecto político.

A partir de esa aprobación, la denuncia contra la aplicación de la ordenanza ocupará un lugar central en nuestras preocupaciones. Organizaremos acciones de protesta e iniciativas legales. Seré uno de los abogados de referencia de casos de víctimas de *mobbing*, mujeres ejerciendo la prostitución, vendedores del top manta, músicos u otros artistas callejeros —como las estatuas humanas—, emigrantes sin papeles y cualquier tipo de personas perseguidas por las nuevas políticas punitivas de profilaxis urbana.

Una entidad de apoyo a las trabajadoras sexuales, Genera, contactará conmigo para que las asesore. La cara visible del proyecto es la argentina Clarisa Velocci. Iré una vez a la semana a un piso destartalado de la calle Robadors del Raval de Barcelona para ayudarlas con las dudas legales, recursos e incluso en la defensa ante la justicia penal. Muchas de ellas terminarán acusadas de desobediencia o atentado a la autoridad tras discutir con la Guardia Urbana. Estar cerca de ese mundo me cambiará mi visión sobre su realidad. Comprobaré cómo opera el estigma del relato abolicionista en sus vidas cotidianas. Además, empezaré a devorar libros sobre el fenómeno. Daré charlas y escribiré en libros o artículos sobre ello. En el futuro se convertirá en mi principal discrepancia personal con una buena amiga, la actriz Leticia Dolera, o la ministra Irene Montero. De hecho, la cuestión de la prostitución será la única diferencia relevante de los comunes con el programa electoral de Podemos. El origen del conflicto estará en la regulación abolicionista en el proyecto de la ley del solo sí es sí. En nuestra opinión, había un artículo con una visión conservadora y lesiva para sus derechos. Ni el PSOE lo había planteado antes. Podemos le pasó por la derecha en esta cuestión. Por suerte, el artículo suscitará la oposición firme también de ERC, CUP, Bildu e incluso PNV o Junts. El feminismo está dividido. Cataluña es mayoritariamente proderechos de las mujeres. Es curioso cómo la cuestión nacional impregna las diferentes sensibilidades políticas en este asunto. Sin acuerdo con esas fuerzas, el texto no salía. Se aceptaron sus enmiendas. Irene deberá renunciar a su pretensión de perseguir penalmente los locales donde las mujeres ejercen la prostitución. El eje feminista de los comunes tiene otras discrepancias con Podemos a raíz del debate sobre la reforma penal de la ley del solo sí es sí. Nuestra visión mayoritaria se plasma en el libro *El sentido de consentir*, de Clara Serra. Irene, en su libro *Algo habremos hecho*, menciona mis discrepancias y las de Enrique Santiago. No dice nada de que, a pesar de ellas, cerramos filas. Creía que le tocaba a ella fijar la posición para el conjunto del espacio político. A mí seguirla. Tuve que asumir contradicciones, equilibrios difíciles de sostener, con mi visión garantista del derecho. A diferencia de Podemos, los comunes evitamos divergencias públicas con nuestros aliados de coalición. También nos solidarizamos tras el linchamiento mediático sufrido por Irene tras la polémica de la ley del solo sí es sí. Cuestión de estilos.

La prostitución fue uno de los temas recurrentes del debate público ya desde el principio de siglo. Las instituciones lo abordaban desde una posición ambivalente. Generalmente con tolerancia en los locales privados; con persecución, por contra, en el espacio público. Con posterioridad, con el apoyo del PP, el texto todavía se endureció más. El alcalde Xavier Trias declarará su voluntad de borrar de la ciudad «una intolerable esclavitud del siglo xxi». Antes solo se sancionaba la desobediencia, ahora directamente estar en la calle. Ni el PP en Madrid se había atrevido a ir tan lejos.

La prostitución no disminuirá con su persecución, pero empeorará la situación de las mujeres. Una de las pretensiones de la norma es protegerlas del «comercio y la explotación sexual». Desde una visión abolicionista, se sostiene que la práctica no es nunca voluntaria, sino fruto de la coacción. Los argumentos son similares a los de la cruzada contra las mujeres musulmanas con velo. «Está en juego su dignidad como mujeres. Debemos protegerlas por su bien y, si hace falta, contra su voluntad», dicen.

No se precisa ser un experto en la materia para percatarse de la incongruencia de colocar en la diana a quien previamente se ha definido como víctima o esclava. Lejos de protegerla de sus supuestos explotadores, se incautará el dinero de su trabajo y se las sancionará con multas de hasta tres mil euros. A menos ingresos, más incentivos para salir a la calle. El castigo económico es contraproducente: un ejercicio de hipocresía institucional. Un celo punitivo que fomenta su explotación, en vez de erradicarla. A algunas, les impide recibir ayudas o prestaciones sociales. Por otro lado, la Agencia de Protección de Datos nos dará la razón al sancionar al gobierno de Clos en 2006 por vulnerar sus derechos con la creación de un fichero con sus datos personales. Su caracterización como incívicas en perjuicio de su autoestima configurará un imaginario de rechazables. Se consolidará, además, un mensaje contradictorio con la visión victimista: sancionarlas transmite la idea de que, básicamente, el problema es suyo. Choca con la normativa europea que obliga a proteger a las mujeres susceptibles de ser víctimas de tráfico y evitar castigarlas.

Con posterioridad, se demostrará que el abordaje punitivo fracasó. Los datos son reveladores e incontestables. La cifra oficial de mujeres ejerciendo en la calle se ha mantenido estable. Esta es una de las conclusiones de las jornadas Prostitución y Ordenanzas Municipales que organizamos años después. Con nuestro gobierno municipal en 2015 se dejará de multar a quienes ejercían la prostitución por el solo hecho de estar en la calle. Más allá de los motivos políticos, habrá buenas razones legales para ello. La entrada en vigor de la ley mordaza en 2015 no preverá castigar el ofrecimiento de servicios sexuales en la vía pública. Se introducirá el requisito de aviso previo. La norma estatal, aprobada por el PP, será más benévola que la de CiU, con el apoyo del PSC y ERC, y, en cambio, el fenómeno no crecerá en otras ciudades.

Perseguir a los músicos de calle como si fueran delincuentes también es un despropósito. Nuestra solución es mediar y encontrar fórmulas alternativas. Empiezo a defender al colectivo en 2003, tras una ofensiva sancionadora del ayuntamiento tripartito. Los multaban y les requisaban sus instrumentos de trabajo. Les redacté los recursos y fui a la televisión a explicar su situación. Eran personas con vidas muy precarias. No eran muchos. Los llegué a conocer por sus nombres. Me saludaban afectuosamente cada vez que me veían pasear por el casco viejo barcelonés. Luego, los ayudé a organizarse. En 2004 redacté unos estatutos para los músicos y artistas de calle. La asociación se llama tal cual, Asociación de Músicos de Calle. El objetivo era doble. Organizarse en un espacio de autogestión y ordenar mínimamente su actividad para no generar molestias en el vecindario. No podían tirarse piedras en el tejado. Debían hablar eficazmente con la Administración, pero esta difícilmente los reconocería si no se agrupaban y formalizaban mínimamente su actividad. Al final, en 2007, logramos un acuerdo con el consistorio. Se respetaba su autoorganización, pero ellos debían acreditarse y respetar algunas reglas básicas. Hubo un reparto de ubicaciones y horarios autorizados para actuar en Ciutat Vella. Diez años después, retomo el asunto como teniente de alcalde de Cultura. Los que conocí ya no están en la calle. En 2016 aprobamos una normativa que permitirá la música en directo amplificada en los bares, cafeterías o restaurantes. Será una de las propuestas más votadas del proceso de participación vecinal, un reconocimiento al valor cultural de esa actividad.

Tras la ordenanza del civismo aprobada, empezará la lucha legal. En nombre de la Federación de Vecinos de Barcelona (FAVB) y otras entidades de derechos humanos, llevo ante los tribunales la normativa para derogar sus artículos más lesivos con esos derechos. Estoy todo un verano encerrado estudiando jurisprudencia. El derecho administrativo no es mi especialidad. Finalmente, no logramos nuestros propósitos. Aun así, la batalla permitirá abrir el debate sobre la norma y suavizar su aplicación con una interpretación más benévola. La ordenanza no hará desaparecer ninguno de los fenómenos perseguidos, pero tendrá un efecto engañoso. Sucederá lo mismo que en uno de los chistes de psiquiatras donde una persona encuentra un amigo dando palmadas en medio de la calle:

—¿Para qué das esas palmadas?

—Para ahuyentar a los elefantes.

—Pero si aquí no hay elefantes.

—¿Lo ves cómo funciona?

A primera vista, la ordenanza da sosiego a quienes consideraban que la ciudad estaba inmersa en una deriva caótica y debía aplicarse mano dura. Poco importaba que para hacerlo se estampara el sello del incivismo en conductas tan disímiles como el vandalismo, la mendicidad, el patinaje callejero o el trabajo sexual. Fue legislar con una dureza retórica de limitada eficacia práctica. Con frecuencia, solo servirá para disimular la propia impotencia en otros campos, como el de las políticas sociales.

El inventario provisional de la ordenanza lo reflejará con claridad: indigentes sancionados con multas de hasta tres mil euros, trabajadoras sexuales expuestas al estigma, la precariedad y la discrecionalidad policial. Decenas de expresiones políticas, sociales y culturales no autorizadas en nombre de la convivencia cívica. En realidad, su efectividad será básicamente simbólica: el estigma se proyectará sobre los más vulnerables, ahondará su marginación y los convertirá en chivos expiatorios del malestar social. A cambio, contribuirá a silenciar las prácticas de quienes, por su mayor capacidad económica, gozan de un acceso privilegiado al espacio público. Quien mendiga, quien se baña en una fuente, quien acampa en una plaza para reivindicar derechos que incumben a todos, se convertirá en arquetipo del ciudadano desviado a quien debe sancionarse de manera ejemplificadora. Quien especula, quien vende ocio, quien produce ruido o contamina visualmente, pero paga lo suficiente por ello, será en cambio discretamente tolerado, cuando no subvencionado. Eso sucederá sin perder en ningún momento su condición de ciudadano respetable.

El discurso sobre el civismo no debe ser un simple dispositivo punitivo dirigido a sancionar al débil y a absolver al más fuerte. Es necesario asentarlo en la seguridad en los derechos civiles, políticos, sociales, culturales y ambientales de todos, más que en la vaporosa proclama del derecho a la seguridad. Esto supone aceptar lo obvio. No hay disfrute estable, seguro, de los propios derechos, sin garantías frente a la arbitrariedad pública y privada. Ni más ni menos. Por este motivo, cuando llegue a ser teniente de alcalde intentaré impulsar una reforma de la norma.

El proceso empezará con una visión realista sobre el espacio público tras escuchar y recibir propuestas de mejora de los diferentes ámbitos municipales como la intervención social, la limpieza o el policial. Con posterioridad, se abrirá a la ciudadanía, a las asociaciones de vecinos y, por primera vez, a las personas afectadas o colectivos que trabajen con ellas. La propuesta final quedará recogida en el libro *Del civismo al derecho a la ciudad.*

En el momento de abrir el texto a la oposición será cuando todo se encalle. La lógica partidista se impone una vez más. El objetivo de la reforma es imprimirle una mirada más social que punitiva: reforzar los aspectos preventivos, promocionar y ampliar las medidas socioeducativas, de mediación o de participación ciudadana. Asimismo, recudir el importe de las sanciones y dejar de sancionar situaciones vinculadas a problemáticas sociales, como la indigencia. Por el otro, la pretensión es introducir nuevas infracciones vinculadas a los ruidos, el turismo o el asedio sexual. Con todo, el acuerdo naufraga. Será el mayor fracaso de mi etapa municipal.

El proceso se había alargado demasiado y la proximidad de las elecciones empantana las negociaciones. CiU, PP y Ciudadanos querrán endurecerla todavía más, ERC y PSC no cambiar nada. Buscarán evitar que ganemos esa batalla. La CUP, con una visión idealizada de una convivencia paradisiaca y armónica, quiere derogarlo todo. Es imposible. No existe ciudad en el mundo sin una mínima regulación de los usos de su espacio público. La realidad no es una simple proyección de sus deseos. Como siempre en esa época, la CUP planteará un maximalista todo o nada, que se quedará en la nada.

Tiene un voluntarismo dogmático que proclama la ruptura social, pero practica el salto al vacío. Lo perfecto es enemigo de lo bueno. Sin el apoyo de ningún otro partido, no dispondremos de la mayoría para tirarlo adelante. El proyecto quedará enterrado en un cajón a la espera de una correlación de fuerzas más favorable.

Volviendo a aquella ocasión en que hablé por primera vez en el Salón de Crónicas del Ayuntamiento de Barcelona, en ese momento tenía conciencia de pertenecer a una minoría a contracorriente. No obstante, hubo un momento en que comenzaríamos a conectar con la marejada de un sentido común mayoritario. Será con la creación de V de Vivienda en 2006. La plataforma a favor del derecho a tener un lugar digno donde vivir repicará como el eco de una caracola en los denominados «movimientos por una vivienda digna» por toda la geografía española. En España, la crisis de 2008 es sinónimo de pinchazo de la burbuja inmobiliaria, de desahucios masivos y colapso económico. En ese panorama de cenizas, Ada aparecerá un día en la televisión como portavoz en una acción simbólica en la tienda de muebles Ikea al grito de «¡No vas a tener una casa en la puta vida!». Otro día irrumpirá con una breve acción performativa en algunos de los mítines de los partidos en la campaña de las elecciones municipales disfrazada de Supervivienda, con antifaz y capa con el número 47, el del artículo del derecho a la vivienda. Leerá un breve manifiesto y luego se irá repentinamente. Dos años más tarde, nacerá la Plataforma de Afectados por la Hipoteca (PAH). Ese momento será el inicio de una aventura que cambiará el mapa político español y, en particular, el barcelonés. Un corte narrativo. Una secuencia emancipatoria, colectiva, que sacudirá nuestra visión establecida del mundo y transformará la realidad. No se entiende la posterior emergencia de Podemos ni nuestra victoria en Barcelona sin la previa apuesta de la PAH. Pero mientras se daban las circunstancias para dar el salto activo a la política, yo seguí con mi incesante actividad como abogado penalista, sin dejar de implicarme en algunas de las luchas sociales que se llevaban a cabo en la ciudad. Me especialicé en casos que conllevaban la defensa de los derechos humanos y de los movimientos sociales, atendiendo a ecologistas, insumisos, activistas, okupas, víctimas de torturas y organizaciones antiglobalización, entre otros.

La defensa de Xirinacs y el Vaquilla

26 de octubre de 2005. Llego al juzgado de guardia de detenidos número 1 de Barcelona. En los calabazos está Lluís Maria Xirinacs, filósofo y exsacerdote, seguidor de las tesis de Gandhi y de la lucha política desde la no violencia. Durante las décadas de los sesenta y setenta hizo cinco huelgas de hambre. Una contra la vinculación Iglesia-Estado. Impulsor de la Asamblea de Cataluña, nombrado candidato para el Premio Nobel de la Paz y senador en 1977, fue acusado de enaltecimiento del terrorismo tras un polémico discurso en 2002. Tres años después le detienen por ese motivo cuando acude a las dependencias policiales para renovar su DNI. Al atenderle, el policía no se cree lo que aparece en su pantalla. Ese hombre apacible, mayor y de barba blanca tiene una orden de detención por una condena de dos años de prisión. Tuvo que quedarse a dormir en la sede policial de Via Laietana.

Esta comisaría es un espacio de memoria turbia con una enorme carga simbólica. Desde su estreno en plena dictadura de Primo de Rivera, fue un centro de violaciones de derechos y torturas a centenares de activistas sociales y de izquierdas. Sin ir más lejos, mi padre fue detenido allí tras el encierro que protagonizaron los estudiantes en la Capuchinada en los años sesenta. El lugar despierta controversia en Barcelona: cuando los comunes lleguemos al ayuntamiento, una de nuestras primeras iniciativas será instalar un atril con una placa conmemorativa en homenaje a todas las víctimas del franquismo torturadas allí. Con posterioridad, el gobierno del PSC la quitará. El ministro Grande-Marlaska también se negará a resignificar el edificio como lugar de memoria democrática.

Xirinacs ya estuvo allí durante la dictadura franquista. Yo lo conocí en la Facultad de Filosofía, donde se doctoró con sesenta y cinco años. Después le perdí la pista. Ahora lo vuelvo a ver detrás de unos barrotes. Tiene setenta y cuatro años. Fuera del juzgado, dos centenares de personas reclaman su libertad. Entre ellas, los periodistas Jesús Rodríguez y David Fernàndez. Lo suben esposado al despacho de la jueza. El fiscal pide prisión. La jueza convoca la vista para debatir sobre su libertad.

—Me acojo a mi derecho a no declarar —dice Xirinacs.

—Señoría, solicito que se acuerde la prisión. La sentencia es firme. Y hay una orden que proviene de la Audiencia Nacional —dice el Ministerio Fiscal.

—Señoría, pido su libertad provisional por circunstancias humanitarias —digo mientras miro a Xirinacs—. La pena es mínima. Se puede suspender su ejecución. Su avanzada edad y su estado de salud lo aconsejan.

Xirinacs está enfermo. Un año después encontrarán su cuerpo sin vida en una zona boscosa. Quería acabar sus días en la soledad y el silencio, un suicidio muy particular.

—Además, señoría —prosigo—, sus declaraciones son desafortunadas, pero se efectúan en el marco de la libertad de expresión para denunciar el abuso que se hace del delito de enaltecimiento al terrorismo. Deben valorarse su trayectoria y convicciones pacifistas.

Se cierra la diligencia. Se lo llevan otra vez a los calabozos. Una hora de espera. Al final, la jueza acuerda su ingreso en prisión.

Bajar a los calabozos es bajar a las catacumbas. Un lugar no apto para claustrofóbicos, inhóspito, mal ventilado. Un pasillo de circulación. Veinte celdas, diez detenidos en cada una. Un fuerte hedor, desde la entrada, a hacinamiento. Manchas de sangre en las paredes. Xirinacs aparece entre la oscuridad de una de las celdas. Desprende luz. Una reconfortante irradiación propia de un cuadro tenebrista del francés Georges de La Tour. La barba blanca, larga. Un aire místico. De visionario. Se dibuja en su rostro la paz interior de años de meditación. Da confianza. Nunca decía algo insignificante, todo lo cotidiano le resultaba ajeno o bien era transfigurado por la luz de su mundo interior. Los detenidos no dan crédito. ¿Qué hace ese hombre mayor allí? Debo comunicarle la decisión de la jueza. Decirle a un detenido que pierde sus libertades, que no sabes cuándo las recuperará, es uno de los momentos más duros para un abogado. Lo hago a menudo. Y, a pesar de eso, siempre se me atasca algo en la boca del estómago. Los detenidos viven ese trance con nervios, con angustia. A veces, con llantos. Recuerdo una mujer que no paraba de gritar que era inocente, con un ataque de ansiedad. Necesitaba ver a su hija. Él no parece estar preocupado.

—Conozco todos los trámites. No te preocupes por mí. Quiero que me lleven a la Modelo. Me trae buenos recuerdos —dice con una leve sonrisa. Su voz es dulce, sutil y melodiosa.

Xirinacs se hizo famoso tras estar de pie doce horas al día ante la puerta de la cárcel Modelo de Barcelona. Día tras día, durante casi dos años, hasta la aprobación de la Ley de Amnistía de 1977.

—Creo, Lluís Maria, que harán realidad tus deseos. ¿Qué quieres que diga a la gente que está concentrada ahí fuera? —le pregunto.

—Que no se preocupen por mí. Estoy donde quiero estar —me contesta.

Al mediodía ingresa en la cárcel Modelo. Se convoca una concentración ante sus puertas por la noche. Hay quien quiere empezar una huelga de hambre. Lo trasladan a la cárcel Can Brians, fuera de Barcelona, para disuadir a los manifestantes. El centro penitenciario finalmente me da la razón. Le dejará en libertad por su avanzada edad y su estado de salud. Antes de eso, le puedo visitar en la Modelo. Es una cárcel muy vieja. Al atravesar la puerta principal, siento la atmósfera deprimente. Sus paredes atesoran ecos del sufrimiento del pasado: es un símbolo de la represión política en la ciudad. Miles de activistas antifranquistas pasaron por sus dependencias. Cuando los comunes gobernemos pasará a ser un museo de la memoria. En 2017, tras su cierre, será una de las primeras iniciativas que impulsaremos tras ganar las elecciones municipales. Para mí la cárcel quedará asociada a dos presos célebres. Uno es Salvador Puig Antich, uno de los últimos condenados a muerte por el régimen franquista, asesinado dentro de estos muros. Todavía hoy se conserva el lugar donde estaba el garrote vil con el que fue ejecutado. Con posterioridad, seré el abogado de sus hermanas para intentar reparar esa injusticia.

El otro preso célebre de la Modelo es el Vaquilla. Se llamaba realmente Juan José Moreno Cuenca y fue encarcelado con trece años. Desde entonces, su vida transcurrió entre rejas a pesar de no tener ningún delito de sangre. Como explicaba Montalbán, el sobrenombre se lo ganó por su espíritu rebelde. Fue víctima de la presión mediática de su propio personaje, el Vaquilla. Con múltiples huidas y motines que perpetuaron su condición de preso, vivía su vida como si fuera una película. Sobresalía como uno de los últimos mitos de su generación. Era la época de un submundo marginal que, amplificado por canciones o películas —el célebre cine quinqui—, generó un curioso fenómeno pop que murió hacia los noventa. El periodista Josep Maria Huertas Claveria, amigo suyo desde que coincidió con él siendo preso antifranquista, le puso en contacto con la abogada de penitenciario de más prestigio de la época, Gemma Calvet. Cuando esta colgó la toga, me pasó el cliente.

Recuerdo mi primera visita a la cárcel para defenderlo en un juicio por maltratos contra un grupo de funcionarios. Su sonrisa juvenil. Las cejas pobladas, cabello largo. La piel oscura, agitanada. La mirada profunda, traviesa, carismática. Dientes cariados. Lenguaraz, no paraba de hablar atropelladamente. «Los carceleros me quieren joder la vida», fue lo primero que me dijo. Culto, se sacó primero el graduado escolar; luego, las carreras de Periodismo y de Derecho a distancia. Le gustaba hablar de política. Cuando me veía en la televisión, se sentía orgulloso. «Yo también soy de izquierdas y simpatizo con las causas sociales que llevas, Jaume.» Me emocionaba la leve tristeza que envolvían todas sus palabras. Había perdido la conciencia exacta del tiempo. La memoria es la primera víctima de la cárcel. A veces sentía que estaba con el Vaquilla y otras con Moreno Cuenca, pero conocí más a la persona que al personaje de sus películas. «Estoy cansado de tener que representar un papel en el que ya no creo. Añoro una vida normal y en libertad», me decía. Intenté que accediera al tercer grado, pero no lo logré. El Vaquilla fue el paradigma de las dificultades de rehabilitación en unos tiempos en que las drogas interfirieron en las vidas de los presos y en las políticas penitenciarias. Un alto porcentaje de gente como él entraba sana y salía enferma. La prisión de los noventa era muy dura. Calvet lideró una batalla legal en nombre de la Comissió de Defensa contra la política penitenciaria de CiU, para lograr repartir jeringuillas entre los internos para prevenir el contagio de enfermedades. En esa época primaban las necesidades disciplinarías por encima de las de rehabilitación. No había suficiente personal para los tratamientos y las cárceles estaban deshumanizadas y masificadas.

El final del Vaquilla fue muy injusto. Falleció en diciembre de 2003 a los cuarenta y dos años, a causa de una cirrosis hepática fulminante provocada por el sida. Llevaba apenas una semana en libertad condicional. Los responsables de prisiones y el juez accedieron finalmente a mi petición cuando ya solo le quedaban ocho días de vida, cinco de ellos moribundo en un hospital. El funeral fue en Girona, donde vivía su compañera sentimental, Elizabeth Ciarelli. Lo había conocido por las revistas del corazón y empezaron a intimar por cartas. Nos hicimos amigos, pero tras el funeral se volvió a su ciudad natal, Roma, y le perdí la pista. Recuerdo el día del entierro: una mañana de una densa niebla. Se podía cortar con un cuchillo. Varios de sus familiares, esposados y custodiados por la policía. Su madre lloraba desconsolada. Le di el pésame. Perdió cinco hijos en plena juventud.

Como abogado penalista conocí bastantes perfiles de esa generación quinqui del fin de los setenta y del principio de los ochenta. Llevaban años en la cárcel. Pertenecían a una generación muy desarraigada, víctima de la heroína. Sin trabajo, salían de las barriadas del extrarradio obrero. El cine de Eloy de la Iglesia, José Antonio de la Loma y Carlos Saura plasmó su realidad. Una antítesis de la imagen joven y desconectada del franquismo de la España de la movida, de Pedro Almodóvar o Alaska, difundida por los aparatos oficiales de la Transición.

Yo estaba apuntado al turno de oficio de derecho penal y penitenciario, pero también formaba parte de la Asamblea contra los Abusos de Poder, un colectivo de apoyo a presos. Éramos un grupo de activistas: nos reuníamos en un lúgubre local del casco antiguo barcelonés una vez a la semana para hacer seguimiento de sus casos. Muchos se carteaban con ellos y nos acompañaban en coche a mí y a otro abogado, Francesc Arnau, a las visitas a las cárceles durante los fines de semana. Con posterioridad, me enrolé en el Observatori del Sistema Penal i els Drets Humans de la Universitat de Barcelona. Organizamos encuentros con profesores como Iñaki Rivera o Marta Venceslao, para acercar el mundo carcelario a los estudiantes.

En esa época fundamos el despacho Col·lectiu Layret. Éramos cinco. Jun Sánchez Bolance, Sara González, Marta Vallverdú, Nati Veraguas y yo. Le pusimos ese nombre en honor a Francesc Layret, abogado catalanista, filósofo y político de los años veinte. Me fascinaba su historia. La otra figura de abogado que admiraba era la de Lluís Companys, presidente de la Generalitat: también estuvo preso en la cárcel Modelo. Layret fue su maestro. Los dos se ocupaban de la defensa de activistas y trabajadores frente a la guerra sucia del empresariado catalán de esa época. Junto al anarquista Salvador Seguí, el Noi del Sucre, formaron una trilogía con el mismo destino trágico. Layret fue tiroteado cuando salía de su casa para defender como abogado a Companys tras su detención. «*Vint bales foren, vint bales ai, quan trencava la nit!*» ('Veinte balas fueron, veinte, ¡ay!, cuando rompía la noche'), escribiría Maria Mercè Marçal en un poema dedicado a él. Companys sería después deportado con Seguí a la cárcel de Mahón, donde será escogido como diputado con un voto masivo como homenaje a su amigo asesinado. En realidad, votaban a Layret. Companys colgó la toga y siguió su ejemplo. Su historia me animó a recorrer un camino parecido. Como ellos dos, pasé de abogado de activistas a concejal en Barcelona y diputado en el Congreso. Me sentía en deuda con su legado. En el periodo del ayuntamiento de la Ciudad Condal, organizamos un gran homenaje a Companys en el Centre Cultural del Born. No solo al Companys mártir, más cómodo para la derecha nacionalista, sino también al Companys federalista y, sobre todo, al Companys abogado, para rehacer trazos de continuidad con quienes, como él, desde la trinchera del derecho, defendieron a activistas, oprimidos o perseguidos. Un homenaje a quienes sacrificaron su tranquilidad e incluso su libertad para defender a sus compañeros de las zarpas de la Brigada Político-Social o de los temibles tribunales de excepción en la larga noche del franquismo, por ejemplo, los abogados del despacho de Atocha en Madrid, asesinados en un atentado fascista en 1977, o sus supervivientes, como la exalcaldesa Manuela Carmena.

En Barcelona el espacio de referencia era la Comissió de Defensa del Colegio de Abogados de Barcelona, donde me incorporé de la mano de Calvet a principios de los dos mil. Como abogado de activistas estaba muy expuesto a ciertas represalias: necesitaba cobertura colegial. Al final, me convertí en uno de sus portavoces. La Comissió creada en los últimos años del franquismo se refundó en 1983 gracias a un grupo de abogados comprometidos: Luisa Domingo, Rafael Calderón, Eva Labarta, Marc Palmés, Josep Maria Loperena, Francesc Arnau o Jordi Oliveras. Nombres míticos y ejemplo de coherencia, dignidad, perseverancia para mi generación. Entre ellos destaca uno de mis maestros: August Gil Matamala, con una larga trayectoria política y abogado de ilustres antifranquistas, como el político comunista Antoni Gutiérrez Díaz o el escritor Manuel Vázquez Montalbán, quien lo retrata en alguna de sus novelas. Su discreción y su humildad contrastan con su presencia corpórea. No pasa inadvertido. Imponente, alto, vestido con la pulcritud de un genuino *gentleman*, tan elegante como su mujer, Maribel Giner, y su hija, la actriz Ariadna Gil. Envejecer es como escalar una montaña; las fuerzas disminuyen mientras se sube, pero la mirada es más libre, la vista más amplia y serena, decía Ingmar Bergman. Con noventa años, August tiene una mirada cansada pero amplia, libre, serena. Con un ritmo acompasado, lento, habla como si meditara previamente cada palabra. Exquisito en las formas, radical en el contenido, memorioso, de pensamiento cristalino, destiló en silencio sus conocimientos a lo largo de los años y supo conectar con los anhelos de nuestra generación. *August Gil Matamala: al principi de tot hi ha la guerra* es una biografía espléndida sobre su figura escrita por David Fernàndez y Anna Gabriel.

Como abogado, mi vida transcurría entre comisarías, prisiones, juzgados y protestas en la calle. Los derechos humanos se debían defender desde esos lugares, junto a quienes sufrían. Junto a quienes eran despedidos o encarcelados por sus acciones políticas. Desalojados por los bancos de sus casas. Golpeados por la policía. O incluso torturados, como pronto pude comprobar en el ejercicio de mi profesión.

Torturas en comisaría y políticos que miran a otro lado

Barcelona, jueves 5 de abril de 2007. Son las tres de la madrugada. Elena es una chica de veintitrés años y nacionalidad rusa. Alegre, acaba de volver a su casa. Es su cumpleaños, ha ido de fiesta con unos amigos. Será su noche más larga, nunca la olvidará. Se le torcerá pronto su sonrisa juvenil. No encuentra las llaves del portal y empieza a llamar a los timbres para que le abran. Una patrulla de los Mossos d'Esquadra se presenta alertada por algún vecino. Empieza una discusión que terminará con la chica detenida en la comisaría del barrio de Les Corts. La han acusado de morder a un agente. Una cámara oculta en la sala de cacheos capta el registro a la detenida. Los telediarios de toda España difundirán el momento. En las imágenes se podrá ver a la detenida despojada de la parte superior de su ropa. Una agente forcejea con ella y la tira al suelo. Le propina una bofetada mientras está esposada con las manos en la espalda, indefensa, vulnerable.

—Sabemos que eres un abogado especializado en casos de abusos policiales. Queremos que lleves el mío —me dice ella con un nudo en la garganta cuando viene a mi despacho acompañada de su novio. Podía leer su herida en su cuerpo, como si llevara subtítulos. Una mancha en la pureza de su alma. La tortura deja un estigma indeleble. Con una piel translúcida, de una blancura pura, eslava, tenía la mirada apagada, los ojos humedecidos, la voz temblorosa.

El parte médico del Hospital Vall d'Hebron revela 38 hematomas por todo el cuerpo, fruto de la agresión.

—Debes visitar a una psicóloga para determinar la afectación psicológica de los hechos, con un dictamen para aportar a la causa —le diré.

Esa prueba será concluyente. Los hechos dejan una profunda herida psicológica, tardará mucho tiempo en curarse.

Tras la revelación de la noticia, el Departamento de Interior reacciona suspendiendo de empleo y sueldo a la agente implicada. Lleva el caso a la Fiscalía y la justicia la condena a pagar 450 euros por una falta de maltrato. Recurriré la sentencia. Cinco años después de los hechos, el Supremo me dará la razón. Elena estaba «en una particular situación de vulnerabilidad» y el golpe «en toda regla» en el rostro fue «por completo gratuito» y resultó «necesariamente humillante y depresivo en el plano moral», añadirá la sentencia. La agente es condenada también por vejaciones a su dignidad. Un buen precedente.

Tal como denuncia Amnistía Internacional en su informe «Sal en la herida» de 2007, este no es un episodio aislado. Uno de los casos citados ocurrió pocos meses antes con Lucian, un ciudadano rumano. Tres *mossos* lo confunden por error con otra persona. Lo detienen ante la puerta de su casa. Entran en su domicilio sin orden judicial. Le vejan, le ponen una pistola en la boca y le obligan a confesar algo que no ha hecho. Retienen y agreden también a su novia, embarazada de tres meses. La Audiencia Provincial consideró probados los hechos en la condena contra los tres *mossos*. Pese al estremecedor relato de la sentencia, las respuestas de los políticos son inquietantes. La *consellera* de Justicia, Montserrat Tura, no solo elogia públicamente a los *mossos* condenados, sino que asciende a algunos cuando está ella al frente de Interior e incluso llega a solicitar la revisión de la sentencia. El expresidente de la Generalitat, Jordi Pujol, cuestionó la gravedad del caso, ya que «la víctima no había sido hospitalizada». Tampoco faltaron los tertulianos de guardia enfurecidos con los jueces porque prestaban más credibilidad a las víctimas que a los propios policías. Los partidos conservadores, finalmente, llegaron a pedir la dimisión del *conseller* Joan Saura y este se defendió asegurando que pondría a los mejores abogados a disposición de los agentes implicados. Recuerdo escribir un artículo sobre el caso con preguntas que todavía son relevantes. ¿A qué atribuir estas reacciones? ¿Cómo explicar que una *consellera* de Justicia, en lugar de defender a los tribunales de justicia o hacerse cargo del drama humano de las víctimas, ensalce la actuación policial? ¿Cómo calificar las declaraciones de un expresidente de la Generalitat que padeció la cárcel e ignoraba que la tortura puede no dejar secuelas físicas y provocar, sin embargo, un tormento mayor al de un suplicio corporal? ¿Qué tipo de presiones puede llevar a un *conseller* a anunciar para la policía un tipo de protección de «los mejores abogados» que no reclamaría para los ciudadanos de a pie? Si estas fueron las reacciones en un caso en el que la víctima era inocente, causaba zozobra pensar qué se habría dicho en situaciones menos claras, como con torturas a acusados por terrorismo. Una democracia no se mide por la libertad que da a los conformistas, sino por la que da a los disidentes.

En las mismas fechas se produce otra vejación policial. Tres *mossos* propinan a Rubén Pérez Marcos una paliza tras ser detenido, filmada por otra cámara oculta en la comisaría de Les Corts. Las imágenes circulan desde entonces por la red. A partir de ese día a Rubén le empezaron a temblar las manos. Como abogado, en nombre de la Asociación de Cristianos contra la Tortura, ejerzo la acusación en ese caso y en otros. Inflamado por la pasión de buscar justicia, me involucro en cuerpo y alma en esa lucha; influido por lecturas como la de Camus, que se posicionó contra la humillación de la tortura o de la pena de muerte. El terror irracional transforma al ser humano en cosa. No solo destruye los cuerpos sino también las almas y las convicciones más íntimas, la dignidad, cuando el otro está indefenso y a merced de su fuerza. En un famoso texto, el superviviente del Holocausto Jean Améry relató su experiencia a manos de la Gestapo: el torturador imponía su corporalidad, sus puños, terminaba con una vida que nunca más iba a volver a despertar ni reconocerse en sí misma; perdía la fe en la humanidad, la tortura era la encarnación del mal absoluto. Quien la había sufrido ya no podía sentir el mundo como su hogar. Como subraya el jurista italiano Norberto Bobbio, la prohibición de esa práctica de deshumanización es un derecho absoluto y no ponderable. Cuando en Italia se planteó el debate sobre su licitud para averiguar el paradero de Aldo Moro, ex primer ministro secuestrado en 1978, el general Carlo Alberto dalla Chiesa dijo algo elocuente: «Italia puede sobrevivir a la pérdida de Moro, pero no a la introducción de la tortura». Desde el instante en que, aunque sea indirectamente, se justifica la tortura ya no hay regla ni valor.

En cierto modo sucedió así en el caso de Rubén. La justicia sentó un precedente inquietante. A partir de las imágenes, los jueces calificaron los maltratos de leve extralimitación. Admitieron que «cualquier hombre medio» vería una «brutal paliza policial». Esa impresión vendría reforzada, reconocían, por los catorce días que tardaron en curarse las lesiones. En su opinión, todo eran meras apariencias. Poco importaba que la agresión se desencadenara por su simple gesticulación. La única violencia relevante era la de una víctima «excitada». Si con las imágenes a la vista esta era su conclusión, asustaba pensar qué habría ocurrido sin ellas. Con toda probabilidad, el caso estaría archivado y la víctima en la cárcel. Igualmente preocupante era que los magistrados desecharan nuestra acusación de falsedad documental con un argumento sorprendente: «Muchas veces los atestados policiales exageran o sobrevaloran la violencia», decían, para atribuirla a los detenidos con la intención de «justificar o encubrir la propia». Y chimpún. Como denuncia Amnistía Internacional, dar mayor crédito a la policía que a las víctimas u otros testigos es uno de los motivos principales de impunidad institucional. Este tipo de ligereza judicial frente a la tergiversación policial de hechos es un buen ejemplo de la auténtica carrera de obstáculos que debíamos superar para llevar las denuncias a juicio: apenas un 1 por ciento de las denuncias lo logran y luego terminan en absolución por la imposible identificación de los responsables.

Así ocurrió, por ejemplo, cuando la Audiencia de Vizcaya, en 1998, reconoció la violación de una mujer brasileña por parte de dos policías en la comisaría de Indautxu de Bilbao o cuando la de Girona, en 2004, confirmó las torturas efectuadas por parte de doce *mossos* a un joven marroquí en una celda de la comisaría de Roses. A pesar de darse por probados los hechos, en ambos casos se exculpó a los agentes, que se encubrieron entre ellos. Es más, incluso cuando se producen condenas, es habitual que la impunidad se alcance por la vía de un indulto gubernamental, como se comprueba en un rápido rastreo del *BOE*. En 2012, el gobierno de Mariano Rajoy llegó incluso a indultar dos veces a cuatro *mossos* condenados por torturas a un hombre al que confundieron con un atracador, haciendo oídos sordos a los informes de la Audiencia de Barcelona y la Fiscalía contrarios a la medida.

En aquellos años, los casos de torturas por parte de los cuerpos policiales no afectaban solo a Cataluña y el País Vasco, sino que se daban en otras localidades españolas. El Tribunal Supremo confirmó penas de un año de prisión y ocho de inhabilitación para dos guardias civiles que torturaron a un inmigrante cubano tras su detención en Alboraya (Valencia) en 2008 y otros casos de torturas llegaron al Tribunal Europeo de Derechos Humanos, tras desalojos de casas ocupadas en Sevilla y otras localidades.

Con anterioridad a Rubén y Elena, había llevado otras víctimas de malos tratos que eran activistas sociales, disidentes. Esto último añadía, a su condición pasiva de víctima de una injusticia, una voluntad inequívoca de transformar el mundo. Eran víctimas activas, politizadas, combativas. Quizá por eso, siempre empaticé más con su situación. A veces sus penas las sufría como propias, sentía el eco de dolor de su cuerpo repetido en mi alma.

En esa época conocí en primera persona el funcionamiento de los aparatos policiales. Utilicé mi experiencia para comenzar a escribir una tesis en ciencias políticas y sociales de la Universitat Pompeu Fabra. Uno de los temas precisamente era la interacción entre el mundo policial y los movimientos sociales. Publiqué un largo capítulo sobre ello en el libro colectivo *¿Dónde están las llaves?* La mayoría de los casos que defendí en los tribunales los protagonizaba el Grupo 6 de la llamada Brigada de Información de la Policía Nacional. Un cuerpo dependiente del Ministerio de Interior, heredado de la estructura organizativa de la antigua Brigada Político-Social franquista. A partir de 1996 estuvo a pleno rendimiento con una guerra sucia de baja intensidad contra ciertos activistas. Como reconoció el propio director de los servicios secretos del CNI, se habían infiltrado en grupos como el de la antiglobalización. Empezaron a elaborar abundantes ficheros, álbumes fotográficos e informes que mandaban a menudo a la prensa para criminalizar una u otra movilización. El punto álgido de este clima de asedio policial se produce cuando policías, normalmente camuflados, desenfundan y encañonan con su pistola a los manifestantes. Hubo una decena de casos. Por ejemplo, en marzo de 1999, con motivo de la visita de un ministro del gobierno del PP en Cornellà de Llobregat. La imagen abrió telediarios. El agente que desenfundó su pistola era conocido con el apodo de «Melenas». Los medios también captaron a otro agente del grupo golpeando con un palo de madera en la cabeza a otro manifestante. La oposición pidió explicaciones, pero la Brigada no disminuyó su actividad. El número de detenciones aumentó. El Plan Policía 2000 del PP lo incentivaba: a más detenciones, más sueldo. Recuerdo el caso de una fotógrafa de Terrassa, Mireia Comas, a quien asistí como abogado. Captó en una manifestación a uno de sus agentes desenfundando su pistola. Como represalia, fue detenida. En otro «montaje policial», un juez —del juzgado penal n.º 4 de Barcelona— absolvió a mis defendidos comparando el *modus operandi* del grupo con «la afortunada extinta Brigada Político-Social».

En ese caso tuve mi primer encontronazo verbal con la cara visible de ese Grupo 6, el inspector conocido con el apodo de «Jordi». Procedía de la lucha antiterrorista. Era la bestia negra de los movimientos sociales catalanes: dirigía la mayoría de los interrogatorios y seguimientos. Conocía las vidas, relaciones o puntos débiles de muchos activistas. Los llamaba a su teléfono personal. A alguno le propuso trabajar para él como topo, tal como desvelaron años después algunos medios. Era un comisario que cometía muchas irregularidades. A menudo los interrogaba sin presencia de su abogado. Tras sus presiones, lograba que incluso los activistas más curtidos se confesaran culpables.

Los atentados del 11 de septiembre de 2001 en Estados Unidos impulsan una escalada represiva que también llega a Europa para ciertos activistas sociales. «El interés general obliga a poner en paréntesis los derechos de las minorías», defiende George Bush. El presidente Aznar anuncia una «ofensiva legal por la seguridad, contra el terrorismo y la delincuencia». O sea, un particular *we are at war* español. Amnistía Internacional alerta de violaciones sistemáticas de derechos humanos que ni durante la Guerra Fría se habrían aceptado. Como denunció el propio relator especial del Comité Contra la Tortura de la ONU, Theo van Boven, ello facilitaba la tortura y la posterior confesión. También un particular envalentonamiento de los cuerpos policiales y muy especialmente del citado Grupo 6. Los desórdenes públicos son calificados directamente como «acciones terroristas» y a los detenidos se les aplica la legislación antiterrorista. Por ejemplo, en 2003, me tocará defender a un grupo de siete okupas, de ideología anarquista, del Baix Llobregat de Barcelona ante la Audiencia Nacional. El juez Baltasar Garzón mandó a dos de ellos a prisión provisional. El mismo magistrado en 2003 mandará a otros clientes míos, personas vinculadas a grupos alternativos de la localidad barcelonesa de Torà, a la cárcel acusados por «pertenencia a banda armada». Uno de los detenidos, tras los interrogatorios policiales del Grupo 6, Jordi Vilaseca, terminará en el hospital psiquiátrico, víctima de un ataque de ansiedad, y sus familiares interpondrán una querella por torturas. En ese momento tuve otro enfrentamiento verbal con el inspector «Jordi». No me dejó hablar con mi cliente. «Ve a quejarte a un juez, a ver si te cree», me soltó con los ojos llenos de venas rojas mientras me echaba de la comisaría a empujones. No había cámaras de videovigilancia. Eran tiempos duros para ejercer de abogado de activistas sociales. Me sentía muy solo.

En 2006, el periodista David Fernàndez relató algunos episodios de ese grupo en *Crónicas del 6*. En la contraportada, había unas palabras de mi epílogo, que reproduzco aquí:

> Tras las bambalinas de nuestro Estado de derecho se desarrolla, a menudo con complicidad de las autoridades, un infraestado clandestino y en la completa ilegalidad. Tiene sus propios códigos y reglas del juego, y no resultan siempre fáciles de descifrar. El libro lo hace desde la indignación ética y la ironía. Pone de manifiesto la falacia de la visión idílica de la policía como garante de libertades ciudadanas. Nos habla de maletas y fondos reservados, de informes confidenciales, torturas, infiltrados, pistolas, secuestros, teléfonos pinchados o listas negras... En definitiva, de la guerra sucia de un estado de excepción encubierto contra los movimientos sociales. [...] El libro habla de nosotros, de quienes nos hemos visto implicados en la historia de estos diez últimos años

de protestas. No se nos muestran las cosas como pasaron, sino cómo nos pasaron, en un espacio y tiempo colectivo.

Logré sentar a «Jordi» varias veces en el banquillo. En 2008, tanto él como dos de sus compañeros fueron a juicio por las torturas de un joven activista, Daniel. Los hechos permanecen frescos en mi memoria.

Noche apacible de octubre de 2004, Día de la Policía. Unos desconocidos lanzan tres cócteles molotov en la puerta de la comisaría de Sants de Barcelona. Nervios, humo, gases. ¿Quién ha sido?, se preguntan en la comisaría. Se sienten ultrajados. Los hechos no pueden quedar impunes. Se organiza con celeridad un operativo para detener en sus casas a activistas sospechosos. Cuando entro en la sala de interrogatorios para asistir a uno de ellos, Daniel, se me remueven las entrañas. Los moratones de su rostro me saltan a la vista. Un rastro de bestialidad policial. Una bofetada con la mano abierta le causa una perforación timpánica en la oreja derecha. El juez Juan Antonio Ramírez Sunyer —conocido por empezar la ofensiva judicial en octubre de 2017 contra el independentismo catalán— los manda a él y a los otros dos activistas a la cárcel. Años después, lograré su absolución. No había pruebas contra ellos. Eran un chivo expiatorio. No obstante, «Jordi» también sale absuelto de las torturas. Solo logro la condena a una pena menor de multa para otro de los policías acusados.

Los jueces solían creerse más el relato policial que el de las víctimas. Casi siempre salían indemnes, hasta que uno de ellos fue detenido en 2007 en el marco de una investigación policial para desmantelar una trama de extorsiones y prostitución. En el caso de los burdeles Riviera y Saratoga, era sospechoso de avisar a los propietarios de los prostíbulos de futuras redadas a cambio de regalos y dinero en metálico. Al ser descubierto, huyó con el coche por el centro de Barcelona, seguido por la Guardia Civil con sirenas y señales luminosas. Llegó a conducir contra dirección, sin respetar semáforos; el tráfico le obligó a frenar, según el atestado policial. Una peligrosa y frenética persecución de película. Al final, terminó en la cárcel. Una vez en libertad, se reincorporó al cuerpo, pero ya no se dedicó a interrogar a activistas.

De Guantánamo a las pelotas de goma

El caso más famoso de torturas que llevé fue el de Guantánamo, la prisión que Estados Unidos tenía en esa localidad de Cuba. Hubo una primera querella liderada por Gemma Calvet. Luego, otra por Gonzalo Boye, que se acabó presentando ante la Audiencia Nacional en 2009. Había víctimas españolas, y ello nos permitía reclamar la competencia para juzgar los hechos en España en base a la jurisdicción universal, derogada por el PP con posterioridad para impedirlo. A uno de ellos le conocí bien: el marroquí Lahcen Ikassrien. Hablaba pausadamente, con la voz quebrada. Tenía una secuela que me llamó la atención. Cuando se cruzaba con un perro le invadía un pánico que le obligaba a cambiar de acera a toda prisa. Al principio me pareció una persona luminosa, espiritual, culta. Al cabo de un rato se diluyó la simpatía hacia él. Vislumbré su fanatismo. Quizá por su paso por Guantánamo. Su detención años después, acusado de enviar combatientes a Siria, no me extrañaría.

Con la querella, aportamos los memorandos internos desclasificados del equipo de juristas de George Bush donde se detallaba la política de situar la «guerra contra el terrorismo» tras el 11S al margen de tratados como las convenciones de Ginebra o contra la Tortura. El documento constituía una crónica exhaustiva de cómo la Administración de Bush armó un nuevo corpus legal que echó por la borda toda una tradición legalista de más de doscientos años. Los asesores del presidente de Estados Unidos conocían la ley internacional y la violaban conscientemente. «En todos los pueblos civilizados, al lado de un déspota que manda se encuentra casi siempre un jurista que legaliza su voluntad arbitraria», escribió ya Alexis de Tocqueville. La CIA había admitido la utilización de prácticas como el denominado *waterboarding*: una técnica utilizada en la Edad Media por la que los detenidos son inmovilizados y se les arroja agua en la cara y en las vías respiratorias, experimentando una sensación de ahogamiento cercano a la muerte.

La normativa aprobada por Bush, la *Patriot Act* de 2001, flexibilizaba el alcance de la tortura. Se llegó a decir que esta podía ser «equivalente en intensidad al dolor que acompaña las lesiones físicas graves, como desfallecimiento orgánico, deterioro de las funciones corporales o, incluso, la muerte». Algunos, como el secretario de Defensa, Donald Rumsfeld, no buscaron rodeos para justificarlo: «De lo que se trata es de salvar vidas norteamericanas y no los derechos humanos de los terroristas».

Rugía una ola de indignación en Europa, a quien le gusta presentarse ante el mundo como la cuna de Beccaria y Voltaire, continente de la paz, diálogo y las grandes declaraciones de derechos humanos. El caso de Guantánamo, no obstante, le acabó salpicando. Primero, se supo de la existencia de una red de prisiones clandestinas en los países del Este, donde se torturaba con absoluta impunidad a quienes Estados Unidos consideraba terroristas. Luego se constató que ciudadanos europeos desaparecidos en extrañas circunstancias fueron secuestrados por la CIA. La presunción de inocencia se esfumó en el aire cuando se conoció la participación europea en el transporte y la detención ilegal de presos para torturarlos en Guantánamo o en otros países. Un grupo de abogados dirigido por Pepe Galán decidimos impulsar otra querella, ya que uno de esos vuelos hizo escala en Palma de Mallorca en 2004. Como en otras ocasiones, la causa se archivó por incapacidad de identificar a sus autores. Logramos acreditar los hechos, pero la identidad de los tripulantes fue enmascarada, dijo el juez. Con lo cual, se garantizó la impunidad de sus crímenes.

Al menos, el caso sonrojó a unos líderes políticos que se prodigaban en declaraciones en defensa de las libertades civiles. El recurso a la tortura se explicaba por la subordinación de Europa a las obsesiones militaristas de Estados Unidos, pero también porque en Reino Unido, Francia, Italia o Alemania hubo normas y prácticas similares.

Cuando el *conseller* Felip Puig, de CiU, decía en esas mismas fechas que en la lucha antiterrorista es preferible «pecar por exceso que por defecto», las alarmas deberían haberse disparado. La barbarie no solo degrada a quien la perpetra, sino también a quien la sufre y a la sociedad que la tolera. Cada acto de tortura encierra un crimen de Estado, cuya negación comporta un ejercicio de contemporización con la crueldad institucional. Una suerte de autoindulto del Estado, un perdón concedido a sí mismo. Que ocurrieran estos hechos ya no podía sorprender a nadie. Después de todo, el español era el cuarto Estado del mundo con más condenas por violaciones del Pacto de Derechos Civiles y Políticos.

Tampoco sorprendería años más tarde el nombramiento del juez Fernando Grande-Marlaska como ministro de Interior. Es de los jueces más antigarantistas que he conocido a lo largo de mi carrera. Recuerdo cómo miraba fríamente a otro lado ante las denuncias de alguno de mis clientes anarquistas por torturas. Guardaba las formas, pero tenía una visión muy conservadora del derecho. Si Estrasburgo condenó a España nueve veces por no investigar torturas, en seis, el juez responsable fue él. Designarlo como ministro en 2018 y mantenerlo en el segundo gobierno de coalición fue un insulto a las víctimas. Y más tras su gestión de escándalos como la masacre en la valla de Melilla en 2022, la más grave de los últimos cuarenta años en la frontera. Tanto la ONU como la Unión Europea, Amnistía Internacional y el Defensor del Pueblo concluyeron que su departamento incumplió la ley. En el caso de Melilla, lo peor fue la voluntad de encubrir los hechos. Lo denuncié reiteradamente como diputado. Las instituciones capaces de investigar y condenar malos tratos no son débiles o buenistas, le dije al ministro desde la tribuna del Congreso. Son, por el contrario, instituciones que con un mínimo de credibilidad pueden apelar al reconocimiento de sus propios ciudadanos. Lo otro, la justificación de la brutalidad policial o la entronización de la razón de Estado, solo puede ser fuente de nuevos maltratos, además del camino más seguro al descrédito de los cuerpos de seguridad.

A pesar de que la costumbre de la mayoría de los representantes públicos de inicios del siglo XXI era taparse los ojos, también hubo quien supo ponerse de pie. Al destaparse los malos tratos antes mencionados en Cataluña, el *conseller* Saura instaló cámaras de vigilancia en todas las comisarías. Su objetivo —en parte, cumplido— fue prevenirlos. Poco más tarde, en pleno periodo electoral, entró en escena el famoso punzón llamado *kubotán* de los Mossos en una manifestación, que acabó de agitar las aguas ya removidas. Quienes éramos abogados de las víctimas y las asociaciones de derechos humanos llevábamos tiempo reclamando un debate sobre el manejo de las armas policiales. Saura prohibió el *kubotán* y las temibles pistolas eléctricas, pero no se atrevió con las balas de goma. Recuerdo reunirme con él para intentar convencerle de hacerlo sin éxito. Afable, me escuchó con atención. «La sociedad no está todavía preparada para dar ese paso», me aclaró con su voz nasal. Tuvo que pasar más tiempo, pero no sería mucho.

En 2009, las pelotas de goma lanzadas por los Mossos tras la celebración del título europeo del F. C. Barcelona lesionaron, entre otros, a tres jóvenes. Perdieron un ojo. Los hechos generaron preocupación. Llovía sobre mojado. La acumulación de casos sin castigo resultaba insoportable. Renombradas revistas médicas como *The Lancet* y el balance de ese año en el Estado fue elocuente: sesenta hospitalizados y cuatro lesiones oculares graves 22 desde 1990—. Eran armas peligrosas. Las trayectorias de los proyectiles, imprevisibles. Cualquiera podía ser víctima de una bala perdida. En Barcelona, sin ir más lejos, una de ellas impactó en el propio jefe de la Guardia Urbana, Xavier Vilaró, en un fuego cruzado; como consecuencia, le extirparon el bazo. Había un problema adicional: las balas no tenían número de serie, con la consiguiente dificultad para investigar su uso y determinar quién apretaba el gatillo. Yo me había especializado en esa materia. Ya he contado el caso de Carles Guillot, pero llevé muchos más casos. Los vivía como un desgarro personal. En varias ocasiones logré que el Departamento de Interior asumiera su responsabilidad, pagara indemnizaciones, pero nunca una condena penal contra los autores. En 2013, se organizó una comisión de estudio del material antidisturbios en el Parlament. En mi intervención ante los diputados como portavoz de la Comissió de Defensa de los abogados de Barcelona, expliqué la necesidad de renunciar al uso de esa arma, como al final sucedió tras la aprobación de unos nuevos protocolos. Otra victoria de las entidades de derechos humanos y de la asociación Stop Balas de Goma, formada por los propios afectados.

La decisión adoptada por Joan Saura, de ICV, fue algo bastante atípico. A la derecha no le gustó nada que se abriera un debate sobre el *modus operandi* de un cuerpo al que se suponía liberado de ciertas prácticas del pasado. Buena parte de la discusión inicial se planteó en torno a si los incidentes denunciados debían ocultarse o no. La reacción de CiU y el PP fue más allá. Pidieron su dimisión por estar «más preocupado por los delincuentes que por la policía». Quien sería su sucesor, Felip Puig, de Convergència Democràtica de Catalunya (CDC), anunciaría su intención de liquidar un legado que «mancha el buen nombre y prestigio» de los Mossos d'Esquadra. En un reflejo instintivo de trillado corporativismo, algunos sindicatos policiales cerraron filas y justificaron las actuaciones cuestionadas. Como respuesta convocaron una inusual manifestación con consignas como «Saura dimisión» «Kubotán, kubotán» o «Bote, bote, bote, okupa el que no bote». La imagen de descrédito y politización pulverizaba la apariencia de imparcialidad profesional exigida a un cuerpo nacido en democracia. Una izquierda consecuente, o simplemente comprometida con la defensa de los derechos humanos, lejos de acomplejarse, debía señalar la incongruencia de denunciar la vulneración de derechos en los Guantánamos del mundo mientras se pretendía ocultar los trapos sucios de una policía autóctona catalana.

Toda política de seguridad puede tener dos direcciones opuestas: orientarse hacia el modelo del «derecho a la seguridad» o al de la «seguridad en los derechos». El primero pretende reducir la eficacia policial al despliegue de medidas ejemplarizantes sobre los sectores más vulnerables o la disidencia política. El segundo parte de que el único orden democrático por el que vale la pena luchar es aquel preocupado por reducir al mínimo tanto la represión como el desorden causado por las grandes desigualdades sociales. No se trata, como querría la derecha, de políticas realistas contra políticas irrealistas. El supuesto realismo de quienes identifican la eficacia policial con la falta de controles es de muy corto plazo. El único modelo sostenible de seguridad está fundado en el escrupuloso respeto de los derechos de todos. También de los detenidos, que son, en ese momento, la parte débil frente a la posible arbitrariedad policial.

En cualquier comisaría, la relación del detenido con el agente se consuma en secreto. Es de tal sujeción que puede dar pie a abusos difícilmente controlables. Aquí y en cualquier lugar. La instalación de videocámaras, lejos de ser un arranque justiciero, obedece a los compromisos adoptados por la ONU a los cuales España se ha suscrito. No era quitando las cámaras, derogando códigos éticos y obligaciones de identificación o minimizando los abusos como se preservaba el crédito social de la policía. Solo la existencia de controles estrictos lo puede lograr; estos no pueden banalizarse como una expresión de ingenuidad o *hippismo* político. Desde luego no lo es para las víctimas reales de actuaciones arbitrarias, por desgracia demasiado frecuentes. Tampoco lo es para las víctimas potenciales: todos los ciudadanos, de imponerse las supuestas tesis realistas. La lucha contra la impunidad supone una victoria del Estado de derecho frente a la razón de Estado. Después de todo, en democracia siempre será preferible tener una policía bajo sospecha que una policía descontrolada.

Impunidad y guerra sucia: *Ciutat morta*

A lo largo de aquellos años la situación se hizo insostenible y la sensación de indefensión fue calando entre nosotros. Ante la constatada impunidad de ciertos abusos policiales, de la guerra sucia contra el activismo, comenzamos a salir a la calle. «Oh, caballeros, la vida es breve. Si vivimos, vivimos para marchar sobre la cabeza de los reyes», escribió Shakespeare. El mal tiene dos caras: el abuso de poder y la servidumbre voluntaria. La democracia es un esfuerzo perpetuo de los gobernados contra los abusos de poder, añadió el filósofo francés Alain. El poder está condenado a no ser amado. Allí donde hay poder, hay resistencia. El ciudadano libre es casi siempre un descontento. Eso es lo que somos: inconformistas comprometidos en la vigilancia de cerca de la actuación del poder. Entre ellas, de la policía. Cada vez hay más episodios controvertidos en los que la policía se descontrola. Una ciudadana de a pie, Ester Quintana, pierde un ojo por el rebote de una bala de goma de los *mossos* mientras paseaba en las inmediaciones de una manifestación. El empresario Juan Andrés Benítez muere tras una violenta reducción de un grupo de *mossos* en el barrio del Raval de Barcelona en 2013. Los ejemplos se suceden no solo en Cataluña, también en otros lugares de la geografía española, gracias a la proliferación de los teléfonos inteligentes. A diferencia de lo que ocurría antes, ahora hay imágenes de las actuaciones policiales grabadas que desmienten las versiones oficiales. La credibilidad de la policía y de los políticos que se afanan en mantener las mentiras cae en picado mientras la indignación crece. Veámoslo con la perspectiva de un caso significativo ocurrido en 2006 en Barcelona: el que analizaría unos años más tarde el documental *Ciutat morta*.

4 de febrero de 2015. La tarde, lluviosa y fría. Como miles de otras personas, he ido a una manifestación por el centro de Barcelona contra los abusos policiales. Hoy se cumplen nueve años del caso 4F sucedido en Ciutat Vella, el 4 de febrero de 2006. Como portavoz de la Comissió de Defensa hago declaraciones a los medios de comunicación. Recuerdo la efeméride. A mi lado está Mariana Huidobro, la madre de Rodrigo Lanza. Lleva nueve años de lucha incansable y dolorosa para demostrar la inocencia de su hijo, condenado a cinco años de cárcel por arrojar una piedra a un policía. La reciente emisión en TV3 del documental *Ciutat morta* da visibilidad al caso. Su crudeza remueve estómagos; es una suerte de puñetazo en la conciencia de una sociedad acostumbrada a mirar para otro lado ante casos como esos. En Cataluña no se ha vivido todavía el *procés*. Muchos de quienes desde el independentismo denunciarán en el futuro supuestos montajes policiales o judiciales ahora detentan el poder y creen ciegamente en la infalibilidad del Estado. Se indignan con la sola sugerencia de una mala praxis judicial o policial.

El premiado documental se estrenó en 2013, pero la enorme expectación creada por las resistencias iniciales a emitirlo en la televisión pública catalana lo convirtió en un éxito sin precedentes. La movilización previa en la red tras la censura judicial de cinco minutos de su metraje hizo el resto. El fragmento mutilado revelaba la reprimenda de un juez hacia el entonces jefe de información de la Guardia Urbana.

Tras su emisión en TV3, la práctica totalidad de los partidos se hicieron eco del clamor ciudadano. Incluso el Parlament de Catalunya reclamó una investigación a la Fiscalía. Unos meses después, el 4F entró con fuerza como una de las controversias de la campaña electoral que nos llevaría a la victoria en la Ciudad Condal: Ada Colau conseguiría la alcaldía. En un debate televisivo durante esa campaña tuve una agria discusión sobre lo ocurrido con un portavoz de un sindicato de la Guardia Urbana, Sapol. La posición de nuestro partido generó muchas suspicacias en ciertos sectores policiales que, además, creían algo absurdo: que yo sería el futuro responsable de seguridad del ayuntamiento.

Ciutat morta es un documental parcial. La versión oficial era conocida pero la otra fue silenciada y, cuando salió a la luz, escandalizó a la ciudadanía. El caso fue el siguiente. Durante una actuación policial en una fiesta en un edificio municipal abandonado la noche del 4 de febrero de 2006 el agente Juan José Salas recibió un impacto en la cabeza. Quedó postrado en una silla de ruedas. Dramático. El alcalde de Barcelona, Joan Clos (PSC), salió en rueda de prensa a dar explicaciones: «La lesión es el resultado del lanzamiento de una maceta desde el balcón del edificio». Esa versión apuntaba a una responsabilidad del propio ayuntamiento, propietario del mismo. Además, que la maceta se lanzara desde el balcón llevaba inevitablemente al archivo de la causa contra los detenidos a pie de calle. No la podían haber lanzado ellos. Sin imputados, tampoco había caso. Ni posible condena ni indemnización. Al cabo de unos días, quizá por ello, apareció otra versión: la maceta se lanzó desde la calle. Y se responsabilizó a Rodrigo Lanza por ello. Se lo sentenció a cinco años de prisión.

El cambio en la versión oficial despertó dudas desde el principio y más aún cuando, con posterioridad, dos de los agentes que modificaron la primera hipótesis oficial resultaron condenados por mentir y torturar a un joven latinoamericano tras una discusión en una discoteca. A fin de encubrir los malos tratos, le acusaron falsamente de ser traficante de drogas. En realidad, el detenido era el hijo del cónsul honorario de Noruega en Trinidad y Tobago. Demostrado ese montaje policial, se multiplicaron las sospechas sobre la objetividad de sus declaraciones en otras ocasiones. Si mintieron esa vez, ¿no lo hicieron también en el caso 4F?

En un clima de fuerte presión emotiva, la versión avalada por los compañeros del herido fue la pieza esencial para condenar a unos acusados que siempre se habían declarado inocentes. En el examen judicial de su credibilidad poco importó su posición comprometida, y no desinteresada. Tampoco se prestó atención a un testigo que aseguró conocer la identidad de quien lanzó la maceta. O que algunos de los acusados, como la poeta Patricia Heras, no fueran arrestados en el lugar de los hechos. Después de haber sufrido un accidente de bici, Heras tuvo la mala fortuna de dirigirse al mismo hospital donde estaba el agente lesionado. La Guardia Urbana declaró que al llegar allí se la identificó como uno de los agresores por su singular peinado. O sea, que la detuvieron por su aspecto. En 2011, tras escribir unos poemas póstumos, la joven se suicidó en una de sus salidas de prisión.

La otra historia dramática es la de Rodrigo Lanza. Cumplió íntegramente los cinco años de prisión por su negativa a confesarse culpable ante los funcionarios penitenciarios. Recuerdo que le visité en la cárcel. Le planteé la opción de hacer una declaración lamentando lo sucedido. Era suficiente para salir; no hacía falta que se declara culpable. No obstante, él lo vivió como algo humillante. Prefirió agotar todo el tiempo de condena encarcelado. En esa época también ayudé a adelantar la libertad de alguno de los otros condenados.

Más allá de las trágicas consecuencias de los hechos, el caso tenía todos los ingredientes para despertar indignación. Yo fui nombrado por el Colegio de Abogados para hacer el seguimiento del juicio. Como miembro de la comisión de observadores, en el documental señalé alguno de los puntos negros de la investigación. La limpieza de la escena del crimen por parte de un vehículo municipal antes de la llegada de la policía científica impidió recoger los restos de la controvertida maceta. Según una enfermera del servicio de emergencias, se encontraba al lado del herido. La justicia, a su vez, se negó a escuchar otros testigos que no fueran los de los policías afectados o que se apartaran de la versión oficial. No se prestó demasiada atención a los dos médicos forenses que alegaban que la versión de la piedra era incompatible con la lesión provocada.

También se archivaron con pocas contemplaciones las denuncias de tortura. Por último, generó gran desconcierto que los *mossos* condenados por torturas, testigos clave para el caso, recibieran una jubilación anticipada por una supuesta incapacidad permanente que les permitió burlar la condena de más de ocho años de inhabilitación. A pesar de su juventud, una misteriosa y repentina patología psiquiátrica fue el pretexto para concederles un sueldo de por vida.

El ejercicio de la abogacía

El cúmulo de irregularidades que se fueron evidenciando en aquella época proyectaba una imagen inquietante, sombría, sobre las instituciones. Para empezar, abría el foco del debate alrededor de la actuación de los cuerpos policiales y su credibilidad en sede judicial o en los medios. La corrupción informativa comienza muy pronto, como cuando la policía informa sobre la policía, advierte Julian Assange. En poco tiempo se acumularon varios incidentes funestos. La presión ciudadana y la aparición de nuevas pruebas pusieron en tela de juicio la versión oficial, como pasó con Ester Quintana o Juan Andrés Benítez. No por casualidad, la ocultación durante tres días de la autoría de los atentados del 11M en Madrid por parte del gobierno del PP estaba todavía enraizada en la memoria colectiva de una ciudadanía cada vez más dispuesta a exigir su derecho a saber.

Uno de los factores que genera desconfianza y desvirtúa el funcionamiento de los grupos de poder son los prejuicios bajo los que suelen actuar. Con un simple rastreo en los foros policiales se puede comprobar su animadversión hacia ciertos colectivos. Los calificativos despectivos que utilizan —como perroflauta— lo demuestran. Esa cultura policial no tendría mayor relevancia si no fuera porque puede influir decisivamente en el resultado de un juicio y llevar a un inocente a la cárcel. *A priori*, la palabra de un policía debe valer igual que la del resto. En la práctica, tiende a imponerse el principio de veracidad policial propio del ámbito administrativo. En la esfera penal, para los acusados provenientes de ciertos entornos sociales se invierte a menudo el sentido de la presunción de inocencia. Esa es mi experiencia.

A pesar de su independencia y especialización, tampoco los togados son inmunes a los prejuicios. No suele ser igual que quien se siente en el banquillo provenga de las clases acomodadas o sea un extranjero indocumentado. Lo veía cada día en mi ejercicio de abogado. Pongo un ejemplo. En 2014 Esperanza Aguirre resultó absuelta tras arrollar la motocicleta de un policía —que le pidió la documentación por una infracción de tráfico— y darse a la fuga en plena Gran Vía de Madrid. La palabra de la expresidenta madrileña pesó más que la de los policías que la acusaban. En cambio, por esas mismas fechas fue detenida una fotoperiodista, clienta mía. Cubría unos disturbios tras una manifestación de protesta por el desalojo del centro ocupado de Can Vies en Barcelona. Fue condenada a cuatro años de prisión. El juez no tuvo en cuenta su acreditación de fotoperiodista, ni su versión ni la de los numerosos vecinos del lugar que presenciaron los hechos. Dio mayor credibilidad a los agentes. Por suerte, este caso tendrá un final feliz: recurrí la condena y, tras unos meses, fue absuelta. Esquivamos su entrada en prisión pero podría no haber sucedido. He conocido a muchos condenados inocentes en prisión.

Mi carrera no ha sido fácil. Como abogado vi mucho sufrimiento e injusticia. El suicidio de Patricia Heras en el caso del 4F no es el único vivido de cerca. Otro detenido, Jorge Bolancel, a quien asistí en la comisaría de Cornellà el 23 de octubre de 1997, también se quitó la vida. Tenía dieciocho años y fue detenido en dos ocasiones seguidas. Tras salir en libertad, se sintió culpable porque, tras horas de maltrato en los calabozos, delató a sus compañeros cómplices de una acción de protesta contra la reforma laboral. Abatido, se sentía un traidor. Cuando salió, ante la incomprensión de algunos de ellos, se fue andando taciturno, atormentado. La pena se lo tragó, sin contemplaciones. Llegó hasta las vías del tren y se arrojó al primero que pasó. Murió arrollado en el acto. El cuerpo quedó despedazado en mil trozos. La sangre escurriéndose por las vías. Su vida se esfumó como una figura en la niebla. No recuerdo la noticia en ningún periódico, pero ese suicidio me acompañará el resto de mi vida. Olvidé su rostro, pero todavía se me eriza la piel cuando recuerdo su muerte. A diferencia de muchos otros casos injustos como ese, el 4F tuvo un documental. ¿Qué aprendí de todo eso? Que la infalibilidad de quien ejerce el poder es un espejismo que se debe desmontar cotidianamente. En la actualidad, tras la constatación del *modus operandi* de algunos policías y cómo los protegen algunos políticos, las versiones oficiales ya no se aceptan acríticamente como en aquella época. Aunque persista la ceguera judicial, existe en la sociedad un incipiente cambio de mentalidad. Los ciudadanos ya no son tan susceptibles de ser engañados, especialmente en Cataluña tras el *procés*, cuando las imágenes de la brutalidad policial contra ciudadanos pacíficos empezaron a quitar la venda de los ojos a quienes en el pasado miraban a otro lado o participaban de la represión.

Una genuina democratización de los estamentos policiales o judiciales exige un cuestionamiento profundo de hábitos y esquemas mentales. Exigir la verdad, perder la ingenuidad. Abrir los ojos. Son actitudes indispensables para desmontar las tramas institucionales de impunidad. Con todo, el caso del 4F me perseguiría en mi salto a la política y, en 2017, una vez ya en el Ayuntamiento de Barcelona, el concejal del PP Alberto Fernández Díaz solicitará a la alcaldesa Ada Colau retirar el Premio Ciutat de Barcelona al documental *Ciutat morta*. Además, reclama mi cese «por haber sido el abogado de Rodrigo Lanza», el principal acusado del caso. Se sumará Carina Mejías, concejala de Ciudadanos, ahora diputada de VOX. Señalar al abogado es un atentado a la democracia, un ataque al derecho que tiene cualquier ciudadano a ser defendido. ¿Pensaría lo mismo Fernández Díaz si fuera el abogado de alguno de los más de quinientos acusados por corrupción de su partido? ¿Diría lo mismo del abogado de su hermano Jorge, exministro de Interior del PP, a quien la Fiscalía Anticorrupción le pedirá quince años de cárcel por una cascada de delitos vinculados a la operación Kitchen?

En el fondo, su visión es propia de un partido heredero de la dictadura que parece ir en contra del derecho de todo acusado a tener un abogado. O al menos, para ciertas personas. La petición de cese es sobre un hecho totalmente legal, anterior a mi paso a la política. Y, además, falso. El abogado del caso no era yo: era Gonzalo Boye, como luego explicaré. La historia tiene otro agravante, ambos concejales son abogados. Es cierto que no ejercieron nunca, pero debían conocer la norma deontológica que prohíbe vincular a un abogado con su cliente.

Reincidirán. Ambos vuelven a pedir mi dimisión tras los atentados yihadistas en Barcelona y Cambrils de agosto de 2017. En esas fechas, yo estaba destrozado. Los crueles atentados fueron un auténtico mazazo que machacó nuestras vidas, especialmente, para quienes estábamos al frente de las instituciones. Llevaba dos días de vacaciones, no volví a retomarlas. Vine de muy lejos. Sin dormir. Quería estar en la primera recepción, a primera hora de la mañana del día siguiente. Teníamos mucho trabajo por delante. Organizamos la primera ceremonia interreligiosa de Europa, tras unos atentados de estas características. La petición de dimisión me hundió. Formaba parte de una campaña de difamación en toda regla. Aquello fue lo más cruel que viví en mi época política. Terminé en el hospital por un ataque de ansiedad. Fueron días de duelo. Días de tristeza. Me desbordó: mi pareja, la jueza Amaya Olivas, y yo rompimos. Era muy difícil estar con alguien sin tener apenas vida personal.

Las redes eran una jauría tumultuosa. Centenares de personas me insultaban. Recibí incluso alguna amenaza de muerte. ¿Por qué? Por haber sido el abogado, diez años atrás, de Mohamed Mrabet, acusado de estar vinculado al yihadismo. A diferencia de Rodrigo Lanza, fue absuelto.

A quienes me pusieron en la diana parecía importarles poco ese pequeño detalle. El acusado era inocente. ¿Y qué?, debían pensar. Tampoco les importó que tanto la Audiencia Nacional como el Tribunal Supremo hablaran de torturas tras su detención. Hecho nada frecuente: los magistrados suelen miran a otro lado, y más ante ese tipo de víctimas.

Como en el caso de Guantánamo, las torturas me impulsaron a llevar la defensa de Mrabet. Llevaba dos años en la cárcel. Yo era el abogado de la Asociación de Cristianos contra la Tortura y colaboraba con Amnistía Internacional. Cuando le visité me conmovió su testimonio. El cuerpo se le quebraba cuando me relataba las torturas. Bertolt Brecht decía que la injusticia es humana, pero más humana es la lucha contra la injusticia. Inicialmente, dudé en llevar el caso. No sentía ninguna simpatía por los islamistas, iba a cobrar muy poco y el juicio duraría meses en la Audiencia Nacional. Debería instalarme en Madrid. La causa era un rompecabezas gigantesco, de decenas y decenas de tomos, con ramificaciones internacionales hasta la famosa cárcel iraquí de Abu Ghraib. Tras estudiar el caso, llegué al convencimiento de su inocencia. No había pruebas contra él, pero tampoco veía ningún delito. La Fiscalía le acusaba de ayudar a algunas personas a ir a combatir contra el ejército de Estados Unidos en la guerra de Irak, pero, según el derecho internacional, un país tiene derecho a defenderse contra una agresión ilegal.

Estudié mucho derecho internacional. Fue un reto intelectual. Encargué un informe a un profesor experto en derecho internacional, Jaume Saura. Certificó mi tesis. Además, quizá Mrabet fuera radical, pero ¿implicaba eso su culpabilidad o que apoyara la violencia? El último motivo para defenderlo fue conocer a su mujer. Una inglesa exprofesora de filosofía que era atea, como su familia. Se convirtió al islam tras leer el Corán en el hospital, enferma grave de cáncer. Creía que su lectura le salvó la vida. Fue ella quien vino a verme para pedirme defenderlo, Mrabet llevaba dos años en la cárcel. La historia de esa mujer con velo y ojos azules despertó mi curiosidad. Aprendí mucho del islam, quería entender sus causas para abrazar una fe tan exigente. La cruzada antigarantista contra ese mundo era una de las discrepancias con la fiscal del caso, Dolores Delgado, con quien años después volvería a coincidir: ella como fiscal general del Estado, yo como portavoz de justicia de Unidas Podemos en el Congreso.

Encontraba sesgos evidentes de islamofobia en las investigaciones policiales. Buen ejemplo de ello fue también la llamada operación Chacal de 2006. Como abogado de un detenido, Omar Nakhcha, conocido miembro de diferentes colectivos sociales de Santa Coloma, lo constaté. Tanto él como sus familiares fueron señalados como terroristas, ni más ni menos que por toda una *consellera* de Justicia. Publiqué «Respuesta a Montserrat Tura», un artículo en *El País* en respuesta a uno suyo: «Las huellas del chacal». La *consellera* Tura calificó de apología del terrorismo una concentración de apoyo de amigos y familiares, a quienes ella identificó con el Grupo Islámico Combatiente Marroquí. Los condenaba de antemano. ¿No era lícito defender su presunción de inocencia? Tras cinco días de detención incomunicada, Omar Nakhcha quedó en libertad sin cargos. Eso, en un Estado de derecho, significaba admitir que su detención fue un error policial. Era inocente. Con ese desenlace, la protesta susodicha parecía más que razonable. Tura nunca se disculpó con el detenido o su familia.

Lo explico para ejemplificar hasta qué punto se pueden degradar garantías básicas de una democracia en la lucha contra el terrorismo bajo un peligroso derecho penal del enemigo. Con todo, quizá haya alguien que se siga preguntando si es moralmente lícito defender a acusados de fanatismo religioso o al cliente torturado en Guantánamo, aunque sean inocentes. ¿No lo debería haber hecho? Eso lleva a hacerse otra pregunta de mayor calado. Un acusado por hechos abominables, ¿tiene derecho a una defensa?

La misma pregunta atormentó el abogado noruego Geir Lippestad, tras el asesinato de ochenta personas en 2011 por un joven de extrema derecha en el campo de las juventudes laboristas en la isla de Utoya. Anders Breivik, el terrorista confeso, lo escogió a él para llevar su defensa, a pesar de ser un destacado miembro del mismo partido laborista afectado por tan crueles hechos. Ante la dura contradicción de la propuesta, consultó a su compañera. «Soy enfermera. Si me hubieran llamado del hospital para ir a curarlo, lo habría hecho. Ese es mi trabajo. Tú eres abogado, haz el tuyo», le dijo. Lippestad, la personificación de todo aquello odiado por Breivik, aceptó el caso. Lo vivió como un acto de reafirmación de los valores de dignidad de todas las personas.

La democracia no puede defenderse, sin destruirse, desde fuera de la misma democracia. Tal como escribió Camus, si es consecuente, no puede beneficiarse de las ventajas del totalitarismo. Cuando lo hace, la barbarie se apodera de todo. Lippestad consideraba que, más que defender a Breivik, defendía un pilar fundamental en la democracia: el derecho a un juicio justo. Un argumento similar al del abogado comunista, Jacques Vergès, para defender al criminal nazi Klaus Barbie a finales de los ochenta, o del abogado y eurodiputado de Ciudadanos, Javier Nart, para defender al llamado *talibán español* de Guantánamo.

La justicia debe realizarse siempre, sea cual sea el precio que ello conlleva. *Fiat iustitia, et pereat mundus* ('Hágase justicia, aunque el mundo perezca') es una máxima latina. El filósofo alemán Hegel hizo una variación para armonizar la justicia con el mundo: «Hágase justicia para que el mundo no perezca».

Garantizar que cualquiera disponga del derecho a la defensa y a la presunción de inocencia, con independencia de lo que se le acuse, es una forma de defender nuestro mundo humano. La forma de poner límites a la violencia estatal en la represión de los crímenes. Ese hilo civilizatorio atraviesa nuestro sistema jurídico desde la Ilustración, hunde sus raíces en la prohibición de la tortura o de la pena de muerte. Una prueba de la fortaleza de la democracia noruega fue, precisamente, la sentencia que reconoció la vulneración de los derechos de Breivik en la prisión donde cumple una condena de veintiún años. A pesar de que haya quien piense lo contrario, el Estado de derecho es más grande y más fuerte cuando es capaz de reconocer sus errores o excesos.

Ponerles una soga a los abogados es cuestionar la idea misma de la democracia. Si, además, se cuestiona la defensa de inocentes para sacar rédito político, se cierran las puertas a la justicia y se abren las de la barbarie contra la que se pretende luchar. En mi caso, como señalaron las asociaciones de juristas o los mismos colegios de abogados, fue un ataque reprobable al conjunto de la abogacía. Uno de los principios básicos de nuestro funcionamiento, reconocido por la ONU, es nuestra independencia. No podemos ser identificados con nuestros clientes.

Para mí ser abogado era como utilizar un cierto contrapoder para proteger los derechos de los más débiles: las minorías, los desarraigados, las personas con enfermedades mentales. Los repudiados. Los perseguidos. Nunca admitiré que pueda ser criminalizado por ello, aunque intentos no faltaron. Tanto *ABC* como algún otro medio de derechas publicaron falsas noticias sobre el caso del acusado de yihadismo. Me acusaban de ser el abogado de quien adoctrinó al imán de Ripoll, autor del atentado. Era cierto que se conocieron, según constaba en el atestado. A partir de esa circunstancia, el periódico ultra fabricó una *fake news* para ponerme en la diana: dedujo sin ningún indicio que mi cliente lo adoctrinó. Mi cliente, que había sido absuelto por el Tribunal Supremo y había regresado a Marruecos, estaba indignado. ¿Cómo podían hacer eso? Fue todavía peor; la noticia se redactó con tan mala fe que muchos de sus lectores creyeron que yo, Jaume Asens, era el abogado del propio imán de Ripoll.

El periodismo riguroso, de interés público, es un oficio duro. Requiere valentía, veracidad y honestidad intelectual. Los hechos y la información fiable son esenciales para la democracia, pero he comprobado en mis propias carnes que no pocas veces importa más lo que se publica que la verdad de lo realmente ocurrido. He sido víctima de ciertos medios donde la verdad nunca puede estropear un gran titular; he soportado los golpes impunes de la calumnia, convirtiendo en noticia rumores o especulaciones ajenas a la verdad, sin mucha dificultad. Con todo, hay ciertos límites de la decencia que pocos se atreven a traspasar. En ese caso, se franquearon. Con el caso 4F que he comentado anteriormente, me sucedió lo mismo. Cuando los concejales me acusaron falsamente de ser el abogado del principal acusado, fue porque lo publicaron esos mismos medios ultras. Sin embargo, yo solo me había limitado a asistir al juicio como observador con el resto del público. Fue entonces cuando conocí al auténtico abogado, Gonzalo Boye. Ataviado con una toga negra, lucía una calva resplandeciente como de recién nacido. Una sonrisa irónica, pícara, a veces sarcástica. Los ojos le brillaban como un avispero. Su voz reverberaba en la sala con fuerza carismática. A veces pecaba de arrogancia, autosuficiencia. Llevaba muchos años ejerciendo de abogado, había visto todo tipo de defensas y pensaba que no podía aprender mucho más. Quedé fascinado por su historia de superación personal, su sagacidad de águila, su oratoria, la velocidad con la que hilaba sus interrogatorios de testigos, su memoria y la exhaustiva preparación del caso. Hiperactivo, apenas dormía cuatro horas. Con un coeficiente intelectual de superdotado, hizo una defensa brillante. Fue el inicio de nuestra amistad y de una intensa colaboración en todo tipo de causas, en especial contra Israel por los bombardeos contra la población palestina. Aprendí mucho con él y viví situaciones intensas.

La cuestión es que nunca se debe criminalizar al abogado. Todo acusado tiene derecho a ser defendido ante un tribunal. Como le sucede a Gonzalo Boye al convertirse en abogado de Puigdemont, muchas veces sufrimos de múltiples maneras las consecuencias de garantizar este derecho. Un día mediante el ataque de la prensa, otro mediante la amenaza directa. O incluso el *lawfare*. Aun así, el único caso en el que he sentido peligrar mi propia vida se produjo en 2013. El flamante gobierno de Junts nombró director del Memorial Democrático al abogado Jordi Palou, por lo que él me pasó un caso del que no podía ocuparse: debía defender a los familiares de víctimas asesinadas en el genocidio ruandés de 1994, como Flors Sirera, cooperante manresana. Hice un curso intensivo: apenas sabía nada de ese país africano. La querella apuntaba al gobierno ruandés y a su presidente, Paul Kagame. Teníamos pocos testigos que quisieran declarar por el peligro que suponía. Algunos fueron asesinados y el propio Palou recibió amenazas de muerte. La cosa se complicó cuando nos informaron de la llegada de un supuesto equipo de deportistas ruandeses a Barcelona. Se hicieron indagaciones, se sospechaba que fueran agentes ruandeses con identidades falsas. Los Mossos me dieron indicaciones de seguridad y de contraespionaje, entre ellas mirar debajo del coche. Teníamos un testigo protegido por el juzgado que vivía oculto con identidad falsa: un militar arrepentido dispuesto a declarar. El supuesto comando podía ir a por él o a por mí. Fue una falsa alarma, aunque, como consecuencia, nunca podré ir de visita a ese país.

Los anarquistas y los independentistas

En esa época me convertí en el abogado habitual de los anarquistas en Barcelona. No solo de quienes militaban en la CNT, sino también de los llamados «insurreccionales». En el espectro ideológico, los anarquistas son seguramente los más solidarios y sensibles ante las injusticias del mundo. Donde los demás perciben progreso económico, ellos solo ven sufrimiento de los más débiles. Su sentimiento de indignación es tan intenso que algunos pasan a la acción. Para ellos, el fin perseguido es tan noble que nada frena su propósito de realizarlo, incluso si ello supone recurrir a la violencia. Cualquier medio podrá ser legítimo. Camus interpretó la violencia ciega del anarquismo en *El hombre rebelde* como una manifestación de nihilismo.

Los anarquistas no son mejores que los demás por ser perseguidos, pero siempre me sentí interpelado por su suerte. Los insurgentes, aunque se equivocaran, me atraían más por principio que los conformistas. No dudé en defenderlos ante los tribunales y denunciar los atropellos a sus derechos. Llevaba la mayoría de sus casos. Incluso de quienes llegaron a utilizar material explosivo en acciones de protesta. No sentía ninguna simpatía por sus actos. Algunos iban dirigidos contra nosotros. Recuerdo, por ejemplo, el incendio de un cajero con cócteles molotov en vísperas de la citada manifestación antiglobalización de 2002. Crispó el ambiente. Hubo gente asustada, se quedó en casa. En ese momento algunos pensaron que podía ser una acción de falsa bandera, obra de la propia policía secreta a las órdenes de la delegada del Gobierno del PP. El objetivo era claro: reventar la manifestación que estábamos organizando, incentivar una respuesta policial que nos radicalizara. Un año después dos anarquistas, Carol y Rafa, me designaron como abogado ante la Audiencia Nacional. Leer el atestado en el juzgado me dejó atónito. Eran los autores. De esos y muchos otros hechos. Se habían carteado durante años con un viejo anarquista, un atracador de bancos de los ochenta. Cuando este salió de la cárcel, lideró la creación de un grupo de seis personas y pasaron a la acción. Estuvieron activos unos cuantos meses hasta que el juez Garzón los mandó a la cárcel acusados de ser un grupo armado, de decenas de delitos como enviar un libro bomba a la embajada de Grecia. Se les intervinieron armas y componentes para la fabricación de artefactos explosivos. Incluso habían hecho seguimientos a quien creían era un alto funcionario de la Administración, pero se confundieron con la identidad. Ese era su nivel de torpeza. El fiscal les pedía penas de hasta 144 años de cárcel a cada uno. A la espera del juicio, los mandaron a cárceles diferentes y lejanas. Estuvieron durante bastante tiempo en un régimen severo de aislamiento, que es otra cárcel dentro de la cárcel. La entereza con la que afrontaron la situación me sorprendió. No intentaron escabullirse de las acusaciones, querían dejar clara la pureza de sus intenciones. Asumir las consecuencias. Reconocen su autoría en los hechos ante el juez. Una vez en la cárcel, mantenían su actitud desafiante. No querían oír hablar de montaje policial ni de presunción de inocencia. Recuerdo la comparecencia del viejo anarquista. Se llamaba Joaquín. Sentando ante el juez Fernando Grande-Marlaska, le mira atentamente con una de esas miradas que fijan las cosas en el espacio y en la memoria, para volverlas firmes como piedras. «Señoría, en la comisaría, cuando estaba incomunicado, la Guardia Civil me golpeó varias veces, me puso una bolsa en la cabeza, me amenazó...» El juez no se inmuta. Como si oyera llover, permanece en silencio. Al cabo de un rato, le interpela: «¿A su edad le parece normal estar metido en estas cosas?». Con un tono suave, cansado, Joaquín responde con calma, lánguidamente: «Como decía Léo Ferré solo somos un uno por ciento, no se nos comprende, pero los anarquistas existimos». Se refería al cantautor francés. Junto a Georges Brassens, encarnaba al gran anarquista de la *chanson*. A diferencia de la serenidad de Brassens, Ferré destilaba rabia atormentada. Su canción *Les anarchistes*, entre visceral e intelectual, es un himno anarquista. «Solo son un uno por ciento, pero existen; / la mayoría españoles, vete a saber por qué. / Quizá en España no los comprenden, a los anarquistas. / Cargaron con todo: bofetadas y adoquines, / gritaron tan fuerte que aún pueden seguir gritando, / el corazón por delante, sus sueños rotos, y el alma corroída por jodidas ideas [...] / Solo hay un uno por ciento, pero existen; / y se mantienen firmes, codo con codo, / alegres y, por ello, siempre en pie: los anarquistas.»

Querían dar ejemplo. Difundir la idea del anarquismo. «Si todo el mundo hiciera lo mismo, el mundo sería mucho más justo. Se podría construir una sociedad sin Estado y un hombre nuevo», advertía Rafa detrás de los barrotes de la cárcel de Valdemoro sin pestañear, lleno de templanza, con ojos de pájaro y sonrisa amplia. Le regalé un libro de Camus. Le quería persuadir de que estaba equivocado; hubo un momento que paré. ¿Quién era yo para convencerle de nada? Si iba a pasar buena parte de su vida entre rejas, quizá era mejor creer en el sentido de sus acciones. El suplicio sería más soportable. No tenía derecho a joderle más la vida. Al final, las cosas fueron mejor de lo previsto. Tras meses de negociación, llegué a un acuerdo con la Fiscalía. En 2006 los condenaron a siete años cada uno. Ya habían cumplido tres de cárcel preventiva y fueron trasladados a cárceles catalanas. No quisieron pedir permisos por motivos ideológicos y algunos de ellos cumplieron casi íntegramente la condena.

No compartía su moralismo mesiánico. Ni su ingenuidad. El mundo no se iba a adecuar a sus planes. Vivian en una especie de ficción que cobraba vida propia y establecía un camino paralelo a la realidad, desentendiéndose de ella en demasiadas ocasiones. Hablo de ello en el apartado sobre un pensamiento político comprometido. Estaban hundidos en un engranaje violento y justiciero, en un torbellino incesante de detenciones. Tras la detención de uno de ellos, otros respondían con otra acción de sabotaje. Y así sucesivamente. La espiral de acción y reacción parecía un juego macabro sin fin. Era un patrón propio de los años veinte cuando Barcelona —capital mundial del anarquismo— se tiñó de negro y rojo. Se llamaba la ciudad de las bombas. Pero a principios del siglo XXI apenas eran cien personas. Sus acciones eran contraproducentes para sus propios objetivos, creía. Como aprendices de brujo, podían ser incluso útiles para sus adversarios. No obstante, me conmovió la soledad tenaz de su lucha, su anhelo de libertad y su voluntad por acabar con la injusticia; la capacidad de sacrificarse por sus ideas. En un contexto de pasotismo o conformismo juvenil, su apuesta era sectaria, peligrosa, pero valiente. Pero sobre todo me interpeló la desproporción del castigo penal al que se enfrentaban.

Tuve una vivencia parecida con algunos activistas independentistas. Por ejemplo, fui el abogado de un grupúsculo revolucionario creado a mediados de los noventa llamado Plataforma per la Unitat d'Acció (PUA), muy activo en las luchas sociales de la época. Con el *procés* de 2017, esa solidaridad la sentí con sus dirigentes tras su persecución penal. No se trataba de sacralizarlos. Su persecución no los convertía en seres angelicales, puros o bondadosos. Con los pies firmemente plantados en el aire, su actuación fue —en mi opinión— irresponsable y seguramente contraproducente para sus propias aspiraciones políticas. Pero mandarlos a la cárcel era un espantoso suplicio, física y moralmente, que no ofrecía más ejemplaridad que la desmoralización y la degradación democrática. No hacía falta ser abogado penalista como yo para saber que era, no un acto de justicia, sino de venganza o escarmiento. Su situación era diferente a la de los anarquistas u otros disidentes minoritarios. A diferencia de ellos, tenían detrás de ellos la simpatía de la mayoría de la sociedad catalana y el apoyo incondicional de casi su mitad que les votó. No eran *outsiders* solitarios. Ni personas con penurias económicas. La mayoría venía de clases acomodadas, había personas que no eran de izquierdas, pero no era ninguna opción quedarse de brazos cruzados. «Cada vez que alguien en el mundo es encadenado, nosotros estamos encadenados a él», escribió Albert Camus. La persecución de quien, sin recurrir a la violencia, cuestiona aspectos centrales del orden establecido constituye una derrota del principio democrático.

Un Estado de derecho digno de ese nombre no puede permitirse perder esta batalla. Lo que estaba en juego, en efecto, era la democracia.

A quien yo me sentía especialmente encadenado era al presidente de Òmnium Cultural, Jordi Cuixart. Me pidió representarle como abogado. Me hacía ilusión, pero era incompatible con seguir al frente de la tenencia de alcaldía de Barcelona. Llevé toda mi vida juicios políticos. De repente, cuando llegó la madre de todos ellos, estaba haciendo política. Al final, le ayudé a escoger abogado. Y me impliqué en la lucha antirrepresiva. Iba a ver a los presos independentistas regularmente. Las pupilas rotas de sus familiares me erizaban la piel. Debían recorrer largas distancias los fines de semana para verlos apenas cuarenta minutos a través de un cristal en cárceles madrileñas. Bajo las órdenes del gobierno del PP, solo podían recibir visitas entre semana de sus abogados. Me volví a dar de alta en el ejercicio para hacerlo. Un momento clave de esa etapa antirrepresiva fue durante el octubre de 2017, tras la convocatoria del referéndum del 1-O, luego suspendido por el Tribunal Constitucional. La historia se condensó y aceleró de forma vertiginosa. El mundo nos miraba. No quería limitarme a contemplar las horas que venían. El torbellino de la movilización me atrapó.

La batalla alrededor de unas urnas es el punto de inflexión de una de las movilizaciones más masivas, y sostenidas en el tiempo, vista nunca en Europa. La derrota política del gobierno del PP es estruendosa. «No se va a votar», repitió hasta la saciedad. Nos subestimó. A pesar de las incidencias, más de dos millones lo hicimos. Salvamos las urnas con nuestro propio cuerpo. Una marea humana gigantesca que superaba las costuras del independentismo. Teníamos algo grande entre las manos, interpelaba a todos los demócratas, no solo a los independentistas. El 1-O y la huelga posterior fueron un momento de fuerza de un frente democrático amplio. Con la proclamación de la independencia (DUI) vino un momento de debilidad, de empequeñecimiento, el cierre por arriba del régimen del 78.

En Podemos y los comunes tuvimos un intenso debate. Errejón advierte que «cuando se cierran todas las puertas de la bilateralidad, se deja la puerta abierta a la unilateralidad». Menos comprensivo es Pablo Iglesias: «Si yo fuera catalán, no participaría en el referéndum del 1-O», dice a los medios. «Si fuera madrileño seguramente pensaría como tú», le respondí para darle la vuelta a la frase. ¿Cómo podía saber lo que haría si fuera catalán? Si lo fuera, no sería Pablo Iglesias. Como él, hay un sector importante en Cataluña que defendía mantenerse al margen. «No podemos participar de una farsa, un engaño, una huida hacia adelante, que divide a las izquierdas, generará frustración y sirve para relegitimar a CiU tras su hundimiento por el caso Pujol», dice sin rodeos Roman Ceano, dirigente histórico del PSUC. «Con todo, también es un momento de empoderamiento colectivo, legítimo, de desobediencia frente al "no a todo" y la imposición por el PP de un Estatut que no votamos. Aunque sea con nuestro relato, debemos estar con la gente», contesta otro dirigente histórico del PSUC, Jaume Bosch.

Con escaso margen, se aprueba participar en el 1-O, llamar a la movilización, sin hacer campaña ni por el sí ni por el no. La inteligencia me paraliza, pero el corazón me mueve a lanzarme a la acción. Vivo entre la realidad y la ilusión. No comparto los ideales románticos de mucha de la gente movilizada, sé que el 1-O es un brindis al sol, pero en ese momento creo que es mejor quemarse que apagarse. Las emociones pasan por encima de otras razones. Siento la intensidad de la plenitud arrolladora de la gente. Me fundo con la masa. Me dejo arrastrar a mar abierto. Empiezo con los mítines. Uno es en Nou Barris —junto a Toni Comín, Eulàlia Reguant o Jordi Cuixart—. Llamo a salir a las calles. Nos incautan carteles. No estamos de acuerdo con la sobreactuación punitiva con los partidos del 155, el PSOE y el PP. No es un desorden público, una sedición o rebelión. Pero tampoco con los partidos del *procés*. No es un referéndum efectivo, tras su suspensión. Es un ejercicio cualificado del derecho de expresión. En nuestra opinión, para reclamar el derecho a votar. Para interpelar al gobierno del PP. Los hechos nos dan la razón. La ficción del referéndum se desmoronará. El resultado no será vinculante, no habrá ni el reconocimiento ni las garantías necesarias, como concluyen los observadores internacionales invitados por los propios organizadores.

Semanas antes del 1-O, los ayuntamientos gobernados por los partidos del *procés* firman un manifiesto en favor de la independencia, nosotros en Barcelona en favor de la democracia. Nos reunimos en diversas ocasiones con dirigentes de ERC —como Toni Comín, Josep Maria Jové o Marta Rovira— para garantizar que haya suficientes locales para votar en la capital. Nuestro secretario municipal hace un informe. La suspensión del referéndum no comporta —señala— ninguna restricción al libre ejercicio del derecho de expresión, reunión o manifestación. Para eso hace falta decretar el estado de excepción. Y no se decreta, aunque a algunos les parece lo contrario. La Guardia Urbana no participará, a diferencia de los Mossos y los cuerpos de seguridad del Estado, en el operativo represivo posterior. Quedo con el consejero de Interior de la Generalitat, Quim Forn, para explicarle nuestra posición.

El día antes del 1-O, me paso toda la noche yendo a visitar varios de los locales. Es mi obligación como teniente de alcalde. La política antirrepresiva, la defensa de los derechos humanos, forma parte de mi identidad, pero también de mis competencias. Es innegable el valor democratizador y comunitario de la cita. Lo intentaré explicar, como testigo de la defensa de Jordi Cuixart, durante el juicio de 2019 contra los dirigentes del *procés* ante el Tribunal Supremo. A su presidente Manuel Marchena no le interesará nada lo que pueda decir. La condena estará dictada de antemano.

Llueve a borbotones. Los paraguas son un tejado improvisado de una masa compacta de unas cien personas en medio de una calle estrecha. Estamos delante de la puerta de un colegio electoral, cerca de mi casa, en el barrio de Sant Pere. A altas horas de la noche acabo empapado, dentro. Cuando la puerta se cierra, siento un hormiguero vivaz en el corazón. «Quien se quede, ya no podrá salir hasta el día siguiente», aclara un hombre fornido. Nervios. La madrugada se llena de ruidos. La policía puede venir a desalojarnos en cualquier momento. A veces, unos pasos o gemidos al otro lado de la puerta generan un sobresalto súbito. La noche empezará a girar despacio a nuestro alrededor. Apenas puedo cerrar los ojos. Hay que estar aquí. Poner el cuerpo. Es la autoorganización popular, la acción de desobediencia civil masiva, más grande vista en Europa. Siento en los otros la hermandad y fe en las propias fuerzas. El calor de la solidaridad entre independentistas y no independentistas. Estamos de pie, acurrucados en la oscuridad como sardinas en lata, detrás de la puerta, exhalando un ardiente aliento, frotándonos las manos para calentarnos un poco. Los rostros brillan con una excitación febril. La corriente que fluye entre nosotros es una obra de arte. La emoción de esta noche en vela flota en el aire, como una antorcha, cubriéndonos a todos.

Al día siguiente, 1 de octubre, un fulgor lechoso entra en el local con el cantar de una bandada de pájaros. La ciudad despierta con las calles mojadas. Como ha llovido durante la madrugada, es como un vidrio lavado. Pero se siguen acumulando, amenazadoras, espesas, las nubes en el cielo. Estoy agotado por la noche anterior. Tengo unas ojeras profundas, el cuerpo fatigado, los cabellos enmarañados por la lluvia. Pero como el resto, mi vida está atravesada por un momento de expansión, una eclosión de entusiasmo. La ciudad está llena y efervescente como un río salido de su cauce. Horas después, como un acto de desobediencia cargado de épica, casi la mitad de la población catalana depositará su papeleta en una urna. Muchos no querían votar, pero al ver en la televisión las primeras cargas, deciden hacerlo. ¿Os imagináis algo parecido a nivel estatal? El mundo observa, con admiración. Ya los días previos, miles de personas salen a la calle: estibadores del puerto, sindicalistas, estudiantes, actores, bomberos, juristas o agricultores con sus tractores. Una de las imágenes más sorprendentes de esta revuelta cívica es la cacerolada que noche tras noche repica desde los balcones al grito de: «¡Queremos votar!». Una melodía ensordecedora que nos transporta a luchas previas, como las del 15M o del «No a la guerra».

Como entonces, al gobierno del PP no le amilana la movilización. O si lo hace tira por la borda sus escrúpulos, para camuflar los temores. Se superan muchas líneas rojas. El propio fiscal jefe caracteriza a la mitad de los catalanes como delincuentes. Suena a simple declaración de guerra. A partir de aquí, queda expedita la vía para enviar a diez mil policías de todo el Estado a Cataluña, prohibir debates, decomisar carteles, dípticos y papeletas, bloquear las cuentas de la Generalitat, cerrar webs, intervenir correos postales o entrar en redacciones de periódicos para identificar a periodistas. Se respira un clima asfixiante.

El 20 de septiembre, una semana antes del 1-O, ya empieza a gestarse la tormenta. Cuando despierto, pongo la radio. Entro en estado de *shock*. Se respira un olor pesado y sofocante en la ciudad, sube de un mar de olas quebrándose como una respiración agitada. La Guardia Civil entra en varias consejerías de la Generalitat, se registra una imprenta, se detiene a catorce cargos públicos como Josep Maria Jové, Lluís Salvadó o Pere Aragonès, se somete a un asedio policial sin orden judicial a la sede de la CUP para incautar carteles. Sensación de excepcionalidad. Todo es muy confuso. ¿Qué está sucediendo? ¿Qué será lo siguiente? Es una operación para cortocircuitar los preparativos del referéndum. Las calles dejan de estar mudas ya a primera hora de la mañana. La sangre galopa en nuestras venas. Barcelona es siempre una ciudad de acción, un torbellino incesante. Ahora, fluye en un continuo sosiego de gente corriendo, gritando, llamando a la resistencia. Las universidades se vacían de estudiantes. La actividad en el consistorio barcelonés se suspende, me desplazo a los estudios de Catalunya Ràdio. La periodista Mònica Terribas quiere que analice la situación. Desde allí sigo en directo los acontecimientos. «Las detenciones son desproporcionadas. Son cargos públicos localizables, no han cometido ningún delito flagrante, se les puede citar perfectamente», explico.

Luego, voy a la sede de la CUP para expresar mi solidaridad y, si es posible, hablar con el jefe del operativo policial para disuadirle de sus intenciones. Se alza un gigantesco rompeolas humano. Los cuerpos vibran al mismo compás. La policía se repliega. Gritos de alegría. Victoria. La noche cae, las calles se anegan de sombras. Cerca, hay una multitud concentrada ante la sede de Economía de la Generalitat. El ambiente que se vive en aquel momento es efervescente, febril. Cuesta avanzar en medio de la densa malla de cuerpos. La gente lleva en los ojos una expresión de animal inquieto. Mientras todavía se practica el registro, hay una tarima improvisada en medio del Passeig de Gràcia. Las farolas iluminan la escena. Encima, hay otros políticos que toman la palabra. «Sube, Jaume, habla», me piden. Debo hacerlo, pero ya no sé si a título personal o de mi partido. La sangre fluye veloz hasta mi cabeza. «Es un atentado a la democracia», exclamo con entonación encendida, y los puños apretados, ante unas cuarenta mil personas.

Con esos antecedentes, no sorprende lo sucedido el 1 de octubre. A las cinco y media de la mañana aún no han aparecido las urnas, pero ya hay cola para votar en el local donde me he encerrado con otros. Las calles cortadas. La multitud no deja de crecer, a pesar de la lluvia. Por todos los rincones corre un río veloz, burbujeante, de personas que elevan un rumor pronto convertido en un zumbido de colmena ansiosa. En el aire flota esa verdad desnuda, desembarazada de otra sensación que no sea la pureza del deseo ardiente de desafiar un determinado orden de cosas.

Media hora después, la radio informa que la policía comparece en algunos colegios electorales para precintarlos, decomisar urnas y papeletas. Quieren amedrentar a la población, pero no lo consiguen. Crece el rumor de las calles. En el colegio donde estoy, de repente, un coche se para a pocos metros de la puerta. «Abrid paso», grita un joven con melenas. Bajan cuatro encapuchados. Cada uno de ellos lleva un paquete enorme envuelto en una bolsa de basura entre las manos. A la velocidad de un relámpago, entran. Y vuelven a salir en un abrir y cerrar de ojos. Huyen. Ya han llegado las urnas. Aplausos, cánticos. La gente respira aliviada.

A las nueve de la mañana se abren por fin los colegios. Un muro humano de manos levantadas. «*Els carrers seran sempre nostres*» ('Las calles serán siempre nuestras'), cantan los más jóvenes. «Votaremos, votaremos», luego *L'estaca* de Lluís Llach. La no violencia no es una pasividad estéril, tiene una poderosa fortaleza moral. Los Mossos dirigidos por Josep Lluís Trapero lo miran todo con curiosidad, y no actúan. Optan por la mediación y el diálogo. No quieren romper la normalidad democrática, «la convivencia ciudadana». Son las instrucciones que han recibido del Tribunal Superior de Justicia de Cataluña (TSJC). La Guardia Civil y la Policía Nacional cierran menos de la mitad de los colegios electorales, juntos, que los Mossos, pero lo hacen con extrema violencia. Al mando, el coronel Pérez de los Cobos, que luego alegará ante la justicia que no se había leído las instrucciones judiciales.

Tengo los pies helados por los zapatos mojados, vuelvo a casa en bicicleta, pero me avisan de que la Policía Nacional se desplaza al Institut Jaume Balmes en el Eixample barcelonés. Sus pasos y voces resuenan en las calles con un eco de malos augurios. Se prevén incidentes. Me desplazo hasta allí. Cuando veo a los agentes llegar, me da la sensación de que los han drogado antes de salir de los cuarteles. Con las mandíbulas desencajadas, están muy alterados. Entrarán en los colegios a porrazos, como zorros en un gallinero. Puertas y ventanas reventadas. Agresiones policiales con las manos, las botas o las escopetas. Personas lanzadas escaleras abajo o arrastradas por los cabellos. Gritos, pitos, clamores, llantos. Ataques de ansiedad, pánico. Fuera, cargas indiscriminadas. Para muchos, las primeras de su vida. Hay perplejidad, incomprensión.

La situación explota en el colegio Ramon Llull de Barcelona. Llegó justo en el momento álgido. Tras reventarlo todo, se van, con las urnas requisadas. Se encuentran un grupo de personas sentadas en el suelo. Hay miembros del cuerpo de bomberos intentando mediar. La policía los ignora. Cargan otra vez. Se ensañan. Los corazones laten veloces. Las vallas vuelan. Se oye un estruendo ronco. Disparos a discreción de balas de goma, a pesar de que el Parlament aprobó dejar de hacerlo. Charcos de sangre en el suelo. La historia vuelve a repetirse. Uno de los heridos, Roger Español, pierde la visión en un ojo. Con Ada Colau, vamos a visitarle al hospital. No lo comunicamos a la prensa. No queremos aprovecharnos de su desgracia. Amnistía Internacional, Human Rights Watch, el Consejo de Europa y el relator especial de la ONU ponen el grito en el cielo.

Desde mi tenencia de alcaldía organizamos un servicio de ayuda psicológica y jurídica de urgencia para atenderle a él y al resto de las víctimas. Solo en Barcelona, trescientas. En toda Cataluña, más de mil. Me reuniré con ellas. Mi corazón se vuelve un músculo tembloroso. Sus relatos son escalofriantes, cortan la respiración. La violencia policial se dirige contra gente pacífica, indefensa, que levanta las manos o está sentada en el suelo. Muchos de ellos son personas mayores. Al año siguiente, haremos una exposición en la cárcel Modelo de Barcelona para recordarlo. Nos personamos en todas las causas abiertas contra las agresiones policiales. Lograremos sentar a más de cuarenta agentes en el banquillo, incluidos a los sospechosos de dejar ciego de un ojo a Roger. Me implico directamente en la estrategia de la acusación con mis excompañeros de profesión: Laia Serra, Marta Clapés, Anaïs Franquesa o Àlex Solà. Es como volver a mi pasado de abogado. Acompaño a algunas de las víctimas a declarar. En nuestra opinión, la actuación policial era innecesaria. El referéndum había sido suspendido. Lo que quedaba era una protesta en forma de referéndum. Las urnas ya no eran urnas. ¿Qué sentido tenía confiscarlas? ¿Qué sentido tenían las cargas policiales? El uso de la fuerza policial no solo era ilegal, sino también delictivo. Tanto el juzgado como la Audiencia de Barcelona nos darán la razón. La protesta es legítima, los excesos policiales, un crimen. El Tribunal Supremo, dirigido por Marchena, no será de la misma opinión. Con todo, Europa y sus tribunales de justicia le darán un varapalo y volverán a poner las cosas en su sitio. Más tarde, llegará la ley de amnistía para dejar el marcador a cero. Esa es otra historia que contaré más adelante. Volvamos a principios del siglo XXI, cuando todavía soy abogado.

3

Sí se puede: el 15M y el salto a la política

> Mucha gente pequeña, en lugares pequeños, haciendo cosas pequeñas, puede cambiar el mundo.
>
> Eduardo Galeano

> Nada tiene tanta fuerza como un sueño al que le ha llegado la hora.
>
> Victor Hugo

> Es preferible una libertad turbulenta a una esclavitud apacible.
>
> Paul Johann Anselm von Feuerbach,
> redactor del Código Penal bávaro de 1813

22 de febrero de 2009. La crisis de las hipotecas *subprime* se escribe con mayúsculas y acaba de estallar. La quiebra del banco estadounidense Lehman Brothers el año anterior es un terremoto con una gran onda expansiva. Sus efectos lle-

van meses notándose. Los rayos brillan, retumban, en el firmamento. Olas altas sobre el mar. Aún solo es una intuición, pero tras el ejemplo de Estados Unidos todo parece indicar que España, que durante años ha ligado su modelo económico al ladrillo y el negocio inmobiliario, sufrirá miles de despidos y recortes. El crecimiento se estanca, la recesión acecha. Son los sueños rotos de una época. Los puestos de trabajo en peligro, mientras las deudas crecen. Todos conocemos a alguien a quien han despedido. Cuando la economía se tambalea, arrastra el consumo, que disminuye, agravando aún más la situación. El futuro no pinta bien y el pesimismo corre veloz como un viento frío, pese al esfuerzo del gobierno de Zapatero por negar lo evidente.

A las siete de la tarde de ese día, estamos en el local de la Casa de la Solidaritat, en el barrio del Raval de Barcelona, en el primer encuentro con personas con problemas para pagar sus hipotecas. Muchos de ellos, personas migrantes. La situación es desesperante. Están acostumbrados a sufrirla en soledad y silencio, con vergüenza o culpa. Han sido convocados mediante carteles sencillos, colgados en lugares clave como las oficinas del SEPE o los servicios sociales. Ada está detrás de la iniciativa. La dramática realidad de los desahucios no la deja dormir. Su corazón late como una amapola. Hace tiempo que lo tiene claro. Debemos derribar la barrera del miedo, saltar de nivel: pasar de las palabras a los hechos. Ha llegado el momento.

Nace la PAH, la iniciativa ciudadana

La creación de la Plataforma de Afectados por la Hipoteca (PAH) en aquellos días nos hace volar. Es la gran aportación de la trayectoria activista de Ada. Buena parte de las protestas que lidera en los primeros años dos mil giran en torno a los desahucios. A raíz del estallido de la crisis, un gran número de familias tienen dificultades para pagar sus hipotecas. «El banquero —dejó escrito Mark Twain— es el señor que te presta un paraguas cuando brilla el sol y te lo reclama apenas comienza a llover.» La frase describe una situación dramática pero inapelable. El problema no es solo la pérdida de la propia casa por no poder pagar la deuda con el banco. Tras la subasta, la vivienda vuelve a ser valorada a un precio inferior al de su tasación inicial. Con ello, los propietarios se enfrentan al pago de la diferencia sin disponer del disfrute del inmueble. Pierden su casa, pero conservan la deuda. Durante años el negocio inmobiliario hincha los precios de la vivienda sobre un principio falso: el valor de los pisos nunca baja. Y ahora, pinchada la burbuja del ladrillo, se descubre la mentira. El gran problema democrático es la vivienda. Desde entonces, sopla un viento gélido.

¿Quién es el responsable de esa situación kafkiana? Para cierto sentido común, la decisión de hipotecarse es libre. Quien la adopta debe asumir todas sus consecuencias. Sin embargo, este razonamiento subestimaba la influencia de la apuesta institucional por la compra y la práctica inexistencia de otras vías de acceso a una vivienda. En los años del *boom*, España llega a construir más viviendas juntas en un año que Reino Unido, Francia e Italia, hecho que contrasta con ser uno de los países europeos con menos vivienda social y más pisos vacíos. El marco regulatorio se orienta a favorecer la compra, a desincentivar el alquiler con desgravaciones fiscales y ventajas de todo tipo. Inmobiliarias y bancos favorecen el sobreendeudamiento de las familias, conceden créditos hipotecarios con cláusulas abusivas de discutible legalidad. La lista de irregularidades es amplia. Poco a poco se ha ido descubriendo la mala praxis bancaria: sobrevaloración de los pisos para inflar el precio y aumentar la deuda, contratación obligada de seguros caros e inútiles o información sesgada sobre los posibles aumentos en la hipoteca. El objetivo: optimizar beneficios y sortear los controles de riesgo a los que todo sistema crediticio razonable debería someterse.

A diferencia de los bancos, que ante el estallido de la crisis apelaron sin remilgos al socorro público, las familias endeudadas cumplieron sus compromisos mientras disponían de empleo y los intereses se lo permitían. Cuando dejaron de hacerlo, la respuesta fue fulminante: el pago o el desahucio. La bolsa o la vida. Con este panorama, es normal que Ada decida pasar a la ofensiva y convocar a las familias afectadas para que se movilicen. Cuando me contó su idea, no compartía su optimismo.

—Ada, no va a funcionar. Me cuesta imaginar que se organicen para ayudarse entre ellos. Cuando resuelvan su situación, se irán a casa. Sus condiciones de vida son muy precarias. No tienen ningún tipo de politización —le dije.

Estábamos acostumbrados a trabajar con activistas plenamente comprometidos. La individualización del problema dificulta la constitución de un dispositivo estable entre personas sin cultura organizativa ni referentes políticos fuertes. Insistí en que no era el mejor punto de partida, pero Ada también.

—Se dan las condiciones. La situación es desesperante. Funcionará —me respondió de modo visionario.

Tenía razón.

La sala de la Casa de la Solidaritat está repleta. Es la primera asamblea. Hay ilusión. Dignidad. Ganas de darle la vuelta a la situación. Parecía que no pasaba nada, que la calle estaba perfectamente controlada. Hasta lo más injusto acaba en costumbre cuando se aprende a soportar. Pero alguna cosa se está incubando, un extraordinario caudal de energías despertará a un ejército dormido. Nadie se imagina que será el germen del movimiento político más potente del momento. Los malestares contenidos, como otros elementos naturales, suelen hacer erupción en el punto menos esperado. En una encuesta posterior, la PAH suscita el apoyo de más del 80 por ciento de la ciudadanía. Las exigencias son elementales: la paralización de los desahucios de las familias hipotecadas hasta encontrar solución a su situación y la regulación de la dación en pago, de manera que la deuda quede saldada si el banco se queda la vivienda, como de hecho ocurre en Estados Unidos y en otros países de la Unión Europea.

Ada empieza fuerte. «No estamos delante de un problema social, sino de una estafa planificada.» Luego les explica sus derechos a los asistentes, se ha convertido en una experta en la materia. Sus dotes para liderar equipos son evidentes. Como una entrenadora que explica a los jugadores las reglas del juego, propone otra forma de enfrentarse a su situación. No es un problema individual. Es un problema colectivo y estructural. Deben resolverlo conjuntamente. Unirse para jugar en equipo y colaborar. Una comunidad es más fuerte que una persona sola. Lo sabe cualquier ciclista: acompañado va a más velocidad, llega antes y aguanta más. Deben perder el miedo. Entender que no son los únicos responsables. Deben dejar de vivir su situación como una desgracia para pasar a hacerlo como una injusticia. Comprometerse, organizarse, resistirse a los desalojos y negociar una solución con los bancos. Nadie les va a regalar nada, pero, si lo hacen, las cosas pueden cambiar. No por casualidad, el lema de la PAH es un optimista «Sí se puede».

Los congregados en esta primera asamblea de la PAH se dejan arrastrar por el caudal de un río impetuoso. Les brillan los ojos, inyectados de esperanza. Su actitud se transforma al sentirse escuchados y comprendidos, al saber que no están solos. Están en el lugar y el momento adecuados. La asamblea ofrece arraigo y pertenencia. Nace la solidaridad. Se tejen vínculos. Hay un cambio de escala. Las notas musicales se agrupan en una nueva melodía. Un bucle prodigioso. Esta asamblea es el detonante de todo, el inicio de su politización. No nace de la nada: Ada lleva años centrándose en la lucha por el derecho a la vivienda. Creció políticamente en movimientos como el V de Vivienda, que tuvo su punto álgido en 2006. Ella fue una de sus fundadoras, junto a Adrià Alemany. Lo explican ellos mismos en su libro *Vidas hipotecadas*. Luego está la luminosa Vanesa Valiño, del Observatori DESC. Con su presencia discreta, no le gusta ponerse delante de los micrófonos, pero es una pieza fundamental del engranaje.

¿Por qué es un éxito la idea? Porque transforma la resignación, frustración e injusticia en propuestas constructivas y acciones de denuncia. Por esa capacidad de crear una comunidad de afectos en una toma de conciencia de raíz. Los hipotecados dejan de sentirse responsables únicos. No ha sido culpa suya, fruto de una mala decisión. Es un problema global. Los contratos, reza el adagio clásico, se celebran para cumplirse, pero los afectados empiezan a entender que si las cláusulas pactadas resultan fraudulentas, no es de recibo que ahora se los obligue a cumplir con las condiciones originarias. Precisamente por ello, uno de los primeros objetivos de Ada es impulsar una campaña de desobediencia civil y de resistencia pasiva para paralizar desahucios y renegociar esos contratos. Frente a la casa de las familias desahuciadas, en presencia de la policía y de los funcionarios judiciales, activistas como ella o Adrià leen en voz alta los estándares en derechos habitacionales establecidos por la ONU. Es una imagen impactante.

Un año después empieza la campaña Stop Desalojos. Las olas embravecidas saltan sin cesar. Ponemos el dedo en la llaga. Conseguimos detener unos 250 desahucios por todo el territorio español. El sistema, que no encontró hasta entonces una oposición conjunta y organizada, no preveía ese ciclón humano. Reacciona con desconcierto y dureza. Las autoridades aumentarán su presión, practicarán desahucios sin previo aviso, en horas inhábiles o con amplios dispositivos. En algunas ocasiones, la presión terminará en multas e incluso en el uso de la fuerza policial. No obstante, la práctica de la desobediencia civil, como acción directa no violenta, suscitará cada vez más apoyo. Se pone en tensión lo legal y lo legítimo. Sin duda, eso ayudará a que ese repertorio de lucha sea utilizado poco después en el oleaje del 15M de 2011, en los movimientos de los indignados que proliferan por todo el país, como los yayoflautas, o incluso en la jornada del referéndum catalán del 1 de octubre de 2017, cuando la ciudadanía defienda con su cuerpo las escuelas catalanas. Difícilmente se habría hecho si la PAH no hubiera popularizado antes la desobediencia civil.

Nuestro trabajo también tiene eco en los tribunales. Hago de abogado de los activistas de la PAH, de quienes tienen hipotecas impagables, padecen un alquiler precario o carecen de techo. Mi día a día se parece al del personaje interpretado por Luis Tosar en la película *En los márgenes*, de Juan Diego Botto. Vivo un desborde casi permanente. Parar desahucios, negociar con bancos, recurrir en procesos judiciales a todas horas, en cualquier momento. El teléfono siempre echa humo, apenas te queda tiempo para dedicar a otras cosas. Te olvidas de ti. Casi te disuelves en lo colectivo. La lucha no es una apelación a la caridad, es una cuestión de justicia. David contra Goliat.

La estrategia jurídica la diseñamos junto a Gerardo Pisarello y el apoyo de Vanesa Valiño desde el Observatori DESC. Tímidamente, los tribunales comienzan a darnos la razón: cuestionan las cláusulas pactadas con los bancos. Dos años después, un juez de Barcelona decide consultar al Tribunal de la Unión Europea. Y el 14 de marzo de 2013, los jueces europeos enmiendan la actitud del alto tribunal español: la legislación de nuestro país desprotege a los consumidores, dejándolos a merced de los abusos bancarios. Es una gran victoria jurídica. Sí se puede.

Ada va de un lado para otro. Es un torbellino hambriento. Le resplandece la mirada. Tiene algo grande entre las manos. La plataforma es ya un ejército poderoso de activistas que ni habíamos concebido en sueños. Como un tren lejano aullando, avanza a gran velocidad por el resto de Cataluña hasta llegar a cualquier rincón de España. Vivirá su momento trascendental el 5 de febrero de 2013. Es el debate en el Congreso de una iniciativa legislativa popular (ILP) impulsada por la PAH, tras la recogida de cerca de un millón y medio de firmas. Se pretende desbloquear la falta de reacción del gobierno. Las palabras de Ada llamando «cínico y criminal» al secretario general de la Asociación Española de la Banca resuenan en todos los informativos. El propio PP se ve obligado a cambiar de posición y admitir a trámite la ILP. Otra victoria de la PAH. Sí se puede. También quedará para la memoria el momento en que el presidente del Congreso, Jesús María Posada, miembro del PP, insta a echar a Ada de la tribuna. A partir de ese momento, su protagonismo aumentará con su participación en los platós de televisión. Pero allí no terminará la cosa. La presión continuará.

La PAH anuncia una campaña de escraches para quienes tenían que votarla, inspirándose en una acción de las asociaciones de hijos de desaparecidos en Argentina para denunciar la impunidad de los crímenes de la dictadura. A diferencia de otras protestas, la PAH ha agotado prácticamente todas las vías institucionales en busca de una solución concreta al drama humano. La situación de violación generalizada de derechos fundamentales es objetiva. Muchas de las víctimas pierden sus casas y cargan con deudas inasumibles, expuestas a vejaciones, acosos y amenazas de las entidades financieras. Quizá por eso casi el 80 por ciento de la ciudadanía, según una encuesta de Metroscopia, apoya los escraches pacíficos. Es una campaña pacífica de información de un colectivo en situación de abierta vulnerabilidad, pero la ofensiva criminalizadora no tardará en arrojarla a la boca de las olas. El diputado del PP Esteban González Pons —con quien ahora coincido como eurodiputado en Bruselas— hablará de práctica mafiosa similar a la de «los nazis con los judíos». Esperanza Aguirre lo comparará con «el matonismo de ETA». La delegada del Gobierno en Madrid, Cristina Cifuentes, acusará a Colau y a la PAH de afinidad con «grupos proetarras». Vincular a una activista social y a las familias hipotecadas con los nazis, que asesinaron a millones de personas, o con ETA, excederá la libertad de expresión. Las asociaciones de víctimas del terrorismo sacarán un comunicado de repulsa por la comparación. Indignado, empezaré a redactar acciones judiciales para llevar a los tribunales esas calumnias. El PP tampoco se quedará de brazos cruzados. Interpondrá denuncias contra algunos de los activistas por los escraches. Al final, quedaremos en tablas. Para los jueces todo es libertad de expresión.

Otro momento mediático relevante se produce el 11 de julio de 2013. Los Mossos desalojan a un centenar de activistas sentados en una sucursal bancaria: exigen la dación en pago de un afectado. Los desahucios tienen que pararse y los activistas organizados lo intentan. Sus cuerpos son murallas entre los funcionarios y las familias expuestas a quedarse a la intemperie. Ada no tiene miedo a desobedecer. Le centellean los ojos. Su corazón palpita como un pájaro. La lucha es legítima. Al menos desde la Revolución francesa, cuando se vulneran derechos generalizables y los canales institucionales permanecen bloqueados, la resistencia civil se convierte en la última garantía contra la arbitrariedad del poder. Ya lo proclamó el presidente estadounidense Thomas Jefferson en el siglo XIX: si la injusticia se convierte en ley, desobedecer es un deber. Sin actos de desobediencia no hay progreso en la humanidad.

Ada no opone resistencia, pero no se quiere ir voluntariamente. Se sienta en el suelo, enlazada con otros activistas por los brazos. *«No, diguem no, nosaltres no som d'eixe món»* ('No, digamos no, nosotros no somos de este mundo'). Los agentes la arrastran por la fuerza como un peso muerto hasta fuera de la entidad bancaria. Es un personaje público desde hace tiempo. Los fotógrafos capturan el momento. La imagen será icónica. Es la primera vez que una activista alcanza esa cota de popularidad en España. Con ella, la lucha antidesahucios llega a las primeras planas de los periódicos. Los tiempos cambian. Para no pocos, la principal oposición al gobierno de Mariano Rajoy es la PAH y, en concreto, Ada. Con el desgaste del PSOE después de los años del gobierno de Zapatero y la marginalidad de IU, es una opción de aire fresco. La cara más conocida del activismo en plena crisis. Su liderazgo conectará con amplias mayorías progresistas.

Cuando lleguemos al gobierno en Barcelona intentaremos llevar este espíritu de la PAH a los barrios. El objetivo será ayudar a organizarse a los vecinos y vecinas para dar respuestas colectivas a sus problemas personales: reforzar procesos de apoderamiento social externos a la institución, tejer apoyo mutuo y solidaridad, impulsar el cooperativismo o las experiencias de soberanía alimentaria. Como demuestra el surgimiento del 15M, son el mejor antídoto contra la lógica individualista del neoliberalismo que abona el surgimiento de la extrema derecha.

La gran sacudida del 15M

2011 será el año cero de una nueva etapa. La crisis se extiende. La prima de riesgo sube. Un gran número de grandes empresas se declaran en quiebra. Crecen los expedientes de regulación de empleo o la suspensión de pagos. El desempleo se dispara —y alcanzará a finales de 2012 una tasa del 26 por ciento— y, con él, el pesimismo. La situación es asfixiante, insostenible. Entre los jóvenes comienza a cundir un temor: si las cosas no cambian, no hay futuro. El panorama internacional, arrastrado por la caída de los bancos y las quiebras masivas, resulta desolador.

El pesimismo, la irritación es un oleaje en medio de las calles. Solo convirtiéndola en indignación y esta en política puede romperse la espiral de la indiferencia, escribe Josep Ramoneda. Como una corriente eléctrica, miles de cuerpos nos reunimos en las plazas. Vibramos como una única cuerda vocal. Avanzamos al paso de la historia. Reclamamos una democracia más participativa y el fin del bipartidismo de PSOE y PP, que bloquea que nuevas ideas políticas lleguen a las instituciones. Consideramos que los políticos se alternan en el poder y se encuentran dominados por los bancos y las grandes corporaciones y que la corrupción campa a sus anchas. Las protestas recogen un sinfín de reclamaciones ecologistas, antiglobalización, pero principalmente buscan un cambio en la manera de hacer política. Se plasma en los lemas: «Democracia real, ¡ya!» o «No hay pan para tanto chorizo».

El ambiente espumoso que se respira es el mismo que el 15 de febrero de 2003. La invasión de Irak —y las mentiras sobre las inexistentes «armas de destrucción masiva» de Sadam Husein— despertó una oleada de movilizaciones por todo el continente, pero Madrid y Barcelona son su principal epicentro. Los atentados del 11 de marzo de 2004 en la estación de Atocha —como reacción del terrorismo yihadista— emergieron en ese contexto que ya había alcanzado temperatura de ebullición. Otra vez, el PP prendió la mecha con una nueva mentira. La autoría apuntaba inequívocamente a ETA, decía. Todas las pruebas, o el propio desmentido de la izquierda *abertzale*, iban en otra dirección. Dos días después, empezaron a circular convocatorias espontáneas y anónimas frente a las sedes del PP. «Sin partidos. Silencio por la verdad. ¡Pásalo!»

Aquella manifestación, cuatro días antes de las elecciones generales, despertó de sopetón a la bella durmiente. Se repitió el guion de hace un año. Esta autoorganización ciudadana será el principal germen, siete años después, del 15M. Hay un hilo narrativo que atraviesa la noche electoral de 2004 frente a la sede de Ferraz del PSOE con miles de jóvenes entonando el «No nos falles» a Rodríguez Zapatero hasta el despertar de las plazas de toda España rugiendo el «No nos representan».

Además de las protestas de 2003 contra la guerra o las de 2004 contra la manipulación del PP de los atentados, hubo otros tres momentos políticos clave. Corrientes subterráneas, que llevan al fuerte zarandeo posterior del 15M.

El precursor más relevante giró alrededor del derecho al acceso a una vivienda. La expansión inmobiliaria, el encarecimiento de la vivienda o los desalojos crearon el caldo de cultivo. Otro tuvo su epicentro en las universidades. En el curso 2008-2009 las universidades hervían en la recta final de la lucha contra el Plan Bolonia. Hubo manifestaciones, encierros en el rectorado o la creación de las llamadas universidades libres, como la Rimaia. La respuesta policial elevó la temperatura. Tuve que actuar como abogado en decenas de detenciones y juicios. Uno de los estudiantes detenidos que defendí, Manu Simarro, quien sería años después jefe de gabinete en la alcaldía de Ada Colau. El otro epicentro de la agitación fue en los centros de trabajo. Tras la reforma laboral de 2010 impulsada por el gobierno de Zapatero, se convocó, el 29 de septiembre, una disruptiva huelga general: una gran manifestación, con piquetes y la ocupación del edificio abandonado de la antigua sede de Banesto en Barcelona, terminó en enfrentamientos. Más de ciento cincuenta huelguistas detenidos. Seis de ellos, a la cárcel. También allí me tocó hacer de abogado. Fueron días intensos de conversaciones con los familiares, asistencias en comisarías o juzgados. Una de mis defendidas, Laura Gómez, secretaria de organización de CGT, fue enviada a la cárcel tras una *performance* ante la Bolsa de Barcelona. Durante la huelga, los Mossos lanzaron gases lacrimógenos, un arma sin utilizar desde hacía dieciséis años. Hubo decenas de heridos, algunos de gravedad, por impacto de pelotas de goma. Fue el inicio del «bienio negro» del Gobierno de CiU. Con la huelga del año siguiente, el guion volvió a repetirse. Ester Quintana, como ya expliqué, perdería un ojo por el impacto de una bala de goma perdida.

Debido a la creciente opresión que experimentaba la sociedad española, cunde la idea de que nada va a cambiar si los ciudadanos no toman cartas en el asunto. Los políticos parecen enquistados en el poder. Las administraciones públicas, muros inamovibles. El bipartidismo alterna en el poder a dos formaciones que actúan igual, protegiéndose entre ellas, y no hay voluntad de enmienda. El viento de la desafección sopla denso. La gente, harta, pierde la confianza en los políticos y se organiza de manera espontánea para salir a la calle.

El 15 de mayo de 2011 el malestar cristaliza en una movilización de cientos de miles de personas en las principales ciudades españolas. Y en una multitudinaria acampada en las plazas, donde se generan asambleas y debates que buscan ideas para renovar las instituciones y revertir la crisis. La indignación se transforma en una primavera de ilusión por lo nuevo. El aire ensancha nuestros pulmones. Las plazas son un mar revuelto de gente. Rebosan alegría. Puro eco de esperanza. *Yes, we camp*.

En Madrid llegan a manifestarse más de veinte mil personas —muchas se quedan en tiendas de campaña en plena Puerta del Sol—. Lo mismo ocurre en las calles de Barcelona, Valencia, Alicante, Bilbao, Sevilla, Granada, A Coruña, Zaragoza o Cádiz.

Nunca imaginamos que la historia tomaría ese derrotero de modo tan veloz. En todas las grandes turbulencias siempre hay un acontecimiento aparentemente menor o secundario que acaba catalizando el gran malestar acumulado. La gota que colma el vaso. La convocatoria empieza a circular por la red y, al cabo de unas horas, ya son millares de personas las que se concentran en la capital. La Puerta del Sol no puede aguantar el aluvión. Miles de personas se agolpan días tras día hasta convertirla en la movilización más potente desde la Transición. En pocos días saltará fronteras y llegará a Atenas con el «movimiento de las plazas». A la vuelta del verano alcanzará Nueva York y la movilización para ocupar Wall Street. El descontento llegará a ser planetario

Tras el primer desalojo de la Acampada Sol de Madrid, los indignados vuelven a colocar sus tiendas y el ejemplo cunde en otras ciudades. Se levanta un campamento en la plaza de Catalunya de Barcelona, otro frente al Ayuntamiento de Valencia, en la plaza Arriaga de Bilbao y bajo las populares «setas» de la Encarnación de Sevilla. Las consignas son variadas, pero hay un mensaje claro: algo debe cambiar. No hay miedo a las represalias: sin casa, sin trabajo, sin futuro, ya no hay nada que perder. Aún no lo sabíamos, pero nació el tifón 15M, que al cabo de unos meses llenó la vela mayor de otros movimientos similares, como el Ocuppy Wall Street de Nueva York o el YoSoy132 en México. Años más tarde nos empujará a zarpar con nuevos partidos políticos, como Podemos.

El 22 de mayo se celebran elecciones municipales en todo el país y autonómicas en trece comunidades —excepto Andalucía, Cataluña, Galicia y País Vasco—. La Junta Electoral Central deniega las concentraciones alegando que debe respetarse la jornada de reflexión. Aun así, la marea humana es un río caudaloso que desborda las plazas. La policía no puede hacer nada. Los indignados ocupan portadas en todos los periódicos. Desplazan a los políticos, en plena campaña, a un segundo plano. Se extiende el desconcierto. La izquierda tradicional —PSOE, IU y los grandes sindicatos— está perpleja. No entiende lo que ocurre. Sus organizaciones son como un casco roído y verdoso. El ciclón político desplaza posiciones sólidamente asentadas durante décadas.

En los comicios el PP barre al PSOE. Más de dos millones de votos de diferencia tiñen de azul el mapa de España. El gobierno de CiU, que desde un año antes está al mando de la Generalitat, se siente legitimado por las urnas y su buen resultado en los consistorios catalanes para reprimir las acampadas. El *president* Artur Mas confunde el apoyo electoral con una carta blanca para «limpiar» todo reclamo ciudadano fuera de los cauces electorales. Su *conseller* de Interior, Felip Puig, había prometido «tensar la ley hasta allá donde está permitido y algo más». Con anterioridad, el gobierno de la Comunidad de Madrid también cedió a la tentación de barrer a porrazos la protesta en la Puerta del Sol.

La irresponsabilidad de esta filosofía represiva no tarda en sacar la cabeza. Nuestra actuación en el mantenimiento del espacio público es ejemplar. Lo reconocen diferentes sindicatos policiales y los mismos servicios municipales de limpieza. Aun así, con la excusa de que allí se celebrará la victoria del Barça en la Liga de Campeones, la Generalitat ordena el desalojo y autoriza las cargas policiales. A las nueve de la mañana del 27 de mayo llega la primera.

Decenas de palomas de la plaza levantan el vuelo súbito, enloquecido. Con el hueco batir de alas, ocultan un instante el cielo azul profundo de primavera. Recuerdo la blancura estremecedora de aquel momento. Bocas gritando. Un clamor ensordecedor. Después, las violentas imágenes, alternadas con manifestantes con flores en la mano, darán paso a la retirada policial. Una docena de heridos con contusiones serán trasladados a centros sanitarios. Un grupo de abogados nos organizamos para dar apoyo legal, intentar mediar y frenar el uso de la fuerza policial. Recogeré todos los datos relevantes de los hechos para presentar una querella.

Una de las víctimas que defiendo es David Fernàndez, futura cara visible de la CUP en el Parlamento catalán. Su rostro trasluce tristeza y rebeldía. Como es una persona sensible, vulnerable, se encuentra constantemente herido por el mundo. De verbo apasionado, su timbre de voz parece el leve susurro de un riachuelo. Su presencia está envuelta de una aureola de bondad. Siempre trabaja desde la base, en la retaguardia, sin desentenderse de las tareas más invisibles y anónimas. Mientras está sentado en la plaza, recibe once porrazos y una patada en la tibia por el subinspector de los Mossos, Jordi Arasa, que le obliga a seguir tratamiento médico durante una semana. Presentaré una querella. Casualmente hay imágenes grabadas. Y casualmente el subinspector lleva la visera del casco levantada. David lo identifica. Como periodista, lo conoce. Su condena es un paso decisivo contra la impunidad policial. No será la única vez que lo sentaré en el banquillo. Más tarde el subinspector, ascendido a inspector, volverá a ser condenado a más de dos años de cárcel por otra actuación contra el 15M.

A las cuatro de la tarde, un sol plomizo, sin prisas para atardecer, ilumina una escena que quedará fijada en nuestra memoria. Miles de personas nos volvemos a concentrar en la plaza de Catalunya, el centro neurálgico de Barcelona, en reacción a la carga policial de la mañana. Hemos renacido. El corazón me late. La indignación provocada por la actuación policial nos inunda las arterias. La plaza tiene ahora casi el mismo aspecto del primer día, el 15 de mayo, cuando empezó todo. El gentío es un oleaje imparable que nos arrastra. Aplaude, grita, vitorea con fervor. Pancartas exaltadas. En los bancos, manifestantes de pie. Otros, cogidos de las manos. El magnetismo de la emoción se puede respirar en todos lados. Se instalan de nuevo tiendas de campaña. No cabe ni una aguja. Casi aturde el ir y venir de la gente. El llamamiento a la resistencia pacífica es un éxito. Centenares de cuerpos estamos atravesados por una misma corriente eléctrica. Familias con niños, ancianos y jóvenes, muchos con flores o con las manos pintadas de blanco. Las consignas que piden la dimisión de Felip Puig, *conseller* catalán de Interior, de quien dependen los Mossos, son constantes. Su actitud de mano dura, a la vieja usanza, para reprimir con contundencia y porras un movimiento pacífico, indigna. «Lo llaman democracia y no lo es», algunos escupen de sus almas.

Una cuestión susceptible de resolverse con diálogo y mediación se convierte en un problema de orden público. Lejos de lograr sus objetivos, la carga policial extenderá la indignación. Hubo cortes de carreteras en la entrada de la ciudad, atronadoras caceroladas por todos los barrios, muestras de solidaridad del resto del Estado. Una retahíla de peticiones de dimisión o quejas de entidades como Jueces para la Democracia, la Federación de Vecinos de Barcelona o el Síndic de Greuges, pero también de partidos e incluso de sindicatos policiales, como el SME-CC.OO. de los Mossos y la Unión de Oficiales de la Guardia Civil. Unas instituciones más inteligentes habrían entendido que detrás de esta interpelación late algo más que una simple protesta susceptible de barrer a porrazos. Con su arrogancia, muestran su incapacidad por entender el apoyo social que hay detrás.

Con el 15M lograremos una oleada de simpatía sin precedentes. «Somos el 99 por ciento» es el lema. Es un enunciado imposible, como diría el filósofo Rancière, pero sí señala una voluntad inédita de apertura en la protesta. En el fondo, somos una minoría que dice ser la mayoría. Pero esa es la voluntad: conectar con los anhelos mayoritarios de la sociedad española. De hecho, el 81 por ciento de los españoles nos da la razón en nuestras reivindicaciones, revelará una encuesta. Las exigencias no son demandas políticas de un sector minoritario: encarnan un sentido común de época. La respuesta de solidaridad replica el mismo patrón por toda España. La acampada de la Puerta del Sol de Madrid también sufrió los excesos policiales, después de que el gobierno de Esperanza Aguirre insistiera en cortarla de raíz. La represión se convierte en un bumerán en contra de quien la ejerce. La chispa enciende la mecha y se extiende como la pólvora en una verbena.

Deutocracia: la llegada de Rajoy y sus recortes

El presidente Zapatero convoca elecciones generales para el 20 de noviembre de 2011, que llevan a Mariano Rajoy al gobierno. Ni el anuncio del cese definitivo de la lucha armada de ETA consigue que el PSOE mantenga el poder. El PP arrasa con mayoría absoluta. La legislatura quedará marcada por los recortes en sanidad, educación y prestaciones sociales, una subida del IRPF y una reforma laboral que precariza al trabajador. Se busca estabilizar la economía a base de ejercer más presión sobre los ciudadanos y precarizar sus condiciones de vida. España va de mal en peor.

Crecen el desempleo y los desahucios. La economía se hunde a escala mundial. La Gran Recesión. El capitalismo avanza desbocado, aspira a mercantilizarlo todo. La vivienda, la sanidad, la educación, el espacio público, las relaciones afectivas. Para avanzar, necesita quebrar la autonomía individual y colectiva. Aislar a las personas, reducirlas a la impotencia. El consumismo dirigido, la alienación programada, son eso: figuras de la impotencia. La otra es el miedo. Al desahucio, a perder el empleo, a no poder pagar las deudas, a ser expulsado por no tener papeles o detenido en una protesta. El individualismo, el miedo, la servidumbre voluntaria e involuntaria son formas de impotencia que se dan la mano.

El avance de ese capitalismo sin complejos siembra múltiples formas de inhumanidad. Pobreza, depresiones, suicidios, centros de internamiento, brotes xenófobos. Pero también genera inéditos espacios de solidaridad y resistencia. El malestar se inflama en un grito. Un día es la PAH, el gesto digno de quienes ponen el cuerpo para parar desalojos. Otro, las movilizaciones contra la privatización del agua, las huelgas, las decenas de iniciativas cooperativas, surgidas aquí y allá. Después del diluvio neoliberal, estas iniciativas son modestas. Pero consiguen lo que parecía imposible. Una clase política más deslegitimada que nunca. El régimen bipartidista y monárquico, rendido a la troika, aparece como un lastre insoportable. Esta deslegitimación puede traducirse en resignación, abandono. Pero también en luchas por la dignidad, por la constitución de algo nuevo. Que eso ocurra depende de nosotros. Lo que no ha sucedido nunca —como escribió el filósofo Friedrich Schiller— no envejece. Sigue allí para quien tenga la capacidad de rescatar del olvido las luchas y los sueños de quienes nos precedieron. Y para alimentar, con esa memoria, nuestras propias razones para golpear juntos. Contra el miedo y por la libertad.

Jueves, 19 de julio de 2012. Cientos de miles de personas marchamos contra el paquete de recortes de Rajoy. Somos un latido en un río de latidos. La indignación desborda las calles en más de ochenta ciudades. El centro de Barcelona se colapsa. Al término de la marcha, se producen cargas y detenciones en Madrid. Los sindicatos convocan huelga general en noviembre.

La sociedad se moviliza. Brotan las «mareas sociales». Son varias, pero principalmente dos: la Marea Blanca, en contra del recorte de la sanidad pública, y la Marea Verde, en contra de los recortes en educación. No solo las apoyan los profesionales de estos sectores, sino una gran parte de la ciudadanía. Sanidad y educación no se tocan. Son el arma más poderosa para cambiar el mundo.

Como antes Grecia o Portugal, España entra en la zona de rescate. En el trasfondo, el acuerdo alcanzado por PSOE y PP para la primera reforma significativa de la Constitución desde su aprobación. No se trata simplemente de contener el déficit y la deuda pública. Se quiere otorgar a las entidades financieras unas garantías inéditas de que el pago de la deuda es prioridad absoluta. Cada nuevo recorte es presentado como un requisito ineluctable para saldar deudas. La deutocracia es esto: el gobierno de los acreedores. Un puñado de tenedores de deudas capaz de imponer su voluntad sobre millones de personas.

Vivimos la encrucijada como una disputa entre democracia o deutocracia. Democracia u oligarquía. Libertad real para todos o servidumbre indefinida. La furtiva reforma estival desencadena un enésimo ataque a los servicios públicos. Certifica la descomposición de la identidad socialdemócrata y allana el camino a la extrema derecha o la xenofobia. Pero, sobre todo, aumenta el desafecto hacia la Constitución de unas generaciones precarizadas, que, además de no votarla, son víctimas privilegiadas de sus límites e incumplimientos.

No nos reconocemos en ninguna de las opciones políticas existentes. El grito «No nos representan» vuelve a ser masivo. La crítica va más allá de las coordenadas tradicionales. Los partidos de izquierda son vistos como actores principales de un entramado vetusto. Hemos desplazado la gramática política de sus claves tradicionales de izquierda-derecha para fijarlas en torno a algo más abierto, como el 99 y el 1 por ciento, la mayoría y la minoría o los de abajo y los de arriba.

El 15M es una impugnación a la carcasa ideológica del régimen del 78; a la ofensiva deconstituyente de una oligarquía que, desde dentro, dinamita el pacto social de la Transición. Hay tres puntos sencillos y claros de nuestras demandas: falta de democracia, dominio de los mercados con la deutocracia y excesos de los banqueros o de los políticos con la corrupción. Uno de los lemas es «No somos mercancía en manos de políticos y banqueros». Otro, «No es una crisis, es una estafa». La divergencia de intereses entre los representantes políticos y los supuestos representados movilizados es evidente.

En ese contexto nos surgen preguntas obligadas: ¿qué hacer? Lo primero: detener el perverso chantaje que pide más ajustes, rescates y recortes. Para eso hará falta remover su opacidad; dejar claro el origen y las condiciones de reproducción de la deuda. ¿Qué proponemos? Rechazar los pagos cuya legitimidad no pueda probarse. Nada nuevo. Ocupó un papel central en países con colapsos financieros similares a los de la eurozona como Ecuador o Argentina. En ellos, los movimientos sociales presionaron para que la deuda —o al menos una parte— fuera considerada «odiosa», ilegítima. Esta última noción fue desarrollada por un jurista ruso, Alexander Sack, en 1920. Exministro zarista y nada sospechoso de radicalismo, entendió que lo era si se gestaba sin conocimiento ni aprobación del pueblo y se gastaba en actividades en su perjuicio.

En el caso español, la deuda pública no servirá para reforzar unos servicios públicos infradotados en relación con la media europea. Todo lo contrario. Se gestará para rescatar sin mayores contraprestaciones a los bancos, que no dudarán en especular contra los propios poderes públicos. Ni los grandes inversores, ni las agencias de *rating*, ni la Unión Europea, ni los supuestos órganos de control interno, como el Banco de España, serán ajenos a este proceso. Es más, cuanto más crezca la deuda pública, mayores serán los intereses exigidos por sus compradores y más dura la exigencia de recortes.

Cuanto más se agudiza la crisis en la periferia de la zona euro, mayor es la impresión de que sus principales causantes serán sus grandes beneficiarios. La gran finanza verá reforzado su poder. Son una auténtica espada de Damocles sobre el erario público, los ahorradores y las clases populares en general. Nada de eso es inevitable. En Islandia la población logra imponer un referéndum para no pagar la deuda generada por unas pocas entidades financieras. Sienta en el banquillo a algunos banqueros y políticos. En Grecia, Portugal e Italia se inician acciones penales contra las agencias de *rating* por exagerar la mala situación financiera con fines especulativos. En el Observatori DESC decidimos hacer lo mismo. Gerardo Pisarello, Gonzalo Boye y yo redactamos una querella contra tres agencias de *rating*. Luego se sumarán otras organizaciones y partidos, como Izquierda Unida. Su admisión a trámite en la Audiencia Nacional nos dará esperanzas. Una pequeña grieta en este panorama sombrío. Por vez primera, Moody's, Standard & Poor's y Fitch deberán responder ante un tribunal español por la alteración del precio de la deuda pública y la utilización ilegítima de información cualificada en beneficio propio. Con esa iniciativa queremos poner coto a la impunidad de los más fuertes, cuando la mayoría de las instituciones públicas se ha rendido a la impotencia o la complicidad.

Para entender el papel de las grandes agencias en la crisis actual debemos distinguir dos momentos. El primero, notablemente retratado en documentales como *Inside Job*, tiene lugar hacia 2001 con el *boom* inmobiliario de especial intensidad en países como Estados Unidos, Irlanda o España. Entonces, el negocio de las agencias es calificar al alza, previo pago por su asesoramiento, diferentes productos financieros de sus clientes como hipotecas basura y activos tóxicos sin respaldo real. Las agencias, sin embargo, les otorgan la máxima calificación, facilitando así su difusión en los mercados secundarios. Si a mediados de 2006 solo hay nueve empresas en el mundo con la calificación máxima de triple A, en enero de 2008 el número ascendió a 64.000. Empresas como Enron o Lehman Brothers e inversores como Bernard Madoff reciben el visto bueno de las agencias hasta pocos días antes de declararse en quiebra. Los ejecutivos de estas entidades y las propias agencias se enriquecen de manera vertiginosa. «No es una crisis, es una estafa.»

En Estados Unidos, estas actuaciones son enjuiciadas por diferentes tribunales, investigadas por el Senado o la Comisión de Bolsa y Valores. Al final, quedará probada su falta de rigor y transparencia. Se beneficiaron de información reservada y favorecieron a clientes a quienes previamente asesoraban en un claro conflicto de intereses. Como consecuencia, se dictan sentencias en su contra, se imponen nuevas regulaciones. En Europa no sucede lo mismo. Es más, en casos como el español, las entidades financieras reciben ingentes ayudas y convierten su deuda privada en pública. Las agencias abusan de su posición dominante en el mercado. Fuerzan a los países a pagarles por una opinión carente de toda objetividad o imparcialidad para favorecer a clientes suyos e incluso a sus propias empresas.

Su estructura de la propiedad apunta en esa dirección. La dureza exhibida con deudas como la griega o la española contrasta con la laxitud con que juzgan otras, como la estadounidense o la francesa. No es casual. Los propietarios de las agencias forman parte del entramado de poder —bancario, empresarial, político e incluso mediático— de estos países y difícilmente harían algo que los perjudicara. Es en este contexto, precisamente, donde nuestra iniciativa cobra más sentido.

Con el 15M queremos forzar una discusión de fondo sobre la depuración o democratización del sistema financiero actual. Está en juego la supervivencia de derechos sociales básicos. Durante todo ese periodo, uno de mis cometidos como abogado comprometido es reforzar las luchas sociales desde el derecho. Resistir al derecho en nombre del derecho está lejos de ser una contradicción. La legalidad de nuestra época es exigente. La Declaración de Derechos Humanos de 1948, los Pactos Internacionales de 1966 o las constituciones democráticas son impensables sin la derrota de los fascismos y otras dictaduras del siglo XX. En tiempos de crisis, esta legalidad se convierte en un espejo más incómodo de lo habitual. Refleja la sinrazón jurídica, además de ético-política, de muchas actuaciones del poder. El cierre intempestivo de un centro sanitario de urgencia amenaza derechos elementales como la salud, la integridad física o la vida. A veces, es verdad, se produce una nueva legalidad para tutelar privilegios de pocos por encima de los derechos de todos. Por eso, cuando los grandes capitales especulativos o las agencias de *rating* aseguran que su actuación cuenta con cobertura legal, llevan algo de razón. Buena parte de sus abusos serían impensables sin las prebendas legales obtenidas de gobiernos de diferente signo. Se leen en esa clave la regla europea de la eliminación del déficit a cualquier precio o la reciente reforma constitucional española para blindar la deutocracia. Ahora bien, cuando esto sucede, la protesta ciudadana, la desobediencia, adquieren nueva luz. Aparecen como bandera irrenunciable de los más débiles para forzar al poder a cumplir sus promesas garantistas y para instaurar un orden jurídico alternativo, más igualitario y libre de violencia.

La situación se desborda: comienza la represión del 15M

Miércoles, 15 de junio de 2011. A las nueve estoy en las inmediaciones de la puerta del parque de la Ciutadella de Barcelona, donde se encuentra el edificio del Parlament de Catalunya. Llevo un peto amarillo con la inscripción «Legal Team», distintivo del equipo legal organizado por la Comissió de Defensa y otros grupos de juristas. El 15M llama a concentrarse ante las puertas de las sedes institucionales, emulando las movilizaciones de países como Islandia o Grecia. En Valencia los indignados se concentran durante la jornada de «bienvenida» a los cargos electos en las municipales. Son reprimidos por severas cargas policiales, criticadas incluso por el propio portavoz del PP, González Pons.

En Cataluña, CiU gobierna en minoría con el apoyo parlamentario del PP. El presidente Mas asume la política de austeridad con entusiasmo jansenista. Lleva a votación una ley «ómnibus» que fulmina hasta ochenta leyes progresistas impulsadas por el gobierno anterior, el tripartito. Los recortes más drásticos desde los tiempos de Franco. Afectan a la sanidad, la educación y otros servicios públicos, y no estaban contemplados en su programa electoral. Es la primera acción del 15M barcelonés tras el desalojo de plaza de Catalunya. Se encienden todas las alarmas en CiU. El presidente Mas y el resto de los dirigentes no quieren perder la calle. Creen que la protesta puede desbordarse, enviarlos de nuevo a la oposición. Debe frenarse, a cualquier precio. Según el periodista Enric Juliana, a partir de ese momento empezará el *procés*. La agenda social no puede tapar la agenda nacional. Cuatro años después, el dirigente de ERC, Gabriel Rufián, insiste en la idea: «El principal adversario del *procés* es Podemos, no CDC».

El consistorio cierra el parque. La mayoría de los concentrados desde el día anterior actúa pacíficamente. Un puñado de ellos empuja, insulta o lanza objetos a los diputados. «Cuando los que mandan pierden la vergüenza, los que obedecen pierden el respeto», escribió Christoph Lichtenberg. Con todo, los hechos son lamentables. Como el resto de los abogados, me veo desbordado, desconcertado. Varios portavoces del 15M salen a desmarcarse. El *president* Artur Mas llega al Parlament en helicóptero.

Los Mossos no practican ninguna detención. Los incidentes sirven para anunciar una nueva unidad policial contra los «grupos antisistema». Una semana después, los antidisturbios detienen a una veintena de jóvenes en sus casas y lugares de trabajo. En vez de citarlos a declarar, como exige la ley, les dan un escarmiento. Para evitar que se repita con el resto de los imputados, los abogados que los asesoramos los convencemos para entregarse al juzgado de guardia. Mientras esperamos sentados a que los llamen a declarar, unos cincuenta antidisturbios irrumpen en la Ciutat de la Justicia, fuertemente armados y encapuchados, para detenerlos e impedirlo, por sorpresa. No alertan ni a la jueza decana ni al juez de guardia que iba a tomarles declaración. El esperpéntico episodio causa un profundo malestar entre jueces y fiscales. Jamás ha sucedido algo parecido en democracia. Los hechos están todavía colgados en un vídeo de *La Directa*. A los periodistas y a mí nos retienen sin acusarnos de nada. Me bulle la sangre. El trato de unos agentes que me conocen de interrogarlos es muy desconsiderado.

La impunidad policial de estos hechos contrasta con el rigor contra los activistas. Quien ejercerá la primera acusación es el sindicato de extrema derecha Manos Limpias. Con su querella, pretende abrir una causa general contra el movimiento 15M de modo «fraudulento», según el fiscal. Años después, la entidad será condenada por extorsión, y su líder encarcelado. El juez Eloy Velasco, ex alto cargo en los gobiernos del PP valenciano y vinculado al Opus Dei, la admite sin pestañear y cita a los diputados a declarar. Los de CiU y PP cargarán las tintas. Hablan de graves coacciones. La *exconsellera* de Interior del PSC, Montserrat Tura, se niega a una mediación con los imputados. En cambio, Joan Boada y Salvador Milà, de ICV, no acuden en señal de protesta. «No me siento perjudicado, no quiero colaborar en un proceso político», alega este último. Con evidente enfado, el juez lo multará. Lo volverá a citar bajo amenaza de detenerlo.

Tras un largo periplo procesal, se celebra el juicio en 2013. El Parlament y la Generalitat se sumarán como acusación a la tesis de Manos Limpias, pidiendo penas de hasta seis años de cárcel para cada uno de los acusados. ¿Quien se concentraba contra los recortes merecía eso solo por ejercer su derecho a manifestarse? En primer término, la Audiencia Nacional responderá negativamente. El ponente es Ramón Sáez, uno de los juristas más brillantes de España —años después absolverá al mayor Josep Lluís Trapero por los sucesos del *procés* y se convertirá en magistrado del Constitucional a propuesta nuestra.

La sentencia absolutoria nos da la razón. Considera que no hay pruebas contra los acusados, lanza una dura crítica al *modus operandi* policial y considera la protesta un tipo de escrache o piquete legítimo para llamar la atención y hacer audibles voces que de otro modo permanecerían silenciadas. Los poderes públicos deben abstenerse de sacar las cosas de quicio. Ciertos excesos —dice— deben admitirse al menos penalmente. No en vano, tribunales como el de Estrasburgo recuerdan que la crítica dirigida al poder goza de mayor protección, los límites de la protesta aceptable son más amplios. El poderoso no necesita acudir al espacio público para hacerse escuchar. Quien carece de acceso a los medios de comunicación no está en la misma posición de hacer valer sus críticas. El derecho de manifestación, o de crítica, debe asegurarse sobre todo a quien no tiene poder.

La clase política afectada se indigna tras la absolución. Lejos de la socorrida apelación al respeto por la justicia, CiU, PP, PSC y Ciutadans salen en tromba a exigir al Parlament que recurra ante el Supremo. ERC se abstiene, e IC-EUiA, junto a la CUP, se opone. La ofensiva une a buena parte de la prensa madrileña y catalana, y se produce un cara a cara mío con la periodista Pilar Rahola en TV3. Es un «precedente peligroso de buenismo», de «jueciflautas» que «quieren cargarse el sistema», dice haciéndose eco de lo escrito desde *La Vanguardia*. Otros medios, como *El País*, ven un «aval a la intimidación» de una minoría. Poco importa si los acusados no participaron en ninguna agresión. Quieren chivos expiatorios, un escarmiento, una condena ejemplar para quien sea. Es el *establishment* político y mediático viendo cómo se los cuestiona y digiriendo mal su error de criminalizar un movimiento pacífico. Las tres asociaciones judiciales salen al unísono en defensa de la «corrección jurídica» del fallo, preocupados con tanto fervor punitivo.

Con su sobreactuación antigarantista, el Govern convergente oculta sus propias responsabilidades. ¿Veló por la seguridad de los cargos electos y los derechos de los manifestantes? La manera en que Interior «planeó el ejercicio del derecho de manifestación hizo inevitable la confrontación», afirman taxativamente los magistrados. El diputado y exmiembro del CGPJ Alfons López Tena culpa al *conseller* Puig de crear una «ratonera» con el cierre de todos los accesos del parque. Se previeron incidentes, pero en cambio no se hizo nada para evitarlos. Se obligó a los diputados a abrirse camino a pie entre una multitud indignada y sin protección. No se habilitaron autobuses ni cordones policiales como en Madrid ante las protestas de Rodea el Congreso del 25 de septiembre de 2012 o las contracumbres de los dos mil. No se informó a nadie de los incidentes de primera hora. El *conseller*, no obstante, ni se inmuta. Tras las críticas a raíz de la actuación policial contra el 15M en plaza de Catalunya, se siente fortalecido. Ya avisó de «quiénes eran los indignados»: él era el único —dice con sorna— que entendía lo sucedido el día del desalojo. Sus declaraciones refuerzan la tesis de la inducción de los incidentes para ganar la partida ante la opinión pública.

La absolución también se hace eco del profundo malestar del TSJC y el mismo CGPJ cuando califican de «extrema gravedad» la actuación policial en la Ciutat de la Justicia. Repugnaba un principio tan elemental como la separación de poderes de Montesquieu. Para el tribunal, detener a los imputados mientras esperaban que los llamasen a declarar buscaba obligarlos a la fuerza a participar sin presencia letrada de una serie de sesiones fotográficas para obtener pruebas contra ellos. El proceder policial carecía de cobertura legal y provocó una «cosificación y degradación del ser humano» intolerable en democracia. No será la primera vez que veré algo así. En junio de 2014, durante una manifestación de rechazo al desalojo del centro Can Vies en Barcelona, los Mossos encapsularon a mis clientes en medio de la calle para obligarlos a ponerse prendas de ropa o coger palos para grabarlos y recoger futuras pruebas contra ellos. El derecho a no colaborar con quien te acusa es intrínseco al de no declarar contra ti mismo o a no aportar pruebas incriminatorias.

CiU se niega a depurar responsabilidades, utiliza el viejo ardid de señalar a los otros, a los magistrados. Con el PP y el carpetazo de causas como las del escrache a la vicepresidenta Soraya Sáenz de Santamaría o la aludida acción de Rodea el Congreso, pasó algo parecido, con gruesos calificativos como «pijo-ácratas» o «rojos» dirigidos a jueces lo suficientemente osados para no plegarse a los intereses de la derecha.

CiU recurre la absolución de los indignados en el Tribunal Supremo. La estrategia surte efecto. Lo demuestra el cambio de guion de estos jueces, que terminan por anular la absolución de los indignados. Los contextos de intensa presión institucional y mediática pueden convertir a los magistrados en comparsas de la derecha. Más aún cuando pertenecen a órganos judiciales de carácter claramente conservador, como el ponente de la sentencia, Manuel Marchena. Se apoya en el voto particular de otro magistrado conservador, el futuro ministro Fernando Grande-Marlaska. Con anterioridad, Marchena ya obligó a hacer el juicio en Madrid por considerar que el Parlament de Catalunya es una «institución de la nación española». La Audiencia Nacional y los abogados de los acusados argüíamos el Estatuto de Autonomía —con su definición de «nación catalana»— para celebrar el juicio en Barcelona. Los dirigentes de CiU se desentendieron. En este caso no dudaron al defender la posición centralista de la competencia. Inmersos ya en pleno proceso soberanista, preferían que el trabajo sucio se hiciera en Madrid, en un tribunal de excepción, del que años después pedirán su disolución cuando ponga el foco en alguno de ellos. Tampoco tuvieron ningún escrúpulo a la hora de ir de la mano del ultraderechista Manos Limpias, que más tarde se querellaría contra Mas.

A Marchena poco le importó que los diputados finalmente emitieran su voto con normalidad. O que los acusados no fueran los agresores. Reinterpretó los hechos para condenarlos. La aberración jurídica se consumó sin nuevas pruebas, en contra de la prohibición de Estrasburgo de condenar en segunda instancia a absueltos anteriormente, sin antes ser escuchados. No era la primera vez. Frente a la lógica de excepción o la «razón de Estado» poco importan las reglas. En 2011, el Supremo modificó ya los hechos probados para absolver a cuatro guardias civiles condenados por torturar a dos miembros de ETA responsables del atentado de Barajas. Con todo, no es lo mismo absolver a un condenado que condenar a un absuelto, sin celebrar un nuevo juicio.

En esta ocasión, el pretexto para hacerlo es un vaporoso concepto de «intimidación ambiental», sin encaje legal, que años después servirá al propio Marchena para condenar en el *procés* a los dirigentes convergentes que precisamente ayudaron a establecerlo. Gritar consignas o levantar los brazos, hechos que aisladamente son impunes, se convierten en actos graves de violencia merecedores de peticiones de seis años de cárcel. La agresión de unos se atribuye al resto. Contrasta con la inacción ante hechos similares, como expliqué en el juicio. Jordi Pujol acabó de cimentar las bases de su hegemonía política en mayo de 1984 tras el asalto al Parlament de una multitud enardecida convocada por él, con motivo de su investidura, contra las insinuaciones de la oposición por corrupción en el caso Banca Catalana. Nadie movió un dedo frente a la algarada ni las persecuciones al grito de «¡Matadlos, matadlos!» de diputados como Raimon Obiols.

La condena contra los indignados del 15M cuenta con un voto particular del magistrado Perfecto Andrés, con argumentos similares a la anterior absolución: estar en la concentración, o incluso agitar los brazos o gritar, no es delito; si lo fuera, se debería haber acusado a centenares de personas. En el derecho penal —dice—, el principio de responsabilidad individual está reñido con los castigos colectivos. Cada cual debe responder por sus propios actos, no por los de terceros. Denuncia así el sesgo ideológico y la «toma de posición política» de Marchena.

La CUP e ICV-EUiA expresaron su «profunda indignación» ante la condena. Esta vez también se sumó ERC a las críticas. El PSC evitó posicionarse y CiU se situó en las antípodas: «Concuerda con el sentimiento mayoritario del pueblo de Cataluña», mantiene el *conseller* Francesc Homs, en consonancia con el presidente Mas. Se debía castigar con ejemplaridad a quien cruzó las «líneas rojas» de la democracia, dijo. El futuro presidente catalán, Quim Torra, comparó la protesta con el golpe de Estado del 23F.

Prolongar ese soniquete criminalizador sí es una actitud poco democrática. Entre los afectados tampoco es unánime la respuesta. Ernest Maragall calificó la condena de «política» y de «ataque a la democracia», por poner la representación por encima de la libertad. En cambio, Montserrat

Tura mostró su satisfacción comparando frívolamente lo sucedido «con lo que hacían los nazis», argumento recurrente del PP. La utilización de la *reductio ad Hitlerum* para descalificar cualquier protesta incómoda será una constante tras el estallido de la crisis para justificar su posterior represión.

La condena a los indignados formaba parte de una estrategia global destinada a acallar la voz de quienes desobedecen leyes injustas en nombre de los derechos de todos. El precedente abrió una oscura brecha para criminalizar la simple presencia pacífica en una manifestación —y traería graves consecuencias años después, con el *procés*—. A partir de entonces, la pendiente resbaladiza quedó expedita para arrojar un «derecho penal de autor» inspirado en una antigua y nunca apagada tentación totalitaria: debe castigarse no por lo que se ha hecho sino por lo que se es. Contemplado con la gravedad que el caso merece, se desatan los fantasmas evocados por la vieja advertencia del pastor Martin Niemöller sobre los nazis: primero les tocó a unos, luego a los otros y después a mí, pero ya era tarde.

Como teniente de alcalde del Ajuntament de Barcelona planteé en 2015 el apoyo a un indulto a esos jóvenes del 15M para evitar su ingreso en prisión. CiU se opuso con vehemencia. Merecían ir a la cárcel, el Estado de derecho funcionaba bien y no existían casos de *lawfare*, decía su portavoz Quim Forn. Tanto él como Jordi Turull, presidente del grupo parlamentario convergente, fueron inflexibles como una roca. Sin embargo, a ambos se les aplicará tres años después la misma tesis de la «intimidación ambiental» para condenarlos por las movilizaciones del *procés*. Con ese precedente, ayudaron a cavar su propia tumba judicial. Quienes alentaron con entusiasmo la persecución contra el 15M de repente se vieron envueltos en el mismo furioso vendaval de atropello de derechos. Ironías del destino. Primero les tocó a unos, luego a los otros y después a mí, pero ya era tarde. Con todo, los condenados del 15M se solidarizarán con ellos, rompiendo un posible círculo vicioso de venganza. «Yo no estoy de acuerdo con lo que usted dice, pero me pelearía para que usted pueda decirlo», escribió Voltaire. En mi caso me esforzaré para sacarlos de la cárcel, a pesar de mis desacuerdos con su hoja de ruta: los indultos y derogar el delito de sedición serán una de mis prioridades como diputado. Como recordaba Montesquieu, la injusticia contra uno es una amenaza contra todos. Pero todo esto lo veremos más adelante.

La política del miedo: la ley mordaza

El recién llegado gobierno de Mariano Rajoy resopla como una marsopa. No le gusta nada que los ciudadanos tomen las calles. El mar de fondo de la protesta es una amenaza. Debe terminarse y no repetirse en el futuro. Así, el 11 de diciembre de 2014, en el Congreso de los Diputados se aprueba la Ley de Seguridad Ciudadana, conocida popularmente como «ley mordaza», con sus votos en solitario. Toda la oposición hace frente común. Califican la norma de «represiva», «barra libre para la policía», «ataque a las libertades» o «aberración jurídica». Nosotros lo haremos con comunicados y pronunciamientos desde la sociedad civil, con protestas en la calle. Yo mismo daré charlas y escribiré varios artículos sobre la cuestión. Luego será el acicate para escribir el libro *La bestia sin bozal: en defensa del derecho de protesta*, con Gerardo Pisarello. Una de las acciones será en la sede del PP en Barcelona. Con la excusa de una reunión con uno de sus dirigentes, un grupo de una veintena de abogados con togas entraremos y nos encerraremos durante unas horas en el vestíbulo en señal de protesta. Todavía recuerdo la cara de indignación de un responsable del partido cuando vino a abroncarnos. A pesar de las protestas, la norma entrará en vigor en 2015 —y casi diez años después, mientras se edita este libro, aún sigue vigente.

El objetivo de la ley es claro: sobredimensionar un tipo de violencia para minimizar otras que están en el origen de las protestas. Estigmatizar a los activistas y elevar el listón represivo para evitar que renazca el 15M. Esos son los planes del PP o CiU. A cada movilización en su contra, la derecha reacciona con un anuncio de restricción de libertades. El *conseller* convergente de Interior, Felip Puig, llega a reconocer que se debe «reinstalar el miedo». Con esa intención, la reforma penal de Alberto Ruiz-Gallardón también incluirá la resistencia pacífica y pasiva —característica del 15M— como atentado contra la autoridad, con elevadas penas de prisión. Un comisario antidisturbios catalán lo reconoce sin disimulos: «La resistencia pacífica es violencia —dice en un programa de *Salvados* en La Sexta—. Si Gandhi hubiera estado en la plaza de Catalunya, habría sido detenido». Un aviso a navegantes. Sus defensores recurrirán incluso a forzadas imputaciones para vincular la protesta al terrorismo, que años después se utilizarán contra el propio Carles Puigdemont en el caso Tsunami.

Esta historia, desde luego, no es nueva. Es hija del neoliberalismo y su afán por librarse de las ataduras impuestas por las luchas populares. A cierta derecha hay una legalidad que le molesta. No la que beneficia a los bancos, los grandes evasores fiscales, y asegura la «culpabilidad de las sardinas» y la «impunidad de los tiburones», como decía la gran Rosa Luxemburgo. La otra, los derechos humanos, es un incordio. Una atadura a veces inaceptable. Solo quiere consumidores dóciles y atemorizados. Las protestas que se le van de las manos no le gustan. Aprueba sin inmutarse normas indecentes que dejan a miles de personas sin trabajo, sin casa y sin futuro. Pero ladra indignada contra un piquete sindical o contra las pegatinas de un escrache. Así, mientras estrangula el Estado social, monta la excepcionalidad punitiva, la vigilancia continua.

La ciudad vigilada, la ciudad del miedo, está en el núcleo de la deriva neoliberal. Prácticas de disciplina que traspasan los muros de la prisión y se extienden por la metrópolis. Una especie de guerra de baja intensidad que no se libra en las trincheras sino en los supermercados, en los parques o en el metro. Levanta muros, fronteras, un gran panóptico donde la ciudadanía mira con recelo a sus vecinos, convertidos en una amenaza. Junto a esa represión velada, aceptada de manera casi voluntaria, la otra. La represión pura y dura contra los excluidos, los disidentes. Huelguistas, activistas sociales, trabajadoras sexuales, grafiteros, mendigos, migrantes sin papeles, jóvenes sin futuro. Todos enredados en una red densa de normas que se endurecen cuando aumentan la desigualdad y la resistencia. Se ve con la irrupción del 15M, con las huelgas generales, con el rodeo al Parlament de Catalunya o el 25S en Madrid. Primero, el paternalismo condescendiente, la zanahoria. Luego, el palo, el rostro torvo de los gobiernos *market friendly*.

Cuando las políticas de austeridad se intensifican, la derecha y sus cómplices rivalizan en iniciativas represivas. Un día, exigiendo mayor contundencia policial y judicial frente a las protestas. Al siguiente, restringiendo el derecho de reunión. Más tarde, la apertura de sitios en internet para delatar a los «antisistema», asimilación de las protestas a conductas terroristas o prototerroristas, monitorización policial de las redes sociales. Es el derecho penal del enemigo, sin empacho en recurrir a la «ingeniería jurídica» si hay que quitarse de encima alguna garantía incómoda, como declara el ministro Fernández Díaz. Se expulsa de las plazas a los indignados, se califica como «ratas» a los huelguistas y como «nazis» a los desahuciados. Junto a este derecho penal del enemigo, el derecho penal de los amigos. El que se pone al servicio del poder y mira hacia otro lado cuando hay fraude fiscal, el que indulta a los grandes banqueros y promueve o absuelve la violencia policial. Tampoco aquí la originalidad es absoluta. La violencia punitiva del Estado siempre encuentra sus enemigos. Y, cuando no, los inventa. Deshumanizar a quienes protestan para ejercer contra ellos la violencia es una constante histórica. La Inquisición persiguió a las campesinas despojadas de sus tierras, acusándolas de brujas. Las clases propietarias persiguieron a los obreros y a los pobres acusándolos de degenerados, de hienas, de chusma, de vagos... Vistos con dimensión histórica, calificativos hacia los activistas como perroflautas o terroristas son variantes, a menudo, de un odio lejano. El que lleva implícita la demofobia, el odio amargo de los poderosos a quienes pueden poner en peligro sus privilegios.

Con esta incisiva ofensiva del miedo, organismos como Amnistía Internacional detectarán un preocupante aumento de los abusos policiales. La ley mordaza refuerza la impunidad de los cuerpos de seguridad: no permite grabaciones o difusiones de imágenes de agentes policiales. Esa forma de censura amenaza el derecho a obtener información veraz y pruebas de posibles actuaciones ilegales. No en vano, el diseño de la reforma fue encomendado a un inspector vinculado a las unidades de antidisturbios de la Policía Nacional. El nuevo repertorio de infracciones sancionables se amplía de forma notable. Por ejemplo, a protestas frente a instituciones como el Congreso o durante la jornada de reflexión electoral, precisamente como las realizadas por el 15M. Las multas también se incrementan hasta los 30.001 euros, obligando a los activistas a desviar sus escasos recursos a convocar constantes actos de solidaridad para pagarlas. El objetivo de la derecha no es reemplazar la vía penal por otras más blandas. Es complementarlas. Es una respuesta al varapalo de los tribunales cuando su voluntad de condenar las protestas ante el Congreso, o el escrache a la vicepresidenta Sáenz de Santamaría, se saldó con un rotundo fracaso. Los jueces primaron la libertad de expresión y emitieron duras críticas contra la actuación policial. Las sanciones administrativas permitirán sortear ese contratiempo. Alcanzarán a muchas más personas y podrán ser impuestas directamente por las delegaciones del Gobierno, sin control judicial previo. La estrategia tiene su lógica: atropellar los derechos sociales exige mantener a raya la libertad de reclamarlos. Cuando las políticas del gobierno de Rajoy aumentan las desigualdades, crece la resistencia de los más necesitados; ¿cuál es entonces la respuesta? Acelerar su criminalización para que regresen a sus casas. Primero, les pusieron la soga de los recortes. Ahora, los amenazan para que no se aflojen las cuerdas del nudo. A menos Estado social, mayor Estado policial y penal. Se profundiza el ajuste social con un nuevo ajuste punible. O mejor, con un ajuste penal administrativo, menos garantista pero tan o más eficaz para inocular el veneno del miedo. Una sociedad con miedo no lucha por sus derechos; acepta con impotencia los recortes, la corrupción y la degradación democrática. Una democracia no se mide por la libertad que da a los conformistas, sino por la que da a los disidentes.

Todos nacemos con miedo. Somos los seres que experimentamos un miedo más perturbador. El pesimista Hobbes escribió una frase terrible que podríamos repetir todos: «El día que yo nací, mi madre parió dos gemelos: mi miedo y yo». Para Kierkegaard se trataba de una enfermedad mortal. Su poder no solo afecta a los individuos sino a las sociedades. Uno de los hilos que trenzan la historia de la humanidad es el continuo afán por liberarse del miedo con una permanente búsqueda de seguridad. Hobbes precisamente descubrió en el miedo el origen del Estado. Maquiavelo enseñó al príncipe su utilidad para gobernar. Tenía que ser temido, más que amado. Nada es más despreciable que el respeto basado en el miedo, escribió Albert Camus.

Es precisamente la victoria sobre el miedo la conquista más importante del 15M. Los activistas no dejaron de sentir miedo, pero no le hicieron demasiado caso. El miedo fue uno de los elementos fundantes de la llamada «cultura de la Transición». De sus límites y reglas intocables. «No cuestiones, no te movilices, delega el poder en los políticos» es el subtexto. Con ese discurso disuasorio, la ciudadanía se volvió dócil, se replegó y abdicó de su capacidad de hacer política para volverse solo electorado. La democracia actual no nace del deseo, como la portuguesa tras la Revolución de los Claveles o la República española de 1931. Nace del miedo; el recuerdo de una guerra civil y de la dictadura más longeva de Europa; una parálisis social de los vínculos políticos. El 15M es una línea de fuga a ese miedo ubicado en el centro de la vida social. Experimenta otras formas de convivencia y democracia. «Dormíamos, despertamos», decía una de sus consignas. Sin miedo, te adueñas del futuro, te movilizas por tus derechos. Eso clamaban ya semanas antes los carteles de Juventud sin Futuro: «Sin casa, sin curro, sin pensiones. Sin miedo». Junto a las expectativas, habían tirado por la borda el miedo.

El 15M se enfría... El paso de la calle a las instituciones

Con el 15M no sabíamos muy bien lo que sucedía, pero creíamos que ya nada sería como antes. Los meses previos al movimiento hubo tensión, malestar y expectación acumulada, pero nadie se imaginó la magnitud del seísmo. No había precedentes. Tan solo las imágenes de la Primavera Árabe, especialmente en la plaza Tahrir, o las de la revolución democrática de 2008 en Islandia eran un espejo. No obstante, no surgió de la nada. Todas las crisis manifiestan lo que está latente, decía Michel de Certeau. El hilo rojo que nos atravesaba era un viejo topo cavando de modo subterráneo con paciencia, pero obstinadamente. La topera fue tomando forma mientras se construía y súbitamente se abrió a la luz con el 15M. Ese trabajo de largo aliento reflejado en algunas páginas de este libro creó el clima de ebullición propicio para abrir el agujero.

El 15M supuso un subir una escalera dorada. Algo más allá de lo que las distintas generaciones de activistas imaginábamos. Mucha gente quiso volver a hacer política: aportar, escuchar y aprender. La idea que domina es sumar, evitar cualquier discurso o acción excluyente que cierre el movimiento, con espacios inclusivos y abiertos a formas inéditas de participación. Nadie lleva distintivos partidistas. Le damos la vuelta a la sociedad. Nos deja descolocados a todos. Por empezar, a nosotros mismos. A los activistas. Pero, sobre todo, a los partidos. Incluso PSOE, IU y los grandes sindicatos no saben cómo capear el temporal. Basculan entre el rechazo y la simpatía oportunista.

Los indignados hicimos uso de nuevas armas políticas. Nos instalamos Twitter para seguir las convocatorias. Internet es el torrente sanguíneo de la movilización. Su principal modo de organización y difusión. Pero luego se encarna en las plazas. Detrás de las redes hay personas dispuestas a defender con el cuerpo lo escrito en el teclado. Las plazas son un hervidero, un montón de paja destinada a arder. Desde allí se convocan casi diariamente marchas y concentraciones. El momento más emocionante se da por las tardes, con las caceroladas, antesala de una asamblea general por la noche. El espacio está siempre a rebosar. Hay altavoces instalados; el sonido llega a todos los rincones. Se ensaya una lógica consensual de democracia directa, un corpus asambleario con grupos de dinamización y un propio lenguaje de signos. A la larga, el movimiento se descentralizará hacia los barrios y el ímpetu inicial se apagará como una estrella lejana.

Hay ingenuidad. Mucha gente se fascinó pensando que su modo de operar puro era sostenible. En una especie de enamoramiento, no vieron la fragilidad estructural de la protesta. Para algunos de nosotros, los dilemas no son nuevos. Los aprendizajes de los límites intrínsecos a nuestra experiencia asamblearia en la universidad son una vacuna contra la candidez. Había pasado el tiempo en que podíamos engañarnos sobre el carácter efímero de aquello. La mera irrupción del movimiento o sus victorias simbólicas no son suficientes para provocar un cambio social sin una estrategia común clara. Su fortaleza es también su propia debilidad. Lo que permite el encuentro entre tanta gente distinta y desconocida entre sí luego será su talón de Aquiles. Los objetivos son difusos e inconcretos. Tal como escribió en su día Rosa Luxemburgo, el movimiento como tal sin relación con el objetivo final, como objetivo en sí mismo, no es nada.

Los signos de debilidad y de desaceleración se percibirán tras el estallido del caso Bárcenas a principios de 2013. Una hoja de contabilidad traslucía la financiación ilegal del PP desde su fundación. Bárcenas también había estado pagando sobresueldos en dinero negro a altos dirigentes del partido. Entre ellos, un tal «M. Rajoy». Tres años más tarde se supo que la cúpula del PP había ordenado el espionaje policial de Bárcenas para evitar que tirara de la manta. Su ordenador fue destruido a martillazos.

Gonzalo Boye y yo impulsaremos desde el Observatori DESC una querella contra el extesorero pero ya no habrá otro estallido social en contra de la corrupción. En esta ocasión solo seremos unos cientos o miles quienes saldremos a la calle. A pesar del amplio apoyo social inicial, el 15M perderá a ritmo acelerado novedad y complicidades. El paro llegará a superar el 25 por ciento, los desahucios continuarán, pero la calle ya no estallará. Una primera convocatoria de rodear el Congreso de los Diputados en Madrid tuvo muy poco eco. La escasa movilización indicará algo: la fase caliente de la movilización entrará en su zona fría.

Ese frenazo se designará con la metáfora del «techo de cristal», una película traslúcida desde donde se ve el cielo, pero sin fuerza para traspasarla. La ola del 15M se topará con los arrecifes de sus límites. No será suficiente con salir a la calle a parar algunos desalojos o criticar los recortes. Cambiar la realidad exige otro tipo de intervención. Además, el cansancio de dos años de movilización hará mella. Los cuerpos están exhaustos. Solo aguantarán el ritmo los activistas de siempre, los hiperactivistas. Ya no habrá el desborde del arranque. «*Post coitum* animal triste», escribió Aristide Zolberg, citando el viejo adagio para expresar cómo la desilusión sucede a un momento de euforia. Lo que mejor recordamos, tras la embriaguez de un ciclo de protesta, es el efecto rebote: el regreso a la vida privada tras comprobar el abismo existente entre el objetivo del movimiento y su resultado real.

En toda movilización, e incluso proceso revolucionario, siempre hay un primer momento álgido de eclosión, éxtasis, cooperación o creatividad colectiva en que se va a todo trapo. Luego, las energías se agotan, la gente se cansa y quiere arriar velas para recuperar su vida. El primer momento, caliente, es de riada. Mucha gente apática que nunca participaba en nada se siente interpelada a participar en todo. Hay entusiasmo, ganas de confluir, de arrastrarse por el caudal vertiginoso de la corriente. Se recupera la capacidad para hacer política. Cuando la gente siente que nadie la representa decide representarse a sí misma y recupera el poder. Cuando la política institucional no colma expectativas, la delegación o la confianza en los representantes se rompe como una rama. Se pone en juego el sistema representativo. Surge la democracia directa. Se forman asambleas. Es el instante del «No nos representan» del 15M, de reunirse para recuperar autonomía popular, con gran visibilidad pública.

El segundo momento, frío, es de repliegue o retirada. El clima cambia. Los periodistas se desinteresan. Es imposible mantener la intensidad de los primeros amaneceres. Hay un balance de costes y beneficios. La mayoría de la gente se vuelve a su casa. Prioriza cuidar a la familia, tener tiempo de ocio o regresar al trabajo. Quiere canales institucionales cristalizando la nueva correlación de fuerzas ganada en la calle. Una nueva delegación para poder recuperar su vida personal. Además, la historia no espera nunca a lo que se decida en esas asambleas.

Es el momento que menos gusta a los activistas. Lo cuentan Íñigo Errejón y Álvaro García Linera en el libro *Qué horizonte: hegemonía, Estado y revolución democrática*. No es épico. No hay camisetas, canciones o películas. Este momento siempre termina por llegar. En política debes prepararte para cuando llegan los «sábados de euforia» en la plaza, pero también los «lunes de normalidad» de vuelta al trabajo. Hay quien, en cambio, cree que la vida se reduce a esos picos puntuales de experiencia revolucionaria. Lo que el anarquista Juan García Oliver llamaba «gimnasia revolucionaria». Y, cuando se ahoga el entusiasmo, resignarse a volver a la vida ordinaria a la espera de otra ola. Quedar con tus amigos en las cafeterías y recordar lo bonito que fue con nostalgia. Sin alternativas reales para la vida diaria de la gente, esa actitud no transforma nada. Más importante que organizar grandes movilizaciones son los cambios que luego se pueden producir.

Debemos estar preparados cuando la marea sube, pero también cuando baja. Nunca subirá, piensan las derechas. Cuando baja, lo celebran. La tendencia de las izquierdas es la contraria. Cuando baja, caen en la melancolía del acontecimiento como fetiche. Surge la depresión, la impotencia o los relatos de la traición del movimiento o la revisión de en qué se ha fallado: no se ha ido suficientemente lejos o ha faltado valentía y audacia de los dirigentes, siempre peores que las masas. Esa visión voluntarista de la realidad tiene los pies firmemente plantados en el aire. Ciega a las limitaciones de las correlaciones de fuerzas, piensa que la movilización puede ser permanente, idealiza el poder de la calle. Y si algo aprendimos de todo aquello es que cuando los manifestantes habían vuelto a casa, era el momento de luchar de otra forma: organizándonos para llevar nuestras ideas hasta los plenos de los ayuntamientos, hasta los gobiernos de las comunidades autónomas, hasta el Congreso de los Diputados. Los políticos veteranos creían que nos cansaríamos o extinguiríamos con el tiempo. Pero no íbamos a quedarnos inmóviles al borde del camino. Ni a congelar el júbilo, ni a reservar del mundo un rincón tranquilo. Después del 15M ya no había vuelta atrás. Las brechas de oportunidad histórica se abren pocas veces y se cierran rápidamente. Solo cabía aprovecharla. Mirar hacia adelante. Convertir la indignación en cambio político.

4

La renovación política: los partidos nacidos del 15M

> En cada comienzo vive un hechizo que nos protege y ayuda a vivir.
>
> HERMANN HESSE

> Fuertes razones hacen fuertes acciones.
>
> SHAKESPEARE

Mientras la indignación extiende sus alas por toda España, en Cataluña las ideas generadas alrededor del 15M empiezan a cobrar forma. Al principio será una leve brisa, luego un torbellino. Algunos políticos de los de toda la vida dicen a los indignados lo que deben hacer: formar un partido y luchar desde dentro de las instituciones. Quizá hoy se arrepentirían de aquel consejo, hecho entre la ironía y la confianza de que el bipartidismo es un búnker tan rocoso que eso no tiene futuro.

El 24 de octubre de 2012 un grupo formado por profesionales de varios campos de Barcelona colgamos una web con un manifiesto sobre una plataforma ciudadana llamada

Más allá del 25N. Las elecciones catalanas están convocadas en esa fecha. Queremos ir más allá de la cuestión electoral por venir, pero apuntamos la opción de un frente electoral de izquierdas amplio. Imaginamos el futuro de acuerdo a nuestros sueños. Si miramos al cielo, acabaremos por volar. El núcleo impulsor está formado por activistas, profesionales y académicos politizados de la sociedad civil. Además de Ada Colau, están la directora de teatro Simona Levi, el historiador Xavi Domènech, el periodista Roger Palà, la arquitecta Itziar González, el profesor de Ciencias Políticas Jordi Muñoz, el rapero y economista Pau Llonch, Gerardo Pisarello y yo. Es una iniciativa no vinculada a ningún partido. Entre los primeros firmantes no pueden figurar sus caras más visibles. David Fernàndez dará un paso atrás tras ser escogido para encabezar la CUP, que se presentará por primera vez a las elecciones catalanas. Se incorporará, en sustitución, Anna Gabriel, futura diputada de la CUP. Recuerdo cuando la conocí. Era una estudiante de Derecho en prácticas en mi despacho, me ayudó a redactar una querella por el asesinato de Puig Antich. Tenía un estilo *abertzale*, fresco, jovial: un flequillo cayendo en la mitad de la frente, grandes aros adornando sus orejas, camisetas reivindicativas. La voz suave, los ojos oscuros. Una inteligencia y una sensibilidad fuera de lo común.

Con esta iniciativa, aspiramos a impulsar una respuesta a la gestión neoliberal de la crisis con los recortes y la recentralización. Ante la hegemonía de derechas, las voces de protesta tejidas en las calles y las redes permiten mantener un horizonte de esperanza. El manifiesto aglutina en un mismo eje de lucha la cuestión social con la nacional. Suma el espíritu del 15M al soberanismo de izquierdas; un espacio de confluencia de los dos impulsos que ponen en jaque el régimen del 78. Otra victoria de la coalición liderada por

Convergència llevaba a Cataluña a una derrota que solo tenía una incertidumbre: la fecha que se produciría. Al desvincular la suerte del pueblo catalán de la de otros pueblos como el gallego, el vasco y el andaluz, reforzaba al PP y reducía notablemente las posibilidades de darle la vuelta al tablero político. El lema del nuevo independentismo voluntarista sería: «*Nosaltres sols ens bastem*» ('Nosotros solos nos bastamos'). En contraposición, en el manifiesto se habla de impulsar procesos constituyentes que busquen complicidades con otras fuerzas democráticas de Europa y del resto del Estado.

¿Lo que queremos hacer es imposible? Confiamos en el futuro. Encontraremos la fuerza para cambiar lo que existe, seduciéndonos con lo que puede ser. Hay que imaginar el futuro para poder transformarlo. Con la sacudida del 15M, el ciclo de movilizaciones abre un ancho relámpago de espuma. Los marcos establecidos se desbordan en los márgenes. Las hegemonías, los relatos sistémicos, estallan en mil pedazos. El mapa político de los últimos treinta años camina en la cuerda floja. Empieza a tambalearse. La alternancia entre los dos grandes partidos del régimen no está asegurada. Por primera vez, las encuestas señalan que la suma de PP y PSOE no llegará al 50 por ciento de los votos. En Cataluña esa grieta todavía es más profunda.

Es imposible encontrar un precedente en Europa de movilizaciones tan masivas, en un periodo tan largo de tiempo, como las vividas en Cataluña. La demanda es simple: «Queremos votar». Todo empezó cuando el PP logró que, por primera vez, tras la recuperación democrática, Cataluña estuviera regida por un estatuto no votado por la ciudadanía ni redactado por sus representantes. La ofensiva del PP y la sentencia del Tribunal Constitucional contra el Estatut alimentan la desafección de una mayoría de ciudadanos catalanes. Gracias al inmovilismo del PP, el independentismo pasará de tener un apoyo del 10 al 50 por ciento. Y la reclamación de un referéndum de autodeterminación suscitará un apoyo de casi el 80 por ciento. El factor Cataluña y el factor 15M son dos corrientes volcánicas que se cruzan en la impugnación del *statu quo*.

Es en este contexto cuando pensamos en la hipótesis institucional. En el intervalo, entre la primera secuencia y el resultado final, surgirán otros experimentos políticos donde lo viejo no acaba de morir y lo nuevo no acaba de nacer. En el debate de qué hacer frente al agotamiento de lo viejo no hay unanimidad sobre cómo debe ser lo nuevo. Lo importante es resistir, participar o estar en las nuevas trincheras sociales, creen algunos. No lo negamos. Es importante, pero son tiempo de excepcionalidad, creemos otros. No nos conformamos con resistir. Llevamos décadas resistiendo. Nos sentimos empujados. Debemos seguir en la calle, pero no se puede banalizar el poder de las urnas. La resistencia, parar desalojos a pie de calle, es necesaria, pero no basta por sí sola. La política no se acaba en las instituciones ni tampoco en los movimientos sociales.

En el escenario preelectoral de 2012, Artur Mas ha sometido a examen su liderazgo en la Generalitat con el proceso soberanista en el centro del debate para tapar sus recortes y las protestas sociales. Mientras él busca la reelección, nosotros debatimos sobre cómo recoger en un mismo bloque social de respuesta el espíritu del 15M y el de un soberanismo cada vez más escorado a la izquierda tras la masiva manifestación llevada a cabo el 11 de septiembre, Día de Cataluña. En ese contexto, Más allá del 25N es la primera iniciativa de estas características en todo el Estado. Cataluña vuelve a erigirse en punta de lanza. Le dedicaremos muchos esfuerzos, pero es una expresión de nuestra impaciencia política. Llegó antes de tiempo y quiso ir demasiado rápido. Las condiciones no permiten cuajar un instrumento electoral. Con multitud de reuniones, se ampliará el número de invitados a sumarse. Tras su presentación pública, la iniciativa se diluirá como un terrón de azúcar. Aparecerán otras iniciativas como Colpegem Juntes, con el objetivo de sumar fuerzas desde una vertiente estrictamente social. Es un momento en el que mucha gente queremos hacer algo.

Manuel Delgado y Roger Palà lanzarán la idea de crear una «Syriza catalana»: un espacio político a la izquierda del PSC. Estamos fascinados con el éxito de la coalición de izquierdas griega pocos meses antes. En las dobles elecciones de 2012, Syriza se confirmó como la oposición a la austeridad europea. En Italia, las elecciones locales registraron el paso fuerte del impugnatorio Movimento 5 Stelle. Se dan todos los elementos para que la chispa prenda en otros lugares del sur de Europa, como Cataluña. La experiencia de Alternativa Galega de Esquerda (AGE) con el 14 por ciento de los votos en las elecciones gallegas de 2012 pareció confirmar esa hipótesis. Encabezada por el líder histórico del Bloque Nacionalista Galego (BNG) Xosé Manuel Beiras, tras la fragmentación de este, supo conectar con el imaginario del 15M y la ola de indignación contra el PP tras la catástrofe del *Prestige*. Como una pura premonición sobre el futuro desarrollo de Podemos, Pablo Iglesias colaboró en la dirección de su campaña con Yolanda Díaz.

Entre mayo de 2014 y finales de 2015 arranca un calendario electoral sin precedentes: europeas, autonómicas, municipales y generales. En dieciocho meses se repartirá todo el poder hasta el final de la década. En un contexto de movilizaciones sociales, desencanto con los viejos partidos, sensación de corrupción generalizada, había una opción de saltar a la escena electoral. Se llamaba patear el tablero. Las encuestas invitaban al optimismo. Una candidatura con el espíritu del 15M puede ganar —señalan algunas encuestas— las elecciones catalanas, pero se cruzará en el camino la creación de Junts pel Sí (JxSí) —la coalición de Convergència y Esquerra Republicana— y el *procés* decantará las preferencias en otra dirección.

A nivel estatal, un grupo de activistas de la tecnopolítica —de las plataformas Democracia Real Ya y Xnet— lanzan a comienzos de 2013 el primer vídeo del llamado Partido X, el «partido del futuro». Una de sus dirigentes es la activista Simona Levi. De inspiración *hacker*, con estética futurista y con una cuidada simplicidad en el mensaje, la propuesta explora la idea de una candidatura a las europeas con el espíritu del 15M. Se estrellará luego en las urnas, pero avanzará algunas de las cuestiones claves del ciclo electoral. Las primarias abiertas con voto digital, la idea de programa colaborativo, la financiación directa a través de herramientas de *crowdfunding*, la llamada «hipótesis victoria» reafirmando el eslogan «Ganar es posible». Un año después, el 17 de enero de 2014, se presentará con el mismo propósito en el Teatro del Barrio de Lavapiés de Madrid el manifiesto *Mover ficha*, germen de Podemos. Yo tendré una participación en los dos proyectos. En el caso del Partido X seré su abogado. Apostaré políticamente, sin embargo, claramente por Podemos. Intentaré tender puentes entre ambas iniciativas para que confluyan electoralmente. No será posible.

Otra iniciativa a nivel catalán será la plataforma ciudadana Procés Constituent ('Proceso constituyente'). En abril de 2013 se publicará el *Manifiesto por la convocatoria de un proceso constituyente en Cataluña*. En los primeros nueve días recibirá veinticinco mil adhesiones. Sus promotores iniciales serán el profesor de economía Arcadi Oliveres y la monja benedictina Teresa Forcades. Detrás de ellos, estará una organización trotskista llamada Revolta Global, aliada de la Izquierda Anticapitalista de Miguel Urbán y Teresa Rodríguez. Varios de los impulsores del manifiesto de *Més enllà del 25N* también nos sumaremos. Xavi Domènech, Gerardo Pisarello o yo mismo. Luego se incorporarán el catedrático Vicenç Navarro, el cantante Gerard Quintana o la pareja promotora de la revista *Cafè amb Llet*, Albano Dante Fachin, futuro diputado por Catalunya Sí que es Pot, y Marta Sibina, futura diputada de los comunes. El acto central, al que asistirán cinco mil personas, será en Montjuïc el 13 de octubre. Las caras más visibles tomaremos la palabra. En mi intervención hablaré de llevar el grito «destituyente» de las movilizaciones de los indignados y del derecho a decidir a las instituciones. Un doble grito para engendrar una nueva política de democracia radical. No queremos, diré, que el derecho a decidir sobre la cuestión territorial sirva para no decidir en otros ámbitos.

Convergència reduce la soberanía a solo una de sus expresiones, la nación en abstracto. Uno de sus portavoces, Eduard Pujol, llegará a decir en 2018 que discutir sobre las listas de espera de los hospitales públicos distrae de lo esencial, que es la independencia. Con este tipo de ideas, el partido de Pujol destruyó la hegemonía del PSUC y, durante más de treinta años, marcó el tiempo, la agenda y la dirección de las posiciones del resto de los partidos. Ahora ese partido se pone delante de la ola independentista para cabalgarla con una nueva marca. No quiere perder su hegemonía ni que ERC se aleje del eje nacional para acercarse a los nuevos sujetos emergentes tras el 15M.

¿Cuál es nuestro objetivo? Crear una coalición de izquierdas, un frente popular, que defienda la convocatoria de una asamblea constituyente tras las elecciones catalanas de 2016. A diferencia de la Assemblea Nacional Catalana (ANC), un frente nacional que pretendía supeditar el eje social al nacional, la lucha pivotará sobre los dos ejes. Son luchas que deben ir de la mano. Lo pondremos en práctica un año después con la organización de un multirreferéndum en Cataluña para decidir sobre diferentes cuestiones como la sanidad, la educación o el control público del agua. Ese ejercicio del derecho a decidir no gustó a la derecha catalana. El gobierno de Mas ordenó retirar esas urnas. Hubo incidentes. Deberé asistir a varios detenidos.

Con la intención de señalar a los responsables de la crisis, durante la Diada del 11S de 2013 rodearemos una entidad bancaria. En 2015, en una asamblea en Terrassa, se aprueba constituir un bloque electoral con la CUP, Podem e ICV-EUiA para las elecciones catalanas del 27 de septiembre, convocadas por Mas. La iniciativa asciende como un globo de luz, pero tras la negativa de la CUP se queda a medio cielo. El objetivo se frustra y en una votación posterior se descartará concurrir a las elecciones. En las municipales se dejará libertad de elección a cada asamblea local. En el caso de Barcelona se sumará a los comunes. En otras localidades, a la CUP. Con posterioridad, las discrepancias internas pinchan el globo. Se irá lentamente deshinchando hasta caer a tierra y prácticamente desaparecer.

Primer objetivo: la alcaldía de Barcelona

5 de julio de 2013. Urnas y calle. Este es el acto de cierre de la Escuela de Verano del Instituto de Gobierno y Políticas Públicas (IGOP) coorganizado con el Ateneo de Nou Barris. El local está a rebosar con gente de pie o sentada en los

pasillos. Es de las primeras veces que utilizamos el *streaming*. Miles de personas conectadas. El lema pone en evidencia nuestras intenciones. ¿Cuál es el poder de las urnas? ¿Y el de la calle? En ese acto intervenimos activistas como Ada, Arcadi Oliveres, David Fernàndez, Simona Levi, la activista vecinal Gala Pin, el periodista Hibai Arbide, Itziar González, la maestra Gabriela Serra o yo. El moderador es Álvaro Porro, especialista en economía social. No hay ninguna figura destacada de formaciones políticas. Queremos discutir sobre la relación entre la institución y la calle, los partidos y los movimientos sociales.

Todo lo que empezamos a vivir es una gigantesca liturgia de anticipación de lo que está por venir: la apuesta municipalista, un proyecto con el objetivo declarado de dar un golpe de gracia en Barcelona. A partir de allí, las preguntas se multiplican. ¿Los contenidos del 15M se pueden traducir en algo institucional? ¿Puede ser la palanca de un movimiento por la democracia mucho más amplio? Empezamos a soñar con un proceso constituyente «desde abajo».

La clave debía ser el arraigo local, la fortaleza del tejido activista y la colaboración entre diferentes actores. Se llamó «confluencia». ICV se acerca a nosotros. Sabe leer mejor el momento político que la IU de Cayo Lara, totalmente sordo a las propuestas de apertura y renovación que de dentro y de fuera le azuzaban tras el 15M. Con arrogancia, creían que no necesitaban confluir con nadie, ya eran la «Syriza española». No obstante, eran una simple caricatura de una noble tradición anclada en el pasado. Con un solo diputado rozarán el extraparlamentarismo en las elecciones de 2008. En cambio, como AGE en Galicia, ICV hace movimientos de apertura, renueva caras y formatos. Herrera y Camats sustituyen a Joan Saura y Jordi Guillot.

Un año antes, ICV ya planteó en la Asamblea de Viladecans la necesidad de abrazar una nueva confluencia política. Me invitaron a intervenir. La mejor fidelidad a su larga historia de luchas y esperanzas no era atarse —defendí— a unas siglas o embalsamarse en fórmulas preestablecidas. Debíamos aprender las lecciones del 15M y recuperar la vocación transformadora del PSUC (el partido que encabezó la lucha antifranquista en Cataluña, germen de ICV), construido por militantes forjados en los conflictos sociales.

Con ERC no nos planteamos confluir. Su opción fue mirar a su derecha, con el riesgo de quedar absorbidos dentro de una nueva coalición independentista liderada por los restos del naufragio convergente, y desdibujar su tradición de catalanismo de izquierdas. Nada nuevo. Ya en 1980 se inclinó para dar el poder a Jordi Pujol, en vez de sumarse a una coalición de izquierdas con el PSUC, que habría podido encabezar Joan Reventós. Desde entonces, esa es su tendencia, a excepción del breve lapso del gobierno tripartito. En 2024 volverá a otorgar sus votos para la investidura de un presidente socialista, pero solo porque la aritmética parlamentaria no permite otra opción.

La CUP participará en la fase inicial de esos debates, de la que sale la plataforma Guanyem. A diferencia de con ERC, nos une una trayectoria común de activismo. Como abogado, defendí a muchos de sus militantes. Ese vínculo me permite hacer de bisagra. Son dos meses de debates para armar la confluencia. Al final, se frustrará la unidad.

En el fondo, la discrepancia principal será la participación de ICV. A pesar de que sus caras más visibles, como Ricard Gomà, darán un paso al lado, su presencia será una línea roja. «No es esto, no es esto», dirán. Era todo o nada. Si lo nuevo no resultaba totalmente nuevo y rupturista, sería demasiado viejo. Sucias impurezas. Si no es perfecto, es basura. La singularidad de la CUP de Barcelona también influirá. En Badalona, en cambio, sí se producirá la suma. A medida que ese momento inicial se aleje, las diferencias con la CUP se agrandarán más.

Partíamos de diagnósticos diferentes sobre «qué hacer». Nosotros queríamos recuperar el liderazgo histórico de Barcelona como punta de lanza de la democratización del Estado. Encender una chispa. Provocar nuevos actos. Ensancharnos. Levantar una ola. Llegar a las playas de Madrid y otras ciudades. Sentíamos el peso de la responsabilidad histórica. El ritmo acelerado de la nueva era. El umbral de una oportunidad electoral sin precedentes. Era entonces o nunca. Necesitábamos un proyecto de mayorías. Salir del hipercriticismo paralizante o del confort moral de la derrota. Quienes no se atreven a ganar —diría Lacan— seguramente viven instalados en una impotencia de la que gozan secretamente. Ganar rompe la fascinación hechizada de la derrota. Es la condición necesaria, no suficiente, para transformar a fondo la realidad.

De hecho, en la CUP miraban de reojo al 15M, incómodos con el desborde social. Percibían un soplo de moderación muy alejado del vendaval revolucionario que anhelaban. No pocos discutían a disgusto sobre cuestiones que les parecían superadas, como el papel de la policía. Además, eran uno de los partidos existentes interpelados. En Barcelona tampoco se implicaron en luchas como la PAH. La iniciativa no era suficientemente radical, creían. ¿Qué significa ser radical? El mejor ejemplo de radicalidad era precisamente la PAH. Sin grandes proclamas revolucionarias, conservó una gran capacidad de incidencia en la realidad. Difundía de modo masivo con éxito la práctica de la desobediencia ante las injusticias provocadas por la ofensiva mercantilizadora de una minoría oligárquica. Combinaba acciones contestatarias con institucionales, construía espacios de autoayuda y a la vez fue punta de lanza del 15M.

El 26 de junio de 2014, a las siete de la tarde, estamos en el colegio público Collaso i Gil del barrio del Raval. Es el primer encuentro que nos hace latir el corazón. En Barcelona está pasando algo importante. Uno de esos sueños que sostienen el mundo en su órbita se está empezando a materializar. Nuestras almas se despiertan con la fuerza inquebrantable que nos impulsa a luchar por él. El entusiasmo florece por doquier. Hay algo de desborde popular. Más de dos mil personas asisten a la presentación de una nueva plataforma ciudadana. ¿El objetivo? Coger músculo en los próximos meses para luego arrebatarle la alcaldía a Xavier Trias en las elecciones de 2015.

El proyecto tiene tres portavoces: Ada, Joan Subirats y yo. Una victoria electoral no servirá de nada —recuerdo decir en el mitin— si no puede reforzar y multiplicar los contrapoderes ciudadanos existentes. Queremos llevar el espíritu de la PAH a las instituciones. Quienes venimos de la lucha social, sabemos que los derechos no son concesiones del poder, sino producto de la lucha persistente. Tras mi intervención, toma la palabra Joan Subirats y, finalmente, la protagonista: Ada Colau. La propuesta gira en torno a ella como principal cara visible. Un mes antes había abandonado el cargo de portavoz de la PAH. Es nuestra apuesta como alcaldesa. La sala ruge. Con la emoción, sus ojos centellean. Nace un nuevo liderazgo político. Es un referente indiscutible, transversal: aglutina muchas sensibilidades. En otros lugares será difícil articular algo potente sin este tipo de liderazgos.

Empezamos un «sondeo» en los barrios y una recogida de firmas. Si en septiembre no llegamos a las treinta mil, no nos presentamos. La hoja de ruta apenas tiene cuatro ideas esenciales: garantizar los derechos básicos; impulsar una economía justa y ambiental; democratizar las instituciones, y terminar con algunos privilegios de los políticos. El resto se fija por el camino. La improvisación y el constante tanteo de un contexto golpeado por la marea del 15M marcan nuestro nacimiento.

El proyecto quiere sumar fuerzas con formaciones como ICV, CUP, Podemos, Partido X o Procés Constituent. La confluencia que no fue posible hacer a nivel europeo entre IU y Podemos, a nivel barcelonés sí verá la luz. Entre los asistentes se encuentran los primeros espadas de los movimientos sociales de la ciudad, representantes vecinales y también políticos como Joan Herrera, Ricard Gomà, Ernest Urtasun (ICV), David Fernàndez (CUP), David Companyon (EUiA) o portavoces de Podemos y Procés Constituent.

Cuando termina el acto, volveremos a casa con la ligereza de un pájaro, flotando, nerviosos de emoción y alegría. El objetivo es ganar. Y punto. Lo decimos claramente. La plataforma se llama Guanyem Barcelona, precisamente por el significado concreto que le otorgamos al verbo «ganar». Más claro, imposible. Desprende optimismo en la victoria. Cuando las arañas se unen, pueden matar a un león, dice un proverbio etíope. Parece que no existe el día después. La propuesta está haciendo saltar las posiciones de todos. Con posterioridad, aparecerá una marea creciente de gente identificándose con lo que decimos. Se dedicará a tareas anónimas. En todos lados crecerán asambleas como setas en otoño en un torrente de ilusión que eriza la ciudad. La plataforma se constituye a toda velocidad y por aluvión. ¡Es todo tan improvisado!

Se huye de la idea de partido como estructura cerrada y casi genéticamente hermética a la sociedad. La gente quiere enrolarse a un «movimiento» o una causa, no a una simple coalición o sopa de siglas. Habíamos registrado solo una asociación. Con ingenuidad, decidimos esperar a recibir las treinta mil firmas de apoyo para formalizar la petición en el registro de partidos. No se entendía demasiado la trascendencia de lo que estábamos haciendo.

A la vuelta del verano, decenas de plataformas bajo la marca Ganemos comienzan a brotar por toda España. En pocos meses, el viento del cambio sacude las nubes. Y comienzan las zancadillas. El Ministerio de Interior, gobernado por el PP, le concede de modo fraudulento la marca a un ultra que la registra dos días antes. No podemos esperar a ganar el caso en los tribunales. Es un hándicap importante. Faltan solo tres meses para las elecciones. Al final, renunciamos al nombre. En Galicia el sintagma agregador se llamará En Marea. En Valencia, Compromís. Nosotros, Barcelona en Comú. Los comunes. El nuevo nombre no tiene tanto gancho como el anterior, pero apela mejor a un concepto muy vinculado a nuestro proyecto: los bienes comunes frente al individualismo del neoliberalismo. Como no hay tiempo para dar a conocer el nuevo nombre, ponemos la imagen de Ada en la papeleta, una estrategia utilizada con Pablo Iglesias en las europeas cuando Podemos surge de la nada —como veremos más adelante, el partido había nacido en enero de 2014 para presentarse a las elecciones europeas—. La idea choca con nuestra cultura política, dice Ada. Sin unas siglas consolidadas es la única opción para que la ciudadanía nos reconozca, le respondemos. Somos una candidatura nueva. La única que se presenta por primera vez en estos comicios en Barcelona. Empieza la campaña electoral.

El 20 de mayo de 2015 daremos el primer mitin. Hace una tarde luminosa. Como un viento tenaz, se alza por nuestros cuerpos el entusiasmo con gran fuerza, un encanto que nos envuelve, una energía que nos impulsa a ir más lejos. Dispuestos a luchar a brazo partido como leones, llevamos un huracán por dentro, un torrente de emociones y pasiones. Estamos en el acto central en la plaza de Sant Jaume, el mismo decorado donde todo empezó con el 15M. Con carpas y murales apelando a regenerar la vida política, la escenografía reproduce la misma estampa de hace cuatro años. Decenas de voluntarios colaboran en la preparación de actos como este. La base es sólida. Tenemos más musculatura social que el resto. La gente vuelve a creer en la política. Los corazones laten con fuerza, la ilusión es desbordante. Con las alas de nuestros sueños, hoy nos sentimos reyes del mundo. Nos dan apoyo en un manifiesto personalidades como el presidente de Uruguay José Mujica o el filósofo Noam Chomsky. Esa circunstancia es aprovechada de manera torticera por *La Vanguardia* para vincular a Ada con Osama bin Laden. ¿La explicación? Entre los centenares de documentos incautados por Estados Unidos en su incursión en Pakistán aparece una obra de Chomsky. Ada se lo toma con humor: «Muchos lo habían intentado, pero solo *La Vanguardia* me ha pillado: ¡Bin Laden!», tuitea. Ahora la misma candidata sube al escenario. Con su deslumbrante ascenso, su sola presencia electriza el ambiente. La gente congregada grita «Sí se puede» y «Alcaldesa». Es un discurso con referencias personales. Evoca a su abuelo Ramón, un pastor aragonés convertido en barcelonés de adopción. Recuerdo cuando fui a su funeral. Ada lloraba de emoción; estaba estrechamente vinculada a él.

Me toca. Subo al escenario. El «tiempo es breve, ardiente el desafío y enorme la tarea». Cito unas palabras del escritor uruguayo Eduardo Galeano, quien en su última visita a la ciudad antes de morir, nos vino a dar ánimos en esta misma plaza. Ha sido un largo camino, ahora quedan solo cinco días, la partida está abierta pero nuestro rostro cansado es de victoria. La gente aplaude con ímpetu. En esta plaza soleada fuimos lo que somos. Nos querían callados, obedientes y de brazos cruzados. Que aceptáramos impotentes los recortes, la corrupción y su democracia degradada. Nos estábamos asfixiando y vinimos a respirar y soñar juntos. Al principio éramos una decena, después centenares y al final miles. Esta no es una ciudad muerta ni un parque temático. Es la del 15M, de V de Vivienda, de la PAH, de los abuelos incansables yayoflautas o de tantas otras movilizaciones que forman parte de nuestro ADN. Debemos ser leales a su legado. Se merecen una alcaldesa que viene de esas luchas. Han sido años de resistencias. «Idos a casa, si queréis hacer política, presentaos a las elecciones, decían. Pues aquí estamos: nos presentamos este domingo.» Más aplausos.

Nosotros votamos cada día con nuestras luchas sociales, pero no basta con ganar la calle. Debemos ganar en las urnas. Ya advertimos que nos tomábamos en serio nuestros sueños. Cuando la gente pierde el miedo, se organiza y se levanta para defender sus derechos, el cambio es posible. Al inicio no nos escuchaban ni nos veían, a pesar de llenar las plazas como nadie. La gente mayor nos decía: «No hemos visto nunca nada parecido». Ahora ya nos escuchan. Y los políticos tradicionales empiezan a temernos, a ver que tenemos opciones. Les preocupa que una activista de la PAH, que no viene de las trescientas familias —en alusión a una idea muy extendida según la cual todos los que han mandado alguna vez en Cataluña pertenecen solo a unas cuantas familias—, pueda ser la futura alcaldesa. Buscan el cuerpo a cuerpo. Somos «saltimbanquis» con la intención de parar la economía, dicen. Remueven nuestras biografías para intentar minar nuestra reputación, pero nosotros estamos orgullosos de nuestro pasado de activistas. Sus grandes maquinarias gastan millones de euros en cada campaña, llenan las calles de publicidad. Sin embargo, nosotros no bajamos la cabeza: ahora se ha acabado el tiempo de la resignación y el miedo. Es la hora de reconquistar nuestras vidas. No tenemos grandes altavoces ni bancos o grupos de poder detrás, pero sí a mucha gente organizada en los barrios. Somos los únicos que podemos poner de pie otra vez esta plaza. Nada tiene tanta fuerza como un sueño al que le ha llegado la hora, si se persigue con perseverancia y coraje. Es una batalla entre las élites de la ciudad y sus clases populares. La separación de la sociedad en dos campos, entre élite y pueblo, que, como una cizalla afilada, cortó el 15M, nos permitirá descubrir una dimensión ganadora en estas elecciones. Cuando termino, la gente aplaude a rabiar. «Sí se puede.» El lema repetido varias veces adquiere una fuerza emotiva increíble. Durante esos segundos dejamos de ser individuos solos; nos fundimos en una totalidad, un oleaje sonoro, nos sentimos fuertes. Mis últimas palabras son de un poema de José Agustín Goytisolo: «Que nadie piense nunca no puedo más y aquí me quedo. Mejor mirarlos a la cara y decirles alto: temblad, hijos de perra, somos millones y el planeta no es vuestro». Esta vez los de abajo pueden ganar a los de arriba.

Nuestra campaña recoge el hartazgo de la sociedad catalana, que en los últimos meses abre los ojos. En julio de 2014, salta la misma noticia en todos los telediarios: la confesión de Jordi Pujol, presidente catalán durante veintitrés años. Admite públicamente que mantuvo una cuenta en el extranjero oculta al fisco a lo largo de más de tres décadas.

Sabe que un exempleado bancario de Andorra ha divulgado pruebas sobre ello. Todas las confesiones conservan algo de amargura. Algunas son redentoras. La de Pujol, como un bisturí, corta en dos su granítica reputación ante sus seguidores. Fue él quien en 1984 hizo de la ética su bandera, proclamando con aplomo desde el balcón de la Generalitat —ante la querella por Banca Catalana— que «a partir de ahora, cuando alguien hable de ética, hablaremos nosotros, no ellos». La ética precisamente le hace caer de su pedestal. Es un cráter político de dimensiones desconocidas. Un auténtico tsunami político de olas gigantescas.

Los escándalos del pujolismo están vinculados con el enriquecimiento de sus allegados o la utilización del aparato institucional para la financiación ilegal de su partido, como el célebre 3 por ciento denunciado por Pasqual Maragall hace años —en alusión a la comisión que CiU se llevaba por los contratos de obra pública cuando estaba en la Generalitat—. En un contexto así, ¿es creíble que ese patrimonio oculto fuera producto de una herencia familiar que ni la hermana del expresidente conocía? Como una manzana podrida, el mito cae de golpe. En aquellos meses, vimos indicios fuertes que lo vinculan durante años a un portentoso entramado financiero de empresas participadas o administradas por la familia Pujol. La Generalitat les adjudicó obras y contratos públicos reiteradamente. ¿Es creíble que en CiU nadie supiera nada? Diferentes informes apuntan al propio presidente Mas —hijo político de Pujol e hijo biológico de quien fuera su fiduciario— y a dos de sus consejeros, Felip Puig y Ramon Espadaler. Nada concluyente.

Tras su confesión, redacté una querella contra el clan Pujol con la ayuda de la abogada Gloria Elizo y el exfiscal anticorrupción Carlos Jiménez Villarejo. En septiembre la presentamos. Pretendemos impugnar políticamente el vínculo del pujolismo con un régimen heredero de la Transición, ya en crisis. Diez años después, todavía no se ha celebrado el juicio.

Pujol fue una figura con grandes cotas de poder. Lo utilizó para influir en jueces, silenciar periodistas o frenar investigaciones parlamentarias. No era un poder autónomo. Se sostenía en sus apoyos al PSOE, primero, y al PP, después. También por unas élites económicas que querían evitar a toda costa la irrupción de una alternativa catalana de izquierdas al final de la Transición. Eso explica, por ejemplo, sus relaciones con el presidente del Real Madrid, Florentino Pérez o que un diario como *ABC* lo nombrara Español del Año. La presión de distintos poderes del Estado fue determinante para el cierre de la instrucción de casos oscuros como el de Banca Catalana. En cambio, el *procés* parece propiciar una ruptura de ciertos acuerdos de protección mutua que hasta entonces funcionaron sin problemas.

Con todo, Pujol es un personaje clave en la mejora del autogobierno catalán, con un pasado antifranquista y un cierto perfil socialdemócrata inexistente en la derecha española. Un político de raza, todoterreno, con todo el país en la cabeza, entregado en cuerpo y alma a su vocación política. *Old school.* Todos los fines de semana recorría Cataluña, pueblo a pueblo. Las figuras políticas no son blanco o negro. Siempre se puede rescatar de ellas algo positivo. Lo comprobé cuando lo conocí personalmente.

El encuentro de varias horas se da en julio de 2024 en su despacho en la calle Calàbria de Barcelona. Un lugar viejo, humilde y destartalado. Entre sus prerrogativas como *expresident* figuraba un despacho lujoso en el Passeig de Gràcia, al que se vio obligado a renunciar tras el escándalo. Le acompaña uno de sus siete hijos, el empresario Josep. Han pasado diez años desde que le interpuse una querella a él y a su padre. Por el camino, muere Marta Ferrusola, la madre, y trasciende la operación Cataluña, un complot criminal, con fabricación de pruebas falsas, contra él y el nacionalismo catalán dirigido por el ministro de las cloacas del PP, Jorge Fernández Díaz. Lo denuncio desde el Congreso, expreso mi solidaridad con los afectados y apoyo la creación de una comisión de investigación. Eso, el linchamiento que sufrió tras el caso, y el vacío que le hizo mucha de su gente, me hace sentir empatía por él. Sin empatía, no hay ética ni humanidad.

Para mi sorpresa, la conversación con el *expresident* no gira sobre la causa penal, sino sobre la política catalana. Y alguna cuestión vital. Quien está más cerca de la muerte reflexiona mejor que nadie sobre la vida. En medio de la sala el expresidente está sentado. Vislumbro un cuerpo flaco y enjuto, la vista vaga, perdida a veces, las manos temblorosas y unas ojeras indelebles. Me conmueve su fragilidad escuálida, casi incorpórea. La vejez proyecta una sombra sobre su rostro. Le hunde las mejillas. Le entorpece la palabra en los labios. Interesado en mis opiniones políticas, se ladea para escucharme.

—¿Cómo dice? —repite a menudo con carraspera, un tono de voz ronco y guiñando los ojos sin parar.

Su sordera aguda me obliga a alzar la voz. A pesar de sus noventa y cuatro años y de algunas lagunas mentales, está lúcido. Conserva intacta su memoria lejana y todavía está conectado a cierta actualidad.

—¿Qué piensa usted de la señora Orriols? —dice en referencia a la diputada de la extrema derecha independentista—. Yo le digo a los míos que su discurso es muy peligroso... Escuche, yo siempre defendí que en el preciso instante en que un andaluz bajaba del Sevillano (el tren que acercó a miles de andaluces a Cataluña en los sesenta) ya era catalán. Eso es nuestra esperanza como pueblo —dice de modo atropellado mientras gesticula y me muestra su libro *La emigración, problema y esperanza* que le ha traído su secretaria tras tocar una campana—. Yo he admirado el modelo nórdico de estado del bienestar, ¿sabe? No quería bajar los impuestos... A mí el señor Josep Pla me acusaba por eso de izquierdista.

Es cierto. Junts ahora plantea suprimir el impuesto de sucesiones, pero Pujol no lo hizo.

Por casualidad, yo llevaba un libro del escritor ampurdanés. Se lo muestro.

—Un tipo curioso, Pla —me dice mientras su rostro dibuja una sonrisa franca, luminosa, que me recuerda la del escritor ciego Jorge Luis Borges.

Es afable, empático. Pero en un momento dado, asoma su fuerte carácter dominante, incluso iracundo. Le alza la voz a su hijo.

—Escucha, tú calla, que tú ya sé lo que piensas, deja hablar al señor.

Ante su presencia, se siente todavía el aura de un líder carismático. Para muchos, mesiánico. Le pusimos una querella, sí. Era uno de nuestros principales adversarios, también. Pero le guardo respeto.

Volvamos a 2015. El escándalo Pujol impulsa la necesidad de un gran cambio, de una nueva forma de hacer política que sanee las instituciones y aleje la sombra de la corrupción. La ciudadanía contempla con estupor los escándalos de la operación Púnica, que afecta a diversos políticos populares de la Comunidad de Madrid, y el caso Bárcenas, que investiga la financiación irregular del PP durante décadas. La sensación de haber sido impunemente estafados durante años mientras todos los partidos miraban hacia otro lado hace crecer la indignación como una flor al sol.

El sábado 9 de mayo de 2015, unas cinco mil personas respiran con un solo aliento en la plaza Major del distrito Nou Barris de Barcelona. Bajo un sol deslumbrante. Nunca nadie antes había llenado tanto este espacio. Estamos a mitad de la campaña electoral. No importan los obstáculos que se nos presenten en el camino. El entusiasmo es un viento que nos impulsa a volar alto. Tenemos un sueño común: recuperar Barcelona. Para esto necesitamos —recuerdo desde la tarima del mitin— a la gente organizada en los barrios. Mi intervención precisamente va sobre la corrupción y la regeneración democrática.

Tras el 15M, queremos cambiar las viejas formas de hacer política. Finiquitar ciertos privilegios vinculados al poder, puertas giratorias, corruptelas o costes fastuosos. Atar en corto a nuestros cargos electos con numerosos sacrificios: las agendas transparentes, la limitación de mandatos, la reducción de sueldos, la donación del sobrante a proyectos sociales, la rendición de cuentas o la publicación de nuestro patrimonio. Nuestro código ético precisa esas constricciones con todo tipo de minuciosidad. La idea de fondo es sencilla. Un político no es un ciudadano cualquiera. Ya lo advertía el presidente estadounidense Thomas Jefferson: quien ejerce el poder debe considerarse a sí mismo propiedad pública y estar dispuesto a ser vigilado de cerca. Luchar contra la corrupción es luchar contra uno mismo. Con el ascenso del fenómeno de la corrupción o el desprestigio consiguiente de la clase política, ese control exige un rigor más incisivo. En el futuro nos daremos cuenta de que nos pasamos de frenada.

En el mitin, Pablo Iglesias toma el micrófono. Está de pie. A las élites de la ciudad —dice— les duele que Ada pueda ser alcaldesa. Como un trueno en una bóveda, dispara con artillería pesada propia de su repertorio más duro:

«Vamos a llamar a las cosas por su nombre. A los ladrones, ladrones; corruptos a los corruptos. Ya nos lo enseñó Ada Colau cuando llamó criminales a los representantes de las entidades financieras». Tras él, Ada se viene arriba. La sangre se le sube a la cabeza. Endurece el discurso contra la corrupción de CiU y su lastre pujolista. La prensa se ceba con ella. En la era de la posverdad, en algunos medios de comunicación se fabrica una polémica basada en una falsedad. A golpe de repetir que Ada atribuyó al exalcalde Xavier Trias unas cuentas falsas, logran sin mayor esfuerzo que parezca cierto. Hay falsedades que cuesta deshacer, ni siquiera con la verdad es suficiente. Una simple mentira puede ser más fácil de aceptar que una verdad compleja. Engullimos de un sorbo la mentira que nos conviene y bebemos gota a gota la verdad que nos amarga, escribió Diderot.

Seis meses antes de la cita electoral, se publicó en la portada de *El Mundo* la noticia de que Trias tenía cuentas no declaradas en Suiza. A diferencia de otros partidos, ninguno de nosotros la utilizó para criticarle. Parecía poco contrastada. Se puede comprobar en las hemerotecas. Di instrucciones claras de no hacerlo. Unos días después, la propia banca suiza certificó su falsedad. El discurso de Ada fue crispado, abusó de la hipérbole, pero no mencionó esas falsas cuentas. Hacerlo cuando no se sabía su falsedad tenía disculpa; después, no. Habría sido deshonesto, objeto de justificada crítica y de una querella por calumnias. ¿Cómo se explica entonces la falsa acusación tras este mitin? Todo fue una burda tergiversación de las palabras de Ada, que únicamente aludió a que Esperanza Aguirre y Xavier Trias tenían en común estar «rodeados por la corrupción». En concreto, solo hizo referencia a que «Trias era la mano derecha de Pujol y Aguirre tiene a su mano derecha imputado por la Púnica [...] también tienen a Bárcenas, Millet y un montón de casos de corrupción a su alrededor». Luego dijo que «CiU y PP tienen otra cosa en común: tienen la manía de privatizar servicios básicos, para recortar derechos fundamentales [...] y para hacerlo nos dicen que no hay dinero cuando después tienen millones de dinero en Suiza y Andorra. ¿Que no hay dinero? ¡Con todo el dinero que se ha movido en el Palau de la Música!». El discurso se puede comprobar en el vídeo del acto subido a la red: no hay ninguna atribución de hechos delictivos a Trias. Ada alude a la información contrastada sobre las cuentas de Andorra y Suiza del tesorero del PP, Luis Bárcenas, y del dirigente de CiU, Jordi Pujol. Los conocemos bien. Nos querellamos contra los dos.

En el discurso de Ada sí que hubo una mención de «partido mafioso». ¿Un calificativo desafortunado? Creo que sí, en las campañas electorales se simplifica bastante y los votantes o militantes convergentes pueden sentirse ofendidos, aunque la realidad es que en Cataluña la corrupción afecta significativamente al mundo convergente. Lo que pretendemos poner de manifiesto es que a menudo se intenta utilizar el *procés* para ocultar estas prácticas y desviar la atención denunciando complots; una vieja estrategia de la cultura pujolista, cuando el partido, la familia, los negocios y el país se confundían. En aquella época, cualquier ataque al partido era una agresión a Cataluña. Buen ejemplo de esto fue el llamamiento de Pujol a movilizarse contra la oposición cuando esta denunciaba el caso de Banca Catalana.

Al margen del montaje sufrido por el exalcalde Trias, lo que no podíamos pasar por alto es que las tramas corruptas se alimentaron durante décadas de un mismo círculo sociopolítico. La lista es larga. Entre otros, casos como Pretoria, ITV, Trabajo, Casinos, Clotilde, Turismo, Petrum I y II, Infraestructuras, Cullell, Pallerols, De la Rosa, Subirà o Planasdemunt. Una gran parte del entorno más destacado de Pujol fue condenado o procesado. El propio partido acabó con las sedes embargadas, por financiación ilegal. El Palau de la Música era una «cañería —según la justicia— para cobrar comisiones dentro de un "conglomerado criminal" entre el mundo de las constructoras y el poder convergente». La larga sombra de la investigación del 3 por ciento se extendió hasta el entorno más inmediato del exalcalde. Antoni Vives, ex teniente de alcalde y su mano derecha, fue uno de los dieciocho altos cargos de la antigua CDC detenidos y será condenado en 2021 a dos años de cárcel por corrupción al frente de la entidad metropolitana Barcelona Regional. El último señalado fue la mano derecha de Mas, el exconsejero Germà Gordó. Pero es justo decir que de la honorabilidad y la honestidad de Trias no dudamos. Lo reconoceré públicamente en varias ocasiones. Una cosa no quita la otra. Es una persona íntegra, afable, conciliadora y nada dogmática. Al conocerlo me di cuenta de que no era el perfil de hombre conservador que imaginé. Suave de formas, sociable, con un rostro hermoso que inspira nobleza y bondad, es un demócrata convencido con sensibilidad social.

La victoria de Ada

24 de mayo de 2015. Hace diez años, pero lo recuerdo como si fuera ayer. La noche del seguimiento electoral. Han pasado diez meses desde que iniciamos aquel sueño. Parece mucho más tiempo. Ha habido momentos de montaña rusa, de venirnos abajo. Éramos demasiado caóticos. Esto no

sale adelante, pensábamos. Hay mucha gente con expectativas, esperanzas, en nuestra victoria. No nos lo acabamos de creer del todo, pero este día incuba una promesa que puede cumplirse. Soñamos despiertos. La responsabilidad es brutal; hemos hecho lo correcto, sobre eso no tenemos dudas.

Hay instantes en los que se decide el curso de cosas muy importantes; son momentos estelares de la historia, escribió Stefan Zweig en su obra más famosa del mismo título sobre catorce sucesos trascendentales de la historia europea. Esta noche es nuestro momento estelar. Nuestro cuartel general está en la Fabra i Coats, una vieja fábrica del barrio barcelonés de Sant Martí transformada en espacio cultural municipal. Los candidatos y el equipo más estrecho estamos en una sala de la primera planta. Fuera, centenares de activistas y una pantalla gigante. «Estamos en condiciones de dar los primeros datos. Un 5 por ciento escrutado», dicen en TV3. Ada gana las elecciones. Le otorgan doce concejales contra ocho de CiU. La primera noticia es positiva. «Estamos ganando en el Guinardó», dice Manu Simarro, hoy periodista, entonces nuestro jefe de prensa, a quien ya mencioné anteriormente. Es un distrito clave para ganar la alcaldía. La noche será de infarto. Con el 87 por ciento escrutado, los resultados nos dan once concejales frente a diez para CiU. La distancia se acorta. Como un pulso atropellado, la noche jadea con urgencia. Podemos ganar o perder. Con el 94 por ciento escrutado se respira nerviosismo. La puerta que separa la victoria de la derrota es muy delgada.

Ada pide silencio. Los directores y guionistas Pau Faus y Silvia González captan el momento en un documental. Hace meses que siguen todos sus pasos. Es un minuto que dura muchos días. El móvil suena. Todos nos callamos.

Ada responde. Un instante de espera. «Me está llamando Trias —dice. Lo repite incrédula—. Me está llamando Xavier Trias... Hola... Hola. Sí, ¿qué tal? ¿Cómo estamos? Muchas gracias.» Rápidamente se dibuja una sonrisa de una dulzura casi infantil en su cara. Cuelga. El tiempo se contrae, los segundos se congelan. No dice nada, pero su gesto cuando echa la cabeza hacia atrás con la boca abierta habla por ella. Su rostro está petrificado, sus labios se entreabren y tiemblan. Permanece así en el cristal de un ínfimo fragmento de tiempo que se convierte en una suerte de explosión incontrolada de alegría. En la cresta de una ola que la ha arrasado y la trae de nuevo, abre los ojos y levanta los brazos; los agita en el aire en señal de victoria. Lo más increíble de los milagros es que ocurren, escribió G. K. Chesterton. Yo estoy de pie, detrás de ella, con los ojos enrojecidos tras una noche de insomnio. No me creo lo que acaba de suceder. Como en un hechizo extraño, estoy ensimismado o bloqueado, mirando el móvil de modo nervioso. Aplausos en la sala. Parecen petardos explotando en cadena. Gritos eufóricos rebotan de pared a pared. El entusiasmo es una ola tan grande que no cabe nada más. La sala explota. La gente se abraza. La humedad en los ojos. La emoción de la victoria. Ada se tapa la cara con las manos. «Es muy fuerte», dice. No nos ha contado nada sobre la breve conversación con el alcalde. No hace falta. Su llamada es una toma de conciencia. No hay vuelta atrás. Sensación de irrealidad. Hasta ese momento, todo eran dudas. Ese era el nivel de inexperiencia. Manu llora de felicidad. Resuena con estruendo el «Sí se puede», como plumas atrapadas en una ráfaga de viento. La Historia ante nuestros ojos.

Cada uno de nuestros latidos se contagia al exterior. La gente repite el grito con fuerza. Salimos de la sala. Ada sube al escenario seguida por nosotros. «Sí se puede.» Llora de alegría en medio de un ejército de focos y *flashes*. Suena de fondo el famoso runrún que cierra de modo viral cada mitin a ritmo de salsa hasta el día de hoy. Una melodía pegajosa creada para la ocasión en que Ada canta. Nos sentimos envueltos por el hálito vivificante y embelesador de lo inconmensurable. Presentimos que tamaño milagro no se volverá a repetir en nuestra vida. Por primera vez en Barcelona, una mujer será alcaldesa con un partido creado en pocos meses. Tampoco nunca una activista, de origen humilde, llegará tan lejos. La mayoría de los alcaldes provienen de familias más o menos conocidas en ciertos círculos sociales, económicos o culturales.

Bajamos del escenario. Abrazos. Cánticos. Todo coge aire de verbena y fuegos de artificio. En la calle, transeúntes desconocidos se echan a los brazos de Ada. La noche termina en un bar del barrio de Sant Andreu. Al día siguiente, hay una rueda de prensa multitudinaria. Nuestro local de la calle Castillejos está abarrotado de periodistas. Nos postulamos para gobernar con once concejales y algo más del 25 por ciento del voto: 176.000 barceloneses nos han dado su confianza. Alargaremos la mano a ERC, PSC y la CUP para formar el futuro gobierno municipal, y el 13 junio de 2015 se producirá el acto de investidura de Ada. La primera alcaldesa de la historia de Barcelona. Ninguna mujer había portado antes en sus manos una vara de mando con tanto poder real y simbólico.

Con un estilo de liderazgo propio, Ada se diferencia de los líderes tradicionales por su carácter comunicativo y su capacidad de emocionarse y emocionar a la gente. No pierde espontaneidad y frescura, pero se la empieza a ver ya como alcaldesa. El peso de la autoridad del cargo se le dibuja ya en el rostro.

En esta aventura triunfante es todo bastante singular. Hubo un voto clarísimo por el cambio, pero con siete formaciones es el consistorio más plural de la historia. También es singular el propio acto de investidura. Se comprueba en algo tan simple como la lista de invitados. Los servicios de protocolo ponen cara de sorpresa cuando ven los nombres. Hay activistas sociales o representantes de entidades que nunca pisaron ese lugar. En cambio, algunos prohombres de la ciudad se excluyen ellos mismos, como el arzobispo de Barcelona o la delegada del Gobierno español. Los votos de Barcelona En Comú, ERC, el PSC y uno de la CUP otorgan los 21 apoyos necesarios para la investidura en primera vuelta. Con anterioridad, Trias propuso un gobierno con ERC y PSC con el voto favorable del PP, pero esa aritmética se hará imposible. «Queremos abrir las puertas de este ayuntamiento a su gente, implicar a los vecinos en el diseño, la validación y la implementación de las políticas públicas —empieza diciendo Ada con la voz temblorosa de emoción—. Estoy viviendo un sueño.» Todos tenemos cierta sensación de irrealidad.

Estamos haciendo historia. La presión y la expectativa de cambio es muy grande. La militancia de los otros partidos parece tibia. La nuestra está exultante, en estado de gracia. Ada les reclama ser conscientes de la dificultad. «Nos enfrentaremos a poderes fuertemente establecidos en la ciudad», advierte. Fuera del edificio, la plaza Sant Jaume está repleta. Nunca antes se vio tanta gente en una investidura. Siguen la ceremonia desde una pantalla gigante. El eco del «Sí se puede» resuena dentro. Parece un campo de fútbol. Hay mucho color y diversidad. Muchas camisetas de la PAH y pocas banderas. Los días anteriores se decidió no poner vallas de seguridad para dar un sello diferencial al evento. La «alcaldesa de la gente» quiere mezclarse con la gente. La tradición es que tras la investidura se debe atravesar la plaza para ir a saludar al presidente de la Generalitat. En este caso, Artur Mas de CiU. El perímetro de seguridad se resiente. Hay abrazos, mucho confeti, pero los concejales de la oposición viven algún momento de nervios. Nuestros simpatizantes están muy cerca. Queremos dar imagen de cercanía, pero prescindir del perímetro de seguridad es un error de principiantes. No será el único. Hemos sido demasiado ingenuos.

Antes de entrar al acto de investidura, surge un debate. ¿Nos ponemos la banda o no? Queremos plantearnos el sentido de todo; no dar nada por supuesto, incluido el protocolo. Los gestos en política son importantes. La primera imagen de Ada como alcaldesa en su primer día laboral es la de coger el metro para ir a parar un desalojo en Nou Barris. Luego, la retirada del busto de Juan Carlos I o la medalla de oro de la ciudad a la infanta Cristina, la reversión de los procesos de privatización de las guarderías públicas, la decisión de no instalar por Navidad una pista de hielo en la plaza de Catalunya. O terminar con una ceremonia de exaltación franquista celebrada de modo ininterrumpido desde la posguerra en el castillo de Montjuïc, en el mismo lugar donde ejecutaron a decenas de republicanos, que ofendía a las víctimas. Eso me toca a mí hacerlo. ¿Cómo puede ser que no lo hubiera hecho antes el tripartito?

No obstante, mi primera decisión simbólica será la retirada de la petición de cárcel por parte del ayuntamiento de Trias para dos huelguistas. Luego haré lo mismo con dos activistas de la PAH. Como jefe político de los servicios jurídicos, aprobaré unos nuevos criterios para ejercer las acciones jurídicas en procesos penales.

El punto de inflexión no solo se produce en Barcelona.

El cambio también llega a otras ciudades de la mano de candidaturas locales nacidas del 15M, del activismo, de los movimientos a pie de calle. Valencia, Badalona, Madrid, Santiago de Compostela, Ferrol, A Coruña, Cádiz o Zaragoza. El auge de 2015 es espectacular. No hay precedentes. Quizá lo más parecido sea el hundimiento en la Transición del presidente Adolfo Suárez y la emergencia del PSOE. Barcelona es el epicentro de un ciclón político protagonizado por la nueva izquierda heredera del 15M. Las ciudades fueron siempre el centro de los movimientos de cambio.

La formación de los «ayuntamientos democráticos» tras las primeras elecciones fue un capítulo decisivo en el derrumbe de los viejos pilares de la dictadura. En las grandes ciudades se podían reconocer los nombres de muchos líderes vecinales que al frente de las luchas en los barrios lograron la mejora de los equipamientos, la creación de servicios o el freno a los proyectos de las oligarquías del ladrillo. Las fuerzas conservadoras siempre han sido reacias a los movimientos municipales; han visto Barcelona como una amenaza que se debía desactivar. La vieja disputa entre Pasqual Maragall y Jordi Pujol bebe de ese trasfondo ideológico. El segundo quería un modelo centralista de país para aplicar una agenda económica contrapuesta a la política más redistributiva del primero. La alianza de ciudades en la gestión de servicios como el agua o el transporte público parecía un contrapoder peligroso. Con esta intención, el gobierno de CiU, con el apoyo de ERC, disolvió la Corporación Metropolitana de Barcelona. Margaret Thatcher hizo lo mismo en Reino Unido con los gobiernos municipales de las grandes ciudades donde gobernaba el laborismo. Un país con ciudades fuertes se debilita, creía Pujol. Maragall lo contrario: una Barcelona fuerte refuerza la nación. Por ejemplo, los Juegos Olímpicos reforzaban al país, no solo a su capital. Para él, el futuro estaba en una red de ciudades conectadas en red con otras ciudades. No tenía sentido que cada municipio actuara por sí mismo para resolver problemas comunes. Una política ambiental en una ciudad no sirve de nada si la de al lado va en dirección contraria. El aire no conoce límites administrativos. Benjamin Barber llegó a lanzar, por eso, la idea de un Parlamento mundial de las ciudades. Maragall quería convertir Barcelona en un actor internacional con diplomacia propia. Con resonancias del autogobierno de la Barcelona medieval, su concepción bebía del republicanismo federal. Según Francesc Pi i Margall, las ciudades son naciones «en pequeño».

Nuestra victoria en Barcelona frente a CiU permite recuperar esa tradición política. Queremos volver a hacer política de Estado desde Barcelona. El futuro es de las ciudades. El reto: superar la vieja dicotomía Cataluña/Barcelona. Uno de los intelectuales que nos apoya, Josep Ramoneda, dice que, sin Barcelona, Cataluña sería Provenza, pero sin Cataluña, Barcelona sería Marsella.

El municipalismo transformador que impulsamos demostrará la importancia del tejido activista y la llamada «confluencia». Con esa mayor transversalidad, lograremos hacer el famoso *sorpasso* a los socialistas con una vía propia y distinta a la de Podemos. Lo demuestran sus resultados más modestos en las autonómicas celebradas en la misma fecha que las municipales. Tal será el caso de Ahora Madrid, dirigido por Manuela Carmena, que con un 32 por ciento duplicará los votos de Podemos y llevará a la jueza a la alcaldía de la capital tras lograr el apoyo de nueve concejales del PSOE. O de José María González «Kichi», que se presentó con Por Cádiz Sí Se Puede. O de Joan Ribó, de Compromís, en el Ayuntamiento de Valencia. O de Pedro Santisteve, de Zaragoza en Común, en la capital aragonesa. Sin duda, el auténtico aprendizaje para las elecciones generales deberá venir de ese impulso. La democracia empieza por lo próximo. Lo sucedido en aquellas elecciones municipales fue un precipitado químico capaz de desencadenar nuevas reacciones en cadena hasta llegar al gobierno del Estado. Debíamos aprender de aquella experiencia: donde mejor aterrizaba la ola del 15M era en las playas locales, en las instituciones cercanas, en las candidaturas directamente formadas y controladas desde abajo. Ahí radicaba su poder.

La llegada al Ajuntament de Barcelona

Desde que Ada Colau tomó el bastón de mando de Barcelona, nos propusimos hacer realidad un sueño: convertir la ciudad en un lugar de vida. Fundir sinergias con los movimientos sociales, «mandar obedeciendo». Alimentar la musculatura social de los barrios con decenas de proyectos impregnados de la filosofía de la PAH. Impulsar programas comunitarios de terrenos en desuso para conectar a las personas mayores solas con las redes sociales de sus barrios o para que los niños y niñas vayan en grupo, y no solos, a sus colegios.

Yo seré tercer teniente de alcalde. Llevo Cultura, Participación, Derechos de Ciudadanía, Transparencia, Asuntos Religiosos, Inmigración y Deportes. Y el mando político de los servicios jurídicos. Las políticas comunitarias dependerán de mi área. Lucen poco mediáticamente. En cambio, tienen una importante incidencia en la realidad social. Por ejemplo, equipamientos como bibliotecas, casales o centros cívicos se convertirán en instrumentos para construir comunidad. Incentivaremos a los vecinos a agruparse entre ellos, aunque sea para interpelarnos o criticarnos.

Ada Colau repetirá en la alcaldía tras las elecciones municipales de 2019. Aunque quedará segunda por un escaso número de votos, tras Ernest Maragall (ERC), logrará el apoyo en la investidura del PSC y del polémico e inesperado de tres concejales de Manuel Valls, que se negaba a que los independentistas se hicieran con el consistorio barcelonés.

Durante sus ocho años al frente del gobierno municipal, Ada demostrará sus virtudes para ejercer el liderazgo: prudencia, sentido del tiempo, audacia, pasión, capacidad de comunicación, disposición para tomar decisiones arriesgadas, aun cuando no haya certeza absoluta y facilidad para hacerse una visión de conjunto de los problemas. También sabrá combinar paciencia y agilidad para tomar ciertas decisiones, facultad que irá reforzando con el paso del tiempo. En el fondo, es una mujer de acción. Como alcaldesa, no le gustará perder el tiempo en divagaciones que la desvíen de su compromiso político. No renunciará a sus objetivos, pero aceptará continuamente modular, ajustar, pactar o incluso dar un paso atrás para poder dar dos adelante. Dialogar y arriesgarse a perder algún jirón de la pureza ideológica si sirve para transformar la realidad. Será dúctil en las formas para renunciar al mínimo en el contenido. Este pragmatismo será una práctica útil en el día a día como alcaldesa. En campaña electoral había quien vaticinaba que su pasado activista la haría moverse con torpeza en la arena institucional. En cambio, se ganará el respeto de todo el mundo. Se la percibirá como una alcaldesa con autoridad. Su liderazgo traspasará las fronteras municipales y se convertirá en un referente político estatal, europeo e incluso mundial. Su popularidad llegará muy lejos, incluso más que la del propio alcalde Maragall: su ejemplo inspirará muchas luchas en Europa y América Latina.

Aun así, no todo será un camino de rosas. Nos tocará navegar dando bordadas, un zigzag para engañar las olas y plantar cara al aire encrespado. La euforia de la victoria electoral se atemperará enseguida, por una especie de consciencia de la magnitud de lo que queda por hacer. Lo percibiremos ya en el primer pleno de 2015.

Cuando me siente en la primera fila del salón de plenos del antiguo edificio del ayuntamiento barcelonés lo haré junto a Janet Sanz, la única concejala que conoce el entramado político municipal. Ya estaba en el otro mandato, viene de ICV. Risueña, de voz suave, cabellos sueltos y dorados como el sol; una risa contagiosa, una oratoria elocuente, trabajadora y con madera de líder. Sustituirá a Ada cuando esta deje la política, diez años después. Ese día sus ojos centelleaban de emoción como un hormiguero. Con el primer pleno, empieza una nueva etapa. La batalla será cambiar la realidad desde la institución. Se debate la hoja de ruta municipal. Otro tema estrella es la reducción de los asesores municipales a la mitad o nuestra propuesta de rebaja de los sueldos de los concejales; la primera votación perdida, solo recibimos el voto favorable de la CUP. El único sueldo rebajado será el de la alcaldesa. Con todo, anunciamos que solo ingresaremos lo que figura en nuestro programa. En el fondo, tenemos una posición excesivamente rigurosa. Nos autolimitamos el sueldo a 2.200 euros netos mensuales. La ciudadanía percibe que la corrupción es generalizada. Queremos dar ejemplo. Que nadie piense que venimos a la política a ganar dinero. Es otro error de novatos, como nos daremos cuenta con el tiempo.

El punto de partida no puede ser más explosivo. Una victoria inesperada, el gobierno con menos concejales de la historia y con poca experiencia previa. Si nos anclamos demasiado a las viejas estructuras municipales, todo el ímpetu transformador puede chocar con una muralla burocrática. Gobernar solo desde el voluntarismo entusiasta nos podría llevar a la parálisis y al caos. Debemos acomodarnos a la nueva realidad sin perder la fuerza de las energías sociales. Acompañar los procesos colectivos de empoderamiento ciudadano; sembrar para crear las condiciones de futuras olas de movilización como la que nos trajo aquí. No obstante, los términos de la pugna cambian. Debemos centrarnos en mejorar la vida de la gente. Los servicios públicos deben funcionar o las calles estar limpias. No es una lucha con clarinetes y cornetas. Es algo más sobrio, menos heroico.

Somos conscientes de nuestra debilidad. La revolución se hace con el material disponible, decía el filósofo José María Valverde. Con la victoria, proponemos un gobierno con todas las formaciones de izquierdas. La CUP se descarta de inicio. Ni quiere entrar a discutir el escenario. No han venido a gestionar la institución. Quieren subvertirla, dicen.

El PSC muestra mayor predisposición. Con solo cuatro concejales, un pacto de gobierno los coloca otra vez en la centralidad. ERC no muestra entusiasmo y descarta entrar en el gobierno si lo hace el PSC.

El tripartito se hará inviable. En ese escenario, algunos nos decantamos por priorizar una alianza con ERC. Esta es la opinión de Ada, Gerardo o mía. Las concejalas de ICV, Janet Sanz y Laia Ortiz, prefieren al PSC. En su cultura política es la alianza natural. A mí me toca negociar con ERC. Con el aval de su líder, Oriol Junqueras, su jefe de lista en el ayuntamiento —Alfred Bosch— es el principal opositor al acuerdo. Desde la oposición —cree— tendrá más opciones para marcar perfil y disputarnos la alcaldía en las siguientes elecciones. Además, la opción es difícil de explicar —cree— en el contexto de una probable lista unitaria con CiU para las elecciones catalanas. Otros dirigentes republicanos discrepan. Uno de ellos es Toni Comín, cercano ideológicamente a nosotros. De hecho, propuse su incorporación a nuestras listas electorales tras romper su carnet socialista. Lo hice también con los exdirigentes del PSC, Ernest Maragall y Jordi Martí. Con Ernest quedamos para comer cerca del ayuntamiento. Iba acompañado de Pere Almeda. Nos propuso algo sugerente: la incorporación en bloque a nuestras filas tanto de él como de la mayoría de los exmilitantes socialistas enrolados en la nueva marca MES (Moviment d'Esquerres). Cuando le escuchaba, intentaba reconocer en su rostro los rasgos de su hermano, el expresidente Pasqual Maragall. Tenía unos ojos lánguidos, perezosos, pero de mirada profunda bajo unas cejas pobladas. El ceño fruncido, el aspecto un poco de cascarrabias. Las coincidencias eran muchas. Su incorporación, tras su salida del PSC, vista desde el eje nacional, tenía sentido. No obstante, mi partido era totalmente reacio a ese tipo de fichajes. Éramos algo nuevo. El poco riguroso discurso de la vieja «casta» sobrevolaba en cualquier decisión. Todos terminarán en ERC, menos el exconcejal del PSC, Jordi Martí. Tras las elecciones municipales, organicé una cena para que Ada le conociera. El periodista Joan Serra dedica un capítulo de su libro *Ada, la rebelión democrática* a ese encuentro. Había química entre ambos. Será nuestro gerente. Una cosa es ir a listas. La otra, estar en la máquina gerencial. Tras cinco años, obtenida la confianza del partido, en el siguiente mandato será concejal. Y en 2024 llegará a ser nuestro secretario de Estado de Cultura en el gobierno de coalición. Quien también trató de acercar posiciones para formar gobierno fue precisamente la secretaria general de los republicanos, Marta Rovira. Recuerdo un encuentro en un hotel cerca de la Barceloneta. De trato afable, formas suaves, una sonrisa juvenil, tez oscura, ojos miopes y aterciopelados, cabellos graciosamente ondulados, un acento del catalán del interior, desprendía empatía. «Un pacto con los comunes nos colocaría en la centralidad del país. Nos permitiría recoser a un lado y otro. A Cataluña con CiU y a Barcelona con vosotros. Además, eso nos va a permitir que nos entendamos más en los momentos que están por venir en la cuestión nacional», dijo.

La reunión decisiva es en mi casa. Por los comunes, Ada y yo. Por ERC, Toni Comín y Oriol Junqueras. El peso de la conversación lo lleva Ada. No fluye demasiado. Oriol y Ada son de diferentes galaxias políticas y emocionales. Recuerdo la escena. Oriol, sentado en un balancín. Como la de un niño, su mirada lo contenía todo y, a la vez, parecía vacía. Su aspecto grandullón, papada ancha, tez pálida y despejada. Desgarbado y bonachón, la inteligencia se le dibuja en la expresión del rostro. Es una persona especialmente culta. Dura en el juego táctico. Con un ojo con el párpado caído, su estrabismo confiere a la redondez de su semblante un aspecto de vulnerabilidad. Quizá por ello vive detrás de un gran escudo protector. Fruto de su personalidad introvertida, no baja la guardia, no muestra ninguna debilidad. Es desconfiado y cuesta descifrarlo. Parece que descienda de otro planeta. Suele esquivar preguntas incómodas y responder lo que le interesa. Después de la palabra, el silencio es el segundo poder del mundo. Es mejor ser rey de tu silencio que esclavo de tus palabras, escribió Shakespeare. Sus largos silencios, una extraña picardía, una mirada turbia, resultan enigmáticos. La sensación es que cuando tú vas, él ya ha vuelto. Como explica Lola García en *El naufragio*, mantiene casi siempre una actitud de ambigüedad constante que desconcierta a sus interlocutores. No saben casi nunca lo que piensa realmente. En la conversación las desavenencias rápidamente afloran. La opción del pacto con ERC lleva a una vía muerta.

Con el PSC es todo más fácil. Gobernamos juntos hasta la ruptura de la alianza. Las bases de los comunes toman la decisión de romper en una consulta en 2018. Por cultura antirrepresiva. El PSC había votado a favor de aplicar el 155 de la Constitución al gobierno catalán. ERC nos presionó para hacer ese movimiento a pesar de no hacerlo ellos en otros municipios donde gobernaban con el PSC. «Si rompéis con el PSC, nosotros entramos en el gobierno.» Al final, no sucedió. Nos dejaron tirados. De hecho, hicieron lo contrario. Se sumaron a la oposición beligerante del PSC, resentidos por su expulsión del gobierno. Lo de ERC, ¿era un simple señuelo para dejarnos en una posición de debilidad? Quizá. No vimos venir la jugada. Nos cogió con la guardia baja. Pecamos de ingenuidad. Esos hechos, vistos desde 2024, son sorprendentes. No quisieron gobernar con nosotros, cuando todavía no había empezado el *procés*. Ni tampoco durante los ocho años siguientes, a pesar de nuestra insistencia en hacerlo. Su respuesta fue siempre negativa, con un único argumento principal: con el PSC no iban ni a la esquina, el PSC del 155 era una línea roja. Ahora, en cambio, ERC rechaza un pacto amplio con los comunes y opta por un gobierno con un PSC dócil con las élites conservadoras de la ciudad. Un PSC más a la derecha que Pedro Sánchez y de lo que había representado Pasqual Maragall. Primero llegan a un pacto con Trias para hacerle alcalde de Barcelona. Pero tras la investidura de Jaume Collboni, viran 180 grados. El pacto con el PSC fue frenado por una fuerte movilización de las bases en vísperas del congreso del partido, donde las diferentes familias republicanas concurren divididas. La propia dirigente republicana, Marta Rovira, en una entrevista de octubre de 2024, afea el veto a los comunes en Barcelona del otro sector de ERC, dirigido por Oriol Junqueras y Elisenda Alamany. Según ella, facilita que estos luego no voten sus presupuestos en la Generalitat. Veremos cómo acaba.

2018 fue una pesadilla. Tras quedarnos solos en el gobierno, aprobaremos muchas menos iniciativas. Las luchas de las que venimos nos empujan hacia adelante pero cada vez hay más fuerzas que nos frenan. Es una metáfora precisa de la condición de la izquierda. Describe nuestra situación. La viviremos también cuando entremos en el gobierno de coalición español.

La política institucional está llena de escorpiones. Al llegar tuvimos que aprender en un tiempo récord el funcionamiento y los límites de la máquina burocrática. Rodeados de poderes conservadores, no es fácil gobernarla. Tiene unos tiempos o códigos que le dan mucho margen para decidir el alcance de las transformaciones. Cuando queremos correr más de la cuenta, nos paraliza y nos hace retroceder. Deberemos llegar a acuerdos. No iremos tan rápidos como queremos ni tan lentos como quiere ella. «Quien hace política pacta con los poderes diabólicos que acechan en torno a todo poder», escribió Max Weber.

Por otro lado, en Barcelona muchos actores se entrenan cada día para sabotearnos. Aprovechan la debilidad de un ejecutivo en minoría para intentar hacerlo tambalear. Con nuestra falta de experiencia será clave rodearnos de buenos profesionales técnicos como Joan Llinares y Gemma Calvet, en gestión de recursos o transparencia; Amadeu Recasens, en seguridad, o el propio Jordi Martí en la dirección de gerencia. A los cuatro los propongo yo. Los conozco por mi trabajo como abogado. A Joan, por ejemplo, lo conocí como gestor del Palau de la Música cuando era abogado de la acusación de la FAVB en el caso de corrupción de este auditorio y CiU. También se incorporará al área de vivienda Javier Burón, exdirector de Planificación de Vivienda del gobierno vasco. Lo conocimos de la etapa del Observatori DESC.

A pesar de las dificultades, empezamos a correr. Primero aprobamos un plan de choque para revertir desigualdades, reducir el paro, garantizar derechos básicos y democratizar la institución. Emulando una de las iniciativas estrella del gobierno tripartito de la Generalitat, aprobamos un plan de barrios para atender los retos de los distritos más vulnerables. El superávit se destina mayoritariamente a políticas sociales, en un acto de insubordinación al espíritu de la ley Montoro del PP contra la autonomía municipal.

No hay alternativa, nos querían hacer creer. En pocos meses demostramos que sí se puede cambiar la forma de gobernar. Sí se puede revertir la tendencia del anterior ayuntamiento de ser fuertes con los débiles y débil con los fuertes. Sí se puede acabar con los recortes de la derecha y ser líderes en inversión social sin generar deuda. Hacer un giro en la contratación municipal para favorecer la concurrencia de pequeñas o medianas empresas y evitar que todos los contratos caigan en las mismas manos. Triplicar las becas comedor, crear el dentista municipal o una funeraria municipal para que morir no fuera tan caro.

Convertir Barcelona en una fortaleza de los derechos humanos con iniciativas como el documento de vecindad para evitar los internamientos de los emigrantes en los CIE con la ayuda de una jueza, Vicky Rosell, que luego será diputada. Aprobar los primeros presupuestos participativos o un código ético. Crear una oficina de transparencia o el primer buzón ético de todo el Estado para recibir denuncias de corrupción de modo anónimo. Levantar paredes de vidrio, prohibir las puertas giratorias. Hacer una eléctrica pública con el objetivo de romper la dependencia con las grandes corporaciones eléctricas. Y un largo etcétera que queda como legado que difícilmente en el futuro nadie se atreverá a revertir.

La transformación más estructural se produce en la movilidad. Logramos cambiar para siempre la manera de cómo nos desplazamos y, en cierta forma, vivimos, los barceloneses. Impulsamos el uso del transporte público, al que elevamos a cifras récord, pacificamos las calles con iniciativas como las supermanzanas o triplicando los carriles bici. Es un giro copernicano: el coche es progresivamente arrinconado en favor de la bicicleta y el peatón. El cambio obtiene el reconocimiento internacional. Ciudades como París, Nueva York, Londres o Milán se inspiran en Barcelona para transformarse.

El turismo es otra cuestión clave. Instauramos un nuevo consenso: la necesidad de poner orden y regular la actividad para hacerla sostenible. Con la moratoria hotelera no pueden abrir 35 establecimientos y se cierran cinco mil pisos turísticos ilegales. En políticas de vivienda se hace también un cambio de rumbo total. Por razones obvias es una de nuestras prioridades. Al cabo de poco más de un año, ya se cuadruplica la inversión en vivienda social del anterior mandato; se crea una unidad pionera de atención a la emergencia habitacional que detiene desahucios; se sanciona con multas millonarias a los bancos por sus pisos vacíos; se condicionan las ayudas a la rehabilitación a no subir los alquileres, y se rescatan fincas amenazadas por fondos buitres.

Ahora bien, venimos de una situación tan desastrosa que cuesta ver grandes resultados a corto plazo. Nos sucederá otra vez con la entrada en el gobierno de coalición español. Los obstáculos son mayores de lo previsto. Debemos lidiar con la imperfección y los grises de la realidad. Avanzar todo lo que podemos, pero sin plantear disputas que no podemos ganar. El entusiasmo militante nos lleva a veces a quemar demasiadas naves. Queremos cambiar muchas cosas en poco tiempo. En muchas peleas sentimos que nos quedamos solos, sin el acompañamiento de los movimientos sociales. Muchos activistas están en otras cosas. Vamos demasiado rápido. Gobernar es gestionar constantemente el conflicto. A nivel municipal, un día vienen los vecinos a quejarse por el ruido de las terrazas o los bares. Al día siguiente, los propietarios o los trabajadores de los establecimientos con el objetivo contrario. Siempre habrá alguien descontento.

La política fracasa siempre. Uno no consigue nunca todo lo que se propone. Experimenta con intensidad la resistencia de los obstáculos frente a la propia voluntad. Nos sucede con el objetivo de remunicipalizar el agua. Otra cuestión problemática es el top manta. Las portadas con imágenes de jóvenes subsaharianos ofreciendo todo tipo de productos multiplican las quejas de los comerciantes. La oposición con la ayuda de sus altavoces mediáticos eleva la cuestión a la categoría de crisis. Es un fenómeno complejo, de ámbito global. No hay una fórmula mágica y definitiva para resolverlo. Parte del problema es la exclusión generada por la Ley de Extranjería pero sobre todo por un Código Penal que pasó a perseguirlo en 2005.

Avanzamos, pero con muchos reveses. Es como vaciar un pozo con cubos mientras otra persona lo sigue llenando con una cañería de un palmo de diámetro desde otro lado.

Aprendemos a marchas forzadas que en política «el bien puede parar el mal, pero nunca puede ganarle», como decía Maquiavelo. Tanto la máquina municipal como la estatal no son tan maleables como parecía. Tampoco es factible tener un pie en la institución y mil en la calle. Con todo, es necesario recordar quién eres y de dónde vienes. No olvidar el riesgo de convertirte en aquello contra lo que luchas.

Los atentados yihadistas de la Rambla de Barcelona y de Cambrils, el 17 de agosto de 2017, fueron uno de los momentos más duros de aquellos años. Como expliqué antes, se abatió sobre nosotros un meteoro llameante. Teníamos mucho trabajo por delante. Organizamos la primera ceremonia interreligiosa de Europa tras unos atentados de estas características. Había que frenar la creciente ofensiva de islamofobia. Su naturalización y su expansión podían enfangar la convivencia y la cohesión social. El mejor antídoto contra la propagación del discurso del odio, del miedo y de la intolerancia es el reconocimiento de la diversidad religiosa, política y cultural del mundo del islam. Desmontar uno a uno los falsos tópicos es útil para desautorizar el populismo xenófobo. En el gobierno barcelonés impulsamos un Plan contra la Islamofobia. Desde mi tenencia de alcaldía, Lola López, comisionada de Inmigración, Interculturalidad y Diversidad, hizo un buen trabajo. Desplegamos diversas iniciativas para evitar la radicalización de los jóvenes musulmanes, como ocurrió en Ripoll, donde ni siquiera se intentó practicar una política de integración de las comunidades de inmigrantes, ni un trabajo intercultural e interreligioso. La situación en Ripoll se agrava tras la victoria de la formación de extrema derecha independentista de Sílvia Orriols. Junts se niega a hacer una alianza para echarla del gobierno.

Desde mi área, creamos el Observatorio contra la Discriminación; llevamos a los tribunales las expresiones de odio; cerramos la librería Europa por apología del nazismo; aprobamos protocolos que garantizaban el trato igualitario a las entidades religiosas; desplegamos nuevas iniciativas en la Oficina de Asuntos Religiosos, entre ellas, la Noche de las Religiones. Me siento muy orgulloso de esta última: eran dos días de puertas abiertas en que participaban una cincuentena de comunidades de las distintas tradiciones religiosas: cristianas de diferentes denominaciones, musulmanas, judías, budistas, bahaís, hindúes o sijs. Un encuentro para promover el conocimiento mutuo, el diálogo y los valores de la cultura de la paz y romper prejuicios y estereotipos.

Uno de mis propósitos al asumir esa área gubernamental fue desentrañar cómo se construía el discurso del odio, desde un lado y desde el otro. Años antes asumí la defensa de Mohamed Mrabet, imán de Vilanova i la Geltrú que había sido acusado de dirigir una célula de captación de militantes islamistas, como ya expliqué. Una pregunta me inquietaba. ¿Cómo surgió la islamofobia del siglo XXI y su reacción islamista? La respuesta no podía reducirse a una simple actualización del viejo conflicto entre el Occidente cristiano y el Oriente islámico. Presentarlo así era pura miopía. En los discursos públicos había tintes de fundamentalismo laico, pero también delirios de cristiandad. El expresidente José María Aznar invocaba el mito de la Reconquista para señalar que «nosotros ya los echamos hace siglos». En una muestra de ignorancia, declaraba que los atentados del 11M no estaban vinculados con la guerra de Irak. Sus razones, según él, se remontaban al siglo VIII cuando «España rechazó ser un trozo más del mundo islámico». La islamofobia está construida sobre ese tipo de tópicos. Los más recurrentes asociaban el islam con algo bárbaro, irracional, inferior. Impermeable al tiempo, la geografía o las culturas. Después del 11S y el 11M se vinculó a la violencia o al terrorismo. El esquema mental era simple: equiparaba árabes con musulmanes, musulmanes con islamistas e islamistas con terroristas. Por otro lado, la radicalización islamista no surge de la nada.

Con el auge de la fobia al islam, los musulmanes europeos son los judíos de hoy, razona Santiago Alba Rico. El sentimiento islamófobo es utilizado en el mismo sentido por Trump en Estados Unidos y por Le Pen en Francia. El caso más hiriente es el de Netanyahu en Israel: un genocidio en Gaza a la vista de todo el mundo.

A mediados del siglo pasado, la deshumanización del otro desemboca en las cámaras de gas. Pero si eso sucedió fue porque la judeofobia —tal como explica Hannah Arendt— se naturalizó décadas antes en amplias capas de la sociedad europea. La islamofobia empuja a practicar el *apartheid* de los palestinos primero y su genocidio después, pero antes también se alimenta de actos aparentemente anodinos. Arraigados en nuestros hábitos u opiniones. Como la negación del empadronamiento de la alcaldesa de extrema derecha de Ripoll a personas de origen emigrante. El antisemitismo que se incubó, creció y se asimiló con normalidad en Europa debe enseñarnos a mantenernos en guardia. La sombra del exterminio nazi seguirá alargándose hasta que dejemos de tratar a los palestinos, a los árabes, a los musulmanes, como a los judíos de los años treinta. Desgraciadamente, hace cierta una vez más aquella reflexión de Antonio Gramsci: la historia nos enseña, pero no tiene alumnos.

La hostilidad creciente hacia las comunidades musulmanas cava un abismo de racismo, xenofobia y discursos del odio. Esa es la gran victoria de Al Qaeda y el Estado Islámico. Bin Laden y los suyos lanzaron un enorme adoquín sobre el mundo musulmán. Tras la derrota de las revoluciones árabes, la progresión del racismo occidental hizo engrosar sus filas de forma ininterrumpida. La invasión de Irak, de Afganistán, la ocupación de Palestina y el genocidio de Gaza, la matanza de inocentes civiles, mujeres y niños, activan el fenómeno del odio al otro lado. Como en Ripoll, la islamofobia es la gran fábrica del fundamentalismo yihadista. Los enemigos se alimentan de la acción del otro para justificar su respuesta. Allanan el camino a cualquier abuso, el huevo de la serpiente del conflicto del futuro. Sucedió en Estados Unidos tras los atentados del 11S con la legislación de excepción, torturas incluidas. Los excesos de la *Patriot Act*, las vejaciones en Abu Ghraib, en Guantánamo, son la propaganda de Al Qaeda para captar adeptos en sus filas.

La islamización del extremismo en Europa tiene otras causas: la falta de expectativas, la pobreza, el desarraigo. Las intervenciones exclusivamente «securitarias» nunca son la panacea. Se deben tomar medidas más eficientes para impedir que el sectarismo religioso se infiltre, como en Ripoll, en los lugares de culto. Por ejemplo, erradicar la discriminación y el aislamiento de la población musulmana para evitar que los jóvenes se sientan excluidos y caigan en la tentación de hacerse terroristas para dar un sentido a su vida.

El mejor antídoto contra la propagación del discurso del odio es la defensa de la diversidad religiosa, política y cultural. Trabajar por tener unas ciudades más justas, cohesionadas, interculturales, acogedoras y solidarias. Precisamente Barcelona contempló las movilizaciones más masivas de Europa a favor de la acogida de refugiados, en contra de la guerra, los CIE o la política de cierre de fronteras. Mantener ese legado es el camino para vencer el populismo xenófobo y el fundamentalismo religioso. La mejor reacción ante la barbarie es la del Estado de derecho.

Pero volvamos al Ayuntamiento de Barcelona. Esa etapa que empezó en 2015 termina en las elecciones municipales de 2023. En la campaña electoral diversos medios de comunicación y *lobbies* empresariales intensifican la campaña de desgaste contra los comunes y, en particular, contra Ada. En estos últimos años le han interpuesto hasta veinte querellas criminales. Los tribunales han ido tumbando una tras otra. El último archivo fue en septiembre de 2024. El daño ya estaba hecho. ¿Qué habría sucedido en las elecciones sin esta guerra sucia judicial? Finalmente, Ada perdió frente a Xavier Trias. La noticia nos golpea el corazón como un martillazo.

El sábado 17 de junio se levantó con bruma en el horizonte. Las nubes ennegrecían el cielo: empezaban a torcerse las cosas. En los chats de Barcelona en Comú había un debate acalorado sobre el futuro de la ciudad. La investidura del futuro alcalde estaba en el aire. Dos opciones estaban en liza. Votarnos a nosotros mismos y dejar que el candidato de Junts, Xavier Trias, sea alcalde, o votar a Jaume Collboni, candidato del PSC. En esa campaña, Trias se reivindicó como convergente y líder del «anticolauismo» con una promesa: demoler nuestra obra de gobierno. ¿Para qué desmontar si podemos demoler?, se preguntaba Georg Lichtenberg en uno de sus famosos aforismos. Nosotros ganamos a Trias con una actitud similar, y ahora volvía él del pasado para deshacer el camino andado, como el protagonista de la película *Regreso al futuro*.

La decisión *a priori* parecía clara, pero había un problema. Collboni necesitaba los votos del PP, que le ponía al

PSC una condición: nuestra ausencia del nuevo gobierno. Ese voto ensuciaba el nuestro. Hay muchas votaciones en las que se coincide con tus adversarios por motivos diferentes, pero la estética es importante. No hubo ningún acuerdo. Era una cuestión meramente simbólica o estética. Aun así, los símbolos cuentan en política. *Nulla ethica sine aesthetica*. Aparecieron los fantasmas del anterior mandato, el voto de Valls. En esta ocasión, el beneficiado sería el PSC, no nosotros. Con lo cual la decisión era más difícil. No había las mismas garantías para realizar nuestras políticas progresistas, como sucedió en el anterior mandato. En los días anteriores, el teniente de alcalde Jordi Martí descartó esta opción. A medida que pasaban las horas aumentaban las dudas. ¿Nos estábamos equivocando? No había consenso. El chat de los comunes era un hervidero. Ada estaba en contra de ceder la alcaldía al PSC. Había nervios y confusión. Cruces de mensajes de signo contrario. La noche del viernes la idea sería mantener la posición. La misma mañana del sábado seguiría igual, pero los concejales barceloneses harían un giro de guion de última hora que cogería por sorpresa al resto del partido. Apenas una hora antes del inicio del pleno, sin saber lo que haría finalmente el PP, divididos, decidieron *in extremis* votar a quien será el futuro alcalde, Jaume Collboni.

Paralelamente a ese debate, el jueves Ada me convoca a una reunión al mediodía en el ayuntamiento. A pesar de que hace ya cinco años que no soy teniente de alcalde, un funcionario me reconoce en la puerta de la calle. Me acompaña por el espacio noble hasta su despacho. Una gran mesa de madera maciza está justo delante de un sofá formal. A Ada nunca le ha gustado este lugar antiguo y recargado; la separa del resto de los compañeros del gobierno. No es su lugar de trabajo habitual. Lo utiliza solamente para recibir visitas. Las paredes son más gruesas de lo que parece. Es muy fácil alejarse de la realidad una vez estás aquí dentro. Para evitarlo, lleva años haciendo algo inédito: los encuentros con la alcaldesa, reuniones mensuales sin filtro con los vecinos de los barrios.

Cuando entro me impresiona su nuevo aspecto espectral; la pared vacía. Con el alcalde Trias solo había objetos de artistas hombres. Cuando Ada accedió al cargo, colocó una fotografía de Frederica Montseny, líder anarquista de la CNT, primera mujer ministra e impulsora de la primera ley del aborto. Más adelante, colgó retratos de otras mujeres militantes de nuestra organización como Neus Català o Maria Salvo, supervivientes de los campos de concentración nazi —Maria cerró la misma lista electoral que encabecé yo en 2019—, la pedagoga Marta Mata o escritoras como Mercè Rodoreda, Maria Mercè Marçal, Maria Aurèlia Capmany o su querida Montserrat Roig. En medio de la puerta del despacho hay un cartel colgado a modo de frontispicio: «No olvidemos nunca quiénes somos y por qué estamos aquí». Pienso precisamente en Montserrat Roig. Si hay un acto de amor, este es el de la memoria, decía.

«No olvidemos nunca quiénes somos y por qué estamos aquí» fueron también mis primeras palabras en el acto de fin de campaña de aquellas elecciones municipales de 2023 en el parque barcelonés de Sant Martí.

En esta reunión tras la cual presentaré mi renuncia como candidato al Congreso, me conmueve ver a Ada envuelta en una atmósfera tibia recogiendo con desgana cajas y pertenencias, recuerdos acumulados a lo largo de dos mandatos. Cuando se pierde la esperanza, también se pierde energía. Adiós a ocho años de nuestras vidas. Es un día de duelo. La primera causa del estrés es la muerte de un pariente cercano; la segunda, mudarse, dicen los expertos. Mudarse es una pequeña muerte. Tarde o temprano iba a suceder, pero la escena me coge por sorpresa. No estaba preparado. La imagen me estremece y me encoge el corazón. Ada me sonríe, pero su sonrisa es como un soplo efímero que pasa y no deja rastro, una gota minúscula de lluvia que cae y en breve se seca. Hay un gesto sutil de amargura en su rostro. Más que mirarme, me muestra sus ojos sensibles. Siempre fue una mujer fuerte. Quedan dos días para dejar de ser la alcaldesa tras nuestra derrota por tan solo veinte mil votos; a apenas doscientos de la segunda posición. ¿Fin de un ciclo político?

El origen de Podemos

Hasta ahora he hablado de Barcelona en Comú, dando unas pinceladas de lo que a nivel estatal estaba ocurriendo también con Podemos, el partido que lograría llevar muchas de las ideas del 15M al gobierno de España. Pero mi relación con la formación política se remonta a mucho antes. Y estuvo siempre estrechamente relacionada con mi amistad con su líder, Pablo Iglesias.

Viajemos hasta el 2 de julio del año 2000. En un descampado, bajo un sol tórrido de verano junto al lago de Banyoles (Girona), estamos en unas jornadas en un campamento de activistas, donde se discute la creación del llamado Movimiento de Resistencia Global (MRG). Empieza una etapa contestataria marcada por las movilizaciones antiglobalización, el ciclo de las contracumbres o las protestas contra la guerra. La semilla de lo que vendrá con la ocupación de las plazas, la PAH o el 15M. Unos días antes, en la fiesta de Sant Joan, convencí a Ada para acompañarme; ella trabaja en el sector audiovisual y su intención será grabar un documental. Como activista social, es aún un lienzo en blanco. El encuentro es su bautismo. Vamos también con un amigo común, Tomás Herreros, ahora profesor de Sociología. Nos encontramos allí con activistas como Gemma Ubasart o Arcadi Oliveres, uno de nuestros mayores referentes —glosaré su figura en un artículo tras su fallecimiento en 2021.

Empieza la asamblea. Nos arremolinamos en un círculo. En esos momentos, lo realmente importante sucede en las asambleas. Luego, en las calles. O eso creemos. Cavamos trincheras en los contrapoderes ciudadanos, vamos a manifestaciones de modo regular. No nos perdemos ninguna charla. El objetivo, instruirnos. Nuestro activismo no es un proyecto político sino vital; pone patas arriba nuestro día a día como si unas viejas fuerzas místicas, dormidas durante muchos años, despertaran de golpe. La experiencia tiene algo de enfermizo.

Un activista de veintidós años llamado Pablo Iglesias toma la palabra. Tiene el mismo nombre y apellido del fundador del PSOE. Lo escucho por primera vez. Me recuerda al personaje de *Guerra y paz*, de León Tolstói, un agitador locuaz con ganas de comerse el mundo. Con un castellano preciso, limpio, utiliza un tono neutro, pausado y sin gestos bruscos. Llama la atención. Primero está su aspecto desaliñado. Anda un tanto encorvado, desgarbado, delgado. Viste pantalones vaqueros, las mangas de la camisa remangadas hasta los codos. Se compra la ropa en el supermercado Alcampo. En ese momento era un chico imberbe. Años después se dejará una barba no muy poblada pero desordenada, al estilo Che Guevara. Parecerá a veces imitar sus gestos. Está orgulloso de su melena. A veces, se la suelta. Otras, se hace un moño, pero normalmente se la recoge en una coleta. Juega con su peinado. Lleva siempre una goma en la muñeca. Acostumbra a repetir un gesto. Arrastra con la mano sus cabellos hasta detrás de la oreja cuando le caen mechones sueltos por la frente. La intención no es ordenarlos. Es una acción casi instintiva. Lleva un pendiente en la oreja izquierda y pulseras de cuero. En segundo lugar, llama la atención su voz, profunda y grave. No está en consonancia con su edad. Quizá al principio era algo impostada, pero ahora no hay ninguna duda: ya es la suya. Luego está una puesta en escena efectiva, actoral. Estudió teatro, como Ada. Cuando uno actúa de la manera que le gustaría ser, al final se convierte en la manera en la que actúa. En las charlas, se pasea por el escenario. Como profesor de Ciencias Políticas, hace lo mismo en sus clases. Recuerda a ese profesor transgresor, interpretado por Robin Williams, de *El club de los poetas muertos*. Sabe captar la atención de los oyentes. Los interpela. Difumina la distancia. Lo teoriza: todo es geografía política, dice. Llama la atención también su risa. No es común; se vislumbra su alma de pillo, cuestionando el sistema. En último lugar, su discurso elocuente brilla. Ordena bien las ideas. Al instante, se vislumbra un espíritu de acero. Una inteligencia fuera de lo común, fascinante. Es un encantador de serpientes. Despierta expectación. «¿Y este chaval de dónde ha salido? ¿Quién es? Apunta maneras», dicen algunos asistentes. Buena parte de la política es escenificación. Dramatizar para crear expectativas y movilizar, ganarse la confianza. Teatralizar la ilusión. La indignación. La política es retórica. Hacer cosas con palabras, como diría John L. Austin. Me gusta su forma de hablar en público. Pablo es un maestro de las palabras y la escenificación. Controla la atmósfera, los silencios, los tiempos y el relato.

Nos hacemos amigos bastante rápido. Compartimos inquietudes. Lecturas. Él es profesor. Yo, abogado de activistas. Los dos nos enrolaremos en el MRG nacido al calor de la protesta antiglobalización. Hemos estudiado Derecho. Nos apasiona el estudio de los movimientos sociales. Leemos a Donatella Della Porta y Sidney Tarrow. Estamos haciendo una tesis doctoral en ciencias políticas y sociales sobre temas parecidos. Yo en la Universitat Pompeu Fabra. Él en la Complutense. La suya va sobre el movimiento antiglobalización, uno de sus sectores —los italianos Tute Bianche—; la mía, sobre la protesta social y la policía, su interrelación —una parte publicada en el libro *¿Dónde están las llaves?*—. Escribimos artículos y damos charlas juntos.

Recuerdo una conferencia en Bilbao en el año 2005. Salimos a cenar con los organizadores. Luego, en el hotel, preparamos la intervención. Pablo practica con su voz delante del espejo. Se hace un esquema. Nunca redacta la literalidad de sus discursos. Tiene una libreta en la que anota solo las ideas principales con una letra indescifrable. Al día siguiente, hablamos sobre las respuestas policiales ante la protesta global tras nuestro viaje a la contracumbre de Gotemburgo, en Suecia, hace unos meses. Al menos desde la revuelta de Seattle en 1999 contra la reunión de la Organización Mundial del Comercio (OMC), la confrontación transcurre a pie de calle en el marco de las contracumbres internacionales. Tras las movilizaciones de Praga, Niza o Davos, la ola represiva alcanza su cenit en la reunión del G8 en la pequeña ciudad portuaria de Génova. Fue en julio de 2001, poco después de la contracumbre en Barcelona. En ese contexto, se abrirá un nuevo juego. En el antiguo, cada ficha jugaba de una única manera, como en las damas, solo estatal. En el plano internacional, en cambio, se pasará a un complicado juego de ajedrez global. Ciertos espacios de acción colectiva experimentarán una drástica contracción, pero encontrarán nuevas vías de expresión ligadas a la emergencia de una cierta «sociedad civil global». Si los poderes políticos se adaptan y adquieren una nueva modalidad transnacional, la protesta también se reinventa con nuevas estrategias.

En la sala hay unas cien personas. Explicamos lo visto en la contracumbre de Edimburgo de 2005, donde fuimos hace poco como miles de otros jóvenes. Escocia es una tierra difícil. Adusta. Llena de nieblas. Han sido días intensos de subidón en medio de una lluvia fría, constante. ¿Qué hemos aprendido? Que los protocolos de intervención de la policía transmutan tras la cumbre de Génova. Como en el mundo del fútbol, se controla a distancia a los manifestantes. Dentro y fuera del campo, los hinchas de uno y otro equipo son separados y mantenidos a distancia; se llama «envolver» o «encapsular» a las dos partes. Los agentes avanzan lentamente en grupos muy numerosos en medio del páramo y una espesa bruma. Primero nos pastorean, nos envuelven, nos encapsulan; retienen a todo el mundo un par de horas; identifican a algunas personas; no dejan salir a nadie de la manifestación. Todo con muy buenos modales. Se percibe cierto respeto hacia nosotros. Es una estrategia preventiva, de aislamiento. Debemos hacer largas caminatas en medio de praderas repletas de cardos. La cumbre se hace en un entorno aislado y de difícil acceso. En los países mediterráneos, en cambio, las cosas no acontecen igual. Los antidisturbios dispersan a los manifestantes con cargas. Se usa material antidisturbios de larga distancia. Pelotas de goma, gases lacrimógenos, incluso perros o caballería. Es una estrategia dura de confrontación física. La respuesta de los activistas es variada. Está el bloque negro, que opta por la confrontación y los disturbios. Y el bloque desobediente, el de los monos blancos, que ensaya formas de resistencia pacífica a las cargas. Pablo es de estos últimos. Se pone un mono blanco, pertrechado con la parafernalia propia de ese grupo, preparado para el ataque de la policía. Con veintidós años, es un italófilo: hizo un Erasmus en Bolonia, su pensamiento político es italiano, aprendió el idioma en apenas un par de meses sin estudiar y es un enamorado de los centros sociales del Norte italiano.

Contará su experiencia en Génova en una entrevista al diario italiano *La Stampa* veinte años después, la primera tras su dimisión como vicepresidente del Gobierno. «En Génova, como en Madrid, las ideas y el poder siempre se enfrentan», es el titular. «La represión organizada en Génova me hizo comprender que una parte del Estado no acepta la democracia cuando va contra ella y sus intereses propios», recordará en clara referencia a la guerra sucia de los sectores del Estado profundo. Lo sufrirá en sus propias carnes en los últimos años, como explicará en su libro *Verdades a la cara*. Sin embargo, de la entrevista destacará una foto. Nunca antes había salido a la luz. Pablo va equipado con un chaleco protector, una máscara de gas y muñequeras. En esta época, la política consiste en ponerse en juego, poner el cuerpo. En mi caso, actúo como abogado dentro del equipo jurídico, el *Legal Team*. La tarea de Pablo es protestar. La mía, observar la actuación policial. Mediar, si es necesario, denunciar abusos. Llevo un peto distintivo. Con todo, la policía nos pone a veces problemas, como recordaré veinte años después en una entrevista que me hará el propio Pablo en su programa *Otra vuelta de tuerka*.

Los hechos de Génova nos marcan. A nosotros dos. A toda una generación. Hubo un antes y un después. El impacto es estremecedor. Un guantazo en toda regla. Señala con nitidez los límites de las contracumbres. Aprendemos lo que puede llegar a hacer un Estado europeo. Sartre decía que su generación nunca fue tan libre como bajo la ocupación alemana. No me parece una idea del todo afortunada. Nada que ver con nuestra experiencia. Pero la frase da que pensar. La represión, lo vivido esos días, nos transforma. Sentimos que formamos parte de una lucha por la libertad que nos trasciende. La disputa va en serio. Se militariza el espacio público bajo las órdenes de Silvio Berlusconi. Hay muros, perímetros, fronteras cerradas o zonas rojas en el casco viejo propias de tiempos de guerra. Los dispositivos represivos son así militares. Se instalan baterías antimisiles. Hay carros blindados. Se usan gases lacrimógenos prohibidos. Armas de fuego. Un *carabiniere* dispara a quemarropa en la cabeza de un manifestante, Carlo Giuliani. Morirá al cabo de un rato. Es la doctrina preventiva tras los atentados del 11S. Amnistía Internacional denuncia los hechos. Mientras sucede eso, en Barcelona los antidisturbios practican un desalojo ilegal en el centro social Kasa de la Muntanya, como explico en otro capítulo. Dos años después, en abril de 2003 organizaremos las jornadas *Nuevos ataques, nuevas respuestas* en el CCCB de Barcelona. Lo hacemos bajo el paraguas de la llamada Comisión Internacional de Investigación para la Salvaguarda de los Derechos Fundamentales en la Globalización. Será una de las trincheras internacionales en las que me integraré en nombre de la Asociación Europea para la Defensa de los Derechos Humanos (AEDH). Los escritores Manuel Vázquez Montalbán y Dario Fo o el periodista Ignacio Ramonet se implicarán en el evento. Nos haremos amigos de la madre del joven asesinado en Génova, Haidi Giuliani, que hará una conmovedora intervención con su voz temblorosa traducida por Ada.

Unos años después, seré uno de los abogados del *Legal Team* de un grupo de españoles, víctimas de los episodios represivos más brutales de Génova. Se juzgarán las torturas en la cárcel de Bolzaneto y la entrada *manu militari* en la escuela Diaz, habilitada para acoger a prensa y manifestantes, con decenas de heridos. Fue una actuación delictiva que terminó con la condena de unos policías por «colocar» unos cócteles molotov para justificar su entrada. La sala del tribunal estaba abarrotada de público. Había mucha expectación. Fue el juicio del año.

En la contracumbre en Barcelona, meses antes de Génova, Pablo participa en un bloque de activistas de inspiración italiana. Él siempre cuenta una anécdota: llevaba mi teléfono anotado en el brazo por si le detenían. Se lo oí también contar a Íñigo Errejón y otros activistas, luego compañeros de partido. Poco después coincidiré con Pablo una noche en casa de unos amigos comunes de Ciudad de México. Descubrí otra faceta suya: tocaba y cantaba canciones con su guitarra en un sofá antiguo. Se hizo tarde. Por cuestiones de seguridad, no era recomendable salir a esas horas. Nos quedamos todos durmiendo en cualquier lugar. No recuerdo qué hacía él allí. Yo fui con una comisión internacional de observadores de derechos humanos, donde conocí personalmente al misterioso subcomandante Marcos. Conocer es un decir, no se quitó el pasamontañas en ningún momento. El antecedente previo al movimiento antiglobalización fue el alzamiento indígena de 1994 en Chiapas. Algo totalmente nuevo, nos fascinó. Ni se movía en la dicotomía clásica izquierda-derecha ni aspiraba a tomar el poder.

Cuando iba a Madrid a trabajar como abogado, me quedaba a dormir en casa de Pablo. Me recordaba a la de la protagonista de *¿Qué he hecho yo para merecer esto?*, de Pedro Almodóvar. Humilde, propiedad de su familia, la compartía con un amigo, en un edificio sin ningún tipo de *glamour*. Con el metro cerca, estaba en el barrio popular de

Vallecas; un icono de la izquierda madrileña. Delante, el Cerro del Tío Pío: un parque conocido con el sobrenombre de las «Siete Tetas», por la forma de sus colinas. Desde allí, los atardeceres rosáceos, luminosos, se apoderaban del azul velazqueño de la ciudad. Con Pablo las noches se alargaban. Horas y horas de conversación sobre política, cine, literatura o la vida. Desenterrando anhelos y secretos, nos llegamos a conocer a fondo, sin pretensiones, como éramos a solas con nosotros mismos. Bebíamos ron o vodka. No lograba seguir su ritmo, no tenía el hábito. Al día siguiente, me levantaba con resaca; él, como una rosa.

Nos queríamos con un cariño diáfano. Compartimos muchas experiencias. Recuerdo un verano en Mallorca, dos años antes de nuestra aventura política. Estábamos dos parejas. Ada y yo, por un lado, y Pablo y la jueza madrileña Amaya Olivas, por el otro. Su novia desde los dieciocho; compartieron años de militancia en la Facultad de Derecho, cuando era una activista del centro social feminista Eskalera Karakola de Madrid. Tenía una mirada de inteligencia, ojos color miel con un brillo intenso y avizor, la nariz bien dibujada, los cabellos rubios, aleonados. Tras su ruptura, y la mía con Ada, Amaya se convirtió en mi pareja durante varios años. Adrià Alemany, en la de Ada. Meses después, Pablo empezó una relación con Tania Sánchez, líder de Izquierda Unida. Se conocieron cuando él era asesor externo de su partido y ella visitaba los platós de *La Tuerka*, el programa televisivo de Pablo. Y a partir de 2015, su pareja ya fue Irene Montero.

En la playa de Mallorca, Pablo se traía la guitarra. Como buen estudiante de Derecho, con una memoria prodigiosa, se sabía todo el repertorio de Joaquín Sabina, me impresionó. Casi tanto como Amaya, que en un tiempo récord se sacó las oposiciones para juez, convencida de la necesidad de que personas de izquierdas entrasen en la judicatura para cambiar las cosas. Su compromiso apasionado e inquebrantable con los derechos humanos, la visión extremadamente crítica con los aparatos policiales o sus colegas de profesión, la convirtieron en una jueza muy atípica.

El 15M instaura un nuevo clima social. Todo empieza a parecer viejo. Los consensos dominantes se tambalean como el suelo de un terremoto. Lo explicaba Pablo en *La Tuerka*, donde da voz a los indignados. Consciente de que el principal terreno de confrontación ideológica son los medios de comunicación, se puso al frente de uno desde un modesto local en Vallecas. «Los medios son los que construyen los discursos. La gente ya no milita en partidos, sino en medios.» Luego nacería otro programa, pero con más recursos técnicos, *Fort Apache*. Solía ir a menudo. Recuerdo una tertulia sobre el estado de la justicia con otra jueza, llamada Manuela Carmela, entonces totalmente desconocida, unos años después alcaldesa de Madrid. Iba con pantalón y chaqueta, pero con un corte que transmitía sencillez y elegancia. Unas gafas gruesas, blancas, modernas. En contraposición a la imagen tradicional de un juez, era afable, tenía una sonrisa dulce, casi permanente, que inspiraba simpatía y cercanía. Por esas tertulias, transitamos algunos de los principales protagonistas de lo que estaba por venir.

La idea de Pablo era sencilla. Si no llegamos a los medios, debemos convertirnos en un medio. Ese fue su campo de entrenamiento. Luego, su liderazgo se fraguó traspasando las líneas enemigas, en medios ultras como Intereconomía o *El gato al agua*. Se consolidó en los debates en los grandes platós televisivos como *La Sexta noche*. Con su carisma, acaparaba las pantallas. Podemos no surge de la sociedad civil, sino de las redes y La Sexta.

Tres años después del 15M, con un PSOE en descomposición y derechizado, una IU irrelevante y arrinconada a la izquierda del tablero, Pablo no paraba de explicarme que se había abierto una ventana de oportunidad para una formación nueva, compuesta principalmente por gente como nosotros, ajena a la política institucional. Debíamos aprovechar el creciente divorcio entre la ciudadanía, la gente común y las élites. Dirigirnos a las mayorías sociales con un nuevo eje. En vez de izquierdas y derechas, hablamos de los de arriba y los de abajo, la casta frente al pueblo, como dijo el célebre ensayista argentino Ernesto Laclau. Se llamó «hipótesis de Podemos». ¿El objetivo? Ganar el gobierno. En apenas dos años, esa hipótesis pasa de ser una simple idea en la cabeza de Pablo y un pequeño grupo de activistas a poner el sistema político español patas arriba.

La cara más visible era la de Ada. Tras una charla en Barcelona, Pablo quería verla, convencerla para sumarse y encabezar el proyecto. Llovía en la Ciudad Condal. Me vino a buscar en taxi de madrugada: «Acompáñame, por favor. Haz de Cicerón». A lo largo de los años hice de puente entre ellos en varias ocasiones. Cuando uno se enfadaba con el otro, me llamaba a mí primero. Fuimos a un local lúgubre de Ciutat Vella: un grupo de activistas celebraban un aniversario. Bailaban. Había alcohol. No era el mejor contexto para esa conversación. Beber provoca el deseo, pero impide la ejecución, escribió Shakespeare.

—Ada, estamos pensando en hacer algo en Europa. Es el momento. Debes liderar eso. Hay pocos referentes como tú —la intentó persuadir Pablo.

Ella, sentada en un taburete, lo miraba con cara escéptica.

—No lo veo. No creo que Europa sea el mejor lugar para empezar nada —dice con una sonrisa que delata lo que el pensamiento esconde.

Recuerdo otra visita de Íñigo Errejón con Miguel Urbán a Barcelona para convencerme de que me incorporara al núcleo dirigente de Podemos. Íñigo hizo entrar en la ecuación a su organización social, Juventud Sin Futuro, promotora del 15M en Madrid. Miguel, a Izquierda Anticapitalista, un pequeño partido, escindido de IU en 2008, necesario para aportar la mínima musculatura organizativa y territorial al experimento político.

Nos citamos en un restaurante chino cerca de mi casa. Miguel llegó antes. La redondez de su cara afable y fina, los mofletes rosados de niño goloso, una sonrisa hermosa, le daban un aire de inocencia. Llevaba una barba que parecía una armadura para protegerse del mundo. Pero era una persona sin dobleces, clara, directa. Se podía confiar ciegamente en él. Al sentarme, me advirtió con voz baja, tapándose la boca con la mano, de la presencia de Ada sentada en otra mesa cercana con David Fernàndez. ¿Habían quedado también para hablar de qué hacer? Era una situación incómoda. No tramábamos lo mismo. Nos acercamos a ellos y tras saludarlos, les dijimos: «Ya nos vamos nosotros a otro lugar. Quedaos el chino». Con cara de sorpresa, asintieron.

Poco después, empezamos a discutir sobre el manifiesto fundacional de ese nuevo partido: *Mover ficha: convertir la indignación en cambio político*. Pablo quería imprimir un ritmo acelerado a su lanzamiento. El debate fue intenso. Izquierda Anticapitalista defendía, por ejemplo, el abandono de la OTAN. Pablo e Íñigo creían que esa propuesta nos alejaba de la transversalidad. El texto recogería buena parte de las demandas del 15M y del movimiento democrático catalán. Se hablaba entonces de moratoria y auditoría de la deuda en contra de la deriva austericida de los gobiernos de PSOE y PP, de reforma fiscal, paralización de los desahucios o nacionalización de empresas estratégicas. Se reconocía el derecho a decidir del pueblo vasco y catalán y hasta se mencionaba la necesidad de un proceso constituyente. Yo hasta el final, dudé. Iba todo demasiado rápido.

Fue Pablo quien me convenció para formar parte del núcleo fundador. En ese momento, era el único catalán. Podemos siempre fue un partido encerrado en el centro de España. La mayoría de sus dirigentes y de sus patrones ideológicos respondían a una cultura política madrileña. Luego, entre los treinta firmantes del manifiesto se sumarían dos catalanes más: Albano Dante y Marta Sibina, pareja y editores de una revista llamada *Café amb Llet*. Más tarde, en el consejo estatal de Podemos llegaremos a ser cinco catalanes.

El proyecto se presentó el 17 de enero de 2014 en el Teatro del Barrio de Lavapiés de Madrid, abarrotado. «Dijeron en las plazas que sí se puede y nosotros decimos hoy que podemos», exclamó Pablo en medio de un ambiente entusiasta. En su intervención tendió la mano a IU, sabiendo que no se la iba a recoger. Era un gesto a sus votantes. Los intentos de Alberto Garzón, figura ascendente y vinculada al 15M, para convencer al viejo partido fueron infructuosos.

A partir de ese momento, los tiempos se aceleraron. La sangre nos hervía. Pablo me citó con Errejón en un restaurante desangelado de Vallecas, debajo de un puente, para convencerme de ser el número dos en las listas europeas. «Eres una cara conocida como abogado de los movimientos sociales en Barcelona. Todos somos activistas. Tú eres el único abogado. Sales a menudo en la tele. Necesitamos un referente como tú. Cataluña es clave en este proyecto.» Íñigo asentía con la cabeza. Yo tenía dudas. No quería enemistarme con uno de mis mejores amigos, Gerardo Pisarello.

Gerardo era profesor de Derecho Constitucional, argentino, de Tucumán. Extremadamente culto, lúcido, con unas gafas que parecen pesarle, un cabello de escarchas, una perilla discreta, rostro mestizo, piel oscura de aceituna, iluminada por una sonrisa radiante, de dentadura blanquísima como la nieve. Llegó a Barcelona en 2001 y quiso conocerme. Le recordaba a su padre, destacado abogado detenido, desaparecido y asesinado tres meses después del golpe de Estado en 1976 de Jorge Rafael Videla. La experiencia le marcó; siempre estaba preocupado por si me sucedía algo. Se convirtió en uno de mis mejores amigos. Le introduje en mi mundo de los movimientos sociales. Con una visión del derecho similar, nos unió dar charlas y escribir artículos juntos. Dos libros a cuatro manos. Luego surgió una discrepancia. Yo estaba en Podemos; él se había integrado en EUiA, la rama catalana de Izquierda Unida. Nuestros caminos se bifurcaban. En el restaurante, Pablo le mandó un mensaje: «Préstanos a tu chica». En dosis moderadas, me atraía la pinta de Pablo, como de protagonista de película de Tarantino o de cantante de *rock* de Malasaña. Era lo opuesto a mí. En ciertas ocasiones, como esta, su chulería madrileña, bravucona, fanfarrona, me irritaba y fastidiaba.

Gerardo vivía mal que yo fuera en la lista de Podemos. Él había sido escogido por las bases de EUiA como candidato europeo, pero tras las negociaciones con IU, Cayo Lara relegó a EUiA a una posición de no salida; Gerardo al final se apeó de la lista. Lo que le sucedió no me resultó indiferente. Por otro lado, Ada también me quería cerca para el proyecto que estábamos creando en Barcelona. Hubo otro encuentro con Pablo. «Yo no me voy a quedar en Europa. Quiero presentarme a las elecciones generales. Esa es la batalla decisiva. Seguramente sacaremos un eurodiputado. Si eres mi número dos, serás tú nuestro eurodiputado en Europa», me dijo. Todavía no se había planteado las exigencias de género de la lista cremallera. Tras quedar con la compañera de Gerardo, una risueña Vanesa Valiño, directora del Observatori DESC, decliné la propuesta. Mi deseo era ir a Europa, pero me sentía ligado a Ada y Gerardo. No quería tensar la cuerda. La amistad iba por delante de cualquier otra consideración. No hay nada más idiota que sacrificar una amistad por la política, creía. Me enorgullezco de no haberlo hecho nunca.

Una vez cerradas las urnas en las elecciones europeas, nadie vio venir el resultado. Tras tres meses de existencia de Podemos, logramos ser la gran sorpresa de la jornada electoral, con cinco escaños en el Parlamento Europeo. Varias formaciones emergentes aspiraban a jugar ese papel, pero fuimos nosotros quienes dimos la campanada. Pablo salió en rueda de prensa. Estaba serio. No hubo celebración de los resultados. «Lamentablemente, no hemos podido conseguir nuestros objetivos», dijo compungido, como una escultura de carne, para sorpresa de todos. Entonces la gente se dio cuenta de que Podemos era otra cosa. En realidad, el resultado electoral en Europa era un éxito sin precedentes. Al inicio, la expectativa era sacar un eurodiputado como mucho. Antes de esa escena mítica, Pablo me escribió: «Tendrías que haber venido. Nos lo habríamos pasado muy bien juntos en Europa». El sueño europeo pasó de largo ante mis ojos, sin que alargara la mano para cogerlo. Me bullía la sangre, arrepentido de no formar parte de algo nuevo nacido en Europa en ese mismo instante. ¿Qué habría sido de mi vida si hubiera aceptado su propuesta? ¿Quién sería ahora? «Soy quien erré ser», escribió el poeta Pessoa para señalar esas tramas fallidas de la vida que nos definen como lo que somos. En ese momento no podía imaginar que diez años más tarde, como si fuera mi destino oculto, acabaría siendo finalmente eurodiputado.

En mi carrera política hubo otra propuesta importante, la segunda: ir con Pablo en las siguientes elecciones generales. La insistencia es un gran recurso de la inteligencia. El obstáculo seguía siendo mi compromiso con los comunes tras mi participación activa en la construcción del proyecto. Era uno de los tres portavoces, junto a Ada y Joan Subirats. En ese momento, no quería ser nada más. Saltar a la política municipal como concejal era incompatible con mi trabajo de abogado. Ada y Adrià Alemany me citaron en un bar cercano a su casa:

—Ayúdanos en Barcelona. Te necesitamos en la lista. Eres un referente en la ciudad.

Los resultados de las europeas abrieron un escenario nuevo ante los comicios municipales, autonómicos y estatales de 2015. ¿Cómo iba a mantener mi despacho abierto siendo concejal? El trabajo municipal es muy agotador, me decía todo el mundo.

—Son veinte años de ejercicio. Me ha costado mucho consolidarme. No quiero cerrar mi despacho —les dije para rechazar la propuesta.

En política, licenciados en Derecho hay muchos. Funcionarios también. Pueden volver luego a su plaza. Personas del mundo privado, menos. No conocía a ningún abogado con una carrera consolidada que hubiera renunciado a su trabajo para ponerse al frente de un proyecto político. Una vez terminada la aventura política, sería volver a empezar de nuevo.

—Podrás mantener el despacho abierto. No es incompatible. Jaume, es importante. Te necesitamos —me decía

Adrià, apresuradamente, con el corazón en la boca. Economista, cantante, fundador de la PAH, junto a su pareja, Ada, se entrega en cuerpo y alma a la política. Sin él, fiel escudero en su vida personal y política, quizá ella no habría llegado tan lejos. En el partido hará un trabajo silencioso, ingrato, casi siempre invisible, nunca reconocido, pero totalmente imprescindible. Será el encargado de las negociaciones importantes. Lo que se conoce popularmente como «fontanero».

Pero había otro problema: me apetecía más la propuesta de Pablo, ya me arrepentí de no acompañarle en Europa, ser diputado no implicaba cerrar el despacho. Tras dos horas de conversación, volvía a tener dudas. Estaba más involucrado en el proyecto de los comunes que en la aventura madrileña. En Madrid estaba solo Pablo. En Barcelona tenía muchos más amigos. Ada y Gerardo, por encima de otros. Finalmente, empecé a ceder, pero con una condición. Las dos apuestas no eran incompatibles.

—Si voy a las municipales, luego me voy a las generales.

Lo aceptaron. Sería la cuota de Podemos en la lista. No debía ir en un lugar destacado, para después poder dar el salto de un modo no tan ruidoso. Finalmente, acepté presentarme como número cuatro en la lista. En la decisión pesó mi amistad con Ada. Otra vez la amistad. Era una de las personas más importantes en mi vida. Quizá mi mejor amiga. «Esto lo hago básicamente porque te quiero», le dije en un mensaje.

Nada de lo previsto en el encuentro se cumplió. Contra todo pronóstico, ganamos. Fui teniente de alcaldía de un gobierno en minoría, me tocó asumir muchas carteras. Demasiadas. Esas responsabilidades eran totalmente incompatibles con la abogacía. En la oposición podía mantener abierto el despacho. A medio gas, con toda probabilidad, pero con opción de volver una vez terminado el mandato. Sin embargo, como tercer teniente del Ayuntamiento de Barcelona tuve que cerrarlo. Le pasé mis casos a una compañera, Anaïs Franquesa. Fue un momento difícil. Un cambio de vida radical. Dejé de ser el abogado de referencia de los movimientos sociales. Algunos de mis antiguos clientes me empezaron a ver con recelo. Me había pasado al lado oscuro del poder. En mi nueva responsabilidad, me deshice poco a poco de la figura pública construida durante todos estos años, en una suerte de luto. No era lo mismo representar los intereses del conjunto de los vecinos y vecinas que a una pequeña porción con problemas penales. La mayoría, activistas sociales.

Al cabo de unos meses, formé parte de la candidatura de 2014 de Pablo para la primera asamblea Sí Se Puede en Vistalegre. Mi incorporación a la dirección de Podemos no gustó a alguna gente de los comunes. Me pusieron en el congelador como portavoz durante un tiempo. Mi doble militancia se prestaba a confusiones. En la nueva situación, se nombró a dos nuevos portavoces, Gala Pin y Gerardo Pisarello. Con todo, entré en el primer consejo estatal de Podemos tras ganar las primarias, requisito previo para dar el salto como candidato a las elecciones generales, el siguiente paso que quería dar, si se daban las circunstancias.

Los comunes de Barcelona no participamos en la coalición creada por ICV y Podemos —Catalunya Sí que es Pot— para las elecciones catalanas de 2015. Seguramente de manera errónea, nos pareció una sopa de siglas demasiado clásica. Tres meses después de las elecciones municipales, nuestra prioridad era volcarnos en la batalla municipal. Otra cosa eran las elecciones generales de 2016. Repitiendo la metáfora orteguiana, dimos un paso atrás, como el atleta, para tomar impulso y saltar mejor. Se impuso la idea de participar de modo activo para evitar cuatro años más de largo invierno con el PP.

Con nuestra salida al ruedo municipal, levantamos una ola que llegó a buena parte de la geografía española. ¿Podía volver a suceder en las elecciones generales? Barcelona, y por extensión Cataluña, fue históricamente la punta de lanza de grandes cambios. Como con la caída de los grandes imperios, el desmoronamiento del régimen del 78 debía empezar en la periferia. O ganábamos allí o no ganábamos.

El entramado institucional de los últimos treinta años cojeaba. La victoria de quienes siempre mandaron estaba amenazada. La mudanza de escenarios y protagonistas se podía dar o no, pero el cambio difícilmente se abriría paso sin una confluencia amplia. Los adversarios eran poderosos. No desconocíamos su superioridad de partida. La pregunta de «qué hacer» para ganar era ilusoria hasta hacía poco. En momentos de descomposición acelerada de lo viejo se dan situaciones extrañas e inimaginables. ¿En qué lugar de Europa sucedió algo parecido a lo de Barcelona? El contexto excepcional estatal requería un nuevo movimiento audaz. Nada estaba escrito. Todo era posible. Había una estrecha ventana de oportunidad abierta. Las ventanas se abren pocas veces. Se cierran rápidamente. Son pocas las generaciones que a lo largo de la historia pueden dar un salto histórico como ese.

Pablo quería que fuera el candidato en Cataluña. Sin embargo, al final, Ada no me dejó irme. «Será una crisis de gobierno si ahora te vas. No lo podemos asumir. Estamos demasiado débiles. Somos pocos. Te necesitamos.» La mejor dieta para un político es comerse sus propias palabras y a veces es necesario hacerlo. Lo entendí. Los argumentos eran razonables. Una vez tomado ese camino, no podíamos variar el rumbo de repente. No era lo mismo estar en la oposición que en el gobierno. Renuncié a mi sueño de participar en esas elecciones. No me fui ni a las elecciones de 2015 ni a la segunda vuelta en las elecciones de 2016. Debía esperar al fin del ciclo municipal, si entonces se daban las circunstancias.

El candidato fue Xavi Domènech, comisario de memoria democrática del ayuntamiento barcelonés. Recuerdo cuando le convencimos en mi casa, descartada mi candidatura. Estaban Ada y Pablo. Apareció en pantalones cortos, con la ropa desteñida y, como siempre, sonriente, jocoso. Su sonrisa se vuelve a menudo carcajada, un sonido articulado, contagioso, que oculta su personalidad tímida. George Orwell solía decir que el juicio acerca de la moralidad de un político debería hacerse sobre la base de si dejaba un olor limpio a su paso. Xavi deja tras de sí un olor limpio de bondad. Como pronosticamos, con nosotros al lomo de la confluencia, quedamos primeros en Cataluña. No fue suficiente para ganar en el conjunto del Estado.

A la tercera fue la vencida. Cuatro años después, Pablo me insistió otra vez en ir a las elecciones de 2019. Entre medio, Xavi dimitió. Ada me propuso formar parte de nuevo de la candidatura municipal en el nuevo ciclo electoral. Llegamos a otro compromiso. Si las municipales eran antes, me presentaba, la ayudaba a ganarlas y luego esta vez sí me iba a las generales. Si las generales eran antes o al mismo tiempo, me iba directamente a Madrid. Al final, sucedió esto último.

Pablo me propuso como cabeza de lista de Podemos en las primarias internas. «Hacemos un tándem ideal para arrastrar al electorado catalán popular y a los independentistas. En Cataluña hay dos circuitos comunicativos. Uno, estatal. Otro, exclusivamente catalán. Los comunes aparecéis en el catalán, donde se informan la mayoría de los votantes independentistas. Los votantes del PSOE lo hacen preeminentemente en el estatal, donde básicamente aparezco yo», me advirtió para convencerme de la necesidad de complementar su figura con la mía.

«En Madrid puedes jugar un papel determinante para atar mayorías. Si das el paso, Ada tendrá que permitir que te vayas y serás el uno de la coalición», añadió. Tenía dos días para dar el sí definitivo. Le comuniqué a Adrià mi intención de aceptar. Ada, en viaje internacional en Canadá, se enfadó. Prefería que me quedara en Barcelona, pero si iba a Madrid, debía ir como candidato a las primarias de los comunes, no de Podem. Al final, fue lo que hice. Tras cerrar la coalición, fui el jefe de filas de En Comú Podem. La confección de las listas no estuvo ausente de polémica. El candidato de Podem, Óscar Guardingo, relegado en una posición baja de la lista por el efecto cremallera del género, se enfadó y se fue.

A partir de aquella campaña, mi amistad con Pablo se refuerza. Cuando me puse la toga por última vez, ya en plena campaña electoral, fue precisamente para defender su derecho del honor tras unos epítetos injuriosos de un periodista, Alfonso Rojo, que se encaró en una tertulia de televisión con Iglesias y le dijo que era un «chorizo y un mangante» que «cobraba del régimen iraní y venezolano». Le mandé un SMS a Pablo: «Eso es denunciable», y tras leerlo, él mismo en directo se lo advirtió. Poco le importó a Rojo: «Que os den por el culo [...] no le voy a decir al abogado dónde tiene que poner la boca porque me da igual, si quieren querellarse, que se querellen», dijo. El periodista polaco Ryszard Kapuściński solía decir que «las malas personas no pueden ser buenos periodistas». Gente que pierde los papeles como Rojo tampoco. Dos años después, fue condenado a indemnizar a Iglesias por el daño ocasionado y publicar el veredicto en su propio periódico.

Pablo provocaba sentimientos extremos en uno u otro sentido. Para unos era un superhéroe, para otros un supervillano. En mi caso, le admiraba; quería estar cerca de él, aprender, crecer políticamente a su lado. Era el John Wayne de la política española. Excepcional e inigualable, con dos cualidades envidiables para los tiempos locuaces que le tocó vivir: una retórica embriagadora y un valor singular ante los encrespamientos de los debates. Cuando se planteaba alguna cuestión enconada, unas preguntas culebreaban en todas las cabezas. ¿Qué dirá Pablo? ¿Será capaz de abrir una brecha o de acallar a su oponente? Ejercía su liderazgo con mucho tesón, aguantaba estoicamente el ritmo frenético de la actividad política. No se perdía ninguna reunión, conocía la importancia de la vida interna de un partido. En la dirección de Podemos o en los espacios confederales, siempre tomaba la palabra para analizar con lucidez la situación del momento. Aguantaba con paciencia monacal interminables reuniones. Era de los pocos que no se distraía o levantaba. En terminología militante, un «culo de hierro». No era extraño que a su alrededor se percibiera un culto a su personalidad. Como un caballo de pura sangre, destilaba coraje, audacia e intuición. Quizá tuviera a veces exceso de orgullo y confiara demasiado en su propia intuición.

Cada vez que los acontecimientos avanzaban veloces, él sabía lanzarse a las olas sin vacilar. Leía bien el momento, cogía delantera y relacionaba sagazmente diferentes informaciones. Sabía hacerse cargo de la situación, una idea general del panorama, lo que estaba en juego. La inteligencia política consiste más en comprender que en saber. Era bueno creando marcos y relatos. Hábil poniendo los acontecimientos a favor suyo: rompió el tablero en varias ocasiones con sus genialidades. Capaz de adueñarse de la iniciativa desde posiciones de debilidad, obligaba al resto a discutir sobre lo que él quería o a desempeñarse conforme a los escenarios nuevos que abría, como la moción de censura a Rajoy o el apuntalamiento del posterior bloque de investidura. Sus giros de guion cogían a todo el mundo por sorpresa. «Ni a las chapas me gusta perder», decía a menudo. Con una determinación férrea que proyectaba en sus relaciones, me recordaba a uno de los protagonistas de una de sus series preferidas, *Baron noir*. Como el personaje principal, Philippe Rickwaert —un candidato francés que buscaba vengarse de quienes arruinaron su carrera para ser presidente de la nación—, actuaba a menudo con frialdad anteponiendo sus objetivos políticos a la amistad. En las redes bloqueaba, lanzaba reproches, se vengaba o burlaba con pocas contemplaciones de excompañeros de partido. En otras ocasiones, en cambio, era todo corazón, generoso y afable. Puro sentimentalismo político. Con el sentido del honor del toro de lidia, se crecía en el fragor del combate. Era un compendio de toda la inteligencia, audacia, vocación y pasión política encarnada en un dirigente público. Olfato político, coraje y agallas. Para Pablo la política va de valentía. No es apta para los cobardes. Las buenas palabras, sin garras y dientes, no bastan. La política es un boxeo, solía decir.

En la serie mencionada hay una frase que sintetiza la filosofía de la trama política. «¿Estás enfadado? ¿Los odias? Bien, pues usa ese odio. En política el odio es lo que lleva más lejos», le suelta Philippe en una ocasión a un líder estudiantil. ¿El odio es lo que lleva más lejos? Lo dudo. Con todo, tanto el odio como el resentimiento no son ajenos a la política; pueden ser su motor, como sucedió a veces en la historia de Podemos. La otra serie preferida de Pablo y de Íñigo que lo demuestra es *Juego de tronos*, llena de luchas de poder, egos, traiciones y venganzas. Cuando Pablo era eurodiputado, le regaló la serie al rey Felipe VI y dirigió la publicación del libro *Ganar o morir: lecciones políticas en Juego de tronos*.

La serie es una guerra de todos contra todos. Con una visión instrumental de las relaciones, cada personaje guarda un puñal tras la espalda. Quienes ganan siempre son quienes no distinguen entre fines y medios. Por contra, quienes actúan de modo ético terminan ahorcados, decapitados o traicionados. Lo que brilla por su ausencia son los vínculos de confianza, amistad, solidaridad o fraternidad. Como *House of Cards*, el enfoque es profundamente conservador. El final de Podemos recuerda un poco a la serie. Un todos contra todos que termina de modo sangriento. Por otro lado, el final político de Pablo recuerda al del protagonista de *Por quién doblan las campanas*, de Ernest Hemingway. Es un final épico, conmovedor, pero también trágico e injusto. F. Scott Fitzgerald, otro conocedor de los finales infelices, escribió: «Muéstrame un héroe y te escribiré una tragedia».

Iglesias versus Errejón

Madrid, 2012. Íñigo es un chico de diecinueve años con aspecto de niño; imberbe, de facciones dulces, el cabello rubio con un corte perfecto, una dentadura irregular de una blancura inverosímil, la frente despejada, unos enormes ojos azules esmeralda, la constitución delgada, endeble, tipo junco, alto, la mirada dulce y tierna, como de no haber roto nunca un plato. Como veremos más adelante, detrás de esa apariencia de yerno ideal, Íñigo acabará escondiendo un mundo interior oscuro. Lleva unos *jeans* y unas zapatillas New Balance. Se parece al escritor británico Owen Jones. Con una inteligencia afilada como una cuchilla, calculador y en apariencia reservado, incluso estirado, sobresale por encima de la media. Si Pablo es un *sprinter*, él es un corredor de fondo. Está sentado en la puerta de la cafetería de la Facultad de Ciencias Políticas de la Complutense en Somosaguas, come con fruición pan con azúcar en el puesto de chuches. Pablo tiene veinticuatro años, le han hablado de Íñigo; quiere conocerlo, se acerca a él.

—¿Por qué comes pan con azúcar? —le pregunta con tono paternal.

—Es que es como un bollo suizo —responde con una sonrisa de oreja a oreja.

Esta conversación es el germen de su amistad. A partir de ahí se volvieron almas gemelas, inseparables, compartían lecturas, viajes y despacho en la universidad. Los dos llegaron a ser profesores, alquilaron una casa de montaña en la sierra segoviana y pasaban los fines de semana juntos. Acompañados por sus respectivas parejas hacían sobremesas larguísimas, tremendas discusiones sobre los temas más profundos. Jugaban al fútbol, hacían marchas por el campo, se embarcaron juntos en proyectos como el programa televisivo *La Tuerka*. Los dos, con una personalidad fuerte y magnética, formaron un tándem que funcionaba: se complementaban y admiraban mutuamente. «Tuve la suerte de darle una clase (una sola) que me permitirá, en el futuro, presumir de haber sido profesor nada menos que de Íñigo Errejón», dijo Pablo en su tesis doctoral. Años después, Íñigo hizo lo mismo en la suya: «Es un compañero de mente incisiva y voluntad bolchevique, así como un permanente estímulo intelectual. Me enseñó que el arte de la guerra se practica con método y tesón, haciendo más que diciendo. Esta tesis y su autor le deben mucho más de lo que cabría en estas líneas».

Dos años después de conocerse, se hicieron una foto emblemática de su amistad cuando les tocó ser compañeros de habitación en un congreso en Manchester. Íñigo es un anarquista con cresta. Pablo, un comunista con una braga en el pelo. Sentados, ríen a carcajada limpia como siameses en un mismo pellejo. Su amistad es indestructible como una roca, será así para siempre, creen.

Ahora bien, una vez reconvertidos en políticos, se encuentran en el foco de los medios de comunicación. Comparten protagonismo y poder. Hambre de posteridad. La amenaza de la traición empieza a herir el vínculo. Al cabo de poco tiempo, las fisuras son apreciables. Los buenos tiempos se esfuman como cenizas al viento. Hay diferencias políticas, pero su distanciamiento tiene claves personales. La ruptura tiene una onda expansiva gigantesca. Se constituyen rápidamente dos bandos, dos corrientes. Los vínculos de afecto entre sus integrantes se resquebrajan, no se puede escapar a esa dinámica de bloques. Eres *errejonista* o eres *pablista*. A veces pequeñas decisiones decantan toda una trayectoria. Uno cae en un bando o en otro por casualidad, como si una frontera imaginaria se dibujara de modo bastante arbitrario. A Cataluña no llega la onda expansiva de esa división. En el resto del Estado no hay ningún oasis o refugio donde ponerse a resguardo. Aunque tú no te coloques en un bando, te terminan situando en uno. No hay escapatoria. La ruptura de la amistad de ambos determinará la evolución del partido. La guerra fratricida empezará arrastrando al entorno de los dos líderes y acabará afectando a toda la militancia. Será el origen de las escisiones. En Podemos, primero se irán los anticapitalistas. Creen que hay que hacer oposición, y no gobernar. Luego, surgirá Más Madrid. Finalmente, Más País.

En la ruptura entre los dos líderes aparece siempre una misma pregunta. ¿Qué pesa más, la ambición de poder, la lucha de egos o la discrepancia ideológica? Difícil saberlo. Cuando sucedió, me creía más la versión de Pablo. Con Íñigo tenía buena relación. Lo admiraba. Lo veía como un centauro político. Tiene el don de la palabra. Su cultura política, sus referencias intelectuales y sus formas políticas son más parecidas a las mías. Además, habla catalán a la perfección. No obstante, mi amistad con Pablo era muy antigua. Nuestra complicidad emocional era más profunda. Los afectos son un sesgo evidente en nuestro modo de ver las cosas. En su versión, todo empezó en 2015 cuando él estaba en Bélgica como eurodiputado: Íñigo aprovechó su ausencia para una especie de purga contra los disidentes y controlar el partido con su grupo de confianza. Según Pablo, quería liderar él. No aceptaba ser el número dos.

Más allá de las claves personales, la guerra fría entre las dos corrientes internas construidas alrededor de los dos líderes supuso una lucha por el poder y el relato. Con todo, Podemos vive una crisis continua desde su inicio. En la primera disputa por el rumbo y el control del partido en la asamblea fundacional de Vistalegre, Pablo e Íñigo iban de la mano. Durante meses, la cuestión organizativa fue clave: ¿se debía mirar hacia «dentro» o hacia «fuera»? Izquierda Anticapitalista, con Miguel y Teresa Rodríguez a la cabeza, priorizaban la construcción democrática por abajo en la toma de decisiones. Se debía replicar el esquema del 15M con los más de mil círculos —asambleas locales— que salpicaban toda la geografía española.

En cambio, Pablo e Íñigo defendían una dirección con autonomía para dar la batalla electoral y seducir a las mayorías sociales. Lo llamaron «máquina de guerra electoral». Sabían cómo hacerlo. Compartían objetivos y estrategia. Los dos veían en las elecciones del 20 de diciembre de 2015 una ventana de oportunidad para superar al PSOE. Había que atreverse a vencer. El tiempo para ocuparse del «dentro» vendría más adelante. En opinión de los anticapitalistas, será el huevo de la serpiente. La *máquina de guerra electoral* mutará —en su opinión— en una *máquina de guerra interna*. Una trituradora de humanidad, poca atenta a los cuidados, donde el fin se desliga de los medios. En un ataque relámpago, tocaba correr sin tiempo para atarse los cordones. La carrera se preveía corta. Pablo amenazó con dimitir si sus propuestas no lograban el apoyo necesario. Resonaba la amenaza de Felipe González en el congreso del PSOE de 1979: o se aprobaba su propuesta de retirar el «marxismo» de la definición del partido o se iba. Las predicciones se cumplieron. Más de 112.000 inscritos votaron la hoja de ruta de Pablo e Íñigo.

La apuesta funcionaba a todo gas. Eran tiempos de gran esperanza. Parecíamos imbatibles. ¿Era el inicio de una segunda Transición? Levantamos las mismas ilusiones de cambio que el PSOE concitó en 1982. Aunque a veces, por un exceso de velocidad, podemos ir más allá del objeto alrededor del cual corremos y perderlo al rebasarlo.

Tocamos el cielo con los dedos. El CIS de enero de 2015 nos confirmó como primera opción en intención directa de voto. El *sorpasso* al PSOE se dibujaba en el horizonte. Poco después hicimos algo inaudito. Bajo el eslogan «La sonrisa va a cambiar de bando» más de cien mil personas salimos a la calle en la llamada Marcha del Cambio. Una demostración de fuerza en toda regla. «Tic, tac, tic, tac», gritaban algunos con ironía, a modo de reloj imaginario del tiempo de descuento que quedaba para la victoria. En ese contexto, Syriza ganó las elecciones en Grecia con un claro desafío a la troika: no aceptamos las condiciones del rescate. Más adrenalina.

Saltaron todas las alarmas. El bipartidismo y los grandes poderes económicos no iban a quedarse de brazos cruzados. Empezaron una gigantesca operación para manchar nuestra inmaculada imagen pública. Había que fabricar una contratendencia electoral. Lo nuevo debía parecer viejo. Rebuscaron en nuestras biografías, declaraciones de renta o expedientes académicos, para encontrar cualquier irregularidad. Cuando no encontraron nada, se inventaban todo tipo de bulos y mentiras. Se abrieron decenas de investigaciones judiciales que luego quedaron en nada. Íñigo y Juan Carlos Monedero fueron los primeros en ser puestos en la picota pública. Años más tarde, les llegaría el turno a Pablo e Irene. La cacería contra la pareja fue feroz. Hasta el punto de que durante los meses más duros de la pandemia fueron asediados día tras día por grupos ultras en las puertas de su domicilio, ante la pasividad policial. Cada noche, hasta el interior de la vivienda se colaban los acordes del *Cara al sol*. Cuando la megafonía callaba, retomaban los insultos y amenazas. Incluso alguno trepaba por la verja de la vivienda para grabar imágenes con el móvil. Lo cuenta Pablo en su libro *Verdades a la cara*. No los doblegarán, pero les agriarán el carácter, acentuando los mecanismos defensivos y la inclinación a ver enemigos por todas partes.

Pero, sin duda, el golpe maestro en esa primera época vino de la mano de la irrupción de un nuevo partido. Con la bandera de la regeneración democrática, la clase empresarial impulsó Ciudadanos, un «Podemos de derechas», para frenar nuestro ascenso. Jaleado por los medios de comunicación, su líder, Albert Rivera, supo leer el momento político. La ciudadanía empezó a retirarnos su confianza. La ventana de oportunidades para patear el tablero se cerró. Por otro lado, Sánchez recuperó la iniciativa, apropiándose de la partitura contestataria de Podemos. Después de subir al poder por la izquierda, virará hacia la derecha, pero el daño electoral ya estaba hecho. Y como decía el viejo presidente italiano, Giulio Andreotti, «el poder desgasta a quien no lo tiene». En ese contexto, afloraron las divisiones internas en Podemos. Lo que fue un grupo de amigos bien avenidos empezó a ser una olla de grillos. Cuando las cosas iban bien, todo el mundo arrimaba el hombro. Al torcerse, las luchas fratricidas se adueñaron del partido.

La discrepancia fuerte entre Pablo e Íñigo empezó ya tras los primeros resultados en las urnas, cuando tuvieron que tomar una decisión clave en la breve historia del partido.

No ganamos las elecciones, pero el bipartidismo sí se hundió. Junto a las coaliciones autonómicas de En Comú Podem (Cataluña), Compromís-Podemos (Valencia) y En Marea (Galicia), obtuvimos un total de 69 diputados (20,68 por ciento). El PP había ganado las elecciones en número de votos, pero, sin mayoría, no tenía con quién pactar para sumar suficientes escaños. La pelota para formar gobierno estaba en el tejado del PSOE, la segunda fuerza más votada, que debía conseguir los apoyos necesarios para investir como presidente a Pedro Sánchez. Y para eso debía pactar con los otros grupos.

Pablo e Íñigo defendieron posiciones radicalmente distintas. El excelente resultado electoral no calmó los ánimos. Las placas tectónicas volvieron a chocar. El escenario era enrevesado. El PSOE tenía dos opciones. Una, ensayar un gobierno de coalición con Podemos y los votos de otros partidos como ERC. Dos, una alianza por la derecha con Ciudadanos, con la abstención de Podemos. Finalmente, la pulsión de derechas del PSOE se impuso y optó por esta segunda opción. El PSOE estaba convencido de que Podemos cedería a la presión y se abstendría. En ese contexto, Íñigo es partidario de entregarle el gobierno al PSOE y hacer oposición. Ya había comenzado a flotar el fantasma de la «pinza». Su temor es que, como en los años noventa con IU, se culpara a Podemos de permitir al PP conservar el poder. Para Pablo resulta inviable —ideológica y tácticamente— un pacto que incluya a Ciudadanos. Un no a la investidura de Pedro Sánchez con Cs abre dos posibles escenarios. El de la repetición electoral. O un improbable pacto bipartidista entre PSOE y PP para evitarlo. En cualquiera de los dos escenarios, Pablo vuelve a especular con el famoso *sorpasso*. Que el PSOE se echara a los brazos de Ciudadanos supondría un buen escenario en caso de repetición electoral. El PSOE quedaría derechizado y aumentarían las opciones de un *sorpasso*. En el contexto de esta investidura fruto del acuerdo con Ciudadanos —el pacto del abrazo—, llegó la alusión de Pablo a la «cal viva» —en referencia al pasado del PSOE en el caso de los GAL— y el gesto torcido de Íñigo. Las dudas quedaron zanjadas tras el referéndum entre las bases. Arrolló el no al pacto PSOE-Ciudadanos. Final de la partida.

El PSOE tenía la última palabra. El dilema era claro. O viraba a su izquierda, con un pacto con nosotros, o hacia su derecha, con Ciudadanos. Es entonces cuando se intensifica una salvaje campaña vinculada a las cloacas del ministro de Interior del gobierno del PP, Fernández Díaz, para destruir el prestigio de Podemos. Como un grupo mafioso, el PP volvió a poner, como ya hizo en 2015, en marcha los resortes del Estado para perseguir a sus adversarios políticos. No duda en involucrar a la llamada «policía patriótica» para construir pruebas falsas con fondos públicos. Los medios afines a la derecha hacen el resto. Esa operación llega en el momento preciso. El ruido generado ayudó a alejar al PSOE, y en general a la sociedad, de Podemos. Desde entonces, el asedio mediático a la nueva formación fue *in crescendo*.

El acuerdo entre Podemos y el PSOE resulta imposible y es necesario repetir las elecciones. Una vez convocados los comicios para el 26 de junio de 2016, sobrevuela una pregunta obvia en Podemos: ¿y si hubiéramos sumado a los cinco millones de Podemos el millón de votos que Izquierda Unida había obtenido en los comicios del 20 de diciembre de 2015? Las cuentas parecían claras. ¿Cómo habría sido la historia de España? ¿Nos equivocamos? La repetición electoral con apenas seis meses de diferencia da la posibilidad de subsanar el error. Para el errejonismo una lista conjunta con IU es un anatema incompatible con la tesis de la transversalidad. Pablo defiende lo contrario, pero pone una condición: IU debe ir en condiciones de subordinación a Podemos —en la anterior campaña había llegado a llamarlos «pitufos gruñones»—. Al final, se impone su tesis de la «unidad popular»: Podemos e Izquierda Unida concurrirán juntos. El 9 de mayo de 2016, Pablo y Alberto Garzón cierran la alianza en el llamado «pacto de los botellines». Concurrirán junto a la nueva cita electoral bajo el nombre de Unidas Podemos (UP). La segunda vuelta de los comicios del 20D.

El cálculo, sin embargo, falló otra vez. En las elecciones de junio de 2016, las expectativas se frustraron de nuevo. La abstención aumentó en los graneros de la izquierda, como Cataluña o Andalucía. Mucha gente se sintió descorazonada de ver cómo sus votos en 2015 no sirvieron para desalojar a Rajoy. La legislatura fallida les había pasado factura. La salsa no ligó. En la nueva cita electoral, Unidas Podemos obtiene 71 diputados, con algo más de cinco millones de votos: solo cuatrocientos mil lo separan del PSOE. Se roza la victoria, pero en política ganar o perder lo define todo. El PP continúa siendo el partido más votado, pero sigue sin posibilidades de llegar a acuerdos. El partido hegemónico de la izquierda será el PSOE. La política empieza a volver a sus antiguos cauces. El resultado de la coalición entre Podemos e IU se ve como una derrota, pues ha sido incapaz ni siquiera de sumar los sufragios obtenidos por separado antes. Uno más uno no suma siempre dos en política. Es más, UP pierde más de un millón de votos. No se gana un solo escaño. No se produce el famoso *sorpasso*. Mariano Rajoy gobernará hasta la moción de censura de 2018, motivada por las sentencias de los casos de corrupción de su partido, que llevará a Pedro Sánchez a la Moncloa. Pero lo relevante es que Podemos ya estará dividido hasta el final y pagará por ello en las urnas en 2019, como veremos en el siguiente capítulo.

La ruptura definitiva

Tras bajarse el telón de las elecciones generales, se abre una nueva etapa en el combate interno. En febrero de 2017 se calientan motores para la segunda asamblea ciudadana de Podemos, Vistalegre II. Empieza el baile de alianzas entre las facciones internas. En la anterior asamblea Izquierda Anticapitalista abanderó en 2014 la principal alternativa del proyecto ganador Claro que Podemos, de Pablo e Íñigo, del cual yo formaba parte. En los últimos meses, en cambio, se acerca a la línea de Sumando Podemos, liderado tan solo por Pablo, sobre todo, tras varios procesos autonómicos en los que las diferencias entre los viejos amigos se hicieron inevitables e irreversibles. El caso más emblemático fue el de la batalla de Madrid con el candidato pablista, Ramón Espinar. En ese contexto, a nadie le extrañó que los errejonistas estuvieran dispuestos a plantar cara.

Podemos se asoma al abismo. Se convierte en una centrifugadora de personas. Cada una de ellas estará en un bando del tablero. La amistad salta por los aires. Es el trasfondo de una lucha sin cuartel por la dirección de Podemos entre 2016 y 2019.

—Es un culebrón retransmitido por televisión —reconoce el propio Íñigo durante una entrevista con Àngels Barceló, en la que asegura que hay que aprender a combinar la fidelidad personal con las diferencias políticas.

La periodista contraataca.

—¿Esa lealtad es un problema para plantearse como alternativa?

—Debemos poner las ideas por encima de esas cuestiones. Tenemos mucha lealtad personal, pero, sobre todo, mucha lealtad al proyecto —contesta.

Vistalegre II es el capítulo más trascendental de la separación entre Iglesias y Errejón. Recuerdo cuando llegué al palacio de congresos. Se respiraba el ambiente de las grandes ocasiones, pero sin el mismo entusiasmo épico de la asamblea de 2014. Hay diferencias evidentes, como explicó Aitor Riveiro en el libro *El cielo tendrá que esperar*. Quienes estuvimos no lo olvidamos. En 2014, las palabras volaban como palomas de esperanza. El lema fue «Sí se puede», copiado directamente de las luchas de la PAH y el 15M. En 2017, no había ningún lema. Ningún grito en el cielo. El año 2014 marcó los debates fundamentales de Podemos. Lo recuerdo con nostalgia. Era el momento de mayor efervescencia de la historia del partido. Una montaña rusa de emociones. Piel de gallina. Las gradas llenas de militantes retronaban y resplandecían. En 2017, la asamblea fue más irrelevante. Es la bajamar de la marea morada. Las urnas virtuales llevaban días abiertas. Recuerdo que ese último estuvo impregnado de la tristeza propia de un momento de división interna tras unos resultados electorales que no estaban a la altura de nuestras expectativas. En 2014, una frase de Pablo pasó a la historia: «El cielo no se toma por consenso. Se toma por asalto». Es una cita de Karl Marx. En 2017, retumba el grito de «unidad» de los congregados. «Unidad» sustituye al «Sí se puede» de 2014. No hay ninguna otra frase para la posteridad. La unidad es siempre un espejismo que perseguimos sin cesar.

El papel de Íñigo en ese cónclave fue desconcertante. En su intervención sacó una figura con Pablo de cartón donde ambos salían abrazados, me pareció bastante surrealista. ¿Era ingenuidad? ¿Miedo a perder? ¿Un simple ardid para ganar la votación? Su intención, decía, no era disputar el liderazgo. Quería ganar las líneas políticas y organizativas del partido, pero con Pablo como secretario general. El periodista Pedro Vallín, en su libro *C3PO en la corte del rey Felipe*, lanzará una hipótesis psicológica a partir del concepto del «deseo mimético»: Íñigo deseaba convertir a Iglesias en una marioneta de ventrílocuo para poder hablar en su nombre. Su estrategia era la opuesta a la de Pablo, quien siempre va hasta el final, si hace falta juega al juego suicida de la gallina. No teme arriesgarse a perder. Sus decisiones están siempre teñidas de temeridad o coraje. Como en otras ocasiones, Pablo plantea Vistalegre II como un plebiscito a su liderazgo: «O gano todas las votaciones o lo dejo». Es como la reina Cersei Lannister en la serie *Juego de tronos*: «En el juego de tronos solo se puede ganar o morir. No hay puntos intermedios». Si ganaba, se quedaba con la dirección, las tesis políticas y organizativas y la secretaría general. Si perdía, lo perdía todo. No era una apuesta conservadora como la de Íñigo. Todo era pura épica. Un triple yugoslavo, como le gusta a él recordar, evocando la jugada a la desesperada del baloncesto. Blanco o negro. Todo o nada.

En Vistalegre II los equipos de ambos ya no están juntos como en 2014. Ocupan camerinos contiguos. Recuerdo cuando fui a saludar a los miembros de cada uno de ellos. En esta ocasión no me había involucrado personalmente en ninguna candidatura. Voté a personas de una lista y de la otra. Por encima del resto, a Santiago Alba Rico, que iba en la lista de Íñigo. Hay personas que conforman una sociedad invisible: justifican el mundo y ayudan a vivir con tan solo su presencia, decía Albert Camus. Santiago es una de ellas. Te reconcilia con la humanidad. Hay algo único en su calidad espiritual. Sus ojos serenos te miran con calidez, intensamente, para que sepas que tienes toda su atención. Es uno de los intelectuales españoles más lúcidos; guerrero de la palabra, luchando por la belleza y la verdad en un mundo caótico. Comprometido, noble, bondadoso, de gestos afectuosos. Leer sus libros, conversar con él, es para mí uno de los placeres intelectuales más estimulantes.

Ese día quería hacer de puente. Los comunes siempre hemos intentado recoser. Se notaba la frialdad entre los dos equipos. Se miraban con recelo. Cuando empezó el cónclave, cada uno entró por su lado y se sentaron en sitios diferentes, como hinchadas de equipos rivales. Al final, todo salió según lo previsto. Pablo acabó ganando el duelo con una victoria contundente. Las bases cerraron filas. Iglesias superó a Errejón en algo más de dos millones de puntos. Arrasó en la secretaría general. Obtuvo el control mayoritario de la dirección. Ganó su documento organizativo. Los estatutos. El nuevo Podemos era de estilo más presidencialista. El secretario general conservó amplios poderes. Ganó el documento político: el centro de la acción política debía ser la protesta en la calle.

El millar de congregados gritaba «¡Unidad, unidad!», y Pablo subrayó que «Hay un mandato unánime. Unidad y humildad». Sin embargo, para entonces la suerte ya estaba echada. La batalla ya había cesado, pero resonaba el eco de los cañones fragorosos todavía en el bosque. La imagen de fractura era evidente. A menudo los ritos de unión son ritos de separación camuflados. Se colocaron en el escenario junto a Rafael Mayoral e Irene Montero. Cantaron *L'estaca*, de Lluís Llach. Los errejonistas levantaron la mano con su símbolo de la uve de victoria. Los pablistas alzaron el puño. Se cerró el cónclave. Eran dos familias. El líder de los anticapitalistas, Miguel Urbán, intentó apaciguar los ánimos a modo de árbitro. «Unidad no es uniformidad. Hay que desterrar cualquier lógica de vencedores y vencidos», pidió.

Toda guerra se hace entre dos. Quienquiera que la inicie y la alimente tiene alguien al que debe hacer frente. El comportamiento de uno influye en el otro y, tras diferentes fases de conflicto, concluye con una victoria o con un compromiso. Los entornos estaban más enfrentados casi que ellos mismos. Pablo e Íñigo llegaron, de hecho, a fundirse en un abrazo en el escenario ante la militancia, pero también entre bambalinas tras el resultado. No obstante, aquel gesto parecía tan solo un alto el fuego táctico. No evitó la ruptura. Después de esa derrota, Pablo relevó a su viejo amigo como portavoz parlamentario. Le sustituyó Irene Montero, su jefa de gabinete, luego portavoz, pareja y madre de sus hijos. El relevo se hizo visible. Errejón quedó relegado a la segunda fila de los escaños del grupo parlamentario. Un símbolo de los nuevos tiempos. Íñigo podía ser candidato a presidir la Comunidad de Madrid, según Pablo.

Lo siguiente será ya la crónica de sucesos. Las facciones hace tiempo que serán grupos de Telegram ardiendo. Ahí todo el mundo se soltará entre los suyos. Un ordenador abierto por un descuido en la sede del partido, en marzo de 2016, revelará a la dirección la conspiración de los errejonistas: la llamada operación Jaque al Pastor. Jaque al pastor es una jugada del ajedrez concebida para ganar una partida en solo cuatro movimientos. Si el adversario no la neutraliza de modo inmediato, llega un jaque mate en pocos minutos. En el chat aparecen las directrices para crear lo que los pablistas llaman un «partido dentro del partido» para hacerse con el poder. No será el único hallazgo fortuito de una conspiración interna. Otra de las fundadoras del partido, Carolina Bescansa, caerá en desgracia tras mandar por error un mensaje privado a su canal público donde se vislumbra otra conspiración.

Tras revelarse la operación Jaque al Pastor, Pablo destituirá al secretario de Organización, Sergio Pascual. En ese episodio seguramente se torcerá el destino de modo irreversible. En su sustitución será nombrado el científico Pablo Echenique, que pasará de ser el principal opositor a Pablo en Vistalegre I a su principal aliado tras Vistalegre II. Meses después, los errejonistas desafiarán a Iglesias con una candidatura contra la dirección regional del partido en Madrid, que liderará uno de los mejores amigos de Pablo, Luis Alegre. El hecho de que en febrero de 2017 publicara un artículo que suscribe la tesis errejonista sobre la «camarilla» que rodea a Iglesias—«Van a lograr parasitar a Pablo hasta destruir al organismo»— revela que el psicodrama de Podemos contaba con infinidad de giros. Para resumir el ambiente interno, Íñigo cita en su libro *Con todo: de los años veloces al futuro* una frase sobre Trotski y Zinóviev y habla de purgas. Alguien ya había escrito su nombre en un piolet, creía Íñigo —en alusión a que Trotski fue asesinado con ese tipo de bastón como arma—. Vincula a sus rivales con lo peor del comunismo. El «estalinismo cuqui». En ese mismo libro, sesenta páginas después, vuelve a la carga. «No se puede ser disidente en Moscú.» La intrahistoria del estalinismo está plagada de casos dramáticos de auténticos luchadores que pasan a ser rivales acusados de todo tipo de complicidad con el enemigo. La paranoia de la traición, del victimismo y el sectarismo está muy arraigada en esa cultura política. Es verdad que el núcleo duro del pablismo viene de las Juventudes Comunistas. No obstante, Íñigo olvida que precisamente la facción trotskista le acusó a él de liderar una purga contra ellos para tomar el control de Madrid y arrinconar a personas valiosas como la abogada y portavoz Lorena Ruiz-Huerta García. Las referencias constantes de Íñigo a esa cuestión me parecen un cliché muy forzado. Se coloca demasiado en la posición de mártir o víctima para generar un vínculo sentimental. También Pedro Sánchez entendió el valor del victimismo cuando se presentó como el líder purgado por el aparato para recuperar el control del partido. Para Pablo la lealtad es, sin duda, el valor más preciado en la política. Y siente que a su alrededor se ve quebrada de modo constante. Algunos creen que es paranoia. Otros que confunde la discrepancia con la deslealtad. El listón es muy alto. Las confianzas, las amistades, se rompen de modo recurrente. «Es mi sino. Mientras pueda ajustar cuentas y tener la conciencia tranquila, lo llevo bien», dice cuando procuro ayudarle a recomponer algún puente dinamitado.

Tras su retirada política a finales de 2018 por el nacimiento de sus dos hijos prematuros, a Pablo le suena el móvil. Es Íñigo. Le comunica que va a anunciar su decisión de concurrir a las elecciones autonómicas en la lista de Más Madrid con Manuela Carmena. Lo hace poco antes de que sea público. Lleva meses planificando ese golpe. Para Pablo, es el acto final de un complot. El comienzo de una nueva fase para Podemos. Un fuerte oleaje, preludio de lo que los errejonistas consideran otra purga sanguinaria. El mar estaba encrespado hace tiempo. Son muchos los que deberán decidir de qué lado estar. Van a volar los cuchillos. Sobrevuela la idea de la escisión. Uno de los primeros en dimitir es Ramón Espinar, líder madrileño del núcleo duro de Pablo, que discrepa de la estrategia de romper todos los puentes entre Más Madrid y Podemos. La grieta madrileña se extiende como una mancha de aceite por toda la geografía española. Será un incendio que consume todo a su paso, una guerra sin cuartel, en la que muchos serán apartados o abandonarán el barco.

Hay una foto mítica de la fundación de Podemos. Aparecen cinco profesores universitarios abrazados. Con el tiempo solo quedó Pablo. Luego, ni él. Queda superada por los acontecimientos. Podemos será un cruento campo de batalla repleto de cadáveres políticos. El periodista Enric Juliana explica en un artículo el desenlace de la ruptura de la amistad entre los dos dirigentes políticos:

> Gentes de Vallecas y de Pozuelo de Alarcón que al final del día se descubren hijos de genéticas políticas distintas. El número uno, directo, a veces abrupto, siempre de frente, es el «malo» consagrado. El objetivo a batir. El número dos, oblicuo, ágil e infatigable, consigue parecer el «bueno» y tiene a su favor a toda la prensa conservadora y no tan conservadora de Madrid [...] Viejos amigos en tensión. Amores rotos que entran en combate (Tania Sánchez es hoy la más activa adversaria de Iglesias.) Como diría Nietzsche, Podemos es humano, demasiado humano.

Es uno de los mejores epitafios de una amistad que transmutó la faz de España. Su ruptura fue el inicio del hundimiento de un partido que tocó con la yema de los dedos la victoria en las elecciones generales. Como un caballo fogoso, Podemos se agotó pronto por un exceso de ardor.

Dos hipótesis para Podemos

Mientras la hipótesis inicial de Podemos estuvo viva, la amistad fue el pegamento que unió a Pablo e Íñigo. Y, con ellos, al resto del grupo promotor. Con posterioridad, el vínculo entra en una dinámica de autodestrucción. Surgen dos hipótesis que parten a Podemos en dos mitades.

Creo que he leído todos los libros publicados sobre la historia de Podemos. En ellos siempre aparece relatada esa batalla que llevó a la escisión del partido. ¿Qué han dicho los dos protagonistas? La versión de Íñigo está en el libro antes mencionado, *Con todo: de los años veloces al futuro*. Pablo no ha sentido nunca la necesidad de rendir cuentas en público con ese pasado. Lo curioso es que un exerrejonista como Sergio Pascual es quien mejor explica su visión de la jugada. Su excelente libro *Un cadáver en el Congreso* arroja luz sobre el viejo debate, en un ejercicio honesto de revisión de las decisiones estratégicas que alimentaron esas dos hipótesis. En el balance hay autocrítica y voluntad de enmienda. Incluso considera que su cese fue justo. Algo inédito en quien ha ejercido la política. En el libro de Íñigo hay pocos rastros de autocrítica. Se presenta como víctima de las maniobras de otros. Con todo, asume que pecó de ingenuidad en algunos momentos claves. Por ejemplo, cuando en Vistalegre no le disputó la secretaría general a Pablo e incluso puso su cara como gancho para lograr apoyos. Según él, esa decisión fue como la del ratón que diseña la trampa que luego lo matará. La descripción es maniquea: en su bando había un exceso de bondad frente a la maldad de sus rivales. Eso sí, en algunos momentos se vislumbra la admiración intelectual que siente hacia Pablo. No parece que le guarde rencor. Eso lo hace más humano.

Empecemos por el punto de partida compartido entre ambos. Los dos estaban de acuerdo en concurrir a las elecciones de 2015 libres de ataduras con el pasado, en solitario, sin pactos con IU que situaran a Podemos en un lado marginal del tablero. Las discrepancias importantes surgieron cuando se planteó qué hacer tras esas elecciones.

Según Íñigo, había que seguir con el mismo rumbo. No compartía la decisión de votar «no» a Pedro Sánchez y Albert Rivera, pero tampoco la de ir a las siguientes elecciones con IU. Lo explica perfectamente en su libro. Aunque a veces parece que hace trampas. Hay momentos en que no sabes hasta qué punto reconstruye sus posiciones a partir de lo que sucede finalmente. Así, mientras Pablo decía que era hora de cavar trincheras, él afirmaba que era la hora de desbordar otra vez. Apostarlo todo a una victoria otra vez. A quemar las naves a toda costa y volar ligero todo el rato con una organización que fuera una «máquina de guerra electoral». No debíamos entretenernos en hacer partido. A no presentarse a las elecciones municipales porque, como las autonómicas, eran un lastre. Había que jugárselo todo a la carta de las generales. Era un todo o nada. Cada batalla era la última. La definitiva. Debíamos acudir en solitario y sin pactos con IU que nos escoraran a la izquierda del tablero. En definitiva, era una opción a corto plazo con criterios puramente oportunistas.

Íñigo creía que Podemos estaba destinado a sustituir al PSOE. Que la España de 2020 se parecería más a Podemos que al PSOE, del mismo modo que la España de la Transición se parecía más al PSOE que a ningún otro partido. Podemos sería así lo nuevo, como entonces lo fue el PSOE.

Su tesis era que el eje izquierda/derecha eran etiquetas del pasado que dejarían de operar en el sistema político español. Las de ahora serían nuevo/viejo, arriba/abajo. Esas venían para quedarse de modo inevitable. Debíamos reordenar el espacio en base a esas coordenadas.

Pablo consideraba, en cambio, que no estábamos ya en los años ochenta. El vacío de entonces fue ocupado por el PSOE. No iba a desaparecer. Podemos ya había dejado de ser un espejo en el que la sociedad pudiera mirarse. En España no quedaba una mayoría de activistas de izquierdas. La transversalidad era solo una buena táctica política de camuflaje en un primer momento. Solo quedaba una bala en la recámara. Había que superar al PSOE y liderar el lado izquierdo del tablero antes de que las aguas volvieran a su cauce. Cuando eso no sucede, y baja la marea, hay que pasar a una estrategia más pragmática. Lo que pudo ser ya no sería. El eje izquierda/derecha tarde o temprano volvería a dominar la escena política. Es un eje profundo desde el que pivota toda la sociedad española. Incluidos los medios de comunicación de masas. El idilio con la población tenía los días contados. La gente rápidamente vería con claridad cómo Podemos estaba situado a la izquierda. Y además a la izquierda del PSOE. El eje ordenador de unas nuevas elecciones en 2016 ya no sería nuevo/viejo. Y menos en las posteriores. Las deserciones de votantes aumentan tan pronto se oye la señal de que la victoria no progresa en escalada. Una fuerza emergente —como sabía bien Maquiavelo— si no crece, decrece.

Bajo esa perspectiva, no se perdía mucho con una alianza con lo viejo que representaba IU. No se podía ser nuevo siempre. Nunca más Podemos lo será. Por tanto, tampoco totalmente transversal. La encuesta del CIS de 27 de octubre y 16 de noviembre de 2015 señalaba lo obvio: el 62 por ciento ubicaban a Podemos entre el 1 y el 3 de la escala izquierda/derecha —a IU un 20 por ciento lo situaba en el 1, a nosotros un 30 por ciento—. Solo un 6 por ciento nos situaba entre el 5 y el 10, mientras un 22 por ciento situaba al PSOE entre el 1 y el 3 de la escala ideológica. O sea, la ciudadanía situaba a Podemos en la extrema izquierda.

Además, debíamos contar con la intervención de las cloacas del Estado contra Podemos. Mientras Íñigo consideraba siempre que no debíamos variar en ningún momento el rumbo estratégico porque la ventana de oportunidad seguía abierta, Pablo defendía que la hipótesis inicial era tan solo una pista de despegue para convertirnos en una fuerza muy poderosa, pero que tras las primeras elecciones debíamos trabajar desde las nuevas posiciones. En un contexto previsible de desgaste mediático había que aliarse con IU en las elecciones autonómicas y buscar fórmulas imaginativas para las municipales. Pensaba en lo que vendría tras las generales de 2015, anticipándose a ese escenario. Sin caer en apriorismos teóricos para acumular poder en los territorios y municipios. La hipótesis no era tan ingenua como la de Íñigo y estaba pensada para el largo plazo. Con los resultados en la mano puede parecer que la hipótesis correcta sobre qué hacer era la de Íñigo. No obstante, los acontecimientos en política no siempre dan la razón a quien los pronostica. El objetivo del *sorpasso* al PSOE y ganar las elecciones no se cumplió, pero tampoco tenemos ninguna certeza de lo que habría sucedido si los militantes hubieran apoyado la propuesta de Íñigo en vez de la de Pablo. Hay que evitar los sesgos retrospectivos o de confirmación. No se puede hacer trampas. Las dos opciones eran razonables. A mí siempre me costó tomar partido por una u otra, pero me puse al lado de Pablo.

5

La llegada al gobierno: de Pablo Iglesias a Yolanda Díaz

> Las olas, independientemente de lo altas y poderosas que sean sus crestas, acabarán por derrumbarse sobre sí mismas.
>
> STEFAN ZWEIG

2018 es un año de cambios. Mientras Podemos sufre sus batallas internas entre los partidarios de Iglesias y los de Errejón y el PSOE vive su propia crisis después de la dimisión de Pedro Sánchez como secretario general y su regreso al puesto un año después, se produce un acontecimiento que precipitará el cambio en el gobierno de España: la sentencia del caso Gürtel. El 24 de mayo, la Audiencia Nacional condena a prisión a 29 implicados en la trama de financiación ilegal del Partido Popular y determina que desde su fundación en 1989 la formación política utilizó una estructura de contabilidad paralela. En la sentencia, afirma que el PP ayudó a establecer «un sistema genuino y efectivo de corrupción institucional a través de la manipulación de la contratación pública central, autonómica y local» y que Mariano Rajoy, que había sido llamado a declarar durante el juicio, no había ofrecido un testimonio «veraz». El escándalo es mayúsculo; la situación, insostenible; la caída del PP, inminente.

Un año antes, Podemos había presentado una moción de censura contra Rajoy que no había logrado contar con los apoyos suficientes, pero esbozó el camino. Con una brillante oratoria, la intervención dinámica de Irene Montero repasando, uno a uno, sesenta casos de corrupción del PP fue memorable. Una revelación. Su principal carta de presentación como líder de Podemos. Con la sentencia de la Audiencia Nacional ya no había duda. La corrupción formaba parte de la identidad del partido que presidía el gobierno. Tan solo un día después de la sentencia, el 25 de mayo, el PSOE presenta una moción de censura. Mariano Rajoy acaba de aprobar presupuestos con el apoyo del PNV. Creía que ni este, y menos Carles Puigdemont, iban a secundar la iniciativa. En contra de su tradicional tendencia a dilatar los asuntos, apretó el acelerador. La rapidez es la esencia de la guerra. La moción se tramitó lo más deprisa posible. Se equivocó. La rapidez facilitó la operación.

En ese momento, yo mantenía una buena relación con Puigdemont. Como teniente de alcalde de Barcelona, ya lo había visitado en Bélgica tras ser cesado como presidente de la Generalitat por la aplicación del 155 en noviembre de 2017. Acostumbrado a verle con traje, me sorprendió su vestimenta informal y campechana. Conectamos rápidamente. Fornido, con cara amable, ojos mansos, voz suave. Su peinado al estilo de los Beatles, con un flequillo recortado y los cabellos desordenados, le imprimía un sello personal. La primera impresión fue que era alguien honesto, sin dobleces, directo, de trato agradable y una conversación fluida. No me costó entenderme con él, a pesar de las profundas discrepancias ideológicas. Siempre nos tratamos de modo cordial, con respeto. Hablamos de la posibilidad de que su partido nos ayudara a hacer caer a Rajoy. Le puse en contacto con Pablo Iglesias para acabar de abordar la cuestión. Al final, la moción de censura tiró hacia adelante. Nadie habría entendido que un partido catalanista hubiera sido el flotador del gobierno que, tras el 1 de octubre de 2017, había aplicado de manera implacable el artículo 155.

El 1 de junio de 2018 se inicia la votación que acabará por expulsar al PP de la Moncloa gracias a 180 votos a favor, entre ellos los del nacionalismo vasco y el catalán. Mariano Rajoy presenta su dimisión ante el rey. Pedro Sánchez es investido presidente del Gobierno. Rajoy dimitirá también como líder del PP —será sustituido por Pablo Casado—. Es un duro revés para la derecha, a la que le costará asumir lo sucedido e intentará confundir a la opinión pública calificando la moción de censura —un procedimiento válido recogido en la Constitución de 1978— de golpe de Estado. Serán meses de crispación, acentuada por medidas controvertidas para la derecha, como la decisión del nuevo gobierno de exhumar al dictador Francisco Franco de su tumba en el Valle de los Caídos.

Con posterioridad, me encargué de organizar a Pablo una reunión en la cárcel catalana de Lledoners con los líderes independentistas presos. Hubo tres encuentros. Uno, con el presidente de Òmnium Cultural, Jordi Cuixart, con quien ya nos reunimos en la cárcel madrileña de Soto del Real. Otro con los presos de Junts: Jordi Sànchez, Jordi Turull y Josep Rull. Y el tercero con los presos de ERC: Oriol Junqueras y Raül Romeva. Que un vicepresidente del Gobierno español se reuniera entre los barrotes de una celda con los líderes condenados del *procés* y los reconociera como interlocutores legítimos no era cualquier cosa. Generó revuelo. Indignación a la derecha y a una parte de la izquierda. Era un gesto osado. Como tantos otros en el conflicto político catalán, poco comprendido para muchos de nuestros electores. Cuando se lo propuse, Pablo no dudó en hacerlo. En situaciones difíciles solía anteponer las convicciones a los cálculos electorales. «La verdadera grandeza resplandece en los momentos de adversidad», escribió Tolstói en *Ana Karenina*. Carolina Bescansa, una de las fundadoras de Podemos, experta en datos demoscópicos, siempre nos advertía que la cuestión catalana estaba hundiendo electoralmente a Podemos. Seguramente tenía razón. Para mí y para Pablo, era una cuestión innegociable de principios o cultura antirrepresiva. Y, además de conveniencia, en nuestra visita intentamos aplanar la aprobación de los presupuestos del gobierno español y afianzar el bloque progresista de investidura con ERC. El *procés* dividió Cataluña en casi dos mitades iguales, con solo un tercer espacio: los comunes. Siempre intentamos mantener una capacidad de interlocución con ambas partes, situándonos en otro lugar. No compartimos el proyecto del *procés*, pero defendíamos el derecho a decidir y denunciamos la represión. Con lo cual, existía una mayor sintonía con los republicanos. Con todo, no hubo un acuerdo.

A pesar de que la intención de Pedro Sánchez es acabar la legislatura, al no contar con los apoyos necesarios —tras la negativa de ERC— para aprobar los Presupuestos Generales del Estado, opta por disolver las Cortes y convocar elecciones generales, que se celebrarán el 28 de abril de 2019. La jugada le sale bien: el PSOE se convierte en la fuerza más votada. En la sede del partido en la calle Ferraz los militantes lo celebran, pero gritan «¡Con Rivera no!». El fervor estalla con las voces repitiendo la consigna. A Sánchez ya solo le queda Iglesias. Aun así, como veremos, las conversaciones para lograr la investidura y un gobierno de coalición se encallarán.

Investiduras fallidas

El 23 de julio de 2019 un calor seco, insidioso, se apodera de Madrid. La gente tiene ganas de irse de vacaciones. Convocada la primera sesión de investidura, sus señorías se acomodan en sus escaños. Los dos grandes bloques políticos están frente a frente, y no mezclados. En el inicio de la Revolución francesa una votación sobre el derecho de veto del rey determinó para los siguientes doscientos años el nombre y contenido ideológico de izquierda y derecha. A la derecha, los partidarios del rey. A la izquierda, los republicanos. El actual hemiciclo tiene la misma configuración espacial. Luego está el poder simbólico de cada una de sus señorías en ese escenario. A mí me toca el tercer puesto por rango. Primero, Pablo como presidente del grupo parlamentario. A su lado, Irene como portavoz. Al lado de ella, yo como portavoz adjunto, miembro de los comunes, el subgrupo más numeroso. Y así sucesivamente. Será mi primera intervención en el Congreso. El número de diputados de Unidas Podemos tras las elecciones de abril se ha reducido a 42. Es un momento que no olvidaré nunca. Subo a la tribuna. El ambiente es agitado, cargado y febril. Intento disimular los nervios. Respiro profundo y empiezo con un agradecimiento precisamente a él tras un gesto de dignidad inusual en política: Pablo ha dado un paso al lado. En momentos así se demuestra la cualidad humana, la altura de un dirigente. Lo ha hecho después de que Pedro Sánchez haya dicho en *Al rojo vivo*, el programa de Antonio García Ferreras, que Iglesias «es el principal escollo para formar un gobierno de coalición». «Necesito un vicepresidente que defienda la democracia española», añade. Para quitarle esa excusa y demostrar que no es así, Pablo decide apartarse. No será él el escollo que frene la investidura:

«Es mentira que Sánchez esté dispuesto a formar un gobierno con nosotros, aunque yo me retire», afirmaría. El PSOE no quería una coalición con Podemos. Los hechos le darán la razón.

Desde Podemos, nos sentimos orgullosos del liderazgo de Pablo. Le agradezco su compromiso por hacer posible el primer gobierno de coalición desde la República. También cito a quienes como él nos abrieron camino: a las mujeres cuando levantaron un espejo incómodo para que fuéramos conscientes de nuestros privilegios y aprendiéramos a cuestionarlos. A los jóvenes que defienden el planeta como el primer espacio común para la vida. A los mayores que ganaron para nosotros derechos ahora en peligro. Esta gente forma parte de nuestro ADN. No podemos olvidar nunca quiénes somos, de dónde venimos.

Sánchez no logra los apoyos necesarios en la primera investidura, por lo que tendrá cuarenta y ochohoras para volverlo a intentar. No hay muchas esperanzas de que la situación varíe, pero se producen movimientos *in extremis*.

25 de julio de 2019. Madrid sigue siendo un horno. Hay alerta amarilla por ola de calor. Es un sofoco africano que invita a buscar refugio. La neonata legislatura está agitada por rachas de viento huracanadas. Una soga cuelga de la investidura, sometida a segunda votación. La polarización política es extrema. Reunión en una sala del Congreso. Alberto Garzón, por IU. Yolanda Díaz, por los gallegos. Pablo Iglesias, Irene Montero, Ione Belarra, Pablo Echenique y Juanma del Olmo, por Podemos. Juantxo López de Uralde, por los verdes. Yo, por los comunes.

Quedan cuarenta minutos para que empiece la sesión de investidura. Con el gesto serio, circunspecto, Pablo lo tiene claro. «Se están cachondeando de nosotros. Nos quieren quebrar. Lo que nos proponen es humillante. Si hay que ir a elecciones, se va.» Alberto Garzón niega levemente con la cabeza. Frunce el ceño. No es habitual ver una expresión de enojo en su rostro. Es una persona afable, de modales suaves, con un timbre de voz elegante, imperturbable. La mirada serena, cálida y sincera. Lleva una barba de tres días, bien recortada. Transmite una imagen juvenil de informalidad y relajación. Su rostro recuerda al de Jon Snow, protagonista de la serie *Juego de tronos*. De repente, le interrumpe: «La gente no nos lo va a perdonar. Serían cuatro elecciones en cuatro años. Si no llegamos a un acuerdo, es mejor votarles la investidura y quedarnos en la oposición. Prefiero un mal acuerdo a nuevas elecciones».

Los comunes somos de la misma opinión. No tenemos información de primera mano. Podemos nos excluyó de la mesa de negociación, pero en el último órgano de dirección del partido existía preocupación por una repetición electoral. «En Cataluña entraremos en una dimensión desconocida, con un previsible otoño caliente de disturbios», explico. La condena del *procés* está a la vuelta de la esquina; puede incendiar la campaña. No hacía falta tener una bola de cristal para adivinar que Vox sería el principal beneficiado y el PSOE podía arrebatarnos más escaños. «La derecha va a crecer y la izquierda se va a desmovilizar», añado preocupado.

Con todo, durante todo el proceso los comunes cerraremos filas con Podemos. La prioridad es mantener la unidad. No hacer filtraciones a la prensa. En IU, en cambio, sí se decide llevar la polémica a la luz pública. Hay ruido de fondo. Un rumor: IU puede romper la disciplina de voto y votar a favor de la investidura. ¿La asociación forjada en el «pacto de los botellines» entre Podemos y IU de 2016 se podía romper? Era poco probable pero la relación queda muy tocada. Alberto intercede por su cuenta con María Jesús Montero para forzar el acuerdo. Pablo pierde la confianza en él. Yolanda también se enfada, hasta tal punto que se da de baja de IU. Le parece un movimiento desleal con Pablo. Se sabrá más adelante. Mantendrá, eso sí, su carnet del PC, integrado en IU, con una vinculación estrecha con Podemos. El puente más firme entre el PC y Podemos es su secretario general, Enrique Santiago. En el futuro, eso también volará por los aires.

El tiempo avanza. La hora de la votación se acerca. Los nervios se adueñan de la situación. Han pasado dos días desde la primera investidura fallida. «O somos gobierno con todas las consecuencias o somos oposición. Si somos gobierno, no queremos sillas. Queremos competencias. Y si somos oposición, no podemos regalarle la investidura al PSOE [...] Si hay que ir a elecciones, se va», dice con brusquedad Irene tras entrar por el altavoz del teléfono en la reunión. Está embarazada, a punto de dar a luz y no ha podido venir. «Nos engañaron con Igualdad y no quieren darnos competencias de verdad. Son ministerios floreros», añade apresuradamente. Irene habla con una inusual rapidez, con un punto de agitación interna. Hila una frase tras otra con soltura. No se anda por las ramas. Buena portavoz, tiene el don de la palabra. Se quiere comer el mundo. Pisa fuerte. Es un huracán. Pura pasión. Cuando termina de hablar, Pablo asiente con la cabeza. Es un debate agónico contrarreloj. Al final, la tesis de Podemos se impone. Faltan diez minutos para el pleno. Nos vamos al hemiciclo.

La sesión empieza. Todo sucede muy rápido. Hay electricidad en el ambiente. La presidenta del Congreso, Meritxell Batet, da la palabra a Sánchez. «No estoy dispuesto a formar gobierno a cualquier precio. [...] Hace falta un gobierno coherente y cohesionado. No dos gobiernos en un gobierno», dice con rudeza.

Pablo busca con la mirada chispeante a Yolanda.

—Mira el móvil. ¿Te parece aceptable pedir las políticas activas de empleo?

Yolanda es abogada laboralista.

—Es poca cosa; no hay políticas de empleo —contesta.

—Se lo voy a pedir en directo.

—OK, pero no olvides que hay temas de competencia de las comunidades autónomas —responde.

Pablo sube a la tribuna.

—He recibido el mensaje de alguien muy relevante de su partido —dice. A pesar de que su voz es más tenue que la del Pablo de los comienzos, logra captar la atención de todo el mundo. O quizá la capta precisamente por eso. Silencio absoluto. Cruje como unas vigas a punto de romperse. Desconcierto. Caras desencajadas. Miradas cruzadas—. Me ha dicho: «Pídele que os ceda las competencias en políticas activas de empleo». —Pablo bebe agua. Sánchez ni se inmuta—. Le hacemos una nueva propuesta para salvar la investidura: renunciamos al Ministerio de Trabajo si ustedes nos ceden las competencias para dirigir las políticas activas de empleo.

El revuelo es tremendo. Pedro niega con la cabeza tras escuchar la propuesta, que ya conocía de antes. Las improvisaciones son mejores cuando se las prepara, escribió Shakespeare. «Silencio, señorías», ordena Batet. Ofrece la posibilidad de un receso, Sánchez lo rechaza. La decisión ya está tomada. Se procede a la votación. El PSOE solo recibe el apoyo de su grupo. ¿Quiere realmente Sánchez hacer un gobierno de coalición con Podemos? Quedan sesenta días para intentarlo de nuevo. Somos como barcos que navegan en la noche en direcciones opuestas. El PSOE decidió ya ir a la repetición electoral pero no quiere aparecer como responsable. Nos convocarán otra vez a una reunión farsa el 21 de septiembre.

En esta ocasión, Podemos no nos excluye a los comunes. La vicepresidenta Carmen Calvo lidera el equipo negociador del PSOE, que incluye a la ministra de Hacienda, María Jesús Montero, y a la portavoz socialista, Adriana Lastra. Nosotros somos Echenique y Belarra, por Podemos. Yolanda Díaz, Enrique Santiago, Juantxo López de Uralde y yo por el resto de las confluencias. Empezamos a las 16:30 horas en una sala del nuevo edificio del Congreso. Es un esperpento, van de farol. Carmen Calvo permanece inmutable. Con su rostro desdeñoso, nos repite una y otra vez lo mismo.

—Sois un partido muy joven para entrar en el gobierno. Tenéis cinco años de historia. El PSOE tiene ciento cuarenta años — dice con un cierto tono de soberbia. El ejercicio del poder suele acentuar e incluso alterar el carácter.

—Vicepresidenta, soy el secretario general de un Partido Comunista con casi un siglo de historia —se queja Enrique mostrando sus blanquísimos dientes, siempre relucientes.

—Desconocéis lo que es gobernar —replica con un gesto rígido de displicencia.

—Vicepresidenta, hemos gobernado cinco años en Barcelona —le contesto.

Su obsesión es el tema catalán.

—Es inaceptable que habléis de *lawfare* en vez de aplicación estricta del derecho en Cataluña —prosigue Calvo—. Con vosotros en el gobierno no habríamos podido aplicar el artículo 155. La Constitución es entera. No por partes.

—Vuestra aplicación del 155 es la misma que defendía Manuel Fraga Iribarne en una enmienda no aceptada de la Constitución, pero, vicepresidenta, ¿qué tiene que ver esto con la discusión sobre un gobierno de coalición? —le respondo.

Calvo lleva un corte de pelo en bloque, un traje formal, clásico pero sencillo. Destaca su nariz aguileña, la boca apretada, el gesto tenso, casi enfadado. Tuve la oportunidad de conocerla en la distancia corta al año siguiente. Llevaba meses interpelándola en privado y en público sobre los indultos y la reforma de sedición. También al presidente del Gobierno y al ministro de Justicia, Juan Carlos Campo. «No titubeéis con los indultos», «No podemos esperar más la reforma de la sedición», repetía como una vieja letanía. El diario de sesiones del Congreso está repleto de mis referencias a la cuestión, en un momento en que tanto ERC como Junts se oponían a esas medidas. Fue mi bandera durante la campaña electoral. Lancé una propuesta junto a un grupo de expertos juristas como el catedrático Javier Pérez Royo, el exmagistrado del Supremo José Antonio Martín Pallín o el exletrado del Tribunal Constitucional Joaquín Urías. Éramos los únicos que lo llevamos en el programa electoral. Como el PSOE no movía ficha, registramos la primera propuesta de ley para reformar el delito de sedición. El último recurso para que me hicieran caso. La estrategia funcionó. Al día siguiente, Calvo me convoca a su despacho.

—Por favor, retira la propuesta. Ahora no nos va bien este debate. Estamos a punto de cerrar un acuerdo con el PP sobre el Consejo General del Poder Judicial. Y esto sería su excusa para dinamitarlo. Tras eso, me comprometo contigo a abordar la cuestión.

Le hice caso. Sabía que sin sus votos, no saldría. Con todo, le señalé que ese acuerdo con el PP no iba a cuajar. Se lo recordaba también en cada comparecencia pública. Los hechos lo certificaron.

Ese día ya me percaté de que Calvo es una mujer muy culta, pero, cuando toma la palabra peca de arrogancia, de autoconfianza. No para de hablar, no escucha. Ahora en la reunión, la situación es hilarante. El crujido de los relojes llena la sala. Nos mandamos mensajes entre nosotros. «Esto es un paripé. Se ríen de nosotros, no quieren llegar a ningún acuerdo, ¿qué hacemos aquí?», preguntan unos. «No podemos levantarnos de la mesa. Que lo hagan ellos», nos decimos.

La discusión dura cinco horas. A las nueve de la noche un enjambre de fotógrafos y periodistas nos esperará en la puerta.

—Nos hemos emplazado a seguir hablando —revelará Belarra.

—Hasta que no renunciéis al gobierno de coalición, no nos sentamos más — aclarará Calvo a modo de conclusión.

La actitud de María Jesús Montero fue siempre más distendida. Afable, con el pelo ondulado, una sonrisa empática, nos escucha con los ojos abiertos mientras intenta reconstruir puentes. Sevillana, de Triana, histórico «granero» andaluz socialista, habla con un acento marcado, al estilo de Lola Flores. Es su signo de identidad, se enorgullece de él, pero es el foco de constantes ataques. Se nota que le caemos bien. Cree en el gobierno de coalición. Es la más cercana ideológicamente.

Pero es la rocosa Carmen Calvo, totalmente reacia al acuerdo, quien marca la pauta. No quiere perder el control del Ministerio de Igualdad. Al día siguiente irá al programa *La Sexta noche*. Obsesionada con la posición de los comunes, soltará en directo una *fake news* con total ligereza. Le responderé en un tuit que entrará en directo en el programa: «Vicepresidenta, no falte a la verdad. Nadie de mi partido propuso un gobierno de concentración en Cataluña. Con falsedades, va a ser más difícil entenderse». La situación se aclarará, pero pondrá en evidencia las maltrechas relaciones. Al final, el PSOE se muestra inamovible. Con encuestas augurándoles un buen resultado y la prolongación del efecto champán de los comicios autonómicos y municipales —celebrados el mayo anterior—, prefieren nuevas elecciones y las convocan para el 10 de noviembre de 2019. Las negociaciones han saltado por los aires. No es su único error de cálculo.

¿Por qué lo hicieron? Tal vez porque creían que nos podrían partir por la mitad aprovechando la apuesta de Errejón, propulsada con un fuerte apoyo mediático. En las elecciones de mayo de 2019, Íñigo Errejón había dejado Podemos para aliarse con la alcaldesa Manuela Carmena, quien se presentó a los comicios bajo la plataforma Más Madrid. La salida de Íñigo desataría una crisis en Podemos —haciendo que en el PSOE se frotaran las manos—: Más Madrid sería la fuerza más votada en la capital, aunque finalmente Carmena perdería la alcaldía en favor del popular José Luis Martínez-Almeida. Aun así, los resultados eran muy buenos para un partido recién creado. Los de Más Madrid sintieron que era ahora o nunca: en septiembre anuncian que se presentarán en dieciséis circunscripciones con la marca Más País. Una de ellas, Barcelona. Ada y yo intentamos que desistan. Nos intercambiamos mensajes con Íñigo. Es una agresión a nuestro proyecto, donde hay una confluencia de todas las sensibilidades, incluida la suya, que dificultará cualquier entendimiento futuro. Nadie se atrevió a cuestionar nuestra hegemonía en Barcelona. Una de las figuras más destacadas del errejonismo, Clara Serra —feminista que se había marchado de Podemos para unirse al nuevo partido—, dimitirá de Más Madrid en señal de protesta. El errejonista Santiago Alba mandará un mensaje público para mostrar su oposición.

El PSOE apostó por repetir las elecciones confiando en que los problemas internos de Podemos harían que muchos de los votantes de izquierdas optaran por abandonarnos en beneficio suyo. Pero en las urnas sucederá lo contrario de lo previsto: no será ningún revulsivo para capitalizar el descontento; al contrario, dividirá a la izquierda en su conjunto con la pérdida de muchos diputados. La hipótesis de los tres espacios de Errejón —en la que defendía que en la izquierda había lugar para tres partidos— quedará dramáticamente falseada. El contexto local no está afinado con el mismo diapasón que el estatal. El experimento político solo arraigó en Madrid. España ya no era la de 2014. Tras las elecciones, en las que consigue dos diputados, estará un tiempo deambulando por el Congreso, con aspecto abatido entre rumores de dimisión. No lo hará.

Otro error del PSOE será no prever las consecuencias del fallo del Tribunal Supremo sobre el *procés*, que se hace público el 14 de octubre. Como advertimos, el paisaje posterior no tendrá nada que ver. Las imágenes de Barcelona en llamas se convertirán en gasolina para que el partido de ultraderecha Vox doble sus resultados, consiga 52 diputados en el Congreso y se convierta en la tercera lista más votada.

La noche electoral arrojará una victoria pírrica para el PSOE: logrará 120 diputados (frente a los 123 de hace unos meses). Aunque se situará por delante de los 89 del PP, lo hará a una distancia más corta, pues estos subirán 23 diputados (frente a los 66 conseguidos en la cita anterior). Los socialistas tampoco tendrán mayoría absoluta. Unidas Podemos se quedará 26 (siete menos que en abril) y alcanzará 35 sumando las coaliciones afines. Ahora sí, Pedro Sánchez no tendrá otra salida que aceptar la realidad.

Pablo gana finalmente la partida. Su estrategia parece extraída de *El arte de la guerra*, de Sun Tzu («Nuestra invencibilidad depende de nosotros, la vulnerabilidad del enemigo, de él»). El Sun Tzu vallecano no acostumbra a ir de farol. Como todo jugador de póquer sabe, esa actitud genera desconcierto en el resto de los jugadores en la mesa, conscientes de su arrojo ingobernable. Estudia a su adversario, su miedo, y suele anticiparse con un ataque cuando menos se lo espera. «El miedo es un operador político crucial», solía decir. Asimila bien la lección de Maquiavelo: la «virtud» del político consiste en saber aprovechar las oportunidades, la «fortuna», con el objetivo de conquistar el poder. El gobierno de coalición y el bloque de investidura es hijo de su carácter, temple de león, capacidad de aguante, movimientos tácticos y una sagaz lectura del momento político. Esa decisión será condición de posibilidad del nuevo liderazgo de Yolanda Díaz como ministra de Trabajo.

Con Iglesias sí. El gobierno de coalición

12 de noviembre de 2019. El frío empieza a llegar a Madrid, rompeolas de todas las Españas. La mañana es espléndida. El cielo, azul rosáceo. El otoño, amable. Mientras voy al Congreso, el corazón me va a mil. Pablo me llamó ayer con ilusión en la voz: «Va a haber gobierno de coalición. Coge un billete urgentemente para venir. Mañana nos tenemos que ver».

Si los simpatizantes del PSOE levantaron en abril su famoso cántico para que Sánchez no pactara con Ciudadanos, estos días gritan otro: «¡Con Iglesias, sí!». La consigna se hará realidad con el primer acuerdo de gobierno de coalición tras la recuperación de la democracia. A diferencia de la ocasión anterior, el pacto será rápido. Se materializa dos días después de las elecciones.

Siento la emoción de los grandes momentos históricos. Llego al Congreso. Los agentes que custodian la puerta me saludan. Doblan el brazo a la altura de los hombres, con la palma extendida. Como diputado, soy autoridad. Este edificio no es un lugar cualquiera. Conserva una fuerte carga simbólica. Su fachada es imponente, como un puñetazo en la mesa. Madrid levanta grandes contenedores de poder para demostrar que es la capital del Estado. Con la arquitectura, a diferencia de Barcelona, siempre prefiere imponerse a seducir.

La firma del pacto se hace en una sala pequeña del Congreso a la una de la tarde, alfombrada y con chimenea. Fuera, decenas de cámaras, fotógrafos y periodistas aguardan. Cuando se van a abrir las puertas, entran a empujones. Hay mucha expectación. Estamos en una sala contigua.

Las personas convocadas estamos destinadas a ser protagonistas del momento político. Por nosotros, Yolanda Díaz, Juantxo López de Uralde, Alberto Garzón, Irene Montero y yo. Por el PSOE, están Iván Redondo, Félix Bolaños, Adriana Lastra y Rafael Simancas. Lo primero que pienso es que somos seis hombres y tres mujeres, cifra poco adecuada en términos de género. Intentamos mantener una conversación distendida para romper el hielo, pero no es fácil. El ambiente es tenso. La campaña electoral fue áspera. Algunos apenas nos conocemos.

En un rincón de la sala está Rafael. Es una estatua de sal. Gato viejo, no parece emocionado por lo excepcional del momento. O lo disimula muy bien. Es un diputado y dirigente destacado del PSOE desde los noventa. De presencia discreta, un tanto receloso, los ojos tristes, la voz corpórea, pero sin alzar nunca el tono. El gesto serio, flemático, heredó una cierta rigidez alemana de su familia, que tamiza con un sentido del humor ácido y corrosivo. Buena parte de la legislatura, se sentará a mi lado derecho en el hemiciclo. A su lado, Adriana Lastra, la portavoz parlamentaria, está con otra actitud. Dicharachera, ríe y no para de hablar. De verbo afilado, va a tener intervenciones memorables en el hemiciclo.

Al otro lado está Iván Redondo, jefe de gabinete de Pedro Sánchez. Le llaman el Rasputín de la Moncloa. Con una evidente satisfacción, se muestra amable. No da ninguna impresión de ser maquiavélico, como se le supone. Su pericia ha sido clave para cerrar el acuerdo. Listo, rápido, buen comunicador, con razonamientos siempre preparados, parece un personaje de la serie *El ala oeste de la Casa Blanca*. En el futuro caerá en desgracia, pero desde las famosas primarias del PSOE es el gurú táctico, el asesor áulico de Sánchez. Controla su agenda y la máquina comunicativa. Tiene un olfato especial para analizar el tablero político. Le gusta estar en el centro, que se hable de él. Centrado en el impacto inmediato, en el clic y el algoritmo, entre la publicidad y la propaganda, en cuestión de imagen sabe qué terreno pisa.

Ve la política con un sentido lúdico, como un deporte, un juego, una partida o una serie televisiva. Con ganadores y perdedores. Le gustan los golpes de efecto. Cree más en las personas que en partidos. Tanto es así que antes trabajaba para el PP. Para algunos es un mercenario ideológico. El político para él es «el cliente» y suele decir que su trabajo solo consiste en «tirarse por el barranco por él». Lo cierto es que es el primer «superfontanero» de un presidente del Gobierno de España que no milita en su partido.

Finalmente está Félix Bolaños, el secretario general de la Presidencia del Gobierno. Con los hombros encogidos, el traje negro, gafas de estudiante aplicado, boca risueña, sonrisa pícara, tiene una actitud más reservada con nosotros. No le gusta el protagonismo. Su estilo es justo el contrario que el de Iván. Parece más frío, pero también tiene sentido del humor. Durante mucho tiempo fue el hombre invisible. Él sí llevaba tirándose por barrancos por el presidente en silencio, sin gritarlo a los cuatro vientos. Con un máster en despeñarse y volverse a levantar, se quita el polvo del traje como si tal cosa. Cuando defenestraron a Sánchez, se convirtió en la persona de su confianza jurídica. Tras cobrarse la cabeza de Iván, se convertirá en el ministro multiusos para todas las crisis. Como descubriré a lo largo de la legislatura, sabe siempre qué tecla hay que tocar para desatascar cualquier negociación.

Pasan unos treinta minutos. Al final entramos a la sala contigua por una puerta lateral. Nos ponemos en una esquina, como un atrezo de la escena, a los pies de un cuadro de un Borbón. Con todos los periodistas y reporteros dentro, parece el camarote de los hermanos Marx. Al cabo de un rato, lo hacen Pablo Iglesias y Pedro Sánchez por la puerta principal; se dan un apretón de manos como si este pudiera borrar y reescribir todo lo sucedido entre ellos. Las cámaras siguen disparando. El nuevo presidente termina el posado. Da indicaciones. Iglesias, primero, y luego Sánchez firman el documento sobre la mesa. Otro apretón de manos.

Pablo sonríe distendido; se acerca al atril.

—Ya lo dije la noche electoral. Es una necesidad histórica frente a la extrema derecha. Este gobierno de coalición combina la experiencia del PSOE con la valentía de Unidas Podemos. Agradezco a Pedro su generosidad —dice con voz firme—. Es tiempo de dejar atrás cualquier reproche. Sánchez sabe que puede contar con nuestra lealtad —concluye.

Es uno de esos momentos inolvidables que transforma toda una vida. Vuelven a darse la mano. Yo miro al techo con las manos cruzadas y cierta rigidez en el rostro. La propia de una campaña a cara de perro con el PSOE. Le toca al presidente.

—El proyecto político es tan ilusionante que supera cualquier tipo de desencuentro que hayamos podido tener. Es un acuerdo para cuatro años. [...] Gracias, Pablo, por la generosidad. Y enhorabuena a todos —remata.

Igual que las gaviotas vuelan sobre los barcos, así él ha sobrevolado todos los tempestuosos cambios de los tiempos. Sánchez es un genio de la supervivencia, un malabarista. Hace un amago para estrechar otra vez la mano de Pablo, pero este le sorprende con un abrazo. La escena es impactante. Abandonamos la sala. Sensación de día histórico. No ha sido fácil. Perdemos cuando ganamos, ganamos cuando perdemos. Son nuestros peores resultados, 35 diputados, pero entramos en el gobierno. Contra viento y marea, Pablo defendió la necesidad de hacerlo. Es una gran diferencia con la posición histórica de Izquierda Unida, reacia a los gobiernos del Estado. Recelosa del pacto, la facción anticapitalista abandonó el partido en febrero. Su salida acabará por completar el cierre de filas total del partido con Pablo Iglesias. Sin contestación interna y con la vista puesta en Vistalegre III, estará preparado para renovar su tercer mandato en la secretaría general en el congreso de marzo.

7 de enero de 2020. A la tercera va la vencida. Pedro Sánchez está a punto de ser por primera vez en doce años presidente de un gobierno de coalición. El rey Felipe le encargó obtener la confianza del Congreso. Recuerdo el día de la audiencia en la Zarzuela en la ronda de consultas exigida en la Constitución. Le comuniqué a Felipe nuestro apoyo a la investidura. Como en otras ocasiones, el encuentro fue breve. Alto como un mástil, elegante, formal,

de ademán tranquilo, solemne, me sorprendió su cordialidad en el trato. El monarca aguantó con cierto estoicismo mis críticas sobre su discurso del 3 de octubre de 2017 tras las movilizaciones soberanistas en Cataluña. Nunca me sentí tan cerca del auténtico poder como esa mañana de diciembre. El rey es más que un símbolo.

En el Congreso, la mayoría es muy ajustada. La ausencia de un diputado puede dar al traste con todo. Damos instrucciones. Todo el mundo debe dormir en Madrid la noche anterior. La diputada catalana Aina Vidal viene en pleno tratamiento contra el cáncer. Tomás Guitarte, diputado de Teruel Existe, acude escoltado al Congreso por las amenazas recibidas. Hoy no falta nadie. Entre el bullicio y la expectativa se respira ambiente de día histórico. Aire de cueva. La tribuna de invitados está repleta. El pleno retrata el Parlamento más fragmentado y plural de la historia. En otro extremo del mundo, China hace oficial la existencia de un nuevo virus en la provincia de Wuhan. La sesión es tensa. «Comprendo su frustración. Lo han intentado todo, pero han fracasado», dice Sánchez mirando a Pablo Casado. Su intervención es aplaudida por nuestra bancada. El PSOE hará lo mismo tras la intervención de Pablo Iglesias. El escenario ha cambiado. Desde la tribuna, el líder del PP nos acusa de estar al servicio de «golpistas y terroristas». Santiago Abascal se esfuerza en parecer más radical con consignas incendiarias como que son los extranjeros quienes violan y asesinan a las mujeres. «La gobernabilidad de España me importa un comino», exclama Montserrat Bassa, la portavoz de ERC. Las palabras esperanzadoras vienen de nuestra bancada.

Es mi turno; subo al estrado con la conciencia de estar viviendo un momento histórico. La prensa y sus señorías me observan. En las sesiones ordinarias entran y salen, la gente escucha poco, pero en los días señalados la atención es máxima. Empiezo con un guiño a los socialistas. Rememoro la victoria de Zapatero hace quince años, cuando tras el atentado terrorista en Madrid vivimos lo mejor y lo peor. A un lado, la mentira descarnada como arma electoral. Al otro, la dignidad de las víctimas y de miles de personas en la calle gritando «basta» de guerra, autoritarismo y engaños. Fue el inicio de la legislatura más progresista desde la recuperación de la democracia. Hubo fracasos como el del Estatut, pero grandes hitos como la retirada de las tropas de Irak. Como entonces, hoy debemos sanar las heridas sociales y territoriales legadas por la derecha; mucha gente vuelve a sentir ilusión y esperanza. No podemos defraudarla. Iremos hasta donde nunca se fue. De la capacidad de entendernos personas con biografías y culturas políticas tan diversas va a depender la próxima década. Va a ser fundamental estar atentos a los matices; aprender que la diversidad es un valor, no un problema, y que gobernar significa gestionar contradicciones. La derecha anunciará la ruptura de España, la llegada de las siete plagas. No debemos dejarnos atemorizar por su demagogia o crispación.

Se lo debemos a quienes salieron a parar a la extrema derecha con el voto entre los dientes. A quienes entendieron que solo se puede gobernar con estabilidad España si se acepta su realidad plurinacionalidad. Desde la Restauración, pasando por las dictaduras de Primo de Rivera y de Franco, hasta las dos legislaturas de Aznar y de Rajoy, la derecha siempre la negó. Nos merecemos un país con menos trincheras y más puentes. Lo hemos empezado a construir con el acuerdo de investidura, codo con codo, día a día, en el corazón de cada pueblo, de cada hombre y mujer de las tierras diversas de España.

Miro a la cámara. Me dirijo al conjunto de la ciudadanía. No nos dejéis solos cuando las derechas vuelvan a agitar banderas para dividirnos. Cuando la CEOE, Endesa o los fondos buitre traten de impedir la derogación de la reforma laboral, la regulación de los precios de alquiler o la bajada de la factura de la luz. Marcadnos el camino y sed exigentes con nosotros. Aplausos en nuestra bancada. Tras intervenir todos los portavoces, la presidenta Batet toma la palabra: «Señorías, empieza la votación». En voz alta y por orden alfabético. Uno a uno decimos sí o no. «Queda otorgada la confianza al candidato don Pedro Sánchez.» El júbilo estalla. Todos de pie, entonamos el «Sí se puede».

Pedro Sánchez es investido presidente. Y formará gobierno. Cinco miembros de Unidas Podemos entrarán en el Consejo de Ministros: Pablo Iglesias será vicepresidente. La portavoz de los gallegos, Yolanda Díaz, irá al Ministerio de Trabajo. La portavoz morada, Irene Montero, a Igualdad. El portavoz de IU, Alberto Garzón, a Consumo. Como portavoz de los comunes, también debo ser ministro, se supone, pero se hará una excepción. Está muy reciente lo sucedido en Cataluña con el *procés*. El presidente Sánchez amenazó hace poco con la aplicación del 155 de la Constitución. Cerró filas con la gestión represiva del gobierno de Rajoy. En cambio, yo destaqué en mi rechazo a la condena del Tribunal Supremo del *procés* y otras medidas punitivas. Pablo le prometió una coalición disciplinada al presidente. En los prolegómenos del acuerdo, ya me advirtió de no alzar demasiado la voz cuando el PSOE sumó sus votos a los de la derecha para arrebatarles el escaño a los cuatro diputados presos independentistas.

—El presidente no quiere a ministros que defiendan el derecho a decidir en el Consejo de Ministros. Te han vetado —me dice Pablo.

Es absurdo. El programa de los comunes es el mismo que el del resto de los partidos de Unidas Podemos en la cuestión catalana. Además, el PSOE enarboló la autodeterminación como «solución definitiva al problema de las nacionalidades» hasta los años ochenta. En su Congreso de Suresnes de 1974, tanto Felipe González como Alfonso Guerra levantaron esa bandera. Incluso el PSC lo llevaba en su programa electoral hasta 2012. Lo que antes era una solución, ahora es anatema hasta el punto de vetarme.

—No le gusta tu perfil comprometido con los derechos de los independentistas —añade Pablo.

La animadversión de Sánchez ya se había constatado en el único debate a cinco en TVE celebrado en noviembre de 2010. Entonces fui el protagonista de uno de sus principales dardos a Pablo:

—Es evidente que tenemos una discrepancia de fondo con el señor Iglesias sobre Cataluña. Muchos telespectadores desconocerán que Jaume Asens es el cabeza de lista de Unidas Podemos y que él antes de ser diputado fue una persona abogada que ha reconocido públicamente que asesoró, que conminó e incluso acompañó a algunos prófugos de la justicia líderes independentistas. Esta es la tarjeta de presentación del señor Iglesias en Cataluña. El señor Iglesias además defiende un referéndum de autodeterminación en Cataluña que lo que va a hacer es partir en dos definitivamente a la sociedad catalana.

Cuando oí ese ataque *ad hominem*, di un salto de sorpresa en el sofá. El corazón me dio un vuelco. El debate tuvo tres millones de telespectadores. Me sentí juzgado, sin poder defenderme. ¿Todo un presidente del Gobierno criminalizando la labor de un abogado?

El filósofo Albert Camus decía que cada vez que un ser humano es encadenado, nosotros estamos encadenados a él. La libertad debe ser para todos o para nadie. Él mismo practicó la solidaridad con quienes estaban en sus antípodas ideológicas. Para mí primero fue una cuestión de amistad. Un amigo verdadero, pase lo que pase, siempre está ahí. No se escabulle en las situaciones difíciles. Luego, de humanidad o solidaridad antirrepresiva. No podía evitar inclinarme hacia el lado de aquellos, tanto da quiénes sean, a los que se persigue, humilla o degrada.

Como abogado defendí a muchos disidentes o perseguidos injustamente, por ejemplo, anarquistas, con quienes no compartía ni su ideología ni sus acciones. Siempre sentí el peso de su sufrimiento oprimiendo mi corazón, como una carga. Una cadena que me ataba a ellos. La prioridad de alguien de ideología conservadora es mantener el orden establecido, pero ser de izquierdas conlleva ese sentido fuerte de la empatía. Los militantes de nuestro espacio político, incluso quienes menos simpatía albergaban hacia el independentismo, se sintieron indignados por las imágenes de policías golpeando a ciudadanos indefensos el 1-O en Cataluña. Donde el PP y el PSOE solo veían un acto de ruptura de la legalidad que se debía corregir por encima de cualquier consideración, en Unidas Podemos y los comunes veíamos excesos policiales que debían frenarse y denunciarse por encima de cualquier consideración. Ellos se fijaban en el orden, nosotros en la justicia. La ofensiva estatal posterior se dirigió contra dirigentes de un partido de centro-derecha como CiU, que a menudo había participado de un discurso criminalizando la disidencia. Pero eso haría que estos se movieran luego en sus afectos más a la izquierda. Ser víctima de una injusticia suele concienciar de otras injusticias.

En esa época, el seguidismo acrítico del PSOE, y muy particularmente de Pedro Sánchez, a la posición represiva del PP con el independentismo me indignaba. En el contexto de la Revolución francesa, Thomas Paine sostuvo que quien «quiera asegurar la libertad debe proteger de la opresión incluso a su enemigo, pues si infringe esta obligación sentará un precedente que le alcanzará también a él». Con el tiempo iré cambiando mi opinión sobre el presidente. También lo hará él conmigo, como comprobaré en una larga reunión con él y Pablo en la propia Moncloa para hablar de Cataluña. Recuerdo el día. La sala era grande, de estilo sobrio, con paredes y sofás blancos, presidida por un cuadro de Miró. El presidente iba con un traje de color azul violáceo. Me impresionó su atractivo: un perfil marcado, su voz potente, un rostro helénico, huesudo, una estatura y una corpulencia fuera de lo común. No es dicharachero, pero sonríe mucho. A conciencia. Detrás de su sonrisa —pensé—, hay una mandíbula de acero. En el hemiciclo, a veces suelta risotadas estruendosas, un poco forzadas, para ridiculizar a sus adversarios. Cuida su imagen. Parece querer imitar el estilo de Barack Obama. Es ambicioso, duro, exigente, ejecutivo y no sé si su hermetismo es fruto de la timidez o de la soberbia.

Antes de conocerle, pensaba que detrás de su belleza ortodoxa se escondía una personalidad vacua, hueca. Para mi sorpresa, descubrí a un político sagaz, informado y con una intuición fuera de lo normal. Como el expresidente Adolfo Suárez, es un superviviente nato gracias a su sentido pragmático, una gran capacidad de resistencia y adaptación a los tiempos. Es un político dispuesto a todo con tal de mantenerse en el poder. Maestro del juego táctico, cambia de opinión como las nubes bajo el viento. Eso es una virtud y un defecto, a la vez. Siempre sabe qué debe hacer para no perder la iniciativa política. Otra cosa es el daño que los zigzagueos infligen en su imagen pública. Con él parece cierto lo que escribió Benito Pérez Galdós: «La moral política es como una capa con tantos remiendos que no se sabe ya cuál es el paño primitivo». En la campaña electoral destaqué su gran plasticidad ideológica para señalar la necesidad de que nos votaran. Si nosotros teníamos fuerza, viraba a la izquierda si la tenía Ciudadanos, a la derecha. «Es un camaleón. Se puede volver lila o naranja.» Insistí tanto en esa idea que los periodistas que cubrían mis actos me regalaron un camaleón de peluche.

En realidad, en ese momento no me dio tiempo de plantearme la opción de ser ministro. A pesar de que el veto era ridículo, lo aceptamos. No diremos nada en público. No se sabrá hasta que Pablo lo explique años después en la radio, ya en su etapa de tertuliano. A partir de ese veto, empieza un baile de nombres. Iglesias apuesta por Ernest Urtasun, eurodiputado con quien le une una amistad tras su paso por Europa —también se romperá años después—. Es un diplomático de carrera de ICV. Pablo cree que puede ser del agrado del presidente Sánchez, pero su elección dejaría una vacante. Nos quedaríamos sin voz en el grupo verde europeo. Es desvestir un santo para vestir otro. Se descartará. Igualmente sucederá con Joan Subirats, mano derecha de Ada Colau en Barcelona.

Entonces entra en las quinielas Rosa Lluch, que al final también se descartará. Luego, será Gerardo Pisarello. Al ser profesor universitario es idóneo. Una vez obtenido su beneplácito, y que él ya estaba haciendo los preparativos para el nuevo destino, Pablo comunica la elección al presidente Sánchez. Nuevamente, este también lo veta por «su perfil soberanista». Vuelve a empezar otra vez un nuevo baile de nombres. ¿Habrá alguien de los comunes de su agrado? Empezamos a ampliar el foco. Finalmente, el elegido para ocupar la cartera del Ministerio de Universidades es Manuel Castells. A Pablo le gusta la idea.

El catedrático de Berkeley es como una estrella del *rock* académico. Bajito, con gafas, poco pelo y despeinado, trasluce mucho carisma. La sensación es que levita, que tiene la cabeza en su California soleada. Ve pasar desde arriba la política terrenal, entre la distancia y la suficiencia. No ha venido a pringarse en teles, redes sociales o batallas políticas; su misión es más elevada. «Yo no comunicaré, lo que comunicará será mi obra», nos espeta como carta de presentación. Sus intervenciones en el Consejo de Ministros serán las más sobresalientes. Cuando levanta la mano para pedir la palabra el resto se calla, presintiendo que va a sentar cátedra.

En 2016, el presidente Sánchez en sus horas más bajas, recién purgado de la secretaría general del PSOE, voló hasta su casa en Santa Mónica para recibir sus consejos visionarios. «Pedro Sánchez quiso alejarse de España por unos días para reencontrarse. Y se fue a California con su familia [...] tuvo la idea de que charláramos sobre lo que había sucedido y lo que podría suceder. Hablamos y hablamos, paseando entre el rumor de las olas de la playa de Santa Mónica [...] Me quedó claro que él tenía la fuerza suficiente para resistir [...] Cuando le acompañé al aeropuerto, había determinación en su rostro, esperanza en su mirada», escribe Castells en *Testimonio: viviendo historia*. Y, en efecto, llegó a presidente.

Su amistad con el presidente es su principal aval para que lo acepte. También que es un independiente, un intelectual excepcional, sin ninguna vinculación con el partido. Solo nos había apoyado en las elecciones municipales y se declaró públicamente fan incondicional de Ada. Lo que igual el presidente desconocía es que también es soberanista: defendió públicamente el derecho a decidir e incluso apoyó a Trias frente al PSC en Barcelona, antes de nosotros. Castells es tan independiente que en 2021, a pesar de ser ministro por Unidas Podemos, arropará al PSOE en los comicios autonómicos. Tres años más tarde, incluso pedirá públicamente el voto para el PSC. Seguirá la noche electoral en su búnker electoral junto a Salvador Illa. Ese giro de guion nos dolió.

Días antes de anunciar el resto del gobierno, Pablo me invitará a cenar a su casa en Galapagar para plantearme dos escenarios.

—Quiero que seas secretario de Estado de mi vicepresidencia. No es lo mismo que ministro, pero puede estar bien. Nos lo pasaremos bien juntos. Serás mi mano derecha en el gobierno. —Pablo evalúa mi reacción antes de seguir mientras da un sorbo a su vaso de vodka—. Hay otra opción. Si no lo ves claro puedes sustituirme como presidente en el Congreso. Que seas tú, un catalán, le dará un carácter plurinacional potente al grupo.

Será así: yo me veré más en el Congreso, además considero un error que todos los liderazgos abandonen esa trinchera. La canaria Vicky Rosell se atreverá a decirlo en público. Criticará que Irene y Pablo estén ambos en el Consejo de Ministros.

«La presencia de Jaume Asens, una de las personas más honestas y comprometidas que conozco, al frente de nuestro grupo en el Congreso refuerza su pluralidad, reflejo de nuestro país, y garantiza que el diálogo ocupe el papel central que requiere esta etapa», escribe Pablo en sus redes.

Como resultado del nombramiento, seré el único portavoz de las confluencias que me quedaré en el Congreso. Echenique sustituirá a Irene Montero como portavoz del grupo, y yo a Pablo Iglesias como presidente.

Mi relación con Echenique al principio es buena. Lo conocí en la distancia corta durante la consulta del 9N de 2014, el proceso participativo que Artur Mas planteó sobre el futuro político de Cataluña ante la imposibilidad legal de celebrar un referéndum de autodeterminación. Echenique fue el único dirigente estatal de Podemos que asistió. Me acompañó a votar en un colegio del Eixample. Es una persona que llama la atención. Científico con las gafas redondas, una sonrisa franca, se mueve gracias a una silla de ruedas eléctrica, incapaz de levantar un vaso de agua o fumarse un cigarrillo sin ayuda, con un cociente intelectual muy por encima de la media. Consiguió una plaza en el CSIC antes de saltar a la política, un ejemplo de superación, como refleja en sus *Memorias de un piloto de combate*. Afable, mordaz, disciplinado, táctico de primer orden. Capaz de pasar de una reflexión política profunda a una broma en un instante. Con un verbo desbocado, directo, duro, a veces imprudente, es temido en las redes. De trazo grueso, no es muy amante de los matices. A medida que avanzó la legislatura, nuestra relación se fue torciendo. No pudimos sustraernos de la dinámica de enfrentamiento de nuestros espacios.

Con Pablo en la vicepresidencia sucedió algo parecido. Cuando asumió el cargo, todavía hablábamos cada semana un par de veces para coordinarnos. Nos intercambiábamos mensajes casi a diario. Había mucha sintonía y complicidad. Apenas teníamos divergencias. Me dio margen de maniobra como presidente, pero poco a poco las llamadas se hicieron menos frecuentes. Al final, se desentenderá del grupo parlamentario y la falta de roce cotidiano desgastará nuestra amistad. Su vacío no lo llenará nadie.

El 15 de marzo de 2021, Pablo protagonizará un brusco cambio de rasante. Un giro dramático, asombroso, deja con la boca abierta a media España. Como la vida, la política es una sucesión de situaciones inesperadas. Convocadas las elecciones en la Comunidad de Madrid, Podemos se juega su supervivencia. Nació en Madrid y podía morir allí. Las encuestas no le dan ninguna representación en su plaza fuerte. Pablo decide dar un paso al frente. Dimite del gobierno. Como el griego Leónidas, baja a la arena a librar un combate perdido de antemano. La batalla de las Termópilas madrileña. Sucederá lo previsible. Es la primera vez que la formación sube en las urnas en comparación con el resultado anterior en la misma convocatoria. Pero este dato no maquilla el batacazo general de la izquierda. Ni oculta la decepción de no haber cumplido el objetivo que estaba detrás de ese inesperado salto de la política estatal a la autonómica: impedir un nuevo gobierno del PP en Madrid. Ayuso arrasa. Pablo es consciente de que su figura política está quemada, no concita simpatías, asusta y sirve para movilizar a la derecha. Sucede como con el independentismo. Cuanto más miedo da Podemos, más crece la derecha. Es el primero en verbalizarlo. Hace algo inédito en política: autocrítica y dimite.

Las decisiones heroicas en las tragedias griegas van acompañadas de la muerte del héroe. «Dejo la política, ya no sumo. Me he convertido en un chivo expiatorio que moviliza lo peor de los que odian la democracia.» Su inmolación es el último servicio al partido. Su final político es el final de *Salvar al soldado Ryan*. El capitán Miller (Tom Hanks) muere salvando a su pelotón mientras derriba el puente por donde avanza imparable un tanque nazi. En este caso, Pablo volará con el puente, pero eso no frenará el avance a toda velocidad del adversario.

La decisión tiene una lectura personal. En el plano psicológico, desde el inicio Pablo coquetea con la idea de la inmolación política. No le cuesta poner sobre la mesa la opción de la dimisión. No es un sacrificio para él. De ningún otro político español del último medio siglo cabría esperar que sometiese su continuidad a consulta de las bases por haberse comprado una casa. Por otro lado, está el cansancio frente a una brutal campaña mediática y un acoso cotidiano, con intervención de las cloacas del Estado y amenazas de muerte incluidas. Pero hay una lectura política también. Su dimisión —como explica él— abre otra brecha para relanzar nuestra hipótesis política. Es un gesto generoso. Una oportunidad para que el proyecto en la nueva etapa pospandémica pueda crecer. Renovarse con liderazgos más corales, no solo madrileños, y femeninos. A veces el progreso viene acompañado de una fuerte sacudida. La retirada de Pablo debe ser un revulsivo, digo en una reunión de grupo, pero por dentro lo vivo como un duelo. Una sensación amarga de final de etapa. Se cierra un ciclo que empezó en 2014.

Pablo se corta la coleta y pasa a dirigir un canal de comunicación. Se le caracterizó en alguna ocasión como alguien aferrado a su silla. Nada más lejos de la realidad. Es un político más de combate que de gobierno y en él siempre latió un corazón de periodista. La batalla por el relato siempre le motivó más que la institucional. La televisión es su medio natural. Le convertirá en el guía moral de Podemos. En su opinión, la política es comunicación. Solo ha estado un año y cuatro meses sentado en el Consejo de Ministros. Y lo vivió como algo más bien aburrido donde no podía decir lo que pensaba. Será sustituido en la vicepresidencia por Nadia Calviño e Ione Belarra se hará cargo del Ministerio de Asuntos Sociales. La salida de Iglesias —y su posterior abandono de la política institucional— será un impulso para Yolanda Díaz, ministra de Trabajo, que se convertirá en la líder de Unidas Podemos en el gobierno. Pablo la reforzará resaltando la necesidad de feminizar la fuerza política. Sin embargo, como veremos en las próximas páginas, pronto empezarán las desavenencias entre ambos.

De mi paso por la tribuna del Congreso, recuerdo cómo defendí que el gobierno afrontara retos inimaginables que modificarían el curso político de la sociedad. En 2020 vivimos una catástrofe sanitaria sin precedentes, que nos dejó en estado de *shock*. Se decretó el estado de alarma y se ordenó el confinamiento de toda la población en sus casas. Más de medio mundo estaba perplejo y aterrorizado, pero nadie puede negar el esfuerzo titánico en recursos humanos, materiales, que hicimos para garantizar una salida social de la crisis.

Si la gestión austericida de la crisis de 2008 dejó profundas heridas sociales, la pandemia y la guerra de Vladímir Putin en Ucrania apuntalaron una idea: se debe reforzar lo público. Con el gobierno del PP hubo una reforma laboral que mandó a más de siete millones de trabajadores a la pobreza mientras desde el Congreso una de sus diputadas, Andrea Fabra, gritaba «¡Que se jodan!» a los parados. Corrupción generalizada, degradación democrática, precariedad o desigualdad, despidos o desalojos masivos, recortes y privatizaciones en los servicios públicos. Con el gobierno de coalición habrá una reforma para acabar con la temporalidad y el paro, recuperar por primera vez derechos y poner en el centro la negociación colectiva. Como resultado, tendremos el paro más bajo en años, una afiliación sin precedentes a la Seguridad Social y un récord de contratos indefinidos. Además, se levantará un escudo social para proteger a millones de personas: con los ERTE, nuevos derechos como el de enfermar sin ser despedido, el ingreso mínimo vital, la prohibición de desalojos o cortes de suministros durante la COVID-19, ayudas sin precedentes a los autónomos, pensiones actualizadas, servicios públicos reforzados, rebajas en la luz o en el transporte público. Con el PP se rescataba a los banqueros, los presupuestos eran de austeridad, hubo amnistías fiscales a los grandes defraudadores, recortes en pensiones y en derechos mientras aumentaba la deuda pública un 30 por ciento. Con el gobierno de coalición será cuando más dinero se destinará en la historia en inversiones, dependencia, educación o sanidad para rescatar a la gente.

Sucesión: Iglesias *versus* Díaz

22 de abril de 2022: el día del abrazo. Estoy hablando con Pablo en la fiesta de *La Vanguardia* previa a Sant Jordi en el jardín del céntrico hotel Alma de Barcelona. Dos señoras mayores adornadas con muchas joyas se acercan a él. No nos caes nada bien, le dicen; al año siguiente le dirán lo mismo a Irene. Pablo es un maestro a la hora de lidiar con este tipo de situaciones incómodas; les responde de modo provocativo, con ironía, y la conversación se torna distendida. Al otro extremo del jardín está Yolanda, el alma del evento. Nadie levanta tanta expectación. Ha transcurrido más de una hora desde la llegada de ambos. No han hecho nada para encontrarse. Hoy debe producirse el encuentro, un alto el fuego. Sant Jordi es la festividad de la concordia, llena de flores y de libros; da un espíritu de esperanza a todo. La noche guarda una promesa que puede cumplirse.

—¿Querrás saludar a Yolanda? Creo que estaría bien que lo hicieras hoy —le digo a Pablo mientras miro de reojo hacia donde ella está.

—Claro. Igual a quien no le apetece verme es a ella —dice con una sonrisa abiertamente pícara.

Hay expectación por el encuentro. Al cabo de unos minutos, Pablo se decide. Se abre camino entre la multitud de corrillos. Le acompaño. La gente charla animadamente. Se giran con curiosidad para seguir sus movimientos. Todos los ojos persiguen su figura mientras recorre el patio. Llega al grupo formado alrededor de Yolanda. Se funde con ella en un abrazo de aquellos que hasta se sienten en las uñas de los pies. Como si no solo abrazaran ese momento presente, sino todo lo que fueron en el pasado. Es largo, cálido, estrecho, a la altura de las expectativas creadas por el momento. Un abrazo es mucho más vinculante que un apretón de manos o un beso en la mejilla. Es una vivencia de comunión que libera, consuela, da confianza. No retumba tanto como un cañón, pero su eco dura mucho más.

Los dos protagonistas están rodeados de otros invitados que siguen la escena. Entre ellos, Ada, que los mira con satisfacción. El abrazo da pie luego a una charla informal de algunos minutos. Con los ojos achinados y el índice en ristre, Yolanda le espeta: «Estás hecho un cascarrabias, últimamente». Un velo de amargura malhumorada empaña la expresión de su mirada chispeante. Arquea las cejas. Arquear las cejas aleja el mal humor. Su sonrisa es una curva que lo endereza todo. Su gestualidad rebaja cualquier tipo de tensión, sí, pero no oculta del todo el tono de reproche. Son las primeras palabras que se han cruzado en los últimos meses. No lo saben, pero también serán las últimas. Con la relación descosida, en el Sant Jordi del próximo año ya no coincidirán.

Un año antes de la escena del abrazo, Yolanda es una de las mejores amigas de Pablo. Lo son desde 2011. Es una amistad que sobrevive a todas las guerras fratricidas y desencuentros que agitan el partido durante estos años. Pablo tiene su apoyo incondicional. En los momentos difíciles, Yolanda se ha puesto de su lado. La última ocasión fue durante las negociaciones fallidas con el PSOE en las primeras elecciones de 2019. Su coincidencia con él llega a tal extremo que incluso se da de baja de IU por la posición discrepante de Alberto Garzón con Pablo. Su nombre como ministra de Trabajo está, junto al de Irene Montero, sobre la mesa desde el inicio. Pablo confía plenamente en ella. Ahora, en cambio, su relación difícilmente puede recomponerse. Un rayo la rompió. La división es tan profunda como probablemente irreparable. En el corto espacio de un año pasan de ser grandes amigos a rivales acérrimos. La maldición de Podemos.

El desencuentro tiene su origen en el punto exacto en el que lo tienen tantas rupturas de quienes antes fueron uña y carne: la sucesión. A diferencia de la serie *Succession* sobre el multimillonario Logan Roy, en este caso todo el mundo sabe quién debe tomar el relevo. Pablo lo anuncia, cuando deja la vicepresidencia para presentarse a las elecciones de Madrid, en un vídeo grabado en marzo de 2021: «La gente de izquierdas tenemos que animar y apoyar a Yolanda para que, si ella así lo decide y si así lo quiere la militancia de nuestras organizaciones, sea nuestra candidata». Sin el permiso ni el conocimiento de Yolanda, la lanza a la piscina de un empujón. Después ella no podría negarse a nadar, cree. «Para que saliera bien, no podía decírselo. Si se lo hubiera comunicado, no me habría dejado hacerlo», explica Iglesias en *Verdades a la cara*. Yolanda se entera por la prensa. «Te voy a joder la vida», le dijo en tono irónico, según recuerda en la famosa entrevista con Jordi Évole en La Sexta. El paso dado por Iglesias y las formas disgustaron profundamente a Yolanda, hasta el punto de plantearse renunciar.

Finalmente, Yolanda aceptó la vicepresidencia, pero dejó en el aire durante meses su candidatura a las generales.

Pablo deseaba que su sucesora fuera Irene, pero era consciente de que todavía no había llegado su momento y que estéticamente podía ser criticado, como fue la sucesión del presidente argentino Néstor Kirchner por su cónyuge. Además, la crisis de la COVID-19, y la respuesta del Ministerio de Trabajo, encumbró a su amiga Yolanda al estrellato. Planificó la transición hasta la llegada de ese momento. Cuando Pablo dejó la política activa en mayo de 2021 su poder se dividía en dos. El liderazgo de Unidas Podemos en el gobierno para Yolanda y la secretaría general de Podemos para Ione. No hubo un cuadro de mandos único. ¿No fue ese el origen del problema? El problema siempre es el reparto de poder, de poder real. Ambas dirigentes mantenían una buena relación, pero Yolanda se negó a seguir un camino señalado desde fuera. Durante ese tiempo, no obstante, Yolanda evitó tomar las riendas del espacio de manera clara. No quiso ejercer el liderazgo interno. Dejó de reunir a la Mesa Confederal, donde estábamos todos los dirigentes de la coalición. No se sentía involucrada por la hoja de ruta marcada. Ni siquiera acudió como invitada a eventos orgánicos de la formación morada. Si iba a ponerse al frente para presentarse a las elecciones, sería a su manera, con sus tiempos, su estilo y sus aliados, pero, sobre todo, sin directrices. La contraparte tampoco se quedó corta. Pablo empezó con una estrategia envolvente a atacarla reiteradamente desde los medios y su partido puso en duda numerosas veces su labor en el gobierno. ¿Por qué?

La discrepancia fundamental era de formas, de estrategia y táctica, no de fondo. Pero la forma en política es casi tan importante como el fondo. En su primer discurso como timonel de la formación, Yolanda deja clara su ruta: abandonar la «política del tuit» y los grandes titulares para construir un espacio político generador de «sosiego y tranquilidad» que reconecte con los ciudadanos. Se desmarca del estilo de su predecesor y de algunos dirigentes de Podemos, como Pablo Echenique. Lo dice en una reunión en el Congreso en que desde su equipo me pidieron sentarme en la mesa presidencial con ella, como presidente del grupo parlamentario. Cuando llegué, comprobé que no extendieron la invitación a Echenique como portavoz. Ese detalle generó enfado en Podemos. Uno de tantos. Con posterioridad, Yolanda repetiría una frase pronunciada por Pablo Iglesias en 2019: «No es fácil sumar lo distinto, no es fácil juntar personas que vienen de tradiciones políticas diferentes, pero si aspiramos a cambiar nuestro país, si coincidimos en el 90 por ciento del programa, tenemos que estar a la altura del resto y nuestra obligación es caminar juntos». Las mismas palabras, pero pronunciadas con un tono distinto. Quería rehuir la imagen de una izquierda enfurruñada, gruñona y triste, que solo se siente cómoda en su rincón. Recuperar el espíritu del Podemos inicial, cuando acusaba de «gruñones» a los dirigentes de IU. O, incluso, la imagen de los primeros meses de luna de miel de Podemos con el PSOE en el gobierno de coalición. Al inicio, la consigna era nada de choques o salidas de tono. Había que tragar sapos para mantener el idilio. En un exceso de celo, por ejemplo, Pablo Echenique votó en la junta de portavoces del Congreso en consonancia con el PSOE en contra de hacer pública la hoja de servicios del franquista torturador Billy el Niño.

Para entender las discrepancias entre los dos líderes la clave quizá está en la frase citada de Pablo Iglesias: «El cielo no se toma por consenso, se toma por asalto». El momento es distinto. Con 69 diputados y más del 20 por ciento de los votos, parecía posible desbancar al PSOE con una estrategia de «impugnación», presentando a los socialistas como parte de la «casta» y de un sistema caduco. Para Pablo, solo se podía ganar al PSOE marcando distancias. ¿Cómo evitar que la gente progresista dé un voto útil al PSOE? ¿Por qué nos van a votar a nosotros si la gente no nos distingue?, se pregunta a menudo. Yolanda tampoco pretende ser una muleta del PSOE, pero su estrategia es diferente. Quiere seducir al votante socialista dirigiéndose a la sociedad en su conjunto. El ejemplo es su discurso con altura de Estado, generoso y conciliador, en la fracasada moción de censura que Vox presentó con Ramón Tamames para desbancar a Pedro Sánchez. Nada que ver con el famoso discurso de Pablo sobre el pasado del expresidente González manchado de «cal viva» en la moción de investidura de 2016. La referencia a los GAL, que no gustó a su compañero de pupitre de entonces, Íñigo Errejón, encrespó al PSOE. En el caso de la moción de Vox, Yolanda elogia a sus compañeros y compañeras de partido, pero también a los socialistas. Incluso a Nadia Calviño, con quien mantiene fuertes encontronazos en el seno del gobierno. Esta estrategia cuenta con un precedente de éxito: Más Madrid, con Mónica García, había logrado desbancar al PSOE en esa comunidad. El *sorpasso* no está al alcance de Yolanda en las generales de diciembre, pero siembra para más adelante cuando, con la retirada de Sánchez, el PSOE deba buscar un relevo.

Yolanda quiere liderar con sus propias reglas de juego. Tomar sus propias decisiones. Podemos no se lo pone fácil. En sus filas cunde la sensación de que se los quiere arrinconar. Se extiende la creencia de que Yolanda no se mueve por convicciones, solo está preocupada por las encuestas. El segundo desencuentro tras la dimisión de Pablo se produce durante el acto de las «Otras políticas» de noviembre de 2021 en Valencia. Irán Yolanda, Ada, Mónica Oltra y Mónica García. Se intenta mediar para ampliar la invitación a Ione. Pero Compromís, organizador del evento, se niega. Pablo reprocha en público a Yolanda su participación. Se excluye a Podemos; también a IU, pero estos no alzan la voz. Con una fuerte carga simbólica, Yolanda quiere recuperar en este acto la alianza con formaciones que rompieron con Podemos. «Yo no quiero estar a la izquierda del PSOE, le regalo al PSOE esa esquinita», dice. Parece el pistoletazo de salida del nuevo proyecto político. Es una herida aún abierta. El enfado aumenta tras su apoyo público a Joan Baldoví, candidato a la Generalitat Valenciana por Compromís, a pesar de que Podemos presentaba otra lista contra él. O con el apoyo a Mónica García, que no quiso pactar una lista común con Podemos. «No puede ser que la confluencia sea solo donde ellos son débiles, como en Andalucía», me dice Pablo en un mensaje de texto.

También me cuenta que le había pedido a Yolanda que no acudiese a Valencia si no invitaban también a Belarra o a Montero. Pero ella fue a pesar de su rechazo. Y entonces todo explotó para siempre. El chat de Podemos ardía. Fue algo traumático, encrespó los ánimos. Contrastaba con el chat de los comunes, eufóricos. El acto plantó una certeza: Yolanda navegaba ya sola a toda vela. No se sentía vinculada con el partido que la aupó pero en el que nunca militó. Así empezó la guerra.

Desde ese momento, se multiplicaron las escaramuzas en una batalla de posiciones lenta y exasperante. A pesar de la gravedad de la situación política española, con el PP y Vox liderando las encuestas, el ruido interno escala cada día unos decibelios más. El fantasma de una fractura definitiva para las próximas generales pasa rozando el timón de cola de la aeronave. La grieta se traslada al grupo parlamentario de forma cada vez más visible. Las declaraciones de los portavoces lo traslucen. En las ruedas de prensa hacemos malabares para disimular el sangrado interno de cara a la opinión pública. Cada palabra, cada matiz, es diseccionado con lupa. Uno de los ejemplos más evidentes sucede con la reforma laboral o el envío de armas a Ucrania.

El grupo parlamentario que dirijo es el único espacio en pie de la confluencia. La guerra de posiciones de bandos se concentra dentro de su perímetro. Los canales de comunicación entre Yolanda e Irene están rotos. Con Ione, la comunicación tampoco fluye. Algunos intentamos mediar. No es fácil. Ya no existe ningún espacio de coordinación conjunto para marcar la línea. Cada quince días nos reuníamos como grupo confederal en la sede de Podemos. Hace muchos meses que Yolanda no convoca ese conclave. Intento convencer a su jefe de gabinete, Josep Vendrell, de la necesidad de hacerlo. La última reunión fue muy tensa. Yolanda y su equipo vinieron con una nueva propuesta de encaje entre el grupo parlamentario y el bloque del gobierno. Cuando nos dieron en mano el documento, ya se mascaba un sordo malestar en algunos rostros. Nos cogió por sorpresa.

—Queremos evitar filtraciones —se excusaron.

—Ya, pero debemos estudiarlo previamente, hablarlo en cada una de las respectivas direcciones —respondimos.

A Yolanda le quemaban las prisas para despegar ya con una nueva nave pilotada por ella, pero cambiar las reglas del juego a mitad de la partida no se podía hacer en un abrir y cerrar de ojos.

—Yo no ordeno y mando. Quiero que esto sea más democrático. No jerárquico. A mí me escogieron a dedo. Yo no quiero eso. No soy Pablo. Tampoco esperéis que venga a las reuniones a marcar línea, como hacía él. No me interesan nada las internas de los partidos. Me parecen terriblemente aburridas. Yo soy diferente. Quiero hacer las cosas de manera diferente. No he hecho ninguna crítica a un medio de comunicación y no las voy a hacer. No me gusta el ruido —advierte de modo apresurado. Como la heroína de *Kill Bill* de Tarantino, protagonizada por la actriz Uma Thurman, reivindica su derecho a elegir su destino.

Caras de sorpresa. Miradas de reojo. El crujido gris entre los dientes. Echenique hizo una mueca, como si tuviera plomo en las entrañas. El aire se podía cortar con un cuchillo. O mejor dicho, con una catana. Lo que nos dejó boquiabiertos fue su crítica furibunda a la vida interna de los partidos delante de sus correspondientes direcciones. Quería romper las fronteras de los partidos, pero confundir eso con prescindir de ellos o ir en su contra es un gran error latente en sus palabras. No le gustaba la vida orgánica de partido. Prefería centrarse en el ministerio. Lo hacía a desgana. Se precipitó en las formas. Apenas había dormido tres horas. Lo repitió varias veces. Normalmente duerme muy poco. Es un ave nocturna.

En el lado morado, escribían cabizbajos en sus móviles con gesto nervioso, comentando entre ellos lo ocurrido. El volcán empezó a humear. Áspera, Lilith Verstrynge es quien asume disparar primero una carga de profundidad. En Podemos se sentían despreciados, ninguneados. La propuesta les quitaba poder. Ni ese ni otro día se llegó a ningún acuerdo para reordenar el espacio a medida de Yolanda. A partir de allí, se abrirá la caja de los truenos, una estrategia de golpes bajos en ambos lados. Meses más tarde, se convocó una reunión de las direcciones de partidos sin Yolanda. Vinieron Irene e Ione. Duró unas cuatro horas. Se habló cara a cara, con el corazón en la mano, de las discrepancias sobre nuestra posición en el envío de armas a Ucrania. Hablando. Se acercan posiciones, hay empatía. Si no, se acumulan los malentendidos. Necesitábamos más encuentros así, pero ese sería el último.

En algún lugar debe de haber un basurero donde estén amontonadas todas las explicaciones que nos debíamos. Como el viento, el silencio atizó los grandes equívocos. Sin espacio de coordinación y discusión colectiva regular, la situación se enfangó irremediablemente. La cadena de acción y reacción podía no tener fin. Los enfrentamientos cada vez eran más visibles. Uno de ellos sucede cuando la presidenta del Congreso, Meritxell Batet, dejó sin escaño al diputado de Podemos Alberto Rodríguez tras la condena del Supremo —fue inhabilitado por una cuestionada condena a raíz de unos hechos ocurridos durante una manifestación del 15M—. Era una vulneración grave de sus derechos, y los de quienes le eligieron, tal como en enero de 2024 reconocerá el Tribunal Constitucional. Como en tantas otras ocasiones, llegará demasiado tarde. Podemos anunció una querella contra Batet, que de presentarse podía generar una enorme crisis en el gobierno de coalición. Alberto, exsecretario de organización de Podemos, no estaba detrás de la decisión. La frenó. Enfadado, se sintió manipulado y se dio de baja del partido. Fundó después una nueva plataforma electoral para Canarias, Proyecto Drago, que confluyó con Sumar para las generales. Este episodio generó algunas heridas en el grupo y acusaciones mutuas de filtración a los periodistas.

Yolanda Díaz presentó oficialmente Sumar el 8 de julio de 2022, iniciando una serie de conversaciones, «de escucha», entre las diferentes confluencias para valorar si se sumaban al proyecto. El secreto a voces se hizo por fin público. El resto de las confluencias confirma su asistencia a la convocatoria de Sumar. Podemos le da plantón. Arremete contra ella. ¿El motivo? Quería cerrar un acuerdo para conformar las listas electorales tras unas primarias abiertas. Contaba con un disciplinado batallón de miles de seguidores digitales capaces de ganar una votación exclusivamente electrónica. Es un funesto presagio. En los meses sucesivos, la relación se vuelve inasumible. El tiempo nunca se detiene, pero nos deja cicatrices imborrables en el alma.

La candidatura de Yolanda Díaz

El 2 de abril de 2023, el sol brilla como un globo de fuego en el acto de la presentación de la candidatura de Yolanda a presidenta de Sumar. Hay una larga cola de miles de personas en la puerta del polideportivo madrileño Antonio Magariños. Da la vuelta a la manzana desde media hora antes. Contaba el escritor Eugenio d'Ors que al entrar en una catedral o museo lo primero que hacía era recorrerlo de parte a parte. Necesitaba conocer sus límites para quedarse tranquilo y poder entregarse luego al goce de su contemplación. Mi curiosidad me lleva, una vez dentro, a hacer algo parecido para entender la geometría del lugar y el alcance del evento. Un cartel grande, colocado sobre las cabezas de los congregados, reza con cierta petulancia: «Hoy empieza todo». Cualquier estreno de una nueva aventura política tiende a ser tan esplendoroso como el arranque de una sinfonía, pero quizá hay un exceso de adanismo. El ambiente es febril, agitado, entusiasta. Tras atravesar un pasillo de abrazos y *biquiños* a sus simpatizantes, aparece Yolanda vestida de blanco, con unas elegantes mangas de farol. Es un mensaje en sí misma. Suavidad en las formas, dureza en el fondo. Sube al escenario. Le brillan los ojos. Como un pájaro rosado de plumaje. Le acompañan miembros de la sociedad civil y Carla Antonelli, quien el octubre anterior solicitó su baja del PSOE por su posición con la ley trans. La foto es un mensaje. Yolanda no quiere parecerse a los políticos tradicionales. En su debut sube a la tarima un grupo de ciudadanos anónimos junto a Gioconda Belli, poeta nicaragüense. Tampoco la escenografía es la habitual en un mitin. No hay una sola bandera. Los representantes de la quincena de marcas políticas de izquierda que la apoyan se quedan abajo, en la cancha. Muchas mujeres, como Ada Colau, Mónica García, de Más Madrid, o la eurodiputada María Eugenia Rodríguez Palop.

Cuando Yolanda se plantea asumir el liderazgo, hace dos años, decide esforzarse en recomponer los lazos dañados. La izquierda se ha desmembrado en los últimos tiempos por rencillas internas, luchas de egos y poder. También por algún desencanto. En la foto de la unidad se ven imágenes impensables hace un tiempo. Garzón departiendo animadamente con Errejón; líderes territoriales de Podemos y de su grupo parlamentario arropando a Yolanda. Sin embargo, falta la dirección de Podemos. Quedan todavía meses para las elecciones generales, pero su núcleo duro se ausenta. El desplante marca el encuentro.

En el acto, Yolanda cita a todos los partidos presentes y da las gracias a diferentes líderes del espacio: Íñigo Errejón, Alberto Garzón, Ada Colau, Enrique Santiago o yo mismo. En cambio, no agradece a nadie de Podemos. Tampoco les hace ningún guiño de complicidad. Es el elefante en la habitación de su discurso. Me decepciona que no haya tenido un gesto para acercar posiciones. No dejan de ser quienes la han aupado al frente del gobierno. En cambio, sí toma distancias claramente de Pablo Iglesias. Hasta ese momento, Yolanda esquivaba sus ataques continuos. Un terreno pantanoso, al que no quería acudir. Seguramente, no por miedo al enfrentamiento, sino para evitar un espectáculo poco gratificante y desmovilizador. No obstante, la política —no lo olvidemos nunca— la protagonizan personas de carne y hueso, con sus pasiones y sus debilidades. En esta ocasión, decide ir al grano. Se reivindica. Ha perdido la paciencia. Taxativa, da un puñetazo en la mesa. Es un error. La autoridad moral se manifiesta a veces no en lo que uno dice sino en lo que calla. «Hay que tener cuido al elegir a los enemigos porque uno termina pareciéndose a ellos», escribió Jorge Luis Borges.

Primero, lee una cita de Rosalía de Castro: «Yo soy libre. Nadie puede detener la marcha de mis pensamientos y ellos son la ley que rige mi destino». Luego remata. Tiene la piel tan fina que se le transparentan las venas del cuello. «Las mujeres no somos de nadie. Y yo, mujer, tampoco soy de nadie. Sumar es una fuerza feminista y no es de nadie. Es necesario que lo proclamemos, porque parece que aún hoy debemos llevar una preposición *de* pegada a nuestro nombre, para determinar nuestras adhesiones y nuestras deudas. Estamos cansadas de tutelas, de ser ninguneadas. No pertenecemos a nadie más que a nosotras mismas.» En el acto estoy sentado al lado de Íñigo Errejón. Le miro. Su cara es de sorpresa. «Este es el titular», murmura con una sonrisa burlona. Yo, en cambio, estoy petrificado. En el horizonte, silba el huracán. Las olas son gigantes. Un punto de inflexión más en una relación rota.

Tras Magariños llega el turno a la universidad de Podemos en Zaragoza. Con Jéssica decidimos ir. El año pasado, fui ponente en el acto de la primavera en Valencia. Compartía escenario con Irene e Ione. En esta ocasión, ni me invitan: las cosas han cambiado; hay tensión en el ambiente. ¿Cómo nos van a recibir? Ir es una decisión difícil pero acertada. Al final, la militancia se ilusiona cuando nos ve. Hay sonrisas, abrazos, complicidad, agradecimiento. La confluencia se construye con gestos así. Al día siguiente, viene Pablo a dar su mitin. No me quedaré; no le quiero incomodar. No participo desde hace tiempo de las reuniones de la ejecutiva morada. Con todo, tampoco me facilitan conectarme por *streaming*. Quizá consideren que no es compatible ser un dirigente de los comunes con estar en la dirección del partido morado. Mi situación es parecida a la del diputado Antón Gómez-Reino, secretario general de Podemos en Galicia, mano derecha de Yolanda. Como yo, formaba parte de la ejecutiva de Podemos, pero se alejó poco a poco.

Le mando un mensaje a Pablo. «Estoy en Zaragoza y me iba a quedar para escucharte, pero al final me vuelvo. He pensado que igual te parecía hipócrita que estuviera.» «A mí lo que me parece hipócrita es que estés en Podemos. Que estés en la fiesta de un partido llamado a ser un aliado y que te pueda resultar interesante lo que pueda decir yo me parece muy razonable. Y no tenemos por qué dejar de ser amigos por estar en proyectos diferentes a pesar de todo. De hecho, estando cada uno en su lugar todo sería más fácil. De todas formas, a mí me tienes muy visto ya. Un abrazo», responde. «Los viejos amigos son viejos amigos, pese a todo», escribió Jaspers.

Me reconforta que separe la amistad de nuestras discrepancias políticas, pero el mensaje me duele. Es la confirmación de que estábamos divididos como si un rayo siniestro nos hubiera partido en dos bloques. A un lado, la mayoría de la dirección de Podemos y sus diputados. Al otro lado, Yolanda, Izquierda Unida y los comunes. También está el PCE y su secretario general, Enrique Santiago.

Días antes de Magariños la línea ya estaba trazada, conducía a un duelo de titanes. Se había convocado una reunión para debatir si se permitía a los líderes del partido ir al acto de Sumar. Una compañera de la ejecutiva me avisó: «Tienes que venir a Madrid y dar tu opinión». ¿Me convocaron? Busqué el chat de la ejecutiva. Para mi sorpresa, comprobé que fui eliminado por la vía de hecho. ¿Por qué no me lo comunicaron? Las formas no son las mejores. También le sucede a Antón Gómez-Reino. Meses antes, el secretario general del grupo parlamentario, Txema Guijarro, dimitió. Es uno de los diputados morados en Magariños junto a la vicepresidenta tercera del Congreso, Gloria Elizo, relegada desde hacía tiempo de todas las decisiones de Podemos. Para la dirección, era la encarnación de la traición.

Las últimas reuniones de la dirección del grupo parlamentario de los martes, de doce personas, fueron muy crispadas, agrias, con reproches cruzados. Levantar un puente entre las aguas heladas, cortantes, parecía inconcebible. Podemos tomaba decisiones en su ejecutiva sin debatirlo previamente con el resto. Las posiciones llegaban tomadas al grupo parlamentario, las lanzaban previamente a los medios; luego no podíamos desmarcarnos para no acrecentar la imagen de división. Echenique cada vez parecía más un portavoz de Podemos que de Unidas Podemos. En una ocasión, incluso, me desautorizó frente a los periodistas: «No habla como Unidas Podemos, si acaso como comunes».

Fue tras mi rueda de prensa en noviembre de 2022 para explicar los detalles sobre la reforma penal del delito de sedición en el marco de la agenda de desjudicialización del conflicto catalán. Llamé a Echenique el día antes de que el presidente Sánchez lo anunciara en televisión. En ese momento no me reprochó nada. Estaba satisfecho con el acuerdo. La negociación con el PSOE la habíamos llevado directamente la vicepresidenta Yolanda Díaz y yo mismo.

Fue ella quien me encargó elaborar propuestas y enmiendas al texto del ministro de la Presidencia, Félix Bolaños. Ese *modus operandi* luego no gustó en Podemos.

—No es muy orgánico negociar una reforma del Código Penal y no informar de los detalles a Ione, tu Secretaría General. Yo te sacaría de la dirección ya, pero la jefa es más blanda que yo —dice Pablo con total desenvoltura y naturalidad. Es mordaz, directo. Le gustan las estocadas, sin rodeos. Sus enfados a veces son como los de un niño. Quizás por eso le adoro instantáneamente. Me enerva, pero me emociona.

Le respondí con un tono más conciliador:

—Sé de tu puño de hierro, sí, pero la propuesta de reforma no la conocía nadie, ninguna de las direcciones de los partidos. —Y le mandé una noticia con este titular: «Podemos, IU y los comunes no conocían los detalles de la reforma de sedición para evitar filtraciones que pusieran en peligro el pacto».

—Estar en un partido implica que la jefa de tu partido debe conocer esto —insistió.

—Sí, tienes razón, pero quedamos que era Yolanda quien le informaba a ella y a Alberto Garzón, y yo a Ada Colau y Pablo Echenique. Que fuera solo el día antes era la condición de Pedro Sánchez para llegar al acuerdo. Quería ser él quien lo contara en *prime time*. En todo caso, tampoco es muy leal que Ione no me informe nunca de sus conversaciones con Marta Rovira sobre esta cuestión, cuando soy el impulsor de la propuesta y afecta básicamente a Cataluña y a los comunes. Es surrealista que tenga que conocer su contenido por ERC. Eso tú nunca lo hiciste. Contigo, la relación era fluida.

En numerosas ocasiones se repitió ese guion con los comunes de damnificados, fuera de las negociaciones. Era

Podemos quien negociaba por su cuenta muchos de los acuerdos de legislatura. Jamás se nos ocurrió desautorizarlo en público. Cuestión de estilos. Era evidente la falta de confianza. Las relaciones estaban totalmente deterioradas.

En la última reunión de la dirección del grupo parlamentario hubo un cambio de rasante. Todo el mundo fue a cara de perro a defender posiciones de facción. La tensión se podía cortar con un cuchillo. Por primera vez hubo filtraciones en la prensa sobre las posiciones de cada uno. La protagonizó Pablo en Canal Red. Le mandé enfadado un mensaje:

> Pablo, hace tiempo que quería escribirte; siento que algo se torció hace un mes. Ya sabes que soy un romántico y necesito mantener las amistades que como la tuya vienen de lejos y me conforman como lo que soy. Creo que entre nosotros hemos sido siempre sinceros, para bien y para mal... Me dolió mucho lo que hiciste cuando explicaste —una versión tergiversada— la discusión de una reunión interna de la dirección. Nunca antes sucedió: una reunión de diez personas retransmitida por un medio de comunicación. Me pareció una deslealtad que mina la confianza, no eres cualquier persona, eres el exdirigente de nuestra organización y quien dispone ahora mismo de más ascendencia en la opinión pública y la militancia. No voy a cuestionar cómo ejerces ese poder. Tú sabrás, allá tú con tu conciencia. Eres libre de hacer lo que quieras, pero lo que sí me parece mal es que te conviertas en el altavoz de Podemos para explicar la versión de alguno de sus diputados en una reunión secreta, que no contrastas y que interfieras en la dinámica interna de la organización. Y, por favor, no me digas que eres periodista y recurres a tus fuentes. Eso no es periodismo, Pablo, es partidismo. Usas tu influencia para un beneficio partidista. Además, no fue un

desliz de una sola vez. La segunda vez, te reíste de quien se enfadó porque habías contado la primera reunión. O sea, de mí. Por eso, ya no fui a la siguiente reunión, donde por cierto Podemos defendió que los funcionarios de prisión fueran autoridad, en contra de la opinión de los comunes. Eso ya no lo contaste. Es imposible trabajar con quien no respeta la discreción de las reuniones y tergiversa las opiniones dichas allí. Durante este tiempo hubo muchas deslealtades y desencuentros, pero siempre se respetó la confidencialidad de esas reuniones. Con todo, seguiré haciendo lo mismo: hablaros a vosotros directamente cuando algo no me gusta, no a través de los medios. Frente a las deslealtades, insultos o ataques, mantendré la misma actitud: ninguna crítica en público, solo alabanzas. Espero que estés bien. Un abrazo.

Su respuesta esquivó cualquier responsabilidad:

Más allá de las cosas sobre lo blandito y lo buena persona que eres (creo que en esto hay algo de verdad, pero también pose), los dos hemos leído miles de veces filtraciones sobre debates internos. Hice periodismo, obviamente con toda la intención, pero con rigor. Comparado con lo que hace el equipo de Yolanda con tipos que han intentado jodernos la vida es poca cosa. Sé con qué periodistas se reúne y una parte de lo que hablan... ese mundo de la noche y los *gin-tonics* está lleno de bocazas. Espero también que estés bien. Abrazo.

Es verdad. Hubo filtraciones del chat, con más de cien personas, del grupo parlamentario o del Consejo Estatal de Podemos, pero nunca antes de su dirección. Eso fue subir un eslabón mucho más alto. Reventar el funcionamiento del núcleo dirigente, que hasta ese día aún se mantenía en pie. El fin de legislatura iba hacia un callejón sin salida.

Nos asomamos al abismo. Todo podía suceder. La ruptura se respiraba en el ambiente.

El riesgo de que todo salte por los aires cada vez es más real. Al final, Yolanda se deja arrastrar otra vez por la marea turbia del enfrentamiento de Podemos. Está harta de tantas críticas. Desentierra el hacha de guerra. En la entrevista con Jordi Évole en La Sexta el 16 de abril de 2023, las ruinas humeantes de la amistad con Pablo le tuercen la sonrisa. En vez de hablar de su proyecto, aborda sus diferencias con él. Se la ve incómoda, aprieta los labios, frunce el ceño. Iza al aire un lamento. Su cara es de fastidio. No parecía haber interiorizado las máximas de Lutero: cuando las palabras echan a volar, no se las puede coger por la cola. Sin duda, el principal responsable es el entrevistador, pero ella no es capaz de escapar de ese marco. El que tiene un gran poder no debe usarlo a la ligera. Con anterioridad, en una entrevista en *El País*, sugiere que Irene Montero debería dimitir por el fiasco de la ley del solo sí es sí. Ella lo habría hecho, dice, si hubiera sido derrotada su reforma laboral. El mar ruge furioso.

Irene Montero cuenta en su libro *Algo habremos hecho* que Yolanda convocó varias reuniones para exigir su dimisión. «Aún lloro de rabia cuando lo recuerdo», escribe. La rabia, ese mineral venenoso que corroe las entrañas y puede destruirlo todo.

Otro desencuentro se produce a raíz del debate sobre la derogación de la ley mordaza. Tras tres años de negociación, se hizo realidad el sueño del PP: la vigencia de su ley. Fue un día muy triste para quienes llevábamos años de lucha antirrepresiva. Al PSOE le faltó valentía. Le tenía demasiado miedo a la reacción de los sindicatos policiales para ir hasta el final. Pero a otros les faltó responsabilidad y les sobró cortoplacismo electoral. En medio de la negociación,

ERC y Bildu sumaron sus votos al PP y Vox para tumbar la derogación de los 36 artículos más lesivos de la ley. No querían regalar esa victoria al gobierno de coalición.

Los acuerdos suscritos hasta ese momento contenían tres grandes hitos: recuperar los derechos de protesta recortados; dar un enfoque progresista a los derechos de reunión, expresión y manifestación, e introducir la restauración y la mediación como alternativa a la sanción o al uso de la fuerza. La negociación estaba abierta. Quedaban pendientes de cerrar solo dos carpetas, ajenas a la propia ley mordaza. Una, la prohibición de las balas de goma, de competencia autonómica. Dos, las devoluciones en caliente en frontera, materia de la Ley de Extranjería. Fue una decepción. Teníamos una oportunidad. En el primer trámite legislativo, la perdimos. El desacuerdo en un 2 por ciento impidió avanzar en más del 98 por ciento acordado. El todo o nada terminó en nada. El no de ERC y Bildu abría la puerta a centenares de nuevas sanciones. Y si el futuro gobierno era del PP y Vox, a dar carpetazo definitivo a la derogación de la ley mordaza. Para mí era un *déjà vu* de la negociación sobre la reforma de la ordenanza del civismo en Barcelona, ahora ya inviable.

En ese contexto, Podemos enmendó en público la plana al negociador de IU, Enrique Santiago, en vez de responsabilizar a ERC y Bildu del fracaso.

—Creo que os habéis equivocado —me dice Pablo Iglesias.

—Sí, ya he visto tu opinión. La respeto, pero yo también creo que es Podemos quien se equivoca. Ni ERC ni Bildu querían que saliera la derogación de la ley mordaza. Ellos no vienen del 15M, les importa poco esto. Lo que quieren es hacernos daño a nosotros, no al PSOE. Necesitan decir que hemos incumplido nuestras promesas... pero

ERC es gobierno en Cataluña y allí van en dirección contraria. Aquí van de izquierdas para sacarnos votos a nosotros, allí de moderados, para sacárselos a la derecha.

—Eso lo veo perfecto, pero en este caso el PSOE nos tiene donde quería.

—Sí, quizá el PSOE esté contento de que haya caído la reforma. Se han quitado un peso de encima... pero los perjudicados principales somos nosotros. Es nuestra bandera. En todo caso, creo que hay que cerrar filas con nuestro portavoz de Interior, Enrique [Santiago], como hacemos con Igualdad, a pesar de nuestras discrepancias con la ley del sí es sí de Irene [Montero].

En octubre de 2024, el PSOE y Sumar llegan finalmente a un acuerdo con Bildu y ERC sobre la reforma de la ley mordaza. Se incluye terminar con las balas de goma y las devoluciones en caliente. Es mejor que lo acordado inicialmente con Unidas Podemos en la anterior legislatura. No obstante, estas ahora resoplan. «Es un retoque estético», dirá su portavoz.

Volvamos a 2023. Tras el incidente de la ley mordaza, el guion de las luchas internas siguió su curso con la frustrada renovación del Consejo General del Poder Judicial. La ruptura del grupo parlamentario estaba más cerca. Se mascaba en el ambiente. La negociación repetía el mismo esquema que la última vez. En febrero de 2021, el acuerdo se había roto porque el PP vetó a los dos candidatos propuestos por Unidas Podemos: la jueza y exdiputada Victoria Rosell y el juez José Ricardo de Prada. Victoria había logrado hacía poco una condena sin precedentes por ser víctima del *lawfare*. A José Ricardo le vetaron porque fue el juez firmante de la condena de la Gürtel, que acabó con la moción de censura y la caída del gobierno de Rajoy. El PP jugaba al despiste, no quería llegar a ningún acuerdo. Utilizaba el veto como pretexto para romper la negociación. El tiempo corría a su favor.

Con la dimisión del presidente del Consejo, Carlos Lesmes, arranca una nueva tanda de negociaciones. El veto a José Ricardo ya no es un obstáculo. El propio juez se retira del proceso. El PP mantiene el otro veto. Es una condición para sentarse a negociar. En el caso de Vicky hablan de puertas giratorias cuando, en la anterior renovación, el PP puso como presidente al propio Lesmes, alto cargo del gobierno del presidente Aznar. El PSOE acepta el veto. Nuestros votos no son necesarios para renovar el Ejecutivo judicial. Entre PSOE, PP y el PNV superan ampliamente los tres quintos necesarios en el Parlamento. Tras varios días de bloqueo, el PSOE nos traslada la necesidad de proponer otro nombre: «El PP va en serio. No queremos perder la oportunidad de lograr sendas mayorías progresistas en el CGPJ y en el TC tras cuatro años de bloqueo». Si no hay otro candidato, irán adelante con la renovación sin nosotros.

Yo soy el portavoz de Justicia en el Congreso. Me encargo de hablar con posibles jueces candidatos. Ya lo hice en la anterior legislatura, sin ser diputado, por indicación de Pablo. Conozco ese mundo. No obstante, es el secretario de Estado, Enrique Santiago, quien negocia con el PSOE. Plantea una disyuntiva difícil: plantarse, asumir el riesgo de quedarse fuera del acuerdo, o presentar otra candidatura. La dirección de Podemos anuncia que votaran en contra si se excluye a Victoria. En ese escenario, otra vez se puede partir el grupo parlamentario. Una vía maximalista. Otra, pragmática. A través de su pódcast, Pablo acusa a Yolanda de «ceder a las presiones» de los medios. La reta públicamente a decir que no era su candidata. Yolanda no varía el rumbo. Dos trenes humeantes pitan a lo lejos. En el instante antes del choque, las agujas marcan un cambio de raíles. Las negociaciones saltan por los aires por otro motivo. Alberto Núñez Feijóo, presidente de los populares desde abril de 2022, no aguanta sus propias presiones internas. El PP se atrinchera otra vez en su posición obstruccionista de siempre, bajo las órdenes de Isabel Díaz Ayuso. Dos años más tarde, tras las elecciones europeas de 2024, se cerrará el acuerdo. Fuera del gobierno, Podemos cambiará también de estrategia. No le parecerá bien renovar el Ejecutivo judicial. Lejos queda cuando Podemos pactó junto al PSOE y el PP la renovación del Tribunal Constitucional, con magistrados conservadores como Enrique Arnaldo. Entonces, Pablo escribió un artículo en el que reflexionaba sobre la necesidad de formar parte de la renovación de las instituciones del Estado. La apuesta ahora será otra. Nada de *realpolitik* o pragmatismo político. Todo pura confrontación a partir de un nuevo relato. El de la oposición.

La política es relato. Y Podemos siempre dispone de un lenguaje propio. El combate político tiende a ser una lucha de guiones. La verdad a veces parece secundaria. Gana quien dispone de la retórica más persuasiva. Se trata de crear un público con relatos de alto voltaje emocional. Y los públicos siempre exigen emociones fuertes. Hay que extremar posiciones para llamar la atención. El relato de lo que ocurre es más decisivo que lo que ocurre.

Sostiene Amador Fernández-Savater en su libro *La fuerza de los débiles* que en estos tiempos existe una tendencia «que hace creer que el desenlace de la batalla cultural no depende de la verdad de los relatos sino de su eficacia comunicativa». Se arrincona el diálogo, se apuesta por monólogos que chocan, por el formato del zasca. La verdad no prevalece. Todo es escenificación y cálculo en nombre del nicho electoral. Hay poca conexión con las consecuencias de los actos. Se debate sobre la ley mordaza o la renovación de la cúpula judicial, como en otros asuntos, como si fuera una abstracción sin resultados concretos sobre la vida de la gente. Se puede defender una posición o su contraria del mismo modo que en un videojuego elegimos bando. No hay viaje que recorra el trayecto desde la causa hasta la consecuencia.

Las elecciones autonómicas y municipales del mes de mayo de 2023 fueron un campo de batalla. Sumar, con la mirada puesta únicamente en las generales, decidió no comparecer a la cita. La implicación de Yolanda en aquella campaña fue motivo constante de rifirrafes y de reproches por parte de Podemos y ella acabó haciendo malabares para encontrar el equilibrio imposible en el apoyo a las distintas candidaturas del espacio. Podemos y algunos de sus posibles socios en Sumar, como Más País o Compromís, serán competidores electorales en Valencia o Madrid. Yolanda participa en unos cuantos actos muy escogidos. Apenas se implica con las candidaturas de Podemos y reparte su tiempo con otros partidos.

La confección de listas para las elecciones andaluzas fue otro punto de inflexión. Las negociaciones para armar la unidad se torcieron desde el inicio sobre el polvo que cubría la batalla. Al final, se llegó a un acuerdo *in extremis*. El plazo para inscribir las coaliciones terminaba a las doce de la noche. Podemos no mandó al registro a nadie con poderes para firmar. Pocos minutos antes de las doce, el resto de los partidos inscribieron contrarreloj la coalición sin Podemos. Choque de carneros. Ambos bloques se acusaron mutuamente de mala fe para descarrilar el acuerdo. El resultado fue un enorme fiasco económico y político. El grupo parlamentario estaba ya roto en dos. Podemos, por un lado, el resto por el otro. En ese contexto, Pablo realizó unas declaraciones públicas. Responsabiliza a Yolanda de lo ocurrido por no convocar primarias. Había que tomar represalias. En el libro de Levítico, de la Torá, el chivo expiatorio era un macho cabrío sobre el que recaían los pecados colectivos de todo el pueblo judío. Siguiendo el viejo rito sacrificial, Ione Belarra cesó al secretario de Estado, Enrique Santiago, e Irene Montero a su jefa de gabinete, Amanda Meyer, ambos dirigentes de IU. Los destituidos rehúyen la bronca interna. No levantan los puños. Con su elegancia habitual, Enrique se limita a agradecer a Ione su confianza por haberle nombrado en una entrevista en *El País*. Cuestión de estilos.

La dinámica de autodestrucción parece imparable. Los puñales vuelven a volar en un acto de Podemos en un teatro de Madrid. «Claro que los partidos son necesarios. No hay discurso más reaccionario que el que dice que el problema son los partidos. [...] Los que aceptaron el veto a Rosell no lo van a poder reconocer jamás. [...] Necesitamos una izquierda que diga la verdad. [...] Podemos tiene que ser generosa. Pero debe ser respetada. ¡Ay de aquel o de aquella que se atreva a faltarle el respeto a su militancia!», advierte Pablo en un dardo lanzado a Yolanda. Me manda un mensaje de texto: «Debemos ir juntos, pero es absurdo pensar que Podemos puede integrarse en Sumar. Sumar es un proyecto importante, pero debe respetar, reconocer, lo que representa Podemos. A día de hoy creo que sus intenciones son otras y sus aliados mediáticos son espantosos. Ojalá se rectifique».

En los comunes impera la sensación de que Podemos quiere desgastar el liderazgo de Yolanda para ir solos a las elecciones generales. Cuando hablo con Pablo tengo la sensación de que es sincero. Quiere la unidad. Entonces,

¿por qué tantas críticas públicas? Acusa a los medios de presionar a Yolanda. Quizá. Pero quien más la presiona para bajarle línea desde la prensa es él precisamente. Gasta más tiempo golpeando a sus lados que hacia al frente. ¿Es una estrategia para forzar la negociación de unas listas donde Podemos no pierda peso? Quién controla el futuro grupo parlamentario, qué peso tiene cada uno de los bandos, parece la pelea de fondo. «La única solución es pactar primarias y competir allí, pero mi impresión es que no lo vais a aceptar. ¿Habrá primarias al final? Solo si os convencéis de un fracaso electoral si vais solos... Y todos los medios trabajan para convenceros de lo contrario... Ojalá me equivoque, pero creo que no vais a aceptar competir si pensáis que solos no os irá mal. En fin, voy a trabajar por la unidad, pero eso implica lo que implica», me advierte en un mensaje. ¿Quizá solo se trate de eso? De forzar la convocatoria de primarias internas. Y movilizar a las bases de Podemos. Concebir la unidad como recomposición alrededor de Podemos en medio de las ruinas que queden tras la pelea interna es una estrategia temeraria. Es difícil unificar dedicando tantos esfuerzos a destruir a tu futuro aliado. Genera desafección general. Anticuerpos en tus bases. ¿Cómo las convences luego de la bondad de un acuerdo? La hoguera que enciendes contra tu adversario, al final también te chamusca a ti.

La pelea orgánica podría encauzarse antes de las elecciones del 28 de mayo de 2023, pero no resolverse por completo hasta después. En ese camino minado abundan los mensajes explícitos de Pablo hacia Yolanda desde sus diferentes altavoces públicos. Por ejemplo: «A veces saber estar es saber dónde estar y dónde no estar. Gracias, Ione», acompañado de una foto suya en una manifestación pro-Palestina junto a otra de Yolanda en la entrega de los Premios Planeta. ¿No era compatible que una estuviera en un sitio y la otra en otro? ¿Debían estar las dos en la manifestación? ¿Debía atacar en público de modo tan directo a Yolanda por ello? Como un pistolero de una película de Sergio Leone, Pablo descarga su revólver sin compasión, de modo cada vez más explícito: «Yolanda trabaja para destruir a Podemos aliándose con mafiosos y con sus enemigos más evidentes». ¿Aliarse con mafiosos? La herida de las palabras a veces duele más que la del cuchillo.

Las cosas empeoran todavía más con el resultado electoral. Sobre un mar de acero, convulso, encrespado, es difícil navegar. Es el naufragio final. La izquierda pierde seis comunidades de una tacada, el PSOE resiste a la baja, Unidas Podemos se hunde, Ada Colau deja de ser alcaldesa de Barcelona.

No obstante, aún faltaban las dos grandes batallas finales. La primera llega con el imprevisible adelanto electoral de Sánchez tras los malos resultados electorales, el 23 de julio de ese mismo año, tan solo dos meses después. Eso obliga a una negociación exprés de las listas. Ione acusa a Yolanda de excluir a Irene Montero y Pablo Echenique. Con los puentes completamente dinamitados, el choque por la configuración de esas listas parece volver a empujar la unidad hacia el precipicio. Pero tras la hecatombe electoral, Podemos no tiene margen. Acepta el veto para salvar los muebles. Irá en la candidatura de Sumar. A cambio, gana varios puestos de salida. Garantiza una representación parlamentaria que las encuestas no le daban si iba en solitario.

La firma del acuerdo es un milagro político. Se hace a regañadientes, en el minuto de descuento. En medio del fragor de la batalla, supone un respiro para mí. Llevaba meses asumiendo mil equilibrios, desgastado, como presidente de un grupo dividido en mil pedazos. No es la construcción tranquila de un bello monumento; es una intervención de urgencia. Con la convocatoria electoral, ¿dejaríamos por fin atrás los descalificativos, reproches o recados a través de los medios? Con el deshielo, existe una oportunidad para afinarnos con el mismo diapasón. Pero la paz durará poco. La lógica del ajuste de cuentas se impondrá. Como explico más adelante, seremos como un náufrago metódico que cuenta los minutos que faltan para morir.

Comuns: la candidatura que no prosperó

Una vez convocadas las elecciones, hay que elaborar las listas electorales. Queda muy poco tiempo. Al principio, en los comunes se baraja la vía del «mirlo blanco» como cabeza de lista. ¿Qué es un mirlo blanco? La expresión designa algo positivo y excepcional como los pájaros con una alteración en la pigmentación de su plumaje. Están muy cotizados en las nuevas formaciones políticas, donde reina el culto a la novedad. La ruleta de la fortuna deja muchos ex. Un líder tarda muy poco en pasar de generar consenso e ilusión a convertirse en alguien prescindible. Me surgen preguntas sin respuesta: ¿mi carrera política terminó? ¿He envejecido? Somos como fósiles, escribe Flaubert, que subsisten desorientados en el mundo nuevo.

¿La cadena de confianza con la dirección se ha fracturado? ¿Mi tiempo ya ha pasado? ¿El personaje ha caducado? Es lo primero que pienso. Luego me recompongo. Me involucro en el debate para renovar la alineación. Antes, sugiero a Ada ponerse al frente. Sería el mirlo blanco por antonomasia. No es un perfil nuevo, pero sí el más valioso.

—No sé qué estás pensando hacer en el futuro, pero si no podemos retener la alcaldía, eres nuestro principal activo en el escenario actual. Serías un revulsivo. Además, como has terminado la campaña, no te costaría vincularte otra vez a otro desafío electoral. Hagas lo que hagas, cuenta con todo mi apoyo.

—Ni loca. Me lo está diciendo todo el mundo. Ni me lo planteo —me responde.

Su compromiso es con Barcelona. Entonces propongo a Rosa Lluch, profesora de Historia medieval de Cataluña en la Universitat de Barcelona, hija del ministro Ernest Lluch, asesinado por ETA. La conocí en unas jornadas sobre la paz en el País Vasco en 2016. Había víctimas del terrorismo y de torturas por la guerra sucia del Estado. Me impresionó su coherencia y su fortaleza moral, ese fue el inicio de nuestra amistad. Ella también se descarta.

Pasan los días, la espera a veces exaspera; la lentitud irrita. Me llama mi número dos, Aina Vidal. Es una mujer vehemente, no se anda por las ramas. Pisa fuerte. No le gusta tanta incertidumbre. Empiezan a circular rumores sobre posibles cabezas de lista.

—Pensemos juntos cómo actuar ante las dudas de la dirección —me dice.

No queremos perder la paciencia. La paciencia es la virtud de la espera. Es amarga pero su fruto es dulce. Todo toma su tiempo, las cosas deben seguir su curso. El impaciente tiene un problema con el ritmo de la vida.

Vuelvo a preparar la campaña como cabeza de lista, por si acaso. Luego paro. ¿Y si al final no soy yo? Los acontecimientos a veces se convierten en una caja de sorpresas. Recibo una llamada de Joan Mena: «No creo en los mirlos blancos. Siempre salen mal. Debes ser tú el candidato. Nadie más está en una posición mejor para defender nuestro proyecto. Ya se lo he dicho a las coordinadoras. Además, eres el político catalán mejor valorado por los catalanes». Hace referencia a la última encuesta del Centro de Estudios de Opinión de la Generalitat (CEO) que añade otro dato interesante para mi desdeñosa autoestima. Soy el político mejor valorado por los votantes de otros partidos —los independentistas, pero también los del PSC—. Joan es portavoz de los comunes, proviene de EUiA, la rama comunista del espacio. Afable y carismático, sus intervenciones como diputado en defensa de la lengua catalana son virales. Con mucha convicción y aplomo defiende la inmersión lingüística como instrumento de cohesión social. Sabe de lo que habla: fue profesor de una escuela pública e hijo de emigrantes andaluces que aprendió catalán gracias a la inmersión lingüística.

Finalmente, el debate se agota. No sobrevuela ningún mirlo blanco en el horizonte, la opción queda descartada. Las coordinadoras me comunican que yo soy el candidato con el mismo orden de la lista anterior, pero habrá alguna nueva incorporación.

Una es Júlia Boada; viene de ICV, coordinadora de Esquerra Verda, puede presumir de cierto pedigrí familiar como hija de Joan Boada, histórico dirigente de ICV, miembro del gobierno tripartito. La gran novedad es Lilith Verstrynge, secretaria de organización de Podemos; también con el pedigrí de su padre, Jorge Verstrynge, expolítico.

En los otros partidos no hay dudas. ERC, CUP y PSC ya han anunciado a sus candidatos. Repiten guion con los mismos cabezas de lista. Somos los últimos en confirmarlo, vamos tarde. La búsqueda del mirlo blanco retrasó la comunicación oficial. Se convoca al Consejo Nacional. Me llama David Cid, diputado en el Parlament desde 2018 y jefe de la campaña electoral. Con ojos grandes y oscuros, una sonrisa amable y sincera, cuerpo elástico y fibrado de ciclista. Fue el coordinador nacional de ICV, pero nunca operó con los clichés previos a la creación de los comunes. «Debes hacer tú el discurso final. Es el pistoletazo de salida de la campaña. La gente debe saber que ya tenemos candidato. Jéssica y yo creemos que debes hacer una primera valoración de los resultados electorales municipales», dice. Jéssica es la presidenta del grupo parlamentario catalán de los comunes. Tras la marcha de Xavier Domènech, en 2018, es candidata a la presidencia de la Generalitat. Periodista, de carácter conciliador, todoterreno y buena oradora en el cara a cara, azote de la oposición al gobierno catalán. Entusiasta de la organización, nunca pierde el contacto con la militancia. Junto a Ada y Candela López, desde 2019 es coordinadora general de Catalunya en Comú. Candela es diputada en el Congreso, concejal de Castelldefels desde 2007. En 2015 fue elegida alcaldesa de esa ciudad de mar cercana a Barcelona. Ordena y arregla problemas con mano de hierro, pero guante de seda.

Sábado 10 de junio de 2023. A las ocho y media cojo la bicicleta para ir a la sede de Catalunya en Comú —o los Comuns, como también se nos conoce—. Está en los bajos de un edificio de Barcelona. Da a la calle, tiene una luz fría. Impersonal, austera, funcional, con las paredes de una blancura desangelada, sin ningún elemento de ostentación. Ahora hay un centenar de personas esperando, algunas fumando en la puerta.

Se ha convocado el Consejo Nacional, ya han pasado dos semanas desde la convocatoria de las elecciones generales tras el batacazo de las municipales y autonómicas. Es la puesta de largo de mi candidatura como cabeza de lista en Cataluña. La decisión es aparentemente unánime. Las tres coordinadoras —Ada Colau, Jéssica Albiach y Candela López— llegan a esa conclusión tras una serie de consultas con diferentes personas y sectores del partido. El pistoletazo de salida de la campaña. Para mí, durará hasta el jueves día 15 de este mes.

Los consejeros se sientan en las sillas de la sala principal. El cónclave empieza con mi intervención a puerta cerrada. Hago un balance de los resultados electorales; luego se abre el debate al resto de los miembros. Al final, me vuelven a dar la palabra. Cierro el encuentro con un discurso de valoración del acuerdo de Sumar con otras diecisiete formaciones; el más amplio y ambicioso desde la recuperación de la democracia.

Hemos logrado alejarnos del fetichismo de las siglas, anteponer el interés general al particular. Los partidos son medios, no fines en sí mismos. La apuesta para confluir con Podem —la versión catalana de la formación morada— siempre ha estado clara. La papeleta será En Comú Podem.

La confluencia con Podemos estatal será más difícil. Para facilitar ese acuerdo aceptamos que su secretaria de organización, Lilith Verstrynge, sea número cuatro por Barcelona en un gesto atípico que no gusta a mucha gente. A pesar de todo, quien hace más sacrificios es Podemos: su secretaria general, Ione Belarra, va en la lista por detrás de Íñigo Errejón. Su peso en diputados y votos es muy superior al de Más País, con un solo diputado por Madrid. Les mando un agradecimiento especial por su generosidad. Ganó el sentido común. El acuerdo se cerró ayer por la noche, en el tiempo de descuento. Nadie habría entendido otro escenario diferente. El espectáculo de la semana anterior, con reproches constantes de los dirigentes de Podemos, no se puede repetir. Nuestra única preocupación en campaña debe ser volver a conectar con los decepcionados por lo sucedido, pero no lo comentaré, debo evitar que los medios lo destaquen de mi intervención. Sería seguir hablando de nosotros mismos.

Entran los profesionales gráficos y los reporteros. Graban imágenes, se quedan a escuchar mis palabras. Estamos en una encrucijada. O se avanza o se retrocede. La derecha sale muy fuerte reagrupada en dos espacios, aunque nuestro peor enemigo no es ella, sino la desigualdad, la desmovilización y el odio. La apatía y la desafección, su gasolina. Debemos salir a votar para defender lo conquistado, para seguir avanzando. A la derecha se le gana, no apelando al miedo, sino con más derechos; trazando un horizonte de esperanza. Ellos hablarán de derogar la subida del SMI, la reforma laboral, el Ministerio de Igualdad, las leyes feministas, el tope al gas, la ley de memoria democrática o el acercamiento Cataluña-España. Nosotros hablaremos de construir en positivo. De mejorar el salario, levantar más puentes o caminar más rápido hacia la transición ecológica.

En la pequeña sala de nuestro local se respira ilusión. Hay ganas de aplaudir, tras semanas de dudas y turbulencias de la confluencia. De salir a por todas. Hago un discurso cargado de esperanza. Uno es tan grande como el reto que elige y tan pequeño como el miedo que tiene, digo. No tenemos miedo, proclamo en tono elevado, quizá demasiado impostado. Si hay un momento en nuestra historia reciente que reclame todo nuestro entusiasmo, generosidad, inteligencia y audacia es este. La reedición del gobierno de coalición depende de que sepamos estar a la altura. Con esta intención, llamo a la movilización. No es tiempo de volver a casa, rendirse, replegarse en el cinismo, el fatalismo o el pesimismo de la razón. Es momento para el optimismo de la voluntad: la acción, la astucia y la ilusión; la hora de defender la democracia y los derechos humanos, la obra de gobierno que transformó España y de la cual nos sentimos orgullosos.

En los discursos me gusta recordar de dónde venimos. Nosotros nacimos de un sueño ambicioso y nos tomamos muy en serio ese sueño. Hemos dado un paso de gigante en esta legislatura, pero los problemas que nos hicieron nacer, en buena medida, siguen aquí. Nuestro espacio sigue siendo un instrumento necesario para transformar la sociedad, que ya no es la misma que era. La crisis ha abierto un tiempo de incertidumbre y fragilidad. Muchos jóvenes ni saben lo que era el 15M. En 2015 supimos leer el momento, conectar con ellos, con sus deseos o malestares. Con este nuevo inicio, debemos volver a motivar a quienes perdieron la ilusión y se apartaron por un motivo u otro. A quienes se fueron o no estuvieron nunca. Cuando nacimos, la principal victoria fue situar la posibilidad de ganar en el imaginario de la izquierda. Nunca fuimos tantos como en 2015 y nunca hubo tanta imaginación y tanta inteligencia colectivas. Con el acuerdo con Sumar, queremos ganar la centralidad del tablero; recuperar aquel espíritu de victoria, no quedarnos en el rincón de la comodidad identitaria agitando la bandera; dejar atrás las disputas de familia y el narcisismo de las siglas. Vencer la pulsión de la autodestrucción, ya descrita en el pasado en *Asesinato en el Comité Central* por Manolo Vázquez Montalbán.

Cierro mi intervención hablando sobre las intenciones de Pedro Sánchez. ¿Por qué convoca unas elecciones anticipadas? Para cosechar un voto útil en torno a las siglas de su partido. Nuestro objetivo es convencer a la gente progresista de que necesitamos la fuerza de los votos para obligarle a mirar a su izquierda. Si puede elegir entre la derecha o la izquierda, mirará hacia su derecha. Muchos de los logros de estos cuatro años han sido gracias a nuestra insistencia, no a su propia voluntad. Queremos reeditar un acuerdo de gobierno progresista, pero esta vez liderado por nosotros. No es imposible, no lo fue cuando Ada se convirtió en la primera mujer alcaldesa de Barcelona. Yolanda puede ser la primera presidenta de España. Uno es tan grande como el reto que elige, repito subido a la cresta de una ola gigantesca. La gente hace un largo aplauso, estruendoso. La energía vital que bulle en su interior es contagiosa. La sala se hace un solo cuerpo efervescente. Veo sonrisas iluminando los rostros de los asistentes, pero intuyo un rostro petrificado al final de la sala de alguien aplaudiendo con desgana. Sus manos quizá mienten, su cara es un poema.

Sé que no vamos a ganar estas elecciones. Yolanda no será presidenta. Me siento un poco impostor cuando recurro a estas frases de optimismo omnipotente, típicas de los mítines. Los oradores nos venimos arriba en los actos de liturgia electoral, especialmente, en los momentos de *in crescendo*, de arrebato y descarga emocional. Alzamos la voz, vibra el auditorio, se exalta y llega el entusiasmo, esa pasión nacida de las entrañas que a veces parece tan ilimitada como el mar. La política es también entrañas o adhesión fervorosa a una causa. En la práctica, hoy comienza la campaña electoral.

Me vendré arriba, pero con posterioridad seré como el personaje de *La muerte de Iván Ilich*, de León Tolstói, un aparente triunfador que oculta un cadáver viviente. Será mi último discurso. Soy el tiempo que me queda: apenas unos días. «En el centro del más brillante mediodía acecha la noche», decía Camus. Sin saberlo, vivo y respiro, pero soy ya un zombi político.

Lunes, 12 de junio de 2023. Tras mi discurso del sábado la niebla se disipa, vuelve la paz al cielo. Queda anunciada mi candidatura, a la espera de confirmación oficial. El equipo del Congreso empieza a preparar la campaña tras días complicados, llenos de dudas.

Alguien de mi entorno utiliza por primera vez la palabra conspiración. La política es un juego peligroso donde todos perdemos alguna vez. «Es una conspiración permanente», decía Honoré de Balzac. Donde hay poder, hay siempre quien conspira. El exministro Pío Cabanillas dejó para la historia una frase que define bien esas luchas intestinas: «Cuerpo a tierra, que vienen los nuestros», dijo con indudable sorna gallega. Con posterioridad, sabré de ciertas maniobras entre bastidores. Las batallas importantes son siempre subterráneas. Como las olas del mar, la vida interna de un partido siempre está sometida al flujo de las corrientes. Suceden cosas que no me gustan, que prefiero no explicar en este libro. Llego a la conclusión de que debo irme a mi casa. La vida nos puede cambiar en segundos. Como en una película de suspense, hay un giro de guion de última hora.

Empiezo a escribir una carta de dimisión. Al principio, me cuesta. Hay dudas, pero también una dificultad intrínseca en el gesto. Nadie te pide hacerlo, pero, una vez empiezas a escribirla, el mismo efecto inacabado del gesto te estira y te induce a proseguir con su redacción. Una vez redactada, tiene su propia inercia. Se funde con mi destino. Se convierte en el centro de todo. «Nadie es imprescindible. Hay momentos en los que hay que saber dar un paso al lado para dejar que otras personas, que pueden conectar mejor con los nuevos tiempos, tomen el relevo. La renovación de cargos públicos es un ejercicio sano y necesario en la democracia.» La candidata que me sustituye será mi número dos, Aina Vidal. Mientras la releo, pienso en lo que decía un ilustre profesor y referente moral de mi Facultad de Filosofía, José María Valverde: sin ética, no hay estética. La dimisión de su cátedra de Estética fue su forma de rebelarse contra la expulsión por parte de las autoridades franquistas de su maestro, José Luis López-Aranguren, de su cátedra en la Universidad de Madrid. Se quedó sin trabajo, tuvo que exiliarse para mantener a su familia. Su frase va en dos direcciones, es una protesta frente a la fealdad del mundo que le tocó vivir. Pero la frase es reversible: sin estética, tampoco hay ética. La belleza es un bálsamo que sostiene el alma. Me siento ligado a mi decisión por una especie de promesa de fidelidad con ciertos valores.

El viernes 16 de junio de 2023, a las diez, vienen a mi casa Jéssica y Adrià con mi jefe de gabinete, Jordi Molina. Vamos a la terraza. Fuman de modo compulsivo por nervios y tristeza. El ambiente es de funeral, caras largas, desencajadas. A Jéssica normalmente se le dibuja en el rostro una sonrisa luminosa, radiante, que se vuelve carcajada con facilidad. Ahora está pálida, su sonrisa es una mueca. Tiene unos ojos verdes, penetrantes, que embrujan, pero su viveza ahora está apagada. Me conmueve su tristeza. Es una persona empática. En el pasado fue mi pareja, ahora una de mis mejores amigas. Quiere convencerme para que no dimita. Recibo alguna llamada. La más importante es de Yolanda Díaz. Me da sus argumentos para que no dimita. «Gracias, Yolanda, no se trata de eso. No se han hecho bien las cosas. Es una cuestión de principios. Creo que no me conoces mucho», respondo. En algún momento me sentí un cobarde por no atreverme a dimitir. Ahora me siento valiente. Tan importante es saber comprometerse cómo saber desligarse. Abandonar el barco sin hundirlo. No hace falta despedazar el abrazo que una vez nos acogió. Se puede dividir a los políticos por la forma en que se apartan de la vida pública. Proteger o dañar al proyecto político. Dar portazos, de modo estridente. Segregar bilis. Reproches. O al revés: desear suerte a quien te sustituye. Agradecer a quien confió en ti. De modo discreto, con elegancia, sin aspavientos. Lo que haces para acceder al poder, o cómo lo ejerces, define tu carácter, personalidad y talla moral. «Si quieres conocer a alguien, dale poder», escribió Séneca. La forma y la capacidad de cederlo también hablan de nosotros. Si quieres conocer a alguien quítale el poder, también podría decirse. No abandonaré el proyecto, taparé el boquete de mi dimisión incorporándome a un puesto simbólico de la lista.

Se van Adrià y Jéssica de mi casa, abatidos. Se queda Jordi. No es un momento fácil para él. La decisión pone patas arriba su vida, pero no me dice nada. Es uno de mis mejores amigos y periodista. Quería entrevistarme y le propuse ser mi asesor; desde entonces, es mi principal apoyo. La mejor prueba de su lealtad es su artículo tras mi dimisión, «El legado de Asens». «La grandeza moral del gesto nadie te la podrá ya quitar», dice con los ojos nublados.

A las cuatro de la tarde está convocada la ejecutiva de mi partido. Minutos antes, preparo pantallazos de la carta en catalán y en castellano. La lanzo a las redes. Jordi está en *shock*. No puede contener la emoción, el corazón se le rompe en lágrimas. Su tristeza es profunda y mezcla el llanto con el ahogo, como cuando los niños se atragantan al llorar de tanto como quieren hacerlo. Me viene a abrazar entre sollozos; brotan del fondo del alma, estremecen su cuerpo. Me abraza como si quisiera construir una coraza con nuestros propios brazos a fin de protegernos del mundo. El abrazo cálido, fuerte y tierno me sorprende. Como si lo hubiéramos practicado un centenar de veces. Cuando termina, el abrazo se queda en el aire. Hace tiempo que nadie me abrazaba así; entre los hombres, reprimimos más las expresiones de afecto. A la conciencia masculina le ha hecho mucho daño un falso sentimiento de pudor.

En la velocidad de los acontecimientos contemporáneos, la vida cambia deprisa en un instante. De modo inmediato, he mandado también la carta al chat de la ejecutiva. Me borro de los grupos. Es un momento traumático. Todo un mundo de complicidades y afinidades se desvanece de un plumazo con un simple movimiento de dedo. Vínculos que dan seguridad. La noticia cae como un mazazo en medio de la reunión. La mayoría no entiende qué sucede, hay enfado y perplejidad. Las cosas no se han gestionado bien. Quienes toman la palabra manifiestan su desacuerdo. Mi móvil echa humo. Decenas de mensajes se amontonan. La gente quiere saber qué ha sucedido. Recibo interpelaciones de periodistas. Callo. Las palabras pueden embrutecer, traicionar, mi gesto. Es tan importante saber administrar las palabras como los silencios. Estos últimos también hablan y, a veces, dicen más que las palabras.

El martes, 20 de junio de 2023, bajo un sol envuelto en calma, se levanta el día con desgana. Se escapan las horas sin dejar apenas huella. Las listas para las elecciones generales del 23 de julio ya han sido registradas. Después de unas semanas de intensas negociaciones con una quincena de partidos, ha quedado perfilado el mapa de lo que será Sumar. Han pasado cuatro días desde mi dimisión como líder de los comunes en Madrid. En cada uno de los partidos hay personas damnificadas. Me llama una de ellas: Juantxo López de Uralde, coordinador federal del partido Alianza Verde, exdirector de Greenpeace y una de las caras más visibles de la lucha ecologista, tras su acción de protesta en la Cumbre de Copenhague de 2009. Era diputado del Congreso por Álava, quería repetir, pero lo descartaron.

«Siento que traicioné la confianza de algunos dirigentes de Podemos por ir a la presentación de Sumar», me dice enfadado. Era compatible su lealtad con Podemos con asistir a ese acto, creía. Ahora tiene dudas. ¿Se equivocó? Sumar le aparta a él, y al partido verde que representa de las listas. Se siente traicionado. El olor de la sangre perdura. Le propusieron a Roberto Uriarte, diputado por Vizcaya, ocupar su puesto, pero este se negó en desacuerdo con la operación. Lo vivía como una traición a su amigo.

Estos días me viene a la cabeza la idea de la traición. «Hay puñales en las sonrisas de los hombres; cuanto más cercanos son, más sangrientos», advirtió William Shakespeare, que escribió *Julio César*, una de las conspiraciones más célebres de la historia. «¿Tú también, Bruto, hijo mío?» La frase es la máxima expresión de la conmoción provocada por la conspiración o la traición de quien menos se espera. Cuanto más amamos a alguien, más nos duele su traición.

Lo más hiriente de una traición es que nunca es un enemigo quien la firma. Solo aparece en relaciones humanas inequívocas y lealtades aparentemente incondicionales. La moraleja de la traición de Pedro a Jesús en la Biblia es, precisamente, que incluso el creyente más tenaz, con una lealtad inquebrantable como una roca, es susceptible de ser un potencial traidor.

6

El nuevo gobierno de coalición y mi retorno a la política

> A veces pasa que la máquina arrastra al conductor.
>
> Marc Bloch

Contra todo pronóstico, los resultados en las urnas de las elecciones generales del 23 de julio de 2023 dibujarán un escenario de gobernabilidad imposible para la derecha: el PP gana con 137 diputados, pero la suma con los 33 de Vox y el apoyo de Coalición Canaria y Unión del Pueblo Navarro no le otorga mayoría suficiente para la investidura. Por su parte, el PSOE obtiene 121 diputados y Sumar, 31. Se abre entonces la puerta a un nuevo gobierno de coalición progresista sustentado en una heterogénea mayoría parlamentaria que agrupe a toda la izquierda y a Junts. El partido de Carles Puigdemont tiene la llave. Y ahí se vuelve a abrir la caja de los truenos. Al día siguiente del 23J, Podemos habla de unos resultados decepcionantes. Los achaca a Yolanda. Desde ese mismo día no deja de exigir que Irene sea ministra de Igualdad, un escenario descartado de plano tanto por el PSOE como por Sumar.

Por otro lado, Sumar empieza a arrinconar a Podemos. Deja a sus cinco diputados sin portavocía en el Congreso, impidiendo así que puedan adoptar iniciativas parlamentarias. Yolanda propone como ministro en nombre de Podemos a Nacho Álvarez, secretario de Estado encargado de las negociaciones del acuerdo de gobierno con el PSOE. Miembro destacado de la ejecutiva morada, uno de quienes más hacen de puente con Sumar. Le pone una condición a Podemos: «Aceptar las decisiones que democráticamente se acuerden en Sumar» y «cesar los ataques públicos e insultos a miembros de Sumar, incluida Yolanda Díaz».

El acuerdo también compromete al partido a presentarse en el próximo ciclo electoral con Sumar, «empezando por las elecciones europeas». Saltan más chispas. La apuesta fue refrendada en el último documento político aprobado por las bases hace apenas unas semanas junto al compromiso de ir solo con Sumar si las listas se diseñan con primarias abiertas y sin vetos. «Como el resto de las formaciones políticas, empezando por el PSOE, los ministros de Podemos los elige Podemos», dice Ione. Ni en esta ni en la anterior legislatura fue así, pero ese es su relato.

El jarrón se rompe. Nacho comunica disgustado su renuncia a cualquier ministerio y su dimisión de la dirección de Podemos, donde militó durante la última década, por la «pérdida de confianza» tras impedir esta que sea ministro: «En mi cultura política no es concebible aceptar un cargo al margen de la organización de la que uno forma parte», asegura. A pesar de ese gesto, es criticado con dureza por algunos consejeros de Podemos. Juan Carlos Monedero, en cambio, pide una reflexión autocrítica. Con una madera tan retorcida como el ser humano no se puede conseguir nada completamente derecho, decía Kant. La madera de Podemos está cada vez más retorcida. Se va despedazando poco a poco.

Una llamada tras las elecciones

Lunes 24 de julio de 2023. Un día después de las elecciones. Ocurre algo extraordinario. En el momento precisamente en que me alejo del mundo, este acude en mi búsqueda. A las siete de la mañana, Jéssica me manda un mensaje de voz: «Te hago un audio de amiga. Tengo voz de dormida porque me acabo de despertar. Supongo que has visto los resultados. Estamos en manos de Junts. En la dirección todavía nadie ha caído en eso. Es cuestión de horas que todo el mundo se dé cuenta de que la persona que puede resolver esto eres tú. Te lo digo para que pienses qué quieres decir o hacer. Es evidente que te necesitamos. Acabarán llamándote. Que no te pille por sorpresa».

En las tertulias de la mañana de la radio y la televisión catalanas me señalan como el artífice de los indultos, la mesa de diálogo o la reforma de sedición. «La llamada vía Asens ha dado sus frutos. Una vez abierto el camino, ahora sería una persona clave para este momento.» Empiezo a recibir mensajes. La periodista Neus Tomàs lo dice también en una tertulia y en sus redes: «Jaume Asens es uno de los pocos (¿el único?) que desde el espacio de los comunes nunca ha roto puentes con Waterloo. Probablemente solo él puede conseguir un acuerdo». Se lo agradezco en privado. «Era de justicia», responde. El teléfono suena a las diez. Es la vicepresidenta.

—Jaume, quiero comentarte dos cosas. Una es personal. La otra, política. Primero, te reitero lo que ya te dije. Quiero contar contigo para el proyecto de Sumar o para el gobierno. Eres una pieza clave. Tenemos que quedar un día de esta semana para vernos. Piensa tus condiciones. Segundo, quiero que lleves tú las negociaciones en Cataluña para lograr desbloquear la investidura de Pedro Sánchez.

Tienes la información y los contactos necesarios para lograrlo —dice de forma apresurada, pero con una solemnidad consciente. A pesar de ser gallega, hoy es directa. No se va por las ramas.

No hay opción. Es una cuestión de responsabilidad. No tengo dudas. Acepto el encargo; no le voy a poner ninguna condición. Es una misión difícil pero apasionante. Es el momento de mirar al futuro, de construir un nuevo inicio. De sacar definitivamente el conflicto catalán de los tribunales y devolverlo al terreno político. No es la primera vez que me siento a negociar con Puigdemont. En la anterior legislatura, me reuní en diversas ocasiones con él por videoconferencia. Pablo Iglesias y Toni Comín también estaban. Esos encuentros nunca trascendieron a la opinión pública. Una reunión del vicepresidente con Puigdemont no era cualquier cosa. Los cuatro llegamos a tener un grupo de Telegram. Tras semanas de trabajo, elaboramos un posible borrador de acuerdo político. Pablo iba informando de nuestros avances al presidente Sánchez. Al final, este no quiso explorar esa vía para «no enfadar a nuestro socio prioritario, ERC». En esa época se instaló la idea de la autoexclusión de Junts. Era falsa. La puerta estaba entreabierta. El PSOE la cerró. Con posterioridad, me había encargado de la negociación sobre la mesa de diálogo, los indultos o la derogación del delito de sedición.

Los términos en los que se define un problema son parte de su solución. Sobre la mesa había tres opciones: la amnistía, el indulto y la reforma del Código Penal. Al inicio estaba muy solo defendiendo que las tres eran legítimas, no excluyentes. El PSOE era reticente a cualquier cambio. La condena del *procés* era «justa y ponderada», debía aplicarse en sus estrictos términos, afirmó el presidente Sánchez. La oposición también venía curiosamente del otro lado. La secretaria general de ERC, Marta Rovira, escribió en agosto de 2020 un artículo en *La Vanguardia* en el que afirmaba que la única solución viable y legítima era la amnistía. Esta —escribió— «no depende de los tribunales» sino «exclusivamente de la voluntad política». En cambio, la propuesta de reforma penal era «poco menos que ofensiva». Exigía —decía— «amplísimas e imposibles mayorías en el Congreso» y «el visto bueno de un Tribunal Constitucional que podría alargar el proceso durante años».

No había que ser un experto en derecho para apreciar que aquello no era cierto. Le respondí en el mismo periódico poniendo las cosas en su sitio. No era la primera vez que se desenfocaba el debate. Primero, ERC presentó el indulto como una opción inaceptable porque «obligaba a los beneficiados a arrepentirse y a pedir perdón». La ley no dice nada de eso. «Como abogado logré indultos de anarquistas condenados sin pedir perdón», les aclaraba siempre que podía. El indulto es una herramienta válida del Ejecutivo para corregir injusticias perpetradas en los tribunales.

Después, ERC exigió al gobierno que diera órdenes a la Fiscalía del Supremo, cuando la separación de poderes lo prohíbe. Fue uno de sus motivos para tumbar los Presupuestos Generales, que nos llevó a elecciones generales en 2018.

Finalmente, no era cierto que la amnistía dependiera solo de la voluntad política. El Tribunal Constitucional tiene la última palabra. Tampoco era aceptable el argumento de una reforma penal inviable. El voto de la mayoría de la investidura sumaba apoyos suficientes, como se comprobó. Al final, nuestra hoja de ruta fue la que se siguió. Gracias a ello, los líderes independentistas recuperaron la libertad. Mi experiencia jurídica y mi papel en esas negociaciones fueron claves para recibir la llamada de la vicepresidenta. Con un Tribunal Constitucional renovado, ahora sí era viable plantear la amnistía. Antes, los magistrados conservadores la habrían tumbado seguro. Era una oportunidad de oro para superar los guiones fracasados del pasado, restablecer los puentes rotos. Una democracia fuerte, madura, resuelve los conflictos eminentemente políticos, no de modo coactivo, sino con el diálogo y el acuerdo.

Sale una comunicación de Sumar en la prensa: «Creemos que para que las conversaciones prosperen tenemos que contar con los mejores. Es la hora del diálogo. Para nuestro espacio es un lujo contar con alguien de la trayectoria de Asens, que ha demostrado en el pasado su capacidad de acuerdo». Se valora mi conocimiento de «la realidad política catalana» y mi buena relación «con muchos de los espacios llamados a entenderse».

Las elecciones fueron ayer. La gente progresista respira tranquila. La sociedad dio una indicación y expresó un estado de ánimo. Buena parte de España se levanta con una sonrisa puesta. Es uno de los pocos países europeos donde los ultras retroceden. Me pregunto en silencio, en mi fuero íntimo, si Jaime Gil de Biedma se habría equivocado por una vez. Había vaticinado, al final de uno de sus célebres *Poemas morales* escritos bajo el franquismo, que de todas las historias de la historia «la más triste sin duda es la de España porque siempre termina mal». Cada país es hijo de su historia. Cuarenta años de dictadura no se borran de un plumazo. En esta ocasión, la historia alimenta la esperanza. España tiene el corazón ligeramente a la izquierda. Hay trescientos mil votos de diferencia con el bloque de la derecha. Once millones de votantes progresistas han puesto pies en pared. Cataluña vuelve a marcar la diferencia con un imperioso mandato: hay que frenar a la derecha española.

El PP se veía en la Moncloa. No ocurrirá. Fracasa en su ofensiva para tumbar al gobierno de coalición. La gente ha votado contra las encuestas. Suma 48 escaños más, pero a costa de la desaparición de Ciudadanos y el pinchazo de Vox. En el palco de la sede de la calle Génova van todos de blanco menos una persona. Mientras Feijóo intenta hilar un discurso, los congregados corean el nombre de Ayuso. Ni en la última cena de Cristo había tanta tensión. Feijóo no será presidente. Abascal tampoco vicepresidente. Ayuso levanta las cejas y se encoge de hombros. «Las caras, Juan, las caras», le gritaba Loles León al presidente de la comunidad de vecinos en la serie *Aquí no hay quien viva*.

«¡No pasarán!», clama la gente en el otro extremo de la ciudad, en la sede del PSOE. El gran vencedor de la noche es de nuevo Pedro Sánchez. Resiste cuando todos le daban por muerto. Su política de alianzas le supone toda clase de tensiones, pero logra sumar casi un millón de votos más que en 2019. En Euskadi, Bildu es el gran ganador. Se refuerza como pilar del bloque histórico del cambio. En la sede de Sumar hay alivio. Retrocedemos siete escaños respecto al anterior resultado de Unidas Podemos, pero aguantamos la posición con dignidad. El escenario es complicado. Hay rumor de oleaje para otros partidos de izquierda. Gabriel Rufián no hace ninguna autocrítica en su discurso, pero ERC pierde más de cuatrocientos mil votos y seis diputados. Un batacazo electoral sumado al de las municipales del 28 de mayo, donde se dejaron por el camino trescientos mil votantes. Las elecciones polarizan el panorama político. España, tras Estados Unidos, es el país occidental con más polarización según una encuesta reciente. La alternativa era clara. O el PSOE o el PP. Sumar logra un millón de votos más respecto a las últimas elecciones municipales y autonómicas.

Como los relatos de Borges, los resultados tienen dobleces. La gobernabilidad no será nada fácil. Ya no hay una mayoría progresista parlamentaria. La posibilidad de avances legislativos, si se logra la investidura, será más lenta y el PP puede retrasar cada proyecto de ley con su mayoría absoluta en el Senado. El respeto al adversario será una clave imprescindible en la nueva etapa. La política democrática tolera todas las discrepancias, pero nunca acepta la fatalidad. El primer obstáculo es sacar adelante la investidura de Pedro Sánchez. La aritmética es diabólica. Los 121 diputados del PSOE no son suficientes con los 31 escaños de Sumar. Aunque consideremos garantizados el apoyo de ERC, Bildu, PNV y BNG, faltan cinco votos para la mayoría absoluta requerida en una investidura en primera votación. Frente a ellos, el PP, Vox y los dos diputados de CC y UPN suman uno más. Se necesita el sí de Puigdemont, aunque sea en segunda vuelta. Tampoco será suficiente con superar la investidura. El PSOE quedará en manos de esta geometría durante toda la legislatura. No hay otra aritmética posible salvo una improbable gran coalición entre el PSOE y el PP.

Junts vive una paradoja. Un dilema. Obtiene su peor resultado en unas elecciones generales. ERC se ha dejado la mitad de los votos por el camino, pero Junts no la supera, aunque por primera vez es decisiva. En sus manos está poner en marcha el nuevo gobierno. Tienen menos votos, pero valen más. Eso sitúa a Junts o, mejor dicho, a Puigdemont, en el centro de la política española. Como he explicado antes, soy muy amigo del eurodiputado Toni Comín. Nos conocemos desde la universidad. Cuando era consejero de Salud de ERC, le ayudé a irse y ahora quiero ayudarle a regresar. De su retorno y el de Puigdemont depende la existencia de un gobierno progresista. Hasta ese momento no habrá plena normalización política.

Antes de las elecciones, hablé durante días de los hipotéticos resultados con él y Salvador Illa, líder del PSC. Ambos quieren llegar a un acuerdo. Es lo mejor para todo el mundo. Recuerdo el encuentro con quien ahora es el presidente de la Generalitat. «Jaume, todo mi respeto personal, mi reconocimiento y también mi agradecimiento por todos estos años de dedicación al servicio público, a pesar de las discrepancias que hayamos podido tener. Quiero verte un día de estos, si te parece bien», me escribió tras mi retirada de la política. Lo conocí en el ayuntamiento barcelonés. Luego coincidimos en su etapa de ministro de Sanidad en Madrid. Nos reunimos en alguna ocasión para analizar la situación política. Le hice un elogio desde la tribuna por su gestión durante la mayor crisis sanitaria del último siglo. No fui el único. Las encuestas lo encumbraron como uno de los políticos mejor valorados. Cuando volvió a Cataluña, contribuyó a que el PSC fuera la fuerza más votada. Con su discurso tranquilo se hizo con la centralidad del tablero. En alguno de sus discursos me parecía oír el eco pragmático, sagaz, del expresidente republicano Tarradellas. Riguroso, serio, de gesto grave, incluso flemático. Su talante es más anglosajón que latino. Cuesta verle reír, pero en la distancia corta es cercano. Concertamos una cita en su despacho de la sede del PSC de Poblenou. Cuando entro, sale a mi encuentro con su figura espigada, vestido con un traje oscuro y corbata pulcra. Su rostro fino y helénico trasluce inteligencia. Con sus gafas negras, me recuerda el *alter ego* de Superman, el reportero Clark Kent. Sus formas suaves, contenidas, inspiran confianza. «Jaume, creo que nos tendrás que ayudar con Junts, estemos en contacto», me pide.

Toni Comín y yo nos llamamos regularmente. Este agosto pasaremos unos días juntos de vacaciones, como cada verano. Ahora quiere volver para estar cerca de su hija de ocho años. El exilio es duro. En este periodo murió su hermano y no pudo asistir a su entierro en Barcelona. Lo mismo le sucedió a Puigdemont con su padre, fallecido en 2019. Hace unos meses murió también la madre de Toni. Por casualidad, ella estaba en Bélgica y él pudo despedirse, pero no ir a su entierro en Barcelona. Toni es una persona vitalista, volcánica. A su lado se siente uno siempre reanimado. Suele reír con frecuencia, de modo contagioso, con una sonrisa blanca, hermosa. Tiene un rostro afable, una mirada dulce, limpia, espiritual. Los ojos azules, celtas, le brillan como el trémulo fulgor de la mañana en el reflejo del mar. Es fácil entenderse con él. Es diligente, extremadamente culto e inteligente. Muchos independentistas lo son por razones puramente emotivas o identitarias. En cambio, él lo es por exceso de inteligencia. No hay nada que exija un esfuerzo intelectual mayor que una argumentación que deba saltar por encima de todos los obstáculos del principio de realidad.

Hablamos lenguajes parecidos. Se nota la influencia de la cultura del PSUC. Es hijo de uno de sus dirigentes históricos, Alfons Comín. Creció en un ambiente intelectual progresista, cerca de referentes como el escritor Manuel Vázquez Montalbán. El *president* Pasqual Maragall le escogió como una de sus personas más cercanas en el primer gobierno tripartito de izquierdas de Cataluña. En el tramo final de la campaña, le pedí que Junts rebajara el tono de sus exigencias. Su candidata, Míriam Nogueras, era demasiado dura. En una comparecencia ante los medios en febrero de 2023, fue ella quien retiró la bandera española en la sala de prensa del Congreso porque «estaba muy cerca». Con su relato frentista el acuerdo parece imposible. Los últimos días se nota un cambio. Se suavizan las formas. En el escrutinio empezamos a comentar los resultados. Toni a las 22:20 horas ya ve el escenario claro.

—Con el 50 por ciento del escrutinio en Madrid lo más fácil es que Sánchez necesite a Junts. Ya lo pronostiqué hace meses —me dice.

—Vaya presión vais a tener para facilitar la investidura —respondo.

—Bendita presión. Es el mejor escenario para nosotros. El resultado es claro.

—Toni, ¿has oído a Míriam? «No nos moveremos ni un milímetro», dice tras los resultados —remarco con preocupación.

—No investiremos a Sánchez a cambio de nada. Eso es lo importante de lo que ha dicho —responde—. Lo más importante no es que Sánchez solo dependa de Junts. También lo es que sea suficientemente fuerte como para pagar un precio alto sin que los barones se lo carguen.

La paz en el PSOE está asegurada si Sánchez vuelve a gobernar. A pesar de las reticencias de los felipistas, la búsqueda de nuevos liderazgos no se producirá hasta que el partido pase a la oposición. Antes, se dilucidará si Sánchez forma gobierno.

—Deberíamos hablar en algún momento. Los primeros pasos son importantes —le digo.

—Sí, te llamo mañana a primera hora —responde.

La misión que me encarga Yolanda al día siguiente es difícil. Nos podemos estrellar en el camino. Las posiciones de partida de Junts son maximalistas. Están muy alejadas de lo que puede asumir el PSOE, pero soy optimista. En las negociaciones siempre se empieza con propuestas de máximos. Con el tiempo se rebajan. Debemos ir paso a paso. El punto central del acuerdo de investidura será la cuestión represiva. Luego, durante la legislatura, irá sobre la cuestión política de fondo: la autodeterminación de Cataluña. Ya redacté una propuesta sobre ella en la anterior legislatura. Algo asumible por las dos partes. La guardamos en el cajón por si llegaba este momento.

Alberto Garzón me llama. Se ofrece para ayudar. Es un error comunicar mi elección como interlocutor, dice. Al comienzo, lo veo como él. Luego, no. Hemos tomado la iniciativa. Mandamos un mensaje de tranquilidad. La gente se va de vacaciones sabiendo que las negociaciones están encarriladas. Además, la elección me inviste de un mandato frente a mis interlocutores. Recibo decenas de llamadas y mensajes de los periodistas. «A partir de ahora la palabra clave es la discreción. Apagamos los focos. No te puedo explicar nada. Espero que lo entiendas.» Lo entienden.

Debemos tomar ejemplo de cómo trabaja la izquierda *abertzale*. Aprendí con ellos como su interlocutor en la anterior legislatura. Son gente seria, responsable, fiable y discreta. Bildu es un actor clave en la negociación. Arnaldo Otegi garantiza a Sánchez los votos de sus diputados, «si hace falta». Fue el máximo defensor del gobierno de coalición en la oposición. En alguna ocasión sus dirigentes me llamaban preocupados por las peleas internas de Unidas Podemos, o del partido con el PSOE. El acercamiento de ERC al bloque de investidura en buena medida es consecuencia de su trabajo. Lo vi cuando triangulaba negociaciones con ellos y ERC a la vez. Bildu puede ayudar a acercar posiciones ahora. Conserva una ascendencia relevante sobre Junts y ERC. Se reúnen regularmente con sus dirigentes. Me entrevisté con la mano derecha de Arnaldo Otegi, el senador Gorka Elejabarrieta, en un bar de las afueras de Madrid. Al cabo de un rato, me advirtió de la presencia de quien parecía ser policía secreta. No sé si se equivocaba; nunca me preocuparon esas cosas. Gorka es un experto en este tipo de negociaciones; participó en múltiples procesos de paz en conflictos de todo el mundo. Hablamos de casos como el de Irlanda del Norte o Sudáfrica; no tienen nada que ver con Cataluña, pero pueden ayudar a encontrar una solución.

—Deberías ir a Belfast a entrevistarte con Brian Curtis y otros para saber de primera mano lo sucedido allí —decía con los ojos achinados.

—No lo veo necesario. Además, es un viaje poco prudente. Si me reconoce alguien, será noticia. Leeré los Acuerdos de Viernes Santo.

—Te puedo mandar la documentación de la comisión de revisión de las sentencias posterior al proceso de paz —respondió.

Quedamos emplazados a vernos próximamente con Arnaldo Otegi en Francia. Es importante reforzar las relaciones de confianza entre todos los interlocutores. Recuerdo una conversación sobre el conflicto vasco entre un alto mandatario socialista y precisamente Otegi. «Tú crees que el motor de la historia es la lucha de clases, pero no, o no solo. Para mí es la casualidad y la confianza entre personas distintas», le dijo el dirigente socialista. Ahora, la casualidad había determinado los resultados electorales. La confianza estaba entre algunos de nosotros. Una de nuestras misiones será contrarrestar la desconfianza profunda entre Junts y el PSOE.

Además de Junts, el otro interlocutor es ERC. «Hay que cumplir con Cataluña sin miedo a la derecha ni a la extrema derecha. Tenemos que conseguir cotas de autogobierno, una mejor financiación, pero con dieciséis comunidades gobernadas por el PP eso es muy difícil. No creo que pueda haber una reforma del sistema fiscal», dice el *president* Pere Aragonès. El gobierno de coalición intentó abordar la cuestión fiscal; quedó aparcada al estallar la pandemia. El sistema lleva nueve años pendiente de un cambio que no llega por la falta de consenso. Quizá si empieza la legislatura, podrá abrirse ese melón.

Otra cuestión es el endeudamiento de las comunidades. Allí sí hay más margen. La secretaria general de ERC, Marta Rovira, será mi interlocutora. «No vamos a dar gratis la investidura. Junts tiene más margen que nosotros. Sus votantes pueden asumir sus giros de guion. Nosotros, no. Nos estamos desangrando. Que el PSOE no dé por descontados nuestros votos. A pesar de eso, lo tenemos claro. No podemos dar una segunda oportunidad a PP y Vox. Una repetición electoral tendrá consecuencias nefastas. Seremos pragmáticos.»

El apoyo de ERC en la anterior legislatura prefigura públicamente su posición ahora. Lo saben sus dirigentes. Necesitan destacar que sus votos no se pueden dar por descontados. Son menos creíbles. Cuando reconocen que una repetición electoral es un escenario desastroso se debilita su posición negociadora. Tras la retórica de máximos están los compromisos pendientes, como el traspaso de Rodalies de Catalunya —el servicio de cercanías de Renfe— o acabar con el déficit fiscal. Marta propone una reunión previa para valorar el trabajo realizado en la anterior legislatura. Con ERC siempre hubo buen entendimiento, pero en alguna ocasión las cosas se torcieron. «Nosotros defendemos articular un frente común con Junts para negociar con Madrid», añade. Es lo que exigía Junts a ERC en la anterior legislatura, sin éxito. Ahora las tornas han cambiado. Junts no tiene incentivos para formar ese bloque. La relación entre ambos partidos está muy deteriorada. Los pactos postelectorales todavía la debilitan más. En la anterior legislatura, PSC y Junts gobernaron juntos en la Diputación de

Barcelona. Ahora ERC pacta con el PSC la presidencia de las diputaciones en Lleida y Tarragona. Finalmente, hablo con Marta Vilaret, responsable de la cuestión antirrepresiva de ERC. Nos conocemos bien. Hay confianza. Es una mujer de boca risueña, ojos luceros, verde esmeralda, cabello rubio con rizos graciosos, honesta, dialogante, humilde y generosa; extrañamente, no piensa en clave partidista. Trabajamos mano a mano en la agenda de la desjudicialización de la anterior legislatura. Me manda alguna de sus propuestas para negociar. No confía con el PSOE. «No te dejes instrumentalizar por ellos.»

Otro actor relevante es Òmnium Cultural. Con más de doscientos mil socios, es la entidad de la sociedad civil catalana más importante, la que más ha reclamado una ley de amnistía. Puede ayudar a allanar el camino. Voy a comer con la periodista Mònica Terribas, su vicepresidenta. Hago lo mismo con David Fernàndez, también de Òmnium. «En el caso de Puigdemont, yo daría la investidura gratis, por compromiso antifascista, por instalar un no pasarán. Y luego, ya sí condicionar la gobernabilidad», me dice en una actitud muy propia de Bildu, con quien tiene una fuerte vinculación. Debemos contar con la CUP. No han sacado representación en el Congreso, pero tienen gran capacidad de incidencia en la agenda catalana. Si no se sienten inmiscuidos, pueden jugar a la contra.

Con posterioridad, le pido a Mònica el listado recopilado por Òmnium de todas las causas pendientes del *procés*. «Te podemos hacer un documento en Word capando los datos personales que entran en conflicto con la ley de protección de datos», me dice con su voz timbrada y sonrisa juvenil. Los ojos verdes claros se le encienden. Los próximos días entraré en contacto con diferentes personas con capacidad de influencia en la negociación. Debo hablar con todo el mundo. Nadie puede sentirse ninguneado. Es mi negociación más importante. Los equilibrios son delicados. Nos jugamos mucho. Para empezar, el gobierno de coalición. Debo tomar precauciones. Algunos contactos ni tan siquiera los anoto aquí, por lo que pudiera pasar.

La investidura y la amnistía

27 de julio de 2023. Hace un calor sofocante en Madrid. A las nueve de la mañana entro en el despacho de la vicepresidenta Yolanda Díaz para rendirle cuentas de las primeras gestiones para desatascar la investidura. Sentada en un gran sofá, me da los buenos días con una sonrisa que ilumina su rostro, vibrante como un rayo de sol en un día despejado. Lleva un vestido satinado con manga abullonada. Cuando hablamos de política y de moda son pocos los nombres que logran destacar tanto como ella. Su indumentaria es una obra de arte de la discreción, estudiada y meditada, pero provista de una sencilla nota personal. La simplicidad es la clave. Los cabellos dorados, el brillo de sus ojos chispeantes, le acaban de otorgar esa presencia vigorosa con la que cautivó los corazones de millones de votantes. Ha llegado hace rato. Empieza muy temprano cada día. Duerme muy pocas horas. Es el peso de la responsabilidad. Se lo toma todo muy en serio. «Soy estajanovista», comenta sobre su adicción al trabajo. Tiene una lucidez deslumbrante. Sabe ser muy afable en el trato personal. Una de sus principales cualidades es abrazar al adversario. Está más inclinada a las astucias de la inteligencia emocional que a la rudeza de las unidades de choque de Pablo Iglesias. Está afónica y cansada. Necesita vacaciones. Pedro Sánchez se marchó ayer ya. Hoy es su último día labo-

ral. Se irá a su tierra natal una semana. Antes, tiene una agenda apretada. Llamadas pendientes, como las de Pere Aragonès o Arnaldo Otegi. Se comprometió a hablar con todos los grupos parlamentarios del bloque de la investidura. «Debo cuidar la coalición», repite mientras se aparta con los dedos en forma de pinza un mechón de pelo ondulado. Lo coloca detrás de la oreja. A veces repite ese gesto de modo gratuito, sin que el pelo se haya escapado de su lazo. Eso no solamente implica cuidar el gobierno de coalición *stricto sensu*. Los cuidados deben ampliarse al bloque de la moción de censura de 2018, donde está Junts. Su propuesta para permitir el uso de las lenguas cooficiales en el Congreso va en esa dirección. Debe reformarse el reglamento; me pide ayuda jurídica para hacerlo. La pluralidad lingüística es un eje de nuestra campaña. Se vuelca a hablar con todo el mundo para limar asperezas pasadas, también a la interna de Sumar.

Tras las elecciones, era esperable el cese de las hostilidades entre los partidos integrados en Sumar, pero las cosas se tuercen desde el inicio. No hay motivos para el optimismo. Podemos lanza su órdago: Ione reivindica autonomía estratégica en el grupo parlamentario, no garantiza la disciplina de voto. Incluso critica a Sumar en su primera intervención tras las elecciones. Echenique hace lo mismo en un artículo. Reivindica a su partido como la «izquierda partisana» que no se alía con los poderes económicos, judiciales ni mediáticos. Llega a tachar a Sumar de «centrista», «otanista», cómplice de la ofensiva de la judicatura contra Podemos y «muleta» del PSOE. Según él, la llamada unidad de la izquierda es una fachada comunicativa para matar a Podemos. Abre la puerta a crear una alternativa: «Si esto es la unidad, entonces habrá qué hacer otra cosa». Ione recomienda la obligada lectura del artículo. El rumor de tormenta flota otra vez en la atmósfera. En Podemos se abre un debate sobre la conveniencia de defender la unidad de las fuerzas del cambio. En el chat del Consejo Estatal el ambiente se caldea. Lluvia de plomo y fuego. Echenique es uno de los más duros. Algunos se quejan de la presencia de personas vinculadas a otras organizaciones. ¡Ni una gota de sangre impura! La eurodiputada María Eugenia Rodríguez Palop decide irse. No es de la dirección. Fue invitada a estar en el chat. Pronto lo deberemos hacer otros. Sensación de repliegue identitario. Es un mal augurio para el futuro. No resulta fácil volver con la mano abierta cuando te fuiste con el puño cerrado. A pesar de las tensiones internas, hoy es un día importante para Yolanda. En medio de la reunión, salta una noticia. La ocupación supera por primera vez los veintiún millones de personas; la cifra más alta de nuestra historia. Está contenta, una sonrisa jovial se dibuja en su rostro. Forma parte de su legado. España es mejor gracias a la reforma laboral, dice. Escribe un par de tuits. Pone en valor los datos económicos.

Por la noche, acudo a una cena a casa del periodista Nacho Escolar. Está Gonzalo Boye, abogado de Puigdemont, convertido estos años en la persona de su máxima confianza. No solo como responsable de la táctica legal del exilio, también en cuestiones políticas. Pasaré el fin de semana en su casa, un confortable chalet a cuarenta minutos en coche de Madrid. Apenas acaba de arrancar la negociación, será una partida lenta, delicada y discreta. El acuerdo no es fácil. «Junts no tiene miedo a la repetición electoral. Puigdemont será el único que decidirá en nombre del partido. Esto será difícil, pero no podemos estropearlo», dice Gonzalo.

Durante todo el fin de semana analizamos la situación conjuntamente, aunque no es una conversación del todo sincera. Algo ha cambiado. Los dos hemos empezado a negociar de forma subrepticia. En nuestras palabras hay mensajes destinados a debilitar las pretensiones del otro. Apenas están encubiertos. Se trasluce el cambio de posición en nuestra relación. Seguimos siendo grandes amigos, pero ahora nuestra amistad está en suspenso, como si de repente una mesa imaginaria sobrevolara a nuestro alrededor. Es una mesa de negociación. No estamos en el mismo lado. Operamos como si fuéramos negociadores.

Para empezar cualquier negociación, lo primero que hay que explorar es la viabilidad y los incentivos para el acuerdo. Es tan importante tener conocimientos jurídicos como políticos. Todo acabará con unas nuevas elecciones, cree la mayoría de la gente. El presidente Sánchez no cederá a exigencias de máximos.

—En caso de repetición electoral, el PSOE puede presentarse a los comicios argumentando que han frenado las pretensiones del independentismo —le digo.

El riesgo de perder unas futuras elecciones, sin embargo, es altísimo. La izquierda no suele movilizarse igual en las segundas repeticiones. Gonzalo lo sabe:

—Si Sumar pierde apoyos a causa del voto útil, la suma de votos difícilmente permitirá llegar a una mayoría absoluta.

El PSOE y Sumar tienen muchos incentivos para el acuerdo. Es inútil intentar negar esa realidad. El PP tiene, de entrada, poca cosa que decir en esta coyuntura. Gonzalo insiste en su interés en un acuerdo.

—Date prisa porque el PP se está moviendo —me apremia con ironía.

—No me vengas con faroles. Quieres subir la apuesta, pero no es creíble. Si eso pasa, vuelvo a la abogacía porque vosotros no estaréis en libertad y tendré mucho trabajo —le respondo socarrón.

—Bueno, con el PSOE no me ha ido mejor a mí.

Nos despedimos y al cabo de poco me manda un titular: «El PP abierto a hablar con Junts dentro de la Constitución». Quien dice esto es el vicesecretario de Coordinación Autonómica, Pedro Rollán. Algunos medios de la derecha llegan incluso a encontrar virtudes en esa negociación. «Junts es un grupo parlamentario que, al igual que ERC, más allá de las acciones que cuatro personas, cinco, diez, llevaran a cabo, representa a un partido cuya tradición y legalidad no están en duda», dirá Esteban González Pons. En octubre de 2024, la presidenta del partido, Laura Borràs, no descartará apoyar una moción de censura del PP contra el gobierno de coalición. Un año después de corear «¡Puigdemont a prisión!», el portavoz del PP, Miguel Tellado dirá: «Bienvenidos a este lado del muro». A algunos les viene a la memoria el célebre pacto del Majestic con la antigua CiU. Entre 1993 y 1996, se pasó del «Pujol, enano, habla en castellano» al «Yo hablo catalán en la intimidad», del presidente Aznar. Tal vez todo sea una operación de futuro, sugerirá el periodista de *La Vanguardia* Enric Juliana. Con ciertas votaciones en las que Junts sumará sus votos a PP y Vox —en contra del techo de gasto de los presupuestos, el impuesto de las eléctricas, la política fiscal o la ley de alquiler de temporada en el año 2024 por ejemplo— se hará más verosímil. El PP dispone de más de un mes para suavizar su imagen en Cataluña y el País Vasco pensando en una posible repetición electoral. Lo que hoy no es posible quizá lo sea dentro de un par de años.

¿Estaba Boye detrás de las declaraciones de Pedro Rollán?

—Si haces esto para que el gobierno tenga miedo, me lo dices claro, Gonzalo —le digo. Tras las elecciones, el PP acusó al PSOE de hacer depender a España de un «prófugo de la justicia». No es un escenario creíble—. A mí no me engañas. Ningún avance democrático de fondo, menos en términos territoriales, vino de la mano de la derecha —le advierto.

—Cualquier salida a peor sería un error —me responde.

En ese punto estamos de acuerdo. En Junts el debate de qué hacer ya ha empezado. Gonzalo tiene un papel preponderante. A diferencia de ERC, para un sector importante de Junts no es una prioridad poner sobre la mesa los derechos sociales, ni las «cosas del comer», como la transferencia de los trenes de Rodalies, más financiación o inversión pública para Cataluña. Tampoco les interesa demasiado participar en una mesa de diálogo, cuyos avances ridiculizaron. Le han colgado a ERC el sambenito de blandengues. Renunciaron a la confrontación y se vendieron muy barato, dicen. Sus peticiones de partida son de máximos: un referéndum de autodeterminación y una ley de amnistía para todo el mundo. ERC está desnortada, sin carta negociadora. Son una fuerza irrelevante. Junts les lleva ventaja, suben la apuesta.

El partido conservador de Jordi Pujol sufre una curiosa evolución. Es un conglomerado con diversas facciones entrecruzadas entre ellas. En el eje ideológico hay un alma liberal y otra socialdemócrata. En esta segunda, hay dirigentes que provienen del PSC e incluso de ICV y su entorno, como Toni Comín, Ferran Mascarell o Toni Morral. La rama más liberal suele coincidir con quienes provienen de CiU o del mundo de los negocios. Jordi Turull, Josep Rull o Jaume Giró. Suelen ser los más pragmáticos en la cuestión nacional. Trias ganó las elecciones en Barcelona reivindicando a CiU, diciendo que no era independentista y aspirando a recuperar los votos de la gente de orden, incluidos los de Cs o PP.

Hay muchos independientes. Defienden un independentismo menos político, más sentimental e ingenuo. Algunos son partidarios del cuanto peor, mejor. Laura Borràs es su cara más visible. Tras esa diversidad de familias, hay un liderazgo incuestionable: Puigdemont tiene siempre la última palabra. Gonzalo está a su lado para aconsejarlo. El sector más radicalizado apuesta por la confrontación para ganar perfil respecto de ERC. A diferencia de las formaciones de izquierdas, no habrá coste electoral si votan lo mismo que la derecha en la investidura, creen. «No les preocupa demasiado si eso abre el camino a un gobierno de Vox y el PP con una repetición electoral», dice Gonzalo. Ni la gobernabilidad de España ni frenar a la extrema derecha son su prioridad. Además, un fuerte movimiento en el independentismo llamó a la abstención. Fue histórica la baja participación en Cataluña. Mucha de esa gente puede votar a Junts en una repetición electoral. Su obsesión es superar en las urnas a ERC. ¿Influirá eso en su estrategia negociadora? Unas nuevas elecciones les darían una posición de ventaja para situarse por delante y liderar el movimiento independentista.

Los sectores más pragmáticos, en cambio, ven una ventana de oportunidad para lograr algo sustantivo en las negociaciones; les permite relanzar a medio plazo el partido para las elecciones catalanas. «Junts como organización también tiene que perder con un gobierno del PP con Vox. Si de verdad a Junts le preocupan los "represaliados" del *procés*, su principal incentivo sería pactar», le digo a Gonzalo. Sea cual sea el acuerdo con el PSOE y Sumar, será mejor que lo que ofrezcan Feijóo y Abascal. Igual en ese contexto ganan apoyos electorales por aquello de que los extremos se alimentan, pero esa involución hace inviable cualquier avance en términos de democracia o autogobierno. En las filas de la derecha se defiende el desmantelamiento de las autonomías. La siguiente aplicación del 155 en Cataluña será «mucho más dura» que la de 2017, dicen. Junts no puede olvidar esa paradoja. Mi obligación es recordárselo. Buscando un Estado propio, pueden poner en riesgo la propia nación catalana. Debe salir de su burbuja de voluntarismo y emocionalidad. Debemos construir una pista de aterrizaje para que el independentismo ponga los pies en el suelo. Queriendo desconectar de España, algunos desconectan de la realidad.

Al margen de los votos, Puigdemont acusa a ERC de mirar solo por la suerte de sus dirigentes.

—Nunca buscará una solución personal —dice Gonzalo.

Ya, pero una repetición electoral aleja su posible regreso a Cataluña sin pasar antes por la prisión.

—Una de las primeras decisiones de un gobierno de PP y Vox será modificar la ley electoral para impedir que se pueda presentar a las elecciones europeas —le advierto.

—Si pasa, recurriremos a los tribunales —dice antes de añadir algo sorprendente—: ¿Quién dice que Puigdemont no se puede presentar como europarlamentario en una alianza con los independentistas flamencos?

Ha previsto ese escenario. Como siempre, va varios pasos por delante de los acontecimientos. Si pierde su escaño en Bruselas, Bélgica no extraditará a su cliente, dice plenamente convencido. El exilio se cronificará. Tiene motivos para creerlo.

Más tarde, hablo con Ada. Tiene una entrevista de radio en RAC1. Quiere saber mi opinión. «Es un momento muy polarizado con dos bloques muy igualados. Hay que hacer un esfuerzo para evitar un gobierno con la extrema derecha. Junts debe tener en cuenta en la negociación el voto antifascista masivo.» Le doy la razón. Debemos apelar a la tradición antifascista de Cataluña, inmersa en una paradoja dramática, que siempre ha sido quien ha parado en las urnas de forma clara la ofensiva de la derecha. Junto al País Vasco, es el lugar donde el PP y Vox han sacado peores resultados. Pero la extrema derecha puede tener una segunda oportunidad gracias a Junts. La victoria se obtiene en Cataluña, pero el bloqueo también puede producirse en Cataluña. Es el problema y la solución. No es la primera ocasión que eso ocurre en la historia. El historiador Xavi Domènech lo recordó recientemente en una entrevista.

La estabilidad de la legislatura depende de estos acuerdos. Deben ser estratégicos, no puntuales y tácticos, para la convivencia. Hay un problema político. Ni siquiera es nuevo. Llevamos siglos de conflicto. Ha sido un error judicializarlo. Está en nuestras manos empezar a solucionarlo.

La relación entre Cataluña y España se quebró tras la sentencia del Tribunal Constitucional contra el Estatut, votado por la mayoría absoluta del Parlamento español, del Parlament catalán y de los catalanes en referéndum. La crisis actual nace ahí. Se agrava después con la declaración de independencia, con el irresponsable pulso lanzado por unos líderes que amagaron con una ruptura simbólica, retórica, en contra de la otra mitad de Cataluña; con la nefasta respuesta por parte del gobierno de Mariano Rajoy echando más gasolina a ese incendio. Según Gaziel, director de *La Vanguardia* en los convulsos tiempos de la Segunda República, Cataluña y España viven una relación imposible basada en un empate irresoluble de impotencias. La primera no pudo ser soberana como Portugal, la segunda no pudo forjar un Estado como Francia. Ese es el telón de fondo de todo lo que ha sucedido en los últimos años. ¿Seremos capaces de superar ese empate histórico en alguna ocasión?

Como Gaziel, muchos soñamos con que algún día Cataluña forme parte de un Estado parecido al de Suiza. La dificultad de transformar cierta realidad granítica española es la razón de fondo de los actuales desencuentros. La situación es hoy mejor que la de 2017, gracias a medidas como los indultos. Ya no arden las calles de Barcelona. Ahora debemos extraer lecciones del pasado, curar del todo esa herida, salir del bucle, superar la política de bloques, dar una salida política a un problema político. Es la mejor solución para restaurar el acuerdo democrático roto con la sentencia del Estatut; una oportunidad para avanzar en acuerdos de transferencias, autogobierno y desjudicialización de la política. Las jaurías de siempre se desatarán en Madrid. Pero Madrid no es sinónimo de España, aunque sea el entorno cotidiano del poder económico y mediático. El Estado no comienza ni acaba en el gran Madrid. Fuera de sus fronteras reales o imaginarias hay vida inteligente. Hay una distorsión creciente entre su poder y el resto del Estado que se libera poco a poco de sus ataduras históricas. Tras las elecciones, ha habido un leve refuerzo del bipartidismo con un corrimiento de tierras hacia el PP y en menor medida hacia el PSOE, pero la fotografía electoral muestra una España empatada consigo misma. El desempate, desde que Felipe González perdió la mayoría absoluta en 1993, ha venido de unos cuantos votos de Cataluña claves para asegurar la investidura y la estabilidad. Lo mismo ocurrió en 1996 cuando Aznar entregó a Pujol la llave para llegar a la Moncloa. El pacto del Majestic fue el traspaso de competencias con más carga política desde la Constitución de 1978.

Incluyó desde la supresión de los gobernadores civiles hasta el despliegue de los Mossos d'Esquadra como policía integral catalana. Ahora el partido surgido de las cenizas de la vieja CiU vuelve a tener la gobernabilidad en sus manos. Todo gira otra vez alrededor del laberinto inescrutable de un cielo mustio atravesado por una niebla espesa de incertidumbre. La niebla española.

El dilema de Puigdemont

5 de agosto de 2023. Estoy en casa de Amadeu Recasens en Darnius, un pueblo catalán a pocos kilómetros de la frontera francesa. A Amadeu ya lo presenté. Es un buen amigo, fue comisario de seguridad de nuestro gobierno en Barcelona. Son las ocho de la mañana. Llega Gonzalo Boye con su coche justo a la hora. Ni un minuto antes. Ni un minuto después.

Su puntualidad me recuerda a la del filósofo Kant. Como él, se levanta a las cinco menos cinco. Los hábitos diarios del filósofo alemán se realizaban, sin excepción, a la misma hora con exactitud y precisión. Siempre los mismos paseos diarios. Mismo recorrido. El reloj de la catedral de su ciudad natal, Königsberg, actúa con menos regularidad que Kant, escribió el poeta Heinrich Heine. La obsesión alemana de Gonzalo por la puntualidad es parecida. Se crio con la disciplina férrea de su sistema educativo. Conserva su nacionalidad germana.

Pasamos la frontera. A estas horas no hay colas. Llegamos antes de hora a nuestra cita con Puigdemont, en una masía de una urbanización cerca de Céret. Bajo del coche, sale a recibirme. «Buenos días, presidente.» En Cataluña, el título de presidente no se pierde protocolariamente nunca.

Lleva chaqueta de traje, sin corbata. Solo se desprende de ella en vacaciones. Me da un fuerte apretón de manos. Siento rápidamente su magnetismo y su aura carismática. Hijo del pastelero, nació en el pequeño pueblo de Amer, es reservado, solitario. Culto, independentista de pata negra. «Gracias por venir, Jaume», dice con una voz hecha sonrisa.

En la casa está su mujer, una de sus dos hijas y Jami Matamala, el empresario y expolítico catalán conocido por acompañarle en su exilio. Un gato no para de maullar. Nos sentamos en un sofá del comedor. Gonzalo nos deja solos. Me autoriza a tomar notas de la reunión; la primera con alguien vinculado al gobierno de coalición. O eso dice.

El encuentro es delicado. Solo lo conocen Yolanda Díaz y Jordi Turull. Puigdemont quiere controlar todo el proceso de modo personal. El relevo que se produjo un año antes de Jordi Sànchez por Turull se debe, en parte, por cierta libertad que el primero se otorgó para tomar decisiones sin contar del todo con su aprobación. Además de Turull, Puigdemont se apoya políticamente en cuatro personas. El portavoz de Junts en el Parlament, Albert Batet, y la del Congreso, Míriam Nogueras. El actual vicepresidente, Josep Rius, que ya mantuvo contacto con el anterior gobierno del PP en la crisis de 2017 como exjefe de gabinete del *president*. Y, por último, Toni Comín, eurodiputado y mi interlocutor en las negociaciones en el futuro.

Puigdemont habla con una voz tenue, calmada. Como si no quisiera que le escucharan otras personas. Me explica una especie de manual de instrucciones para negociar con él. Lo ha trasladado al PSOE a través de intermediarios hace un par de días. No hay respuesta. Las negociaciones van a velocidad de crucero. Estoy preocupado. Los marineros escandinavos saben lo que acontece con la llegada del invierno en el norte de Europa. Debemos zarpar al mar antes de que el Báltico se hiele y no sea navegable. La ventana de oportunidad es muy concreta, delimitada. Se puede cerrar pronto.

La interlocución debe ser directa, sin intermediarios, de alto nivel con quien el presidente Sánchez designe. «Nos tenemos que hacer valer por nosotros mismos. El PSOE nos ha hecho mucho daño a nivel reputacional en Europa. Somos un partido democrático y a mí me han pintado como un loco.» La caracterización como enemigo número uno, loco, prófugo o aprovechado dificulta comprender el personaje y ahora dialogar con él. Lo explica Isaac Rosa en su artículo «Puigdemont, el Fu Manchú del nacionalismo español». Según él, este aporta a la cultura popular «un nuevo archivillano con las mismas características pop de todos los anteriores: inteligencia criminal, fascinación por el mal, maestro en el arte de la fuga, amoral, traidor y cobarde, indestructible, escondido en su cueva o castillo, tramando planes diabólicos mientras acaricia un gato como el enigmático enemigo del inspector Gadget». El PSOE contribuye activamente a agitar esa caricatura. El propio Sánchez en la campaña electoral de 2019 se compromete de modo solemne en televisión a «traerlo de vuelta» para rendir cuentas ante la justicia española. Esa frase es tan poco afortunada respecto a la separación de poderes como su posterior justificación. «¿De quién depende la Fiscalía?», dice para alardear de que su detención será cosa suya.

Le sugiero a Puigdemont el nombre de Rodríguez Zapatero como interlocutor o mediador, aunque la decisión corresponda al PSOE. A diferencia de sus antecesores en la Moncloa, es un símbolo de la continuidad de la tradición laica y republicana de su partido. Su abuelo fue fusilado por los franquistas por negarse a secundar el golpe de Estado de julio de 1936. Sobre Cataluña, es el único en el PSOE que defendió que no habría solución sin resolver antes la situación de Puigdemont. Su valentía, atrevimiento, reaparece en campaña electoral. Es el gran ganador de las elecciones.

Luego la conversación gira alrededor de la figura de Yolanda. Sensible a la cuestión de la plurinacionalidad, tiene muy interiorizados los códigos elementales de cualquier negociación. Los acuerdos del diálogo social son éxito suyo. Se implica a fondo, hasta la extenuación. Hablamos sobre su papel y el de Sumar en la negociación. El gobierno es de coalición, no de partido único.

El reto de cualquier negociación es ponerse de acuerdo con lo que se quiere hacer y encontrar la manera de hacerlo. También es importante que exista voluntad de acercar posiciones, sin que nadie tenga que renunciar a sus principios u objetivos. Discutimos sobre la metodología. Las tres partes, ¿nos reunimos por separado o juntos? «Antes de hacer una reunión a tres, se debe hacer una a solas con quien designe el PSOE. No pueden esconderse detrás de Sumar.» A quien no quiere darle ningún papel es a ERC. La relación está rota. «No les informes de lo que hablemos, por favor.» «La negociación será presencial», plantea como condición. «Perpiñán, Suiza o Bélgica. Donde ellos quieran, me importa poco.»

Puigdemont es la puerta a la que hay que llamar. «Debe normalizarse que alguien se pueda reunir conmigo.» No quiere ser lo que tanto temía el presidente Josep Tarradellas: una figura de cera languideciendo en el ostracismo del exilio. Sobre ese punto, podemos ayudar, ser proactivos, concertar una reunión con la vicepresidenta en el Parlamento Europeo para mandar un mensaje. Como los *sherpas*, queremos marcar el camino. Allanarlo. Del 12 al 15 de septiembre el presidente Sánchez tiene previsto ir a Estrasburgo. Debe ser antes.

La política española es una centrifugadora voraz; polariza y caricaturiza al adversario. Por ejemplo, la derecha niega sistemáticamente la legitimidad de la izquierda para gobernar. «La libertad es siempre la libertad de quien piensa diferente», escribió Rosa Luxemburgo. El axioma no está interiorizado por todo el mundo. Uno de los principios esenciales de cualquier negociación es precisamente el reconocimiento del otro y sus razones. Reconocer no significa compartir. Tan solo aceptar la legitimidad y la racionalidad del otro. Con Puigdemont, y el independentismo, en general, este principio básico se disipa cuando se vincula esa ideología al integrismo religioso, a la irracionalidad, al nazismo o a otras formas de totalitarismo. El independentismo también ha sido ciego respecto a las razones del otro. Esta falta de empatía, de unos y otros, contribuye a la polarización. Allí están los insultos del canal de correos del CGPJ filtrados a la prensa en 2018: «Con los golpistas no se negocia ni se dialoga». No pocos miembros del poder judicial se sienten imbuidos de la sacrosanta misión de defender a España de la llamada Anti-España. Puigdemont es el líder político contemporáneo sobre el que más se ha escrito en tono de burla y escarnio durante una década. Incluso en las propias filas independentistas. Gabriel Rufián llega a descalificar a Puigdemont como «tarado» por proclamar la declaración de independencia, cuando él mismo le acusó de traidor antes por no querer hacerlo.

El PSOE se esforzó en apuntalar ese relato. Con el gobierno de coalición da un giro copernicano. Como con nosotros antes, ERC y Bildu pasan a ser actores legítimos. Nos necesitan para armar una mayoría parlamentaria. Ahora llega el turno de Junts. En este contexto, debemos ser otra vez la interfaz o el pegamento de un nuevo bloque de investidura. Levantar una pista de aterrizaje para Junts, como hicimos antes con la izquierda *abertzale* y el partido de Junqueras.

Puigdemont no quiere que la negociación gire alrededor de su situación personal. «Yo no entro en la ecuación. Si soy un obstáculo, un elemento distorsionador de la solución, estoy dispuesto a borrarme. No quiero presentarme a las elecciones como candidato a la presidencia de la Generalitat. No quiero ser un problema.» ¿Es un gesto de generosidad? ¿Quiere conservar su aura de mártir de la causa independentista en Waterloo? ¿No quiere quedar en mal lugar en los libros de historia catalanista? Le gustan los gestos románticos cargados de simbolismo. Habla a menudo de «dignidad» u «orgullo». En pueblos y ciudades catalanas se pinta su rostro en las paredes junto al lema «*No surrender*». Como mito viviente para el independentismo, su figura va más allá de su espacio político. ¿Se siente encadenado a ese personaje dramático y grandilocuente? Le gusta sentirse leal a la memoria de ancestros como los presidentes Lluís Companys o Francesc Macià. Esa retórica romántica de ecos lejanos, que se recrea en la derrota heroica, explica algunas de sus decisiones. La obsesión por «hacer historia» está asentada en el independentismo; tiene más *glamour* que «hacer política». Mientras siga en Waterloo rodeado de esa heroicidad, el *procés* no terminará del todo. Hay que desinflar la retórica del espíritu, decía el filósofo valenciano Joan Fuster.

Con todo, el mito Puigdemont se ha ido marchitando paulatinamente. Waterloo deja de ser un faro constante de peregrinaje. Sus intervenciones en la Eurocámara son para el consumo interno. Cada vez se le oye menos. Las encuestas demuestran que ni los independentistas ven factible ya la independencia. Todo esto ahora puede cambiar. Su nombre vuelve a estar en el candelero. Los medios internacionales le enfocan de nuevo. Otra vez llamadas del mundo de ayer. Como las de octubre de 2017. La disyuntiva entre convicciones y responsabilidad regresa. Tiene la llave de la investidura. «Eso puede ser efímero. Es una brecha. Pero se puede cerrar pronto y para siempre. Si hay acuerdo, no serás recordado por la cantidad de críticas provenientes de los sectores más hiperventilados sino por las consecuencias positivas de tu decisión para el país», le advierto consciente del significado que le otorga a su legado.

Por último, Puigdemont plantea las garantías del acuerdo. «El pago debe ser por avanzado. Pagar por adelantado a un tío al que no le comprarías un coche de segunda mano es un deporte de riesgo.» La metáfora del mundo del motor revela una de las grandes falacias del incierto proceso de negociación con el gobierno. Sin generar un marco de confianza previo, es difícil avanzar. «Contigo y Sumar tenemos confianza, pero no nos fiamos del PSOE.»

Quiere un relator independiente que levante acta de las reuniones y los acuerdos. Quizá una fundación suiza que hace estas labores de intermediación en diversos conflictos internacionales. Se llama Centro para el Diálogo Humanitario Henri Dunant. «Conocen bien el caso catalán. No se les debe explicar nada. Ya lo saben todo. Además, jugaron un papel relevante en el fin de ETA. Llevamos desde 2017 trabajando con ellos. Tenían una excelente relación con Rubalcaba. Ahora no sé si la tienen con alguien del actual gobierno, pero necesitamos alguien independiente.» El senador de Bildu, Gorka Elejabarrieta, me habló de ese centro especializado. Seguramente es quien sugiere la opción. «Pero si el PSOE acepta esa relatoría, que lo veo difícil, no puede ser pública.» «No hay problema. Todo el marco negociador que te estoy explicando debe ser confidencial, a excepción de las garantías.» Son las bases de una negociación larga, de legislatura, con confianza mutua.

Esa figura tiene ecos lejanos. El independentismo siempre busca una proyección internacional con la intervención de un tercero neutral y profesional. Sucede en los días posteriores a los hechos del 1 de octubre de 2017. Llueven las propuestas. Suiza ofrece sus buenos oficios. Varios premios Nobel de la Paz urgen una mediación. También Puigdemont reclama esa mediación con anterioridad a la celebración de una segunda ronda de negociaciones tras la pandemia. «Sánchez no es de fiar», ya lo decía entonces.

Cualquier rol mediador requiere el visto bueno de las dos partes. No hay ninguna mediación por solo una de las partes. Eso serían consejeros, en todo caso. El proceso de mediación ya se rechazó en su día por parte del PSOE. ¿Volverá a suceder? El PSOE no querrá internacionalizar la negociación, ni siquiera por canales secretos. No estamos en un proceso de paz. No hay ningún conflicto armado. Es una simple negociación entre partidos para acordar un programa conjunto de actuación. Hay fórmulas intermedias, como la de un equipo de personas de confianza de las dos partes, con capacidad de diálogo entre ellas. Se lo recuerdo a Puigdemont. Otra cosa es que en la negociación lleguemos a un callejón sin salida, donde se puede optar por otras opciones. La famosa declaración de Pedralbes de diciembre de 2018 menciona la existencia de una persona para «facilitar» la coordinación de los trabajos. Debe «dar fe» de los acuerdos alcanzados y determinaría el «seguimiento» de su aplicación. Esa figura puede ser una solución intermedia, si la cosa no fluye. Alguien debe tomar notas, hacer la síntesis de cada reunión y someterla, al final, a la aprobación de las partes para dar validez a lo dicho. También puede ser necesario a veces que esa persona pueda facilitar el diálogo. Por ejemplo, interrumpir en momentos de tensión, hacer sugerencias de metodología, disponer pausas y cosas de este estilo. En buena medida, yo me obligo a escribir con un objetivo parecido.

La conversación llega a su momento crucial: el contenido del acuerdo. En la anterior legislatura trabajamos una propuesta que nunca trascendió a los medios. Podemos rescatarla. Luego puede haber otras exigencias simbólicas o materiales. Avances de carácter federal en el autogobierno catalán, inspirados en los *Länder* alemanes, las regiones belgas o suizas. Sale a la palestra su entrevista con Carrillo cuando este le explica que «Cataluña es la gran cuestión que queda pendiente tras la Transición para acabar de definir un Estado español moderno». Pone sobre la mesa la posibilidad de tener una selección propia como Escocia.

La cuestión nuclear de la negociación es la amnistía. «Si no hay amnistía, no hay acuerdo de investidura. Con eso iremos hasta el final, con todas las consecuencias. Eso no es negociable. El resto sí.» Según él, Europa tiene asumido que la amnistía es consecuencia natural de las elecciones. «El Partido Popular Europeo no se va a oponer.» En contrapartida, se ofrece a poner el marcador a cero. A iniciar un nuevo tiempo. «Vamos a abandonar la trinchera y empezar a jugar a la política otra vez.» «Si todo eso se soluciona, en Europa se dejará de hablar de España como anomalía o excepción en materia de derechos humanos.» Lograr una amnistía será difícil, pero no es ninguna quimera. Si no se consigue, hay otras alternativas para lograr los mismos objetivos. «Los costes de otras opciones con el mismo efecto serán los mismos. Todo el mundo lo llamará amnistía. Por lo tanto, mejor ser valientes, ir de cara. Se hace al inicio de la legislatura. Dentro de cuatro años nadie se acordará.»

El problema es el momento. La amnistía debe aprobarse con anterioridad a la investidura. Otra vez aparece la desconfianza con el PSOE. El esquema es demasiado rígido: materialmente complicado, no solo en términos políticos, sino por los tiempos y procedimientos parlamentarios. La política es la gestión inteligente del tiempo. Tener paciencia. Las prisas son malas consejeras. Hay momentos para acelerar, sí, pero hay que dominar, navegar, el tiempo para que este no nos aplaste. El gran clásico de la política contemporánea, Max Weber, lo condensó con brillantez en una frase: «La política significa ir taladrando lentamente tablas duras con pasión e intuición». Debemos ir taladrando con paciencia el cerco levantado alrededor del independentismo. Aprobar una ley de amnistía es una misión complicada. Hacerlo con tan poco tiempo, todavía más. En la anterior legislatura se hicieron avances en la agenda de la desjudicialización impensables hace un tiempo. Es verdad. Pero el PSOE tiene sus límites. ¿Podrá asumir llegar tan lejos en tan poco tiempo?

Le propongo una alternativa: firmar un acuerdo. Los acuerdos públicos obligan. *Pacta sunt servanda*, decían los romanos. En Irlanda del Norte se hizo un compromiso público sin registrar ninguna ley. Luego, el acuerdo se cumplió. «El proceso de Irlanda lo apadrinó Bill Clinton. Aquí eso no va a pasar. En el PSOE son unos troleros. No nos fiamos de su palabra. Debe registrarse y votarse por el trámite de urgencia la ley de amnistía como se hizo con la reforma de sedición.» Con esas pretensiones, la cuerda se puede romper. «La lógica del todo o nada, la estrategia de los grandes hitos que debe abrirnos las puertas del cielo, nos lleva inexorablemente a la frustración, a la impotencia política», digo. «El no a todo del PSOE tampoco funcionará. Nos tienen que ofrecer algo relevante. Tras seis años de humillaciones, podemos con todo. Nos han echado de las instituciones, nos han demonizado. Podemos aguantar el pulso», contesta. Me dice que el vicepresidente de la CEOE, Josep Sánchez Llibre, y los empresarios catalanes están de acuerdo con la amnistía. No menciona a los sindicatos, a los que su partido no acostumbra a tener como interlocutores.

Puigdemont es locuaz. Le gusta hablar. Tiene una mente brillante y precisa. Sitúa en el horizonte final de la legislatura la negociación sobre la celebración de un referéndum de autodeterminación. Recuerda que incluso el exjefe de gabinete del presidente Sánchez, Iván Redondo, defiende esa opción como fórmula ideal en un artículo publicado en *La Vanguardia*. Si hay amnistía y celebración de un referéndum en Cataluña, a partir del artículo 92 de la Constitución, habrá »un reencuentro total». En ese escenario «se suma a millones y millones de personas para la convivencia. Y se demuestra la gran fortaleza de nuestra democracia», dice Redondo.

«Redondo es alguien que ha estado en el corazón del gobierno. No es cualquier persona. Además, sé que su artículo ha gustado a Pedro Sánchez.» ¿Peca de exceso de optimismo? La Constitución española no contempla el derecho de autodeterminación, pero son muchos los expertos que defienden la constitucionalidad de una consulta pactada. No solo en las filas progresistas. También en la derecha. Por ejemplo, el fundador de Ciudadanos en Cataluña, el catedrático Francesc de Carreras, propone hacerla sin carácter vinculante precisamente mediante el artículo 92 de la Constitución.

Con todo, el escenario parece poco factible. El PSOE ¿puede aceptarlo sin implosionar? Pienso en la reacción de la derecha, y una parte importante de la sociedad española, si todo esto tira adelante en un plazo breve de tiempo. Se nos vendrá encima una discusión cotidiana de naturaleza casi metafísica sobre el ser de España. No se puede menospreciar la actual correlación de fuerzas y lo funcional que puede ser emprender esa aventura política para los objetivos de movilización patriótica de los ultras. La cuestión territorial volverá al centro con el espantajo de «España se rompe». Hay que afinar el sentido de la responsabilidad. No hacer promesas irrealizables que provocan frustraciones innecesarias y refuerzan las posiciones de nuestros adversarios. Saber dominar los tiempos, actuar de un modo frío y sereno, para consolidar y mejorar nuestras instituciones de autogobierno. Los golpes de audacia a veces las pueden poner en riesgo.

«Con todo lo que me estás contando, me temo que la negociación terminará tarde o temprano con un *chicken game*. Si no somos capaces de ceder, de buscar un compromiso o transacción, el riesgo de acabar todos saltando al precipicio es alto.» En la escena final de la película *Thelma y Louise*, las protagonistas saltan con el coche al precipicio. «Para nosotros allí no hay un acantilado. Hay un puente», contesta como si quisiera dejar esa frase para la posteridad. Está comprometido en no dar un volantazo. Se ata al volante. La responsabilidad del choque será también suya. Si se impone una lógica de testosterona, inflexible, del juego de la gallina, vamos a perder la clara oportunidad de avanzar. Nos llevará a la parálisis, el estancamiento. Nadie va a obtener nada. Nos convertiremos en aliados involuntarios de quienes desean que nada cambie, el *statu quo*. Los desacuerdos a veces son más conservadores que los acuerdos, escribe Daniel Innerarity. La mayor distancia entre las posiciones de los adversarios disminuye la capacidad de transformar la sociedad. Hay que evitar los pulsos heroicos que están al margen de cualquier cálculo que no sea la determinación. Sin acuerdo, allí abajo nos espera un precipicio profundo.

«Nosotros tenemos que garantizar que nuestra gente, que nos ha votado para bloquear la gobernabilidad de España, entienda lo que hacemos. Que ahora la desbloqueamos. Muchos nos miran con recelo. Nos dicen que no nos dejemos engañar. El PSOE tiene un problema de relato si hay acuerdo, pero nosotros también. A nosotros no nos penaliza que nos mantengamos firmes. No podemos fallarle a la gente.» El independentismo más beligerante añade a Junts en el *pack* de la traición de los líderes a quienes responsabilizan de la supuesta rendición. El dirigente irlandés del Sinn Féin, Gerry Adams, decía que lo más duro de una negociación es siempre cuando vuelves: debes convencer a los «tuyos». Lo vive en sus propias carnes el líder socialdemócrata austriaco Viktor Adler cuando a las puertas de la Gran Guerra, en la primavera de 1914, incapaz de convencer a sus compañeros de partido del terrible error que supone entrar en guerra y abandonar las tesis pacifistas, finalmente prefiere «equivocarse con los suyos que quedarse solo y tener razón». Llega un momento que uno debe hablarle a los «suyos» con sinceridad, sin adulaciones, con sentido de la responsabilidad. Decir la verdad a la gente no es ninguna traición.

Siempre hay un grado de frustración inevitable en quien negocia. Como en la vida real, nadie consigue salirse absolutamente con la suya. El poder absoluto es una ensoñación que se disuelve en la nada de la impotencia. Pero cualquier renuncia es siempre más difícil de comunicar que un fracaso. La agitación, las ocurrencias épicas, la sobreactuación retórica, suscitan más apoyo en ciertos sectores sociales, aunque no conlleve consecuencias en la realidad. Sobrellevamos mejor los límites externos que otros pueden imponernos para impedir que consigamos todo aquello a lo que aspiramos que los límites que deberíamos ponernos a nosotros mismos para conseguir parte de lo que deseamos.

El problema clásico del *chicken game* es una metáfora para explicar el comportamiento de los dirigentes políticos en situaciones límite. Es perverso. O mantienes intactos tus principios o modificas parcialmente la realidad con el riesgo de frustrar expectativas. Un dilema. Si uno de los dos rivales entiende que el contrincante es suficientemente firme, puro, coherente, como para no parar, pase lo que pase, frenará primero. Y perderá. La percepción de la irracionalidad del adversario se convierte en la clave del éxito. En esta negociación, ¿quién tendrá la cordura o los incentivos para apartarse? Pablo Iglesias y Pedro Sánchez son jugadores experimentados. Se han retado a menudo. Cuando ninguno de los dos cede, la colisión es inevitable. Con la aparición de Podemos hubo varias repeticiones electorales convocadas bajo esa lógica kamikaze. A Pablo le gusta apretar el acelerador. Pedro no se queda atrás. Su dimisión como respuesta a la cúpula de su partido y su viaje en su Peugeot por toda España son una prueba de ello.

Puigdemont tampoco es novato. No suele dar volantazos. Un instante clave de su biografía fue en octubre de 2017, tras la batalla de las urnas y las porras. El *procés* fue un auténtico *chicken game*, un juego de presión psicológica sobre el adversario. El pulso llegó hasta la prórroga. En un acto de responsabilidad, Puigdemont decidió «suspender» la proclamación de independencia el 10 de octubre y convocar elecciones. El presidente de la Asamblea Nacional, Jordi Sànchez, y el presidente del Consejo Europeo, Donald Tusk, le conminaron a frenar. Mucha gente respiró aliviada. Otra, se sintió traicionada.

11:10 horas de la mañana del 26 de octubre de 2017. Lo recuerda el periodista Enric Juliana en un artículo excelente titulado «155 monedas de plata». Hay una concentración en la plaza de Sant Jaume. «¡Puigdemont, traidor!», se oye con el mismo entusiasmo con que hace poco le vitoreaban como un ídolo. El recuerdo de la suspensión de la declaración del día 10 de octubre no se ha borrado. «Alerta, Convergència, se nos termina la paciencia», se desgañita un grupo de exaltados frente al portón de la Generalitat. Puigdemont ha comunicado a Iñigo Urkullu su voluntad de convocar elecciones en los términos requeridos por Moncloa. «No me veo siendo un presidente virtual, de un país virtual, en una sociedad anímicamente e institucionalmente devastada», advierte en la reunión con los consejeros de la noche anterior. Se refiere al símil de Freedonia, la república imaginaria por Groucho Marx que, obviamente, no aparece señalada en ninguna brújula. Ha recibido muchas presiones. Oriol Junqueras hace un doble juego psicológico. Piensa una cosa, dice otra. Le comunica sus reticencias al adelanto electoral. Puigdemont y Junqueras dejan de hablarse desde esta mañana.

Las olas convulsas saltan sin cesar. Vienen y van. Gabriel Rufián está nervioso. Como un viento inflamado, ERC ruge con enfado. Gabriel navega por Twitter. Le bulle la sangre. Escupe a la red uno de sus dardos más famosos, temeroso de que el *president* convoque elecciones y evite la aplicación del 155. «Ciento cincuenta y cinco monedas de plata.» La caracterización de Puigdemont como un desertor, un Judas del independentismo, es pasto de las redes. Un mar de olas gigantes palpita. Se multiplican las embestidas digitales. El exdiputado de la CUP, Antonio Baños, dispara sin contemplaciones. Se cambia la foto de avatar, hasta entonces Felipe VI boca abajo, por la foto de Puigdemont dada la vuelta. ¿Quién quiere pasar a la historia como un traidor? El historiador Vicens Vives habla del arrebato (*arrauxament*) como la base psicológica, la llamarada, de las acciones subversivas catalanas a lo largo de la historia. La justificación «del todo o nada que niega el *seny* colectivo». Lo señala el presidente republicano Josep Tarradellas. En Cataluña, en los momentos de lucha, siempre surgen unos «optimistas ilusos o cínicos» que para gustar a las masas crean «tópicos que después de mucho predicarlos llegan a hacer el efecto de un narcótico» y alimentan en ellas una confianza que la realidad nos dice que no existe. Según él, dejarse arrastrar por ese torrente desbordado es una temeridad.

Puigdemont atesora hondas convicciones independentistas, pero también es un gran aficionado de las redes sociales. Como sucede con Podemos, el independentismo fluye con desparpajo en ese entorno. Con motivo del referéndum del 1O, miles de personas pasamos la noche en un colegio electoral, llamados por las redes. En momentos trascendentales, es la calma y el silencio, pero unas pocas palabras escritas en el momento justo allí pueden alterarlo todo. «Sin Twitter no habría ni políticos en la cárcel, ni en el exilio ni 155», asegura Santi Vila, *exconseller* suyo, en su libro *Héroes y traidores*. Ese dato es relevante para entender la decisión de Puigdemont, sostiene Enric Juliana. Quiere ser coherente con sus principios. Las críticas en internet son un puñal lacerante. No es un traidor. Ante la pantalla nos sentimos radicalmente solos. Nos embarga la sensación de estar en el cadalso público. A veces, es cierto. Se forma el efecto jauría de un ejército digital. El acoso es altamente contagioso. «La hipercomunicación digital destruye el silencio que necesita el alma para reflexionar y para ser ella misma», escribe el filósofo coreano Byung-Chul Han.

¿Cuál sería el consejo que el filósofo Max Weber le habría brindado en este momento? Según la ética de las convicciones, debe corregir la decisión tomada la madrugada anterior, ser coherente con sus promesas y quitar el pie del freno para proclamar la independencia. Las consecuencias de sus actos no son su problema. Pero, para Weber, en la política debe primar siempre la ética de la responsabilidad. En ese ámbito, las ideas deben juzgarse por sus consecuencias, no por su pureza. Toda política que no tiene en cuenta las posibilidades de lo prometido o sus consecuencias es irresponsable. Puigdemont tiene que quitar el pie del gas, explicar la verdad a la ciudadanía, hacerse cargo de las consecuencias de sus actos. La independencia exprés es una entelequia.

Ciertos sectores de ERC vuelven a presionar al *president* para que no frene una proclamación política. Esta vez, sí de independencia. Dos diputados de Junts, Albert Batalla y Jordi Cuminal, dimiten. Hay mar de fondo. Puigdemont siente el peso de la responsabilidad como una cargante losa. La duda le turba la mente. La intransigencia es más fácil de gestionar de forma personal que la cesión. Para algunos, los costes de no poder son más asumibles que los de poder a medias. Hay una estrategia que permitiría que no hubiera ganador y perdedor. Dar los dos, el gobierno y la Generalitat, un volantazo.

El *president* quiere saber si un adelanto electoral frena el 155. Una marea de silencio cubre la escena. Bolas rodando en el desierto. Rajoy calla. El dirigente del PP, Xavier García Albiol, lanza una advertencia en las redes. Haga lo que haga el *president*, el 155 se aplica. El líder de la Generalitat no quiere dar un volantazo. Le parece humillante.

El primero que se desvía de la trayectoria de choque, pierde. Acelera ante las presiones de ERC. Arranca el volante para tirarlo ostensiblemente por la ventana. Irá hasta el final. Proclama la declaración de independencia. Cree que tampoco hay alternativa. Que haga lo que haga, la suerte ya está echada. Como el ajedrecista que, sin ningún movimiento para evitar la derrota, debe abandonar la partida. Solo le queda recurrir a un gesto épico, suicida. La llamada al vacío. La pureza absoluta de los principios. Las consecuencias de su decisión son contraproducentes, pero no quiere quedar en la historia como el traidor, el cobarde. Es más fácil comunicar a los propios seguidores la impotencia que el poder. Pero luego todo termina allí.

La proclamación de la DUI es el viernes 27. Hay caras de funeral. Solo los diputados de la CUP, los grandes ganadores del día, lo celebran. Con el estimulante éxtasis emocional que produce ir trepando por el mascarón de proa de un barco, navegan a toda velocidad, fascinados por el pulso final. Pero la DUI es un gesto tan solemne como vacío. Pura gestualidad voluntarista. Pirotécnica impotente. Palabras disociadas de los hechos. No se vota nada. La resolución aprobada carece de valor de ley. Es una simple declaración de intenciones con mucho simbolismo, pero sin ningún efecto real. No se publica en el diario oficial del Parlament. Tampoco en el de la Generalitat. No se arría la bandera de España. No se adopta ninguna decisión para materializar esa proclamación simbólica. Ningún decreto ni ley. Nunca ha habido en el mundo una declaración de independencia tan decepcionante. Lo explica Francesc-Marc Álvaro en *Ensayo general de una revuelta*. Nada está preparado para el siguiente minuto. Nada se propone. Nada de lo anunciado se cumple. Es un simulacro. Un decorado de cartón piedra. Un brindis al sol. Todo el mundo se va a su casa a esperar los acontecimientos. El *procés* es un relato victorioso, pero una acción perdedora. Un gigante emocional, un enano político. Ni la Generalitat ni el Parlament tienen ninguna capacidad para imponer un nuevo marco normativo. No obstante, el gobierno español actúa como si la independencia fuera efectiva. El Senado, el mismo viernes, aprueba la aplicación del artículo 155 de la Constitución. Las aguas revueltas se hielan. Nadie desobedece. Los funcionarios acatan. Los políticos también. Ese vacío crepuscular que es la DUI, una DUI *fake* y retórica, sirve después de argumento exculpatorio ante los tribunales. Ese vacío podría adormecer al independentismo, pero la sobreactuación represiva del Estado lo reanima. El proceso es una dialéctica con dos actores que se deslumbran y retroalimentan mutuamente. Toda acción provoca una reacción. Sube la temperatura nacionalista de la época. No sucede lo que creen los partidos independentistas. Europa calla. En España se impone la vía sanguínea a la racionalidad. El juego de la gallina termina con una querella de la Fiscalía. Luego, la cárcel y el exilio. Antonio Machado nos advirtió que había que ir con cuidado con los políticos que disparan «sus fusiles de retórica futurista y rupturista», sin calcular, o peor aún, haciéndolo, «que el retroceso de las culatas puede ser más violento que el tiro». Los sueños de la razón engendran a menudo monstruos. El papel lo aguanta todo, pero a veces lo que parece lógico en un plano teórico cuando se confronta con la realidad se convierte en algo diferente, incluso en lo contrario de lo ideado. Y acaba siendo funcional al plan de tus adversarios. «Cuando una revolución es imposible corre el riesgo de convertirse en su contrario: en una reacción», escribió el filósofo valenciano Joan Fuster.

Ha transcurrido desde entonces una eternidad. Seis años después, ahora Puigdemont está refugiado en Bruselas sosteniendo la llama de la independencia. Junts y ERC se intercambian los papeles. El gen convergente del partido de Puigdemont se difumina. En cambio, ERC ocupa ese vacío. Se desplaza hacia el espacio ideológico de su viejo pragmatismo. Con todo, la historia da muchas vueltas. Las tornas pueden volver a su esquema originario.

De momento, Puigdemont está otra vez solo con su conciencia. Ser o no ser, he aquí la cuestión. Ética de la convicción o la responsabilidad. Debe escoger. En esta ocasión, ¿va a frenar o acelerará? ¿Va a dejarse influir por el independentismo hiperventilado de las redes o logrará abstraerse de esa presión? ¿Va a llevarnos a nuevas elecciones? Puigdemont puede volver a la primera fila de la política como le sucedió a Companys tras la victoria de las izquierdas en España en 1936, pero debe saber quiénes son sus aliados políticos y quiénes sus adversarios.

No parece tenerlo claro. No descarta ponerse de perfil para facilitar un gobierno entre PP y Vox. Esa hipótesis es un suicidio. A lo largo de la historia, cuando las fuerzas catalanistas y las progresistas se entienden, Cataluña avanza en derechos y democracia. Así fue a lo largo de la historia. Por ejemplo, en los años treinta con el pacto de San Sebastián que dio lugar a la República. Cuando gobiernan las derechas, siempre se retrocede, le advierto. El Estatuto de 1932 fue gracias a la victoria de las izquierdas. Igualmente, el Estatuto de 2006 se aprobó gracias a la primera victoria en Cataluña de las izquierdas, de la mano del presidente Pasqual Maragall.

En cualquier conversación con un adversario político intento seguir las enseñanzas del filósofo Michel de Montaigne. Lo esencial en los seres humanos es lo que tienen en común, no lo que los separa. No obstante, en este punto es donde surgen más claramente nuestras discrepancias.

Nosotros venimos de una tradición del catalanismo popular y de izquierdas muy diferente a la del nacionalismo catalán de derechas de la Lliga Regionalista o de CiU, de donde proviene él. En nuestro caso, siempre hemos defendido una implicación total en la política española para avanzar en la defensa del autogobierno. El problema no es exclusivamente catalán. Debemos tejer alianzas, lazos de fraternidad, con otras fuerzas de cambio del resto de los pueblos de España. Cuando ciertos independentistas hablan de España, se olvidan de que dentro también está el País Vasco, Galicia, Valencia o Andalucía.

El *procés* parte de un error de partida: España es irreformable, inamovible por esencia, y la única solución es irse. ¿Cómo? Con las papeletas en una urna y una ley de desconexión, al Estado —el PP, los jueces, los policías...— no le quedará otra que negociar. Aceptará su voluntad. En política lo importante es tener razón y legitimidad democrática, creen. Todo sucederá en dieciocho meses. «Tenemos prisa», «Nosotros solos nos bastamos». Esa es la narrativa. No hay separación entre voluntad y consumación, entre querer y poder.

El mundo se pierde de vista desde esa nube. Si España es irreformable, ¿cómo va el gobierno del PP a negociar una salida acordada? ¿Esa hipótesis determinista no es la principal razón para señalar sus límites? Es verdad. Alimenta las ganas de irse, pero ¿cómo independizarse de quien no te deja, tiene el monopolio de la fuerza y no va a cambiar nunca de opinión? ¿Cómo impones tu voluntad a la suya, sin el uso de la fuerza? Es imposible. De hecho, la derecha sitúa la patria por encima de la democracia. Los ciudadanos de carne y hueso no pueden disponer de ella. No solo no rechaza una solución democrática al conflicto catalán, sino la propia idea de diálogo.

La fábula política de esa independencia mágica, indolora, exprés, desprende importantes dosis de engaño o autoengaño. Era muy previsible lo que iba a suceder. La fuerte disonancia cognitiva entre el discurso y los actos que lo alimentaban llevaba de modo inexorable al fracaso y la frustración. Romper los huevos es fácil, pero hacer una tortilla no, nos recordaba el historiador Josep Fontana. En el mundo real —y más en la historia de España—, las fronteras se suelen trazar con sangre. El catalanismo político nace del fracaso de la Primera República de 1873, por la frustración de transformar España en un sentido federal, pero siempre vuelve al problema original. No hay más remedio que implicarse otra vez. Cataluña no puede ser libre ni avanzar si España no avanza, defendía el presidente Lluís Companys durante la guerra civil. La historia le dio la razón. Es ingenuo pensar que los otros no juegan, que un proceso de liberación nacional depende solo de ti. Debes cambiar las condiciones objetivas de los otros que, en realidad, también son las tuyas. Transformar España es una condición de posibilidad de cualquier cambio en Cataluña u otro lugar, también para quienes quieren irse, aunque eso reduzca las razones para irse. ¿Quién se quiere ir de un Estado si este le respeta, reconoce y protege? Bildu hace tiempo que aterrizó en el planeta Tierra. Asumió uno de los postulados clave de una estrategia pacifista: el objetivo no consiste en destruir a tu adversario, ni tampoco en huir de él, sino en transformar la relación que mantienes con él hasta reconducirla allí donde finalmente consigas el reconocimiento de tus aspiraciones. Es absurdo ponerse de espaldas a un Estado del que quieres irte. Ese error es simétrico al de los partidos del 155 de la Constitución. España no puede avanzar si no avanza Cataluña. La historia nos lo demuestra en múltiples ocasiones.

Puigdemont intenta que no se produzca ningún vacío en la conversación. Siente la necesidad de matizar esa visión propia del catalanismo de izquierdas. «La supresión de la mili la hace un gobierno de derechas, y la reconversión industrial, de izquierdas.» Es una argumentación que me recuerda a la vieja posición de la derecha catalana, cuyo eje central es el nacional. «Ni derechas ni izquierdas, Cataluña», decía el político catalán Francesc Cambó antes de apoyar al dictador Franco. Se puede mirar a su izquierda o su derecha, sin ninguna preferencia especial. «La legalización del Partido Comunista la hace en un momento de audacia la derecha. También la negociación con ETA la empezó Aznar después de que le pusieran una bomba en el coche. Eso tiene mucho mérito. Era la época en que hablaba del movimiento vasco de liberación nacional. Nadie del PSOE se ha atrevido a hablar en esos términos», añade. En el mundo real esto no pasará. Son episodios anecdóticos. No reflejan la pulsión autoritaria, centralista y nacionalista de una derecha española con genética franquista. Además, le recuerdo que el PP no es la UCD de la Transición. Igual que Manuel Fraga no era Adolfo Suárez, todavía menos lo son los dirigentes del PP como Aznar, Rajoy o Feijóo. Son los herederos políticos de Fraga, pero con menos sentido de Estado. Hablamos también del papel del rey en el posible acuerdo. Me habla de las memorias de Torcuato Fernández-Miranda, político franquista cercano al rey Juan Carlos. Uno de los artífices de la Transición. «El rey puede ayudar.» Discrepo. «Felipe no es Juan Carlos, que sí acompañó a Suárez en la Transición. Ni Feijóo es Suárez, ni Felipe es Juan Carlos.» Coincide con el diagnóstico, pero hace una aclaración. «A partir de octubre, la hija primogénita del rey debe acudir al Congreso a jurar la Constitución. Podrá asumir a partir de ese momento la delegación del rey. Eso abre el debate del relevo.» En ese momento delicado por la monarquía —según él—, podría jugar algún rol conciliador para revertir la imagen de discordia de su discurso del 3 de octubre a raíz del *procés*.

Luego vuelve a salir la entrevista al dirigente comunista Santiago Carrillo, que le hizo en octubre de 1996 cuando era periodista de *El Punt*. «Cataluña es la gran cuestión que queda pendiente tras la Transición para acabar de definir un Estado español moderno», le explica. El primer contacto que tuvo Carrillo con la España oficial —le cuenta en la entrevista— fue con Nicolás Franco Pascual de Pobil, sobrino del dictador, procurador en las Cortes, que visita a Carrillo en París. Es un emisario del régimen franquista. Quiere sondear al Partido Comunista. Saber cuál sería su reacción tras la muerte de Franco. Puigdemont compara ese momento con el acercamiento del PP a su entorno para sondear a Junts. Le interesa que la posible vía de un acuerdo con el PP avance. ¿Es un señuelo para subir la apuesta con el gobierno? Quizá sirva simplemente para blindar el acuerdo. ¿Con qué legitimidad va a criticarlo el PP si también lo ha buscado? Dudo que muerda el anzuelo. En este juego de la gallina, Puigdemont ¿va hacia el choque con el gobierno? ¿Quiere apostar por el «cuanto peor mejor»?

«Al margen de una batalla perdida, no hay nada más deprimente que una batalla ganada.» Fueron las palabras de Wellington cuando, tras salir vencedor de Waterloo frente a Napoleón, dirigió su vista al inmenso campo de batalla belga cubierto de cadáveres. Uno de los conflictos bélicos más sangrientos y famosos de la historia. Han pasado más de doscientos años desde que el militar británico hizo su sobrecogedora reflexión. En la actualidad, las batallas adquieren formas diferentes, pero el precio sigue siendo siempre muy arriesgado. Waterloo vuelve a estar otra vez en el centro. Es la residencia de Puigdemont. Desde allí, prepara la estrategia. En cualquier batalla, la estrategia es básica. Y también los imponderables. Napoleón perdió en Waterloo después de que aquel mes de junio lloviera intensamente y sus fuerzas quedaron atrapadas por el barro. Hay decisiones que marcan el rumbo de toda una vida. Como en 2017, debe escoger otra vez. Pero al otro lado ahora hay un gobierno dispuesto al compromiso y al pacto. ¿Investir o no a Pedro Sánchez? ¿Darle una oportunidad de gobernar a Vox o no? La duda martiriza la conciencia de Puigdemont.

La ruptura definitiva y mi dimisión de Podemos

Viernes 8 de diciembre de 2023. En Barcelona se levanta un día frío. De lejos, las nubes pasajeras parecen negras. A las seis de la tarde mando mi carta de dimisión de todos mis cargos orgánicos a Podemos. Llevaba varios días escribiéndola y reescribiéndola. No podía esperar más. El martes anterior se oficializó la ruptura. Podemos prefiere ir por libre, perpetuando una vieja tendencia del espacio político a la disgregación y la inestabilidad. Los momentos en que la razón y la reconciliación prevalecen son breves y fugaces. Es como un organismo fisíparo que se reproduce mediante la división. Un alacrán clavándose el aguijón. En vez de superar los desacuerdos mediante un compromiso entre las partes, se opta por la escisión. Deberíamos aprender de CC.OO. Con más de un millón de afiliados, es la mayor organización social de España. Quien pierde en un congreso no se va y organiza otro sindicato. Quien lo gana sabe ser mayoría, respeta a la minoría.

La decisión de Podemos no se comunica previamente a la dirección del grupo parlamentario ni a la propia dirección. Tampoco se consulta con las propias bases, que solo hace cuatro meses avalaron con un respaldo del 92 por ciento negociar un acuerdo de coalición con Sumar. Es una decisión unilateral del núcleo duro de la dirección. «Sumar ha intentado impedir que los diputados y diputadas de Podemos hagan política. Hace unas semanas, PSOE y Sumar decidieron echar a Podemos del gobierno. Hemos intentado hacer todo lo posible con Sumar, pero se ha demostrado imposible. Por eso les anuncio que, desde ahora, pasamos al Grupo Mixto», explicó ante la prensa el diputado Javier Sánchez. Previamente denunció que no se permitiese intervenir a Ione en la comparecencia del ministro de Exteriores a cuenta de la crisis en Israel y Gaza. Como casi siempre, la noticia fue adelantada por *Diario Red*, dirigido por Pablo Iglesias. Para la portavoz de Sumar, Marta Lois, es una «deslealtad» que rompe compromisos del acuerdo suscrito, como el de permanecer en el grupo parlamentario durante la completa duración de la legislatura. La ruptura se produce después de conocerse la composición del núcleo dirigente de Sumar, donde Yolanda me propuso incorporarme. Rechacé la propuesta.

Dimitir o no dimitir, he aquí el problema. No ha sido fácil para mí. En una carta explico los motivos de hacerlo en este momento. Es como un duelo, una despedida dolorosa, un desgarro que empecé hace tiempo, afecta a vínculos que me han definido. Dudé sobre el momento de consumar la decisión. Antes de hacerlo, le mando la carta a otro miembro de la dirección, Antón Gómez-Reino. «Es hermosa, calmada y hace pensar. No hay ápice de crítica destructiva. Es un digno y hermoso epílogo reflexivo y una cariñosa despedida», dice. Luego hago lo mismo con Juan Carlos Monedero. «Es un documento esencial de esta época donde se señalan todos los problemas con lucidez y elegancia. Gracias por escribirla. Y por todo lo demás, no te vayas muy lejos», responde.

Juan Carlos, disgustado con la línea adoptada por Podemos, añade con amargura: «El partido se encierra de modo sectario sobre sí mismo. Hasta que no hagamos autocrítica no vamos a recuperar a quienes se alejaron». Admiro su capacidad de autocrítica. Dicharachero, astuto, con un verbo ágil, es un gran conversador. En alguna ocasión fui a su programa de televisión *En la frontera*. Precisamente, poco después Pablo Iglesias prescindirá del mismo. «Los responsables del Canal Red quieren reforzar su línea ideológica y es evidente que mis desobedientes gafas de Lennon desenfocan en ese objetivo», dirá con ironía mordaz.

Es cierto. Lleva unas peculiares gafas redondas de acetato color negro. Con una montura circular de alambre y un puente en forma de silla de montar que se asientan directamente sobre su nariz, le confieren un aire singular. Como un amuleto, son una declaración de estilo, más allá de su funcionalidad evidente como asistente visual. Recuerdan a las gafas de John Lennon, Gandhi, James Joyce, Groucho Marx o Hemingway. Junto a su sonrisa pícara, sus ojos achinados, un pañuelo rojo en el cuello, le dan un aspecto jovial, juvenil, de *enfant terrible*.

En la carta explico a los consejeros mis motivos. Lo coherente habría sido irme cuando abandono la primera línea política. O incluso mucho antes, cuando me lo sugiere Pablo. Lo que quisiéramos hacer deberíamos hacerlo en el acto de quererlo. No encontré la fuerza emocional para hacerlo. No es fácil deshacerte de algo que te ha conformado políticamente como lo que eres. Con el encargo de las negociaciones del acuerdo de investidura con los partidos independentistas, me coloqué mentalmente en otro lugar, pero ya no podía demorar más su materialización por respeto a la dirección. Hacía días que deseaba dar el paso. Jéssica Albiach también decidió irse hace pocos días. Como no paran de suceder cosas, no quería que se interpretara como una reacción a la actualidad. La decisión la tomé hace mucho tiempo. En el núcleo del partido estaba solo de modo nominal. La mayoría de la gente —también los periodistas— me situabaya fuera. No quería dañar a Podemos con el ruido que ello conllevaba. De hecho, no comunicaré públicamente mi decisión. Y la carta —extrañamente— no se filtrará a la prensa. Quizá es la primera vez que eso sucede. No se sabrá que me fui de la dirección hasta meses después, por casualidad.

El segundo motivo de mi renuncia fueron las discrepancias con la dirección. Sería hipócrita no reconocer lo obvio. He tenido en múltiples ocasiones diferencias relevantes con la línea seguida estos últimos años. Nunca las hice públicas, pero sí trasladé mis discrepancias a Belarra, Montero, Iglesias o Echenique. Además, Podemos prohibió las dobles militancias. Yo era también de los comunes. Debía respetar la decisión y actuar en consecuencia.

Al inicio, la doble militancia me permitió entender cómo se construía el relato en uno y otro lugar. Recoser complicidades. Empatizar. Acercar posiciones. No obstante, en la dinámica de choque imperante la situación se volvió cada vez más insostenible. El equilibrio de lealtades era difícil. En el acto de presentación de Sumar en Magariños me pregunté si debía ir. Si no iba, ¿era una deslealtad hacia los comunes? Y si iba, ¿a Podemos? El partido morado había dado la consigna de no asistir.

Tras el acto en Magariños, la dirección de Podemos se sentía dolida, indignada o humillada, como transmitió a su militancia. Las cosas se habían hecho mal por los dos lados. Yolanda no hizo ningún guiño de distensión, pero Podemos se bunkerizó demasiado. «Ha sido un error no ir a este acto. Mucha militancia de Podemos estaba. Le habéis regalado un momento de visibilidad electoral a Compromís y Más Madrid. La campaña de las municipales empezaba hoy», le escribí a Pablo.

El chat de Podemos ardía. La gente se jaleaba o calentaba mutuamente. Sucede a menudo en este tipo de chats. Se comienza con afirmaciones fuertes. Se termina en una carrera por ver quién es el más radical, mordaz y categórico en la crítica. Al final, se acaba diciendo algo más drástico de lo que cada uno habría dicho antes.

En los partidos a veces impera un ambiente de lealtades a demostrar reiteradamente. Abundan los cierres de filas. Codo con codo, rodilla en tierra o pie en pared. Es fácil dejarse arrastrar por la corriente, en un esquema maniqueo, donde lo que hacen los «tuyos» siempre es justo y lo de los «otros» injusto. Cass Sunstein denominó a este fenómeno «ley de polarización de grupo». En contextos emocionales fuertes, si no hay discrepancias sustanciales, tampoco auténtica deliberación. Hay solipsismo político. No se suelen confrontar opiniones, sino confirmarlas. Los hechos no penetran en el mundo en el que imperan nuestras creencias. Cuanto más intensas son, mayor es la disonancia cognitiva cuando la realidad no se ajusta a sus esquemas y más resistencias a aceptar la evidencia discordante. La gente no procesa información incongruente con su visión del mundo.

En Magariños empatizo con Podemos. Borro mi tuit de celebración y pido a los comunes prudencia en las redes. En otras ocasiones, sucede lo contrario: empatizo con los comunes e intento hacer ver en Podemos las cosas de un modo diferente. No obstante, un puente no se sostiene de un solo lado. Cuando las relaciones se enconan, los matices desaparecen. La situación te escinde. Debes escoger bando. Incluso si te apartas, te colocan en un bando.

En la carta de dimisión hice balance sobre esa división interna. El enfrentamiento se había trasladado al Congreso tras la falta de espacios de debate entre las direcciones. Como presidente del grupo confederal, lo viví con mucha impotencia. Cada uno de nosotros tendía a anular su propio pensamiento personal en cada discusión para adscribirse al de la facción correspondiente. Se podía defender una cosa o la contraria. Lo importante era estar de acuerdo con los «tuyos».

Geoffrey Cohen publicó «El partido antes que la política», donde ilustró el carácter tribal de la ideología con un experimento. Dividió a los participantes en dos grupos: demócratas y republicanos. Demostró que la mayoría apoyaba propuestas de signo contrario a su ideología según se les decía que las habían presentado unos u otros. Intenté abstraerme de esa dinámica, pero al final fui arrastrado como el resto.

Con todo, Podemos fue el que más se esforzó por construir dos grupos ideológicos diferenciados, incomunicados; una brecha artificial entre personas con las mismas biografías políticas con el objetivo de reafirmar su identidad.

A veces las relaciones eran mejores con nuestros rivales que entre nosotros. Una vez Echenique llegó a afearme criticar a ERC y al consejero Carles Campuzano —exdirigente de CiU— por el uso electoral de un equipamiento en Santa Coloma de Gramenet (Barcelona), como si no fuéramos juntos en la candidatura de esa ciudad. Vivir esas disputas de familia me rompía por dentro.

De mi boca —recuerdo en la carta— no salió nunca una crítica pública a nadie. Al revés, solo palabras de elogio y agradecimiento. A pesar de todo, me disculpo. Callé en las redes ante decisiones de Sumar como la exclusión de Irene. Es el mismo silencio que guardé ante decisiones de la dirección de Podemos que no compartía. Ciertas batallas deben hacerse desde dentro, no en los medios, para no perjudicar o generar desafección. Y esa batalla interna los comunes la perdimos. El reto será ahora seguir confluyendo y cooperando en el día a día en las diferentes luchas que tenemos por delante. No es el fin del mundo. Se puede trabajar desde espacios diferentes. No obstante, más pronto que tarde deberíamos volver a ser un frente amplio. Quizá haga falta otra generación de dirigentes no tan involucrada emocionalmente en esta batalla. La izquierda siempre se divide, pero, tras chocar con la dura realidad, vuelve a reagruparse.

En mi dimisión agradezco a Ione y a Irene el trabajo realizado, pero, sobre todo, a Pablo. Estamos profundamente en deuda con Podemos, y en particular con él, por abrir la brecha. Le estaré siempre agradecido. Todos le debemos mucho. No habría sido diputado si no fuera por él. Le consideraba uno de mis mejores amigos. Cuando se fue, sentí que una parte de mí también lo hacía. Empezó allí una parte del duelo retomado con mi dimisión.

El volcán Podemos lleva tiempo humeando entre un aroma que desprende el temor a un posible fin de ciclo. Alejandra Jacinto, Jesús Santos o Nacho Álvarez fueron algunos de los dirigentes destacados de la formación en dar un paso al lado durante los últimos meses. El lunes 11 dimite de la dirección de Podemos Roberto Sotomayor, exatleta y último candidato morado a la alcaldía de Madrid. Su carta de dimisión es osada: asegura que las decisiones del partido no se adoptan de modo democrático y que en la práctica se ha convertido «en el brazo político de Canal

Red». Pablo le responde con un ataque personal, dejando caer que tiene un problema de adicción a la cocaína.

Este es el último epílogo de una guerra interna sin cuartel. Luego vendrán otras dimisiones, como la de Antón Gómez-Reino. La más sonada y sorprendente será la de la secretaria de organización, Lilith Verstrynge, en enero de 2024. Se irá en silencio, misteriosamente. A algunos les parecerá que Podemos trata de tapar cualquier rumor de sus desavenencias con las líneas del partido tras la ruptura con Sumar. Ione Belarra se despedirá de su exnúmero tres de la siguiente manera: «Lo fundamental es que te cuides y que estés bien». La número dos, Irene Montero, hará lo propio: «La prioridad ahora eres tú». Ella ni compartirá sus mensajes ni dará señales sobre su marcha. Luego, cuatro meses después, su padre, Jorge Verstrynge, romperá su silencio: «Cuando ella se fue, hubo dos o tres que dijeron que estaba muy malita. No estaba malita, se fue porque no lo veía y punto». Según el exdirigente también morado, su hija decidió marcharse a causa de la deriva de la formación, cada vez más aislada en su lucha interna con Sumar.

Será la confirmación de la implosión de Podemos. ¿Es un fin de ciclo? Nosotros, los de entonces, ya no somos los mismos. La formación morada es como esos grandes imperios que se desvanecen cuando la idea sobre la cual se construyeron también lo hace. Podemos empezó representando una alianza amplia. Junto a las confluencias e Izquierda Unida, llegó a máximos de seis millones de votos en 2015. En conjunto, medio millón más que el PSOE. Era un proyecto con una gran transversalidad que lo conectaba con el 15M. El bipartidismo estaba bajo mínimos, con la abdicación de Juan Carlos I o la crisis del régimen del 78.

Desde entonces, de manera más o menos estable, fueron concurriendo a todas las elecciones Podemos, IU y los comunes, mientras por el camino se desenganchaban Compromís o se escindía Más Madrid. Aquel camino culminó con el primer gobierno de coalición en ocho décadas, en enero de 2020. En julio de 2023, Sumar tomaba el relevo tras unas elecciones autonómicas y municipales en las que el mapa se tiñó de azul oscuro gracias a los acuerdos de PP y Vox. Logró 31 escaños. Cinco correspondían a Podemos. Los mismos que IU y comunes. Apenas cinco meses después, Podemos anunció su paso al Grupo Mixto. A partir de aquí, las próximas citas electorales y, particularmente, las europeas de 2024, tras cumplirse diez años de la irrupción de Podemos, evidenciarán el fin de una época de unidad amplia a la izquierda del PSOE acompañada de resultados electorales inéditos. Pero ese 2024 no es 2014. El 15M parece de otra era. El espacio político surgido de sus cenizas se comporta como un círculo en el agua. Se agranda hasta ir menguando a fuerza de extenderse. El bipartidismo recupera posiciones, desparece Ciudadanos y la extrema derecha de Vox cogobierna ayuntamientos y comunidades autónomas junto al PP.

Al final, los grupos políticos ocupan el espacio que buscan, pero, también, el que les deja el resto. ¿Hay tanto espacio a la izquierda? Podemos intenta desenvolverse en el margen para criticar al gobierno. Según la opinión del exlíder de IU, Alberto Garzón, eso lleva a los morados a radicalizar su posición. Podemos, dice, pasa de rechazar al inicio toda posibilidad de debate sobre aspectos como la forma del Estado —monarquía o república—, la participación militar internacional —la OTAN— o incluso elementos puramente económicos —como la nacionalización de empresas— a reclamarse como la encarnación de la pureza ideológica, atacando a quienes se desvían mínimamente de sus posturas. En el pasado, Podemos acusaba a

IU de moverse en la «esquinita del tablero», de ser «gruñones». Para Alberto, las tornas cambian diez años después. Es ahora Podemos quien adopta la estrategia de antaño de IU.

En ese escenario está por ver cómo queda Sumar después de esa competición electoral o el conjunto de un espacio que llegó a seis millones de votos hace apenas ocho años.

En el pasado se ensayó la tesis de las dos orillas o la opuesta, la de la inevitabilidad del pacto que convertía al aliado del PSOE en una suerte de muleta subalterna. En cambio, Podemos y sus confluencias practicaron una nueva forma de negociar. Incluso se pasó por una repetición electoral en 2019 para así lograr el primer gobierno de coalición ante las resistencias de Sánchez. Sumar se presentó como un actor con un tono distinto. El futuro descubrirá hacia dónde se dirige la izquierda española. Con diferentes referentes históricos y europeos, con una relación diferente con el PSOE, aparecen fantasmas del pasado y del presente como el de la división electoral en Portugal, donde el Bloco de Esquerda (BE) y el Partido Comunista Português (PCP) llegaron a mínimos en las últimas elecciones generales, cuando los socialistas lograron la mayoría absoluta. Pero el fantasma que más asusta es el italiano, donde ya no queda apenas rastro institucional de la izquierda no socialdemócrata. Con todo, la ruptura acaba con el ciclo político que arrancó con el 15M y tuvo su traslación electoral con la irrupción de Podemos, las candidaturas municipalistas y las coaliciones electorales amplias de UP y Sumar. ¿Es el fin de una época?

Mi regreso a la política: el sueño europeo

Domingo 10 de marzo de 2024. Barcelona se despierta con las calles cortadas por una nueva edición de la Marató, con miles de corredores como protagonistas. Las nubes tiñen el azul sedoso del cielo con un pálido algodón. Apenas caen unas tristes gotas. Estoy en un acto en el Auditorio ONCE. Se presenta mi candidatura a las elecciones europeas, tras lograr los avales necesarios, de acuerdo con el reglamento de Comuns. Interviene Jéssica Albiach. Luego, Ada: «Quiero agradecer a Jaume su generosidad. Ante nuestras propuestas reiteradas, acepta volver. Conocéis su vida política. Hoy quiero resaltar su compromiso previo. Soy la persona de la sala, además de su madre, obviamente, que lo conoce desde hace más años. Más de treinta. Nos queremos. Lo he visto en muchos momentos vitales diferentes, él a mí también. Honesto, comprometido, cuando se le pedía ayuda como abogado para las personas más vulnerables, inmigrantes, minorías perseguidas, siempre estaba, nunca dudaba en comprometerse. Necesitamos gente imprescindible como él en la política. Gracias por dar este paso, Jaume», dice mientras gira la cabeza con una sonrisa luminosa, cómplice, hacia mí, sentado detrás, en la misma tarima.

Tras su paso a la oposición, Ada recupera ligereza. Muchas cosas han cambiado en estos nueve meses desde que ya no es alcaldesa de Barcelona. A nivel personal y colectivo.

En la ciudad ahora gobierna en minoría el alcalde Collboni del PSC, quien fue nuestro socio minoritario. Precisamente por ese motivo, los concejales de los comunes lo votaron a él en lugar de a Xavier Trias, que prometió deshacer nuestras principales políticas en la ciudad. El PSC se quedó a tan solo trescientos votos de nosotros, y todo el mundo supuso que se abriría la puerta a un pacto de izquierdas para seguir adelante con los cambios iniciados. Pero no ha sido así, para decepción de muchos. ¿Por qué? El PSC parece querer aspirar a crecer por su derecha. Ser el referente de muchos votantes contrarios a nuestro modelo de ciudad. Solamente así se explica que apueste por espacios urbanos que son auténticas parrillas, sin más ejes verdes, cierre ciertos servicios públicos, frene la protección de entornos escolares o desempadrone a personas migrantes y vulnerables. Al mismo tiempo que retoma políticas del pasado como la criminalización de la pobreza, la mercantilización del espacio público cerrando el Park Güell para un desfile de lujo de Louis Vuitton o llenando de humo el centro de la ciudad con la Fórmula 1, recuperando una cultura *cochecéntrica* —de velocidad, ruido y contaminación— claramente contraria a nuestro modelo de ciudad.

Determinadas élites muestran su apoyo al PSC y su alcalde, haciéndole la vida fácil, sin campañas en contra, a cambio de evitar que entremos en el gobierno. Las políticas que aplicamos tocaron privilegios. Por ello nos hicieron una guerra mediática y judicial sin precedentes. Veinte denuncias archivadas interpuestas por diferentes *lobbies* económicos de la ciudad. En mi caso, dos querellas, ambas cerradas. Un caso clarísimo de *lawfare* que el PSC nunca denunció y hasta promocionó y se benefició.

De hecho, la campaña de los medios de comunicación para difundir la idea de que «Todo es culpa de la Colau» de esos ocho años de gobierno fue tan brutal que terminó siendo nuestro eslogan de campaña. Ahora Barcelona parece estar en paz consigo misma. De repente, la prensa ya no dice que está sucia, las bicicletas no molestan o los problemas de movilidad se han esfumado. La ciudad fluye en armonía. Es un oasis sin ruidos ni atascos. No está en una deriva decadente, cómo cacareaban repetidamente medios de comunicación como *La Vanguardia*. El RACC (Real Automóvil Club de Cataluña), curiosamente, ya no publica comunicados, como antaño, sobre el peligro de extinción del coche privado. La plaga de roedores que asaltó el barrio Poble-Sec ya no es un azote apocalíptico culpa del alcalde. Se esfumaron en cuanto este tomó el cargo. La subida de la criminalidad en Barcelona, con un registro histórico de percepción de inseguridad, ya no hace de ella un Bronx ni nadie apunta al ayuntamiento como responsable. Este cambio en la percepción lo señala con ironía el periodista Ernest Folch en «Cuando todo era culpa de Colau», publicado en *El Periódico*. Por arte de magia, Barcelona vuelve a ser segura, tranquila, limpia. Los hoteleros y otros poderes económicos, mudos. Se impone un brusco cambio de relato: las cosas suceden, pero ya no son culpa de nadie. Simplemente, suceden. Son fenómenos naturales. De hecho, es peor que eso. El discurso de «Todo es culpa de la Colau» se desplaza de la alcaldía a la oposición, persiguiéndole como una maldición semanas después, cuando los gobiernos catalán y barcelonés no recaban los apoyos necesarios para aprobar sus presupuestos. ¿Os imagináis de quién será la culpa? Sí, de Colau. Hasta la salida de Ada, la responsabilidad recaía en quien gobernaba. Pero ahora que está en la oposición, también es ella la causante.

¿Por qué? Para apoyar los presupuestos de ERC en la Generalitat, el PSC puso una condición: construir un macrocasino Hard Rock en Tarragona. Como los comunes discrepamos y los presupuestos cayeron, ¿a quién le atribuyeron la responsabilidad? A Colau. No al PSC ni ERC, ni a la CUP, PP o Cs. Ese es el relato dominante. De los catorce presupuestos desde la sentencia del Estatut, se prorrogaron seis y se aprobaron ocho. ¿Sabéis quién votó más presupuestos desde la oposición? Sí, los comunes. No obstante, en aquellos días en que Pere Aragonès anunció que convocaba nuevas elecciones —que acabaría ganando Salvador Illa—, Comuns aparece como el chivo expiatorio, el *summum* de la irresponsabilidad política. Quizá sí fue un error no votar presupuestos de un partido de izquierdas, pero el relato impuesto fue terriblemente maniqueo.

A pesar de todo, Ada está ya en otro momento vital. Ajena a la vorágine cotidiana del ejercicio del poder, se la ve radiante. Sus ojos brillan. Su rostro, más liviano, pierde la rigidez de estos ocho años de alcaldesa. Su sonrisa me recuerda a la de *La Gioconda*, dulce y tranquila. Como envuelta en una brisa suave, hasta anda y se mueve diferente. Fluye con más naturalidad. Rezuma serenidad. Puede cuidar más sus relaciones. Se vuelve más amable y cordial. El cambio de actitud se nota hasta en su peinado. De su tradicional cabello castaño con ondas rizadas pasa a llevar un corte *pixie*, de un rubio casi platino. Una mujer que se corta el pelo está a punto de cambiar su vida, decía Coco Chanel. También vale para los hombres, como evidenció Pablo Iglesias con el corte de su coleta tras abandonar la política. Ada decidió cortar, literalmente, por lo sano para abrazar su nueva vida lejos del sillón de mando. Es otra persona, una versión mejorada de la anterior. Se mueve sin complejos, totalmente conforme al viento de sus propias convicciones.

Tras Ada, interviene Ernest Urtasun, flamante ministro de Cultura. Diplomático de profesión. Político de raza, con más de veinte años de experiencia, se ha convertido como portavoz en la cara más visible de Sumar. Espigado, seguro de sí mismo, rostro perfilado y vigoroso, tez pálida, voz grave, barba de cuatro días bien definida, sonrisa franca, ojos dulces, habla con destreza. Como buen diplomático, calcula mucho sus palabras. No pierde nunca los papeles.

Tras su intervención, me acerco al atril para tomar su relevo. Siento la extrañeza de volver a estar sobre un escenario, en el centro de un coro de miradas. Me reencuentro con la militancia. También yo estoy en otro momento vital. Hace diez meses de la dimisión. Y este no es un acto cualquiera. Es otro giro inesperado de guion. Tomo la palabra. No llevo apuntes. Hablo desde el corazón. Durante este tiempo he tomado distancia, perspectiva, explico. La política es una trituradora de humanidad. Una amante esquiva y maltratadora, recuerdo citando a un amigo escritor, José Luis Atienza. Si se convierte en un vínculo excesivo, olvidamos cuestiones vitales básicas como la salud, la familia o la amistad. Por eso debemos parar, respirar, levantar la vista, aprender las lecciones del feminismo: cuidarnos y hacer más sostenibles nuestras vidas... Se me entrecorta la voz, se me escapa el alma, mi cuerpo se me hace más pesado, tiemblo, los ojos se me entornan y humedecen, los labios se secan y cierran. Apenas son tres segundos. En ese breve paréntesis, la sala ruge con un aplauso caluroso. No suelo emocionarme en público. Tampoco hablar de cuestiones personales. La gente intuye que algo se me quebró por dentro. Los recuerdos se me amontonan en un instante. Con el corazón encogido y un nudo en la garganta, suspiro profundamente. Dar este paso no es nada fácil. ¿Estoy haciendo lo correcto? ¿Por qué vuelvo? Fueron dos semanas deshojando la margarita, una lista de pros y contras, una decisión trascendental.

La interpelación reiterada de las coordinadoras no me ha resultado indiferente. Me necesitan, dijeron. Nos gusta sentirnos necesarios. Con posterioridad, el Consejo Nacional aprobó pedirme públicamente aceptar el reto. En clave personal, me apetece empezar una nueva vida en el extranjero, desprenderme de mi pasado, ser otro en otro país. Políticamente, me seduce sumergirme en un mundo lejano, desconocido, en Bélgica, con claves muy diferentes a la política municipal, catalana o española. Es un viejo sueño. Las elecciones europeas son un momento de encrucijada histórica. Me visualizo en esa batalla. Están en juego los derechos por los cuales nos movilizamos con el 15M cuando la crisis de 2008 se abordó con recortes y privatizaciones. Europa siempre se juega en época de crisis. Durante la pandemia hubo un despertar de la razón, de la conciencia de nuestra fragilidad y nuestra interdependencia. Nuestro destino era compartido, los problemas comunes no podían solucionarse desde cada Estado, sino de modo conjunto y solidario. O nos salvábamos juntos o nos hundíamos separados, advirtió el escritor Juan Rulfo. No obstante, las recetas del pasado, de la austeridad y el neoliberalismo, vuelven ahora a amenazar las bases materiales de la supervivencia de Europa.

En aquellas elecciones que se celebrarían el 9 de junio de 2024, dos proyectos se volvían a batir en duelo. A un lado, la Europa cómplice del genocidio en Palestina, colonia de Estados Unidos. La Europa del negacionismo climático, de los paraísos fiscales, de un despotismo financiero que lleva en su seno la semilla del miedo o del odio, capaz de germinar en los peores fantasmas de la xenofobia, el populismo punitivo o el nacionalismo excluyente. Al otro lado, la Europa de las fuerzas progresistas, referente geopolítico emancipado de Estados Unidos, la Europa de las ciudades y los pueblos, movilizada contra los crímenes de guerra de Israel. La que lucha frente al cambio climático y la pobreza, la de los fondos de reconstrucción, que contiene una promesa, una alternativa civilizadora de solidaridad, un nuevo pacto redistributivo para que nadie quede atrás y sirva de vacuna frente al odio y el miedo.

Europa será solidaria o no será. La unión política fuerte del conocido proyecto Spinelli —que en los inicios de la creación de la UE aglutinó a políticos de diversas ideologías en un proyecto común—, del movimiento federalista de Ursula Hirschmann o los «Estados Unidos de Europa» propuestos por Jean Monnet. Una reconstrucción que sirva para actualizar aquella promesa de «nunca más» de la posguerra frente la barbarie. Es el momento de salvar esa Europa, hacerlo despacio y conseguir que dure. Este es el imperativo ético político de los tiempos que están por venir.

En mi campaña compararé el sueño de Europa con un volcán: un continente de prosperidad, justicia, libertad y paz sepultado en muchas ocasiones por sus propias convulsiones, que siempre vuelve a despertar. Un territorio que se deshizo con los bombardeos de ciudades indefensas como Guernica y en el humo de los crematorios nazis o las purgas estalinistas hace más de ochenta años. Pero volvió a levantarse precisamente en la resistencia de sus pueblos libres contra el fascismo, en tratados o declaraciones de derechos humanos como la de 1945, sobre los escombros del infierno de ese exterminio, con la voluntad de no volver a permitir las opresiones a la libertad, la miseria, el hambre o la guerra civil entre europeos. Europa es, y siempre ha sido, un lugar de barbarie tanto como de civilización.

Fue en el campo de concentración de Buchenwald donde entendí por primera vez qué era Europa, dijo Jorge Semprún. De hecho, el espíritu de Europa empezó a renacer en el corazón de todos los europeos que como él lucharon por su supervivencia en el Holocausto, en los brigadistas internacionales que defendieron la República, en la resistencia heroica del Madrid del «no pasarán» o del gueto de Varsovia. Se abrió paso entre las cenizas de aquel infierno con los blindados de La Nueve de los exiliados republicanos españoles que liberaron París, los partisanos italianos que liberaron Roma un 25 de abril al grito del *Bella ciao* o en las playas de Normandía. De aquel ingente esfuerzo humano, heroico, nació la Europa de Adenauer y Schuman, de Monnet y Churchill, de Dubček y Sájarov. Ese sueño europeo volvió a latir en los corazones de los portugueses de la Revolución de los Claveles que liberaron Lisboa otro 25 de abril. *Grândola, Vila Morena*. En la revuelta de la Primavera de Praga de 1968, en la caída del Muro o en la resistencia en la larga noche del franquismo. *Segur que tomba, tomba, tomba*. Luego, el alma de Europa también asomó la cabeza en las movilizaciones francesas de los noventa, las huelgas griegas de los dos mil o en los activistas españoles del 15M o el no a la guerra.

En mis mítines insistí, no obstante, en que ese sueño vuelve ahora a estar amenazado con los tambores de guerra que retumban en las cancillerías europeas, el ascenso de la extrema derecha o la victoria de Donald Trump en Estados Unidos. Las elecciones coincidieron precisamente con la conmemoración de los ochenta años del desembarco de Normandía. La batalla más decisiva —junto a Stalingrado— en la liberación de una Europa marcada por una guerra, odio o destrucción que no quería repetir. Ahora todo hace temer que estamos a punto de fracasar. La Europa cultural de Voltaire, de los cafés de Steiner, la Europa cuna de la democracia, de la convivencia y fraternidad, está expirando bajo las bombas en Ucrania o Gaza. Esa Europa como portadora de una promesa de libertad está en los corazones, los anhelos, de los palestinos o ucranianos. Cuando hace justo ochenta años que miles y miles de jóvenes se unieron como hermanos para detener la barbarie, debemos hacer espacio a esa Europa y conseguir que dure.

La UE en su origen fue un gran mercado, pero desde el primer momento también contenía un componente moral profundo. Cuando Camus escribió «nosotros» en *Cartas a un amigo alemán* no se refirió a «nosotros los franceses», sino a «nosotros los europeos libres», igual que «vosotros» no significaba «vosotros los alemanes», sino «vosotros los nazis». En este nosotros camusiano está el origen del nuevo *demos* europeo, surgido ante el mal absoluto tras los exterminios estalinista y nazi. Los europeos se mataron los unos a los otros durante siglos. El gran mito fundador de Europa, su identidad, surge después como prohibición de la guerra civil entre europeos.

El sueño europeo también vuelve a estar amenazado en nuestras fronteras de fortaleza tras el vergonzoso pacto sobre migración que deja en papel mojado el derecho de asilo. Los centenares de cadáveres ahogados, insepultos, en el gran cementerio del Mediterráneo son una señal de alarma que nos advierte de su naufragio, el reverso oscuro de nuestra modernidad. Nos interpelan, nos interrogan, sobre nuestra condición de europeos. Tenemos el deber moral de no olvidar que somos los nietos y las nietas de quienes se levantaron contra el fascismo en nombre de una Europa libre, solidaria entre sus pueblos. De no olvidar que en Chile, Argentina o México acogieron a nuestros abuelos y abuelas, cuando huían del horror de la guerra. No podemos olvidar quiénes somos y de dónde venimos.

En las elecciones europeas hay dos opciones. O ir hacia la descomposición neoliberal de Europa o a su refundación a partir de sus valores fundamentales. Ir hacia su colapso y su fragmentación, fruto del egoísmo y el tacticismo corto de miras de los Estados, o a su reconstrucción a partir de sus valores fundamentales para actualizar aquella promesa de «nunca más» de la posguerra frente a la barbarie. Ir hacia la guerra o hacia la paz. No son tiempos para quedarse en casa, resignarse o rendirse. Ni para caer en la introspección o la melancolía. El mayor peligro para Europa es el cansancio, decía el filósofo Edmund Husserl. La claudicación, la pérdida de espíritu crítico, de la conciencia de los límites de la razón, pero también la despolitización o la indiferencia.

En medio de la niebla, de las bombas que caen en Ucrania o Palestina, es la hora de defender la Europa luminosa de los derechos humanos y la paz, de hacerle espacio y conseguir que dure.

La aniquilación de Palestina ante los ojos del mundo

El mundo arde ante nuestros ojos. En tiempo real. Somos testigos impotentes de un genocidio televisado día tras día. Esta vez no podemos decir que no sabíamos. En la antesala de las elecciones europeas, Ada y yo recuperamos nuestro pasado de activistas. Para momentos excepcionales, decisiones excepcionales. Queremos mandar un mensaje. Llevar ayuda humanitaria a Gaza con la Flotilla de la Libertad. La organización se lo pidió a Ada y ella a mí. Resultaba difícil rechazar la invitación. Una vez el drama cotidiano del pueblo palestino entra en tu vida, cuesta quitárselo de la cabeza.

La comunidad internacional debe adoptar medidas de emergencia contra la sangrante masacre en Gaza tras los hechos del 7 de octubre de 2023. Los discursos están muy bien, pero toca pasar a la acción. A la mínima oportunidad,

Ada y yo volveremos a la carga. El fracaso de la Flotilla de la Libertad no nos desalienta. La Internacional Progresista —dirigida por un judío norteamericano, David Adler— organiza una delegación internacional para investigar la vulneración sistemática de derechos humanos en Cisjordania. Todos los focos están puestos en el genocidio en Gaza, donde nadie puede entrar, pero en Cisjordania la máquina represiva también sigue a pleno rendimiento.

David quiere involucrar a los eurodiputados. La visita será durante la llamada Semana Verde, a finales de octubre, cuando estos pueden participar en misiones internacionales porque no tienen ni plenario ni comisiones. No obstante, los gobiernos europeos desaconsejan ir a una zona inestable y en guerra. Los nombres propuestos van cayendo. Hay miedo, incertidumbre. Al final, solo seremos dos: el belga Marc Botenga y yo. Ada, que ya dimitió como concejal, se unirá como activista. Sentimos la emoción de los pioneros: esta será la primera delegación de cargos públicos que se desplaza sobre el terreno tras los atentados del 7 de octubre. Me lo recuerda Luca Gervasoni, de la asociación Novact, impulsor de la iniciativa: «Los palestinos nos están pidiendo que no los dejemos solos, que vayamos y abramos camino para que otros luego pierdan el miedo a venir. Sé que hay riesgos, pero se debe abrir la brecha». Arreglo las cosas con un seguro de salud del Parlamento Europeo.

El viaje está lleno de incógnitas. ¿Por dónde intentar entrar para minimizar el riesgo de ser detectados y deportados? ¿Nos van a registrar? Nos desprendemos de nuestros móviles y portátiles por razones de seguridad. No llevamos nada en la maleta que nos vincule con Palestina. No podemos entrar por Tel Aviv. El acceso menos controlado es el de la frontera con Jordania. Volamos vía Fráncfort, pero cancelan nuestro vuelo: el espacio aéreo se cierra de repente por la guerra. Quedamos varados en la ciudad alemana. Llegamos con un día de retraso a la bulliciosa capital jordana, Ammán. ¿Van a cerrar la frontera al día siguiente? ¿Nos descubrirán? Desde las ventanas, la cacofonía de tráfico y bocinas de coches, mezclada con los ecos de las llamadas a la oración, nos recuerda que estamos en Oriente Medio. ¿Qué decimos? ¿Viajamos por negocios o turismo? Los soldados, entrenados para detectar cualquier mentira, si sospechan, investigarán. Las cosas podrían ponerse feas. Tenemos una coartada preparada: Ada y yo somos pareja y Marc es un amigo belga. Queremos visitar Jerusalén. Ensayamos varias veces. Nuestro contacto en Ammán, Aina Puig, nos proporciona una reserva de hotel en Jerusalén para no levantar sospechas y facilita a Ada una maleta con ropa que refuerza su apariencia de turista.

El Puente del Rey Hussein es una de las pocas fronteras que se pueden cruzar a pie. Hay una carretera militar, una zona vallada con varios controles. Tomamos un bus para ir de un punto al otro. Revisan los bajos con un espejo y miran debajo de los asientos. En el interrogatorio clave del lado israelí, nos encontramos con un joven militar que frunce el ceño y alza los ojos tras sus gruesas gafas. «¿Cuál es el motivo de su viaje? ¿Adónde van? ¿A quién conocen? ¿Dónde se hospedan?» Nosotros sonreímos mucho y nos hacemos pasar por turistas despistados. Al final, el camuflaje funciona. Un coche nos espera al otro lado.

Nuestro centro de operaciones está en Ramala. Su alcalde, alto y corpulento, Issa Kassis, nos habla de la enorme capacidad de resiliencia del pueblo palestino. Cisjordania lleva años aislada de Gaza, pero está espiritualmente unida al enclave costero por lazos más antiguos que la ocupación israelí. Generaciones enteras se han acostumbrado a la muerte, el dolor, la humillación, la injusticia y la incertidumbre constantes. Vamos en un bus privado, de un lado a otro. Nos reunimos con abogados de torturados y presos, activistas, miembros de la UNRWA, ONG como Amnistía Internacional —representada por Budour Hassan, una abogada ciega que recopila pruebas para demostrar el genocidio— y líderes vecinales y políticos como el sereno Mustafa Barghouti.

La visita a los destartalados campos de refugiados de Nablus nos deja sin aliento. Las bombas israelíes han causado profundas cicatrices: boquetes gigantes en los muros y tejados hundidos. En Jerusalén, exploramos el barrio de Silwan, repleto de casas demolidas. Una de ellas es la de Fakhri Abu Diab, quien, mientras gesticula, nos cuenta: «Han demolido mis raíces, mi memoria e identidad».

La visita a Hebrón es igual de desoladora. Hoy, esta bella ciudad es un infierno atravesado por el *apartheid* y la limpieza étnica. Todo comenzó con la masacre perpetrada por un colono ortodoxo, Baruch Goldstein, en 1994. Disparó contra los fieles que rezaban en la Tumba de los Patriarcas, causando 29 muertos y 125 heridos. Ahora tiene una tumba situada en un parque dedicado a Meir Kahane, fundador del grupo fascista Liga de Defensa Judía. En la inscripción de su sarcófago se le glorifica como un héroe «que dio su vida por Israel, su Torá y su tierra». La ciudad ha sido «esterilizada», según la narrativa sionista, expulsando a decenas de miles de vecinos. Los que se resisten a irse están sometidos a un régimen severo de segregación.

Visitar Hebrón hoy debe parecerse a visitar el gueto de Varsovia a finales de 1942. Por encima de nuestras cabezas, una espesa malla de redes metálicas protege a los palestinos de los objetos lanzados desde los pisos superiores: piedras, basura, botellas... aunque no evita los orines ni el agua hirviendo. Las ventanas y balcones están cubiertos con alambre. Llegamos hasta el *checkpoint* 56, que desconecta el centro del resto de la ciudad. Las puertas de seguridad se abren a discreción de los soldados. «Podemos esperar un minuto o varias horas para que nos autoricen la entrada. A veces he esperado de las siete de la mañana hasta las once entre estas rejas», confiesa un vecino.

El corazón de la ciudad siempre fue la emblemática calle Shuhada, con sus vetustas casas de piedra y arcos de medio punto. Desde los años noventa es un enclave fantasma. La última vez que la visité aún quedaban algunas tiendas abiertas; ahora están todas cerradas. Un joven colono armado con una metralleta nos observa con desconfianza. Los militares nos detienen, pero cuando David aclara que es norteamericano, la tensión disminuye.

Visitamos la casa de Issa Amro, situada en una colina cercana, entre olivos y vallas. Lleva una americana, una gorra y una barba espesa. Nos recibe con la típica comida palestina. Con una vida digna de novela, es considerado el Mahatma Gandhi palestino. En 2010 fue declarado «defensor de los derechos humanos del año en Palestina» por Naciones Unidas. «En Palestina imperan dos sistemas: los palestinos estamos bajo la ley militar; los colonos, bajo la ley civil israelí», explica. «Israel quiere que nos alcemos en armas contra el *apartheid* y la limpieza étnica». Pero para Issa, la resistencia no violenta y la desobediencia civil son más efectivas. Su coraje es admirado por diversas organizaciones internacionales. Por documentar los excesos israelíes o protestar contra la ocupación, ha sufrido decenas de detenciones, agresiones, amenazas de muerte y torturas. El contraste entre lo que vemos en este viaje y la fría indiferencia de los gobiernos occidentales resulta desgarrador.

En otro día lleno de tensión, nos desplazamos a Qusra, cerca de Nablus. Debemos pasar numerosos controles militares en cada salida y cada entrada de las aldeas. Según la ONU, los obstáculos y barreras físicas han aumentado considerablemente desde octubre de 2023, y en Cisjordania hay cerca de ochocientos, uno por cada kilómetro. Llegamos a un control especialmente desesperante y humillante.

En Qusra, un grupo de familias campesinas nos espera. Van vestidos con ropa desgastada y llevan redes, cubos y utensilios para recoger la cosecha de aceitunas. También hay cinco o seis activistas internacionales y algunos periodistas, cuya presencia busca disuadir a los colonos o al ejército de intervenir o, al menos, documentar las agresiones. Sin embargo, al acercarse a los árboles, un grupo de soldados dispara bombas de sonido y gas lacrimógeno. Es un momento de caos: humo y fuego en los campos, ojos irritados, pañuelos en las caras. Muchos huyen despavoridos. Esta es su rutina. Durante la cosecha, la situación siempre escala, con agresiones e incluso asesinatos. Días antes de nuestra llegada, el ejército mató a una mujer de cincuenta y nueve años mientras recogía aceitunas. A pesar de haber comunicado nuestra presencia, disparan sin previo aviso y a discreción contra cualquiera que se mueva. La noticia corre por las redes: «Israel ataca el convoy en el que viajaban Colau y Asens». Me coge en plena entrevista con una radio. Con la voz entrecortada por el humo, retransmito lo que sucede.

La presidenta del Parlamento Europeo, Roberta Metsola, y la secretaria de Los Verdes europeos, Vula Tsetsi, se interesan por nuestra situación. El Ministerio de Exteriores condena el ataque, convoca a la embajada de Israel y exige explicaciones. El ejército israelí se justifica con su habitual neolengua orwelliana: habla de «seguridad», «concentración», «alborotadores» o «incitación». Y de falta de autorización de los campesinos para recoger sus olivas. ¡Como si la dieran en alguna ocasión! Me recuerda la parábola del campesino de *El castillo* de Franz Kafka, quien, tras años de espera frente a la puerta abierta del edificio de la Ley, muere sin haber entrado. Recoger aceitunas no es un crimen. Los campesinos palestinos no van a esperar. Palestina tampoco. No importa lo que Israel le arrebate, nunca se rendirá ni perderá su dignidad.

Gaza recuerda a Dresde durante la Segunda Guerra Mundial. Caen sobre ella desde octubre el doble de toneladas de bombas de los bombardeos sobre Dresde, Londres e Hiroshima sumadas. Todo está planeado para reducir esa diminuta franja a un montón de ruinas: la evacuación forzosa de casi toda la población, los asesinatos a centenares de médicos, periodistas o miembros de organizaciones humanitarias, los disparos de francotiradores a quien huye, las grandes fosas comunes con cadáveres no identificados, la denegación de ayuda humanitaria, el corte de agua, electricidad o gas, la denegación del acceso a alimentos o medicinas, la destrucción de carreteras, edificios, escuelas de la ONU, la mayoría de los hospitales, museos, universidades e incluso cementerios arrasados. Las fotos obscenas de soldados israelíes sonrientes junto a palestinos humillados, o riendo mientras una bomba hace saltar por los aires una escuela, recuerdan tristemente a las fotos de los soldados nazis junto a partisanos ahorcados. ¿De qué sirve la memoria de esas atrocidades si no las frena en el presente? «Sucedió contra toda previsión. Y por tanto puede volver a suceder. Esa es la esencia de lo que debemos decir», escribió Primo Levi. Lo que ocurre en Palestina es lo que no debía volver a ocurrir. El testimonio de la inhumanidad, del mal absoluto, que se vive allí es la prueba de que otra vez «todo es posible», como escribió Hannah Arendt. Pero en esta ocasión, Estados Unidos y Europa son cómplices.

Las cifras de muertes aumentan por miles. Hasta los cien mil, dicen algunos cálculos médicos. Para Occidente son anónimas y no tienen rostro. Las principales víctimas: mujeres y niños de muy corta edad. Como la relatora especial de la ONU, los expertos en derecho internacional y en genocidios lo tienen claro. Es un genocidio de manual. La Corte Penal Internacional acuerda medidas cautelares para poner fin al genocidio. El Tribunal de La Haya da otro paso sin precedentes. Como el propio Consejo de Seguridad de Naciones Unidas antes, dictamina que hay una ocupación ilegal desde 1967. Pide medidas a la comunidad internacional. Los Estados deben suspender cualquier ayuda a Israel. La Fiscalía del tribunal pide la detención de Netanyahu por crímenes de lesa humanidad.

¿Qué hacen los gobiernos occidentales? Lo contrario. Apoyar el genocidio con su ayuda militar, financiera y política. La filósofa Hannah Arendt empleó la expresión «distanciamiento moral» para referirse a la normalización de crímenes masivos. No podemos permanecer impasibles. Dispuestos a romper el bloqueo de Israel en Gaza, viajamos hasta Turquía para embarcamos en la misión de ayuda humanitaria. Desde 2008, ha habido numerosos intentos de burlar el bloqueo, con más fracasos que éxitos. Cuando la flotilla lo consigue, el recibimiento en Gaza es por todo lo alto.

El miércoles 24 de abril sopla un viento apacible en Estambul. La ciudad se despierta con la luz brumosa de un óleo sedoso. Estoy tomando un té, entre humo de pipas, cerca de una mezquita con enormes alminares. En un rato debo ir a una rueda de prensa. Quinientas personas de treinta países diferentes nos encontramos en la majestuosa capital turca con un objetivo: sortear el bloqueo marítimo de Israel a Gaza desde 2007 para llevar 5.500 toneladas de ayuda humanitaria.

La cara más visible de la flotilla es Ada. Luego, el activista sudafricano y nieto de Nelson Mandela, Ndaba Mandela, y una mujer rubia de ochenta años: la coronel retirada del ejército estadounidense Ann Wright. En su misma delegación destacan Coleen Rowley, exagente del FBI; Barry Riesch, veterano de Vietnam convertido en pacifista de base, o Cole Krawitz, judía antisionista, de Jewish Voice for Peace. La delegación española, con dieciséis personas bajo el paraguas de la organización Rumbo a Gaza, es de las más numerosas. Hay otros tres cargos públicos: Nicolás Sguiglia, edil de Podemos en Málaga; Martina Velarde, diputada de Podemos en el Congreso, y la diputada de IU en Extremadura, Nerea Fernández. En mi caso, voy como abogado con el mandato de la Asociación de Abogados Europeos Demócratas (AED) y de la Comissió de Defensa del Consell de l'Advocacia Catalana.

La expedición cuenta con el apoyo logístico de la organización turca Insani Yardim Vakfi (IHH). Este año, la escuadrilla está compuesta de tres barcos —un carguero y dos antiguos ferris del mar Adriático— comprados por IHH. Llevan varias ambulancias y alimentos básicos, así como materiales de higiene y sanitarios.

Llegamos la semana pasada. El ambiente es caótico. No es fácil organizar algo de esta envergadura. Los barcos llevan días preparados en un puerto a pocos kilómetros de la capital. La salida estaba prevista inicialmente para el pasado domingo. Sin embargo, Estambul es una ciudad propicia al suspense. Problemas administrativos y presiones internacionales lo impiden. Se fija como nueva fecha de partida este viernes, pero se tendrá que volver a posponer. Turquía aún no la autoriza. La incertidumbre es elevada. El presidente Recep Tayyip Erdoğan tiene un dilema: acatar las exigencias de Estados Unidos, su principal socio militar, para frenar la iniciativa, o la de su población, sensible a la causa palestina. Parece que se decantará por evitar una crisis diplomática con Israel. Conscientes de ello, el domingo miles de personas participamos en una manifestación que recorre las calles de la capital turca en apoyo a la flotilla hasta la plaza de Sultanahmet.

Lo recordaba ayer en una entrevista para el telediario de Televisión Española tras intervenir en un encuentro sobre la cuestión con cincuenta abogados en el hotel Akgun: «Tenemos derecho a llevar ayuda humanitaria. Hay crímenes que son tan espeluznantes que no solo ofenden a sus víctimas, sino a la humanidad entera. En nombre de esa humanidad, debemos actuar».

Tras el té, me voy hacia el mismo hotel, andando por las callejuelas del lado europeo de la ciudad, bajo una capa de amargura en el cielo. A las doce, en la planta baja, está convocada una rueda de prensa. Cuando entro, lo primero que me llama la atención es ver un gato tumbado en el suelo. Con sus místicas pupilas, me mira con aparente curiosidad felina. ¿Cómo puede ser que haya un gato aquí? Lo entenderé luego. Una numerosa población felina deambula por toda la ciudad. Forman parte de su vida cotidiana desde tiempos del periodo otomano. Como esfinges indescifrables, están aposentados en todos los distritos. Gatos de todos los colores y edades, en parques, en ventanas, en puertas de negocios, vitrinas de tiendas, entre los volúmenes de una librería, en las estaciones de metro o en los barcos. No se esconden ni huyen. Han perdido la vergüenza. No tienen miedo. Se sienten protegidos. Se sientan, se tienden boca arriba o estiran su lomo por las calles como si fueran las alfombras de su casa.

El primero en hablar es Ndaba Mandela, un hombre alto, imponente, corpulento, que se expresa con la misma pasión que su abuelo. Conserva su aura. «Tenemos la responsabilidad de usar nuestra voz y voluntad para ser la voz de los palestinos en el mundo.» A su lado está Ada; ataviada con una camiseta reivindicativa, y envuelta en un pañuelo palestino, toma la palabra: «Hemos agotado todas las acciones civiles. ¿Qué más podemos hacer? Pues nos subimos a un barco para hacer lo que los gobiernos deberían haber hecho para llevar asistencia humanitaria». El gato levanta su cola, se arquea como un joven guerrero y se marcha con orgullo indiferente.

«El bloqueo marítimo es ilegal», explica luego Wright con la voz firme de quien fue militar del ejército más poderoso del mundo. Según el último informe de agencias de la ONU, Gaza sufre la mayor catástrofe alimentaria del planeta en las dos últimas décadas. Los niños y niñas mueren por desnutrición y deshidratación. Varias iniciativas internacionales intentan enviar ayuda humanitaria. Por ejemplo, la ONG del chef José Andrés, World Central Kitchen (WCK), a la que Israel asesina a siete de sus miembros internacionales en un ataque aéreo. Quienes intentan llevar ayuda a Gaza son también un objetivo en esta guerra. Antes de esa tragedia, el ejército disparó contra una multitud hambrienta que recogía comida y así mató a más de cien palestinos.

Por la tarde, los organizadores de la flotilla nos convocan para un ejercicio de entrenamiento en uno de nuestros campamentos base, un salón de bodas habilitado para la ocasión. En su día debía conservar cierto *glamour*. Ahora es un edificio corrompido por el óxido y el hollín. En la puerta, hay otro gato. Como un tigre de salón nupcial, me dedica una mirada de arrogancia. Sus ojos son de un oro misterioso y fosforescente. Bajo las escaleras hacia la sala principal.

Hay una cincuentena de activistas charlando entre ellos. Los organizadores nos dividen en grupos de afinidad por diferentes mesas. Debemos prepararnos psicológicamente para el encuentro con los militares israelíes, en caso de asalto. Las indicaciones previas son claras: no mirar a los militares a los ojos, no separarse del grupo, no resistirse. Nos hacen sentar en círculos en la pista de baile central. La situación es un tanto surrealista. De repente, suena un ruido estruendoso. Es una simulación de un asalto israelí. Con las luces apagadas, un grupo de hombres de negro con pasamontañas irrumpen corriendo en medio de la oscuridad en la pista, que en la penumbra parece un foso. Permanecemos expectantes. Uno de los actores me zarandea y me hace levantar para llevarme a otro rincón de la sala. La operación se repite para la mayoría de nosotros. En medio de gritos ininteligibles de un idioma que no alcanzo a identificar, nos atizan con unas porras de papel. No es la primera vez que participo en algo parecido. Me cuesta tomarme en serio el entrenamiento, pero observo preocupación a mi alrededor. Los asistentes levantamos las manos en señal de pasividad. Unos pocos se resisten a ser levantados. Esa no es la actitud adecuada. Al cabo de quince minutos, se encienden las luces y una mujer dice en voz alta que nos tomemos nuestro tiempo para recuperarnos antes de comentar lo ocurrido. Respiramos hondo.

Ese asalto simulado podría hacerse realidad en los próximos días. Hace catorce años, un ataque parecido ocurrió contra la flotilla del *Mavi Marmara*, otra iniciativa internacional que partió de Turquía para tratar de romper el bloqueo israelí. En aguas internacionales, una unidad de élite naval cortó la señal móvil de la flotilla y militares israelíes asaltaron la embarcación. Como una bestia salvaje soltada a este mundo, bajaron desde un helicóptero y dispararon contra los presentes. Mataron a diez activistas e hirieron a otros cincuenta. Con el abogado Gonzalo Boye interpusimos una querella contra varios de sus responsables. Entre ellos, el actual presidente Netanyahu. Para garantizar la impunidad, el PP derogó la ley de justicia universal que permitía investigar y juzgar los hechos en España. Luego, el caso fue trasladado ante el Tribunal Penal Internacional, que en 2014 dictaminó que a quienes perdieron la vida en aquel asalto «se les disparó repetidamente en la cabeza, cuello y pies, y a cinco personas por lo menos las mataron disparándoles desde muy corta distancia».

Estos días cometí el error de volver a leer la querella que redactamos. Se me puso la piel de gallina. ¿Y si volvía a repetirse algo parecido? El entrenamiento empieza con las imágenes de alguno de los momentos más duros de aquel asalto. Trago saliva. «Desde el *Mavi Marmara*, cuando Israel asalta los barcos lo hace de forma menos violenta —aclara uno de los organizadores con la intención de tranquilizarnos—. Serán especialmente benevolentes con los europeos, mientras que la situación podría ser más tensa para palestinos y turcos.» A mi lado hay una mujer palestina, de ojos azules, con un pañuelo negro cubriéndole el cabello. Se llama Zohar Chamberlain, con doble nacionalidad alemana e israelí. Nació en un kibutz. «Lo importante no es mantenerse vivo, sino mantenerse humano. Y los israelíes han perdido su propia humanidad. Ser víctima no te libra de poder ser verdugo. Vamos a tener que contener nuestra rabia, para que no tomen represalias contra nosotras ni contra nuestros familiares todavía supervivientes en nuestra tierra», dice con una voz suave en un perfecto inglés. Los palestinos hablan muy bien inglés. Lo pude comprobar en un viaje que hice en el año 2000 para firmar convenios de cooperación con algunas ciudades palestinas como Belén cuando era teniente de alcalde en Barcelona. Ella y otras cuatro mujeres están exiliadas en Jordania. Asumen la premisa de que cualquier gesto de resistencia física a los militares puede ser tomado como una provocación. La respuesta de uno de los ejércitos más criminales del mundo puede ser imprevisible. La presencia de europeos en la flotilla, caras visibles como las nuestras, quizá pueda servir de escudo.

En esta ocasión, el ejército también está dispuesto a interceptarla antes de su llegada a Gaza. La televisión israelí divulga una información que llega a nuestras familias que, a miles de kilómetros de distancia, aguardan con nervios el desenlace de la misión. Se encargó esta misión a la unidad de élite, Shayetet 13, responsable del ataque a la flotilla en 2010 y la misma que asedió el hospital Al-Shifa de Gaza, que causó víctimas mortales y una gran destrucción. Leemos en un periódico que su repertorio armamentístico es variado: gases lacrimógenos, pistolas Taser o granadas aturdidoras. Este último artilugio emite una potente luz que impide la visibilidad durante segundos, a la par que lanza sonidos agudos (por encima de los 170 decibelios) que imposibilitan la audición. El uso de este tipo de armamento contra civiles contraviene la legislación internacional. Eso a Israel no le importa. Sorprende el silencio de la clase política ante esta amenaza, dice el periodista Hibai Arbide. En el fondo, no sorprende tanto. Los activistas internacionales siempre fueron perseguidos sin que a los países occidentales les importara demasiado. En 2003, la norteamericana Rachel Corrie fue asesinada mientras realizaba una protesta pacífica, megáfono en mano, para proteger la casa de una familia palestina que iba a ser demolida. Un mes después, el fotógrafo Thomas Hurndall recibió un disparo en la cabeza de otro soldado.

Luego, Israel dejó de permitir la entrada de activistas internacionales en Gaza.

En la formación se nombra, también, los drones de reconocimiento dotados con inteligencia artificial, capaces de registrar los rostros de los pasajeros y contrastarlos con su base de datos, para luego disparar en el caso de percibir una amenaza. La ponente del entrenamiento nos ruega encarecidamente que, por eso, durante el asalto no sostengamos nada en las manos que el dron pueda considerar un arma, como un bastón, un trípode o un palo selfi. Hago un rápido repaso visual por la sala y veo por los menos a dos personas con bastón. Compruebo la cara de pánico de algunos de los asistentes tras oír esta explicación. Algunos son personas mayores, jubiladas. No todo el mundo tiene a su disposición dos o tres semanas para una acción de estas características. También hay activistas jóvenes que hacen de la causa palestina su sentido vital. Una es la británica Sarah Wilkinson, detenida más de veinte veces. En 2021, por ejemplo, se encadenó a una filial de una fábrica de armas israelí en Reino Unido. Otra es la irlandesa Amanda Crawford, implicada en la lucha por la liberación anticolonial tanto en su país como en Palestina. Acompañaba a los niños y niñas palestinos al colegio para intentar esquivar las agresiones de los colonos. «Los golpeaban con palos o les tiraban piedras. Alguno murió», me cuenta envuelta en una kufiya.

La vuelta a nuestras casas es incierta. Son días de nervios. El escenario más previsible es el asalto israelí con la consiguiente detención e incomunicación varios días. La organización nos garantiza asesoramiento legal gracias a los acuerdos de colaboración que mantiene con organizaciones de juristas especializados en derechos humanos. Para la ocasión, la mayoría de los activistas graban previamente un vídeo: «Si estás viendo esto es porque Israel me ha detenido». Con ironía macabra, le llamamos el vídeo *post mortem*. Luego sabremos que muchos se tomaron seriamente la amenaza. «Si estás viendo esto es porque Israel me ha matado», dejaron grabado.

Al final, cunde la decepción en el hotel Tugra, nuestro cuartel general. Tras tres semanas de retrasos y esperas en Estambul, se confirmará que Guinea-Bisáu nos retira la bandera bajo la cual debíamos navegar. Israel presionó al pequeño país africano con represalias. Así, nos convertiremos en pasajeros de la Flotilla de la Libertad en tierra. La organización nos recomendará esperar en nuestros países a encontrar una solución para volver a intentarlo.

De vuelta en casa, empezamos a presionar al PSOE. Nuestros ministros planteaban una y otra vez la necesidad de reconocer al Estado palestino, como finalmente sucede el 22 de mayo. Por sí solo, eso ya justifica formar parte del gobierno de coalición. Sin nosotros allí, el PSOE no se habría atrevido. Es un primer paso. Pero no es suficiente. El gobierno debe romper cualquier complicidad con esa atrocidad. Sumarse al movimiento de boicot, desinversión y sanciones, en marcha desde hace años. Las cosas empiezan siempre en la base de la sociedad civil, pero llega un momento en que debe actuar el gobierno.

Lo que sucede no afecta solo a Palestina, sino a todo el mundo. Y muy especialmente a Europa. Europa es un lugar tanto como una idea. Palestina también forma parte de ella. Por eso me cuesta entender la defensa de la impunidad de esos crímenes de partidos como Junts, el PP o Vox. Hubo momentos en la historia de la humanidad en que la situación de injusticias terribles en un país u otro no se resolvió sin la intervención global. El mejor ejemplo de ello es el caso de la Sudáfrica del *apartheid*, ante la cual los pueblos del mundo se movilizaron con una campaña de boicot y sanciones que terminó llegando a los parlamentos y luego a los gobiernos, hasta lograr el fin del *apartheid*.

Tras el inicio del genocidio hay una ola de solidaridad ciudadana, con un levantamiento de las generaciones jóvenes en Estados Unidos sin precedentes desde la guerra de Vietnam. En Barcelona y Madrid también se levantan acampadas en las universidades en plena campaña electoral europea. Reclaman a los gobiernos hacer lo mismo que hicimos nosotros desde Barcelona: romper relaciones institucionales y comerciales con Israel. Ada fue la primera alcaldesa de una ciudad europea en dar ese paso. La causa palestina se convierte en un catalizador poderoso de una lucha mundial contra las injusticias del mundo. Durante la campaña electoral, esa es nuestra principal seña de identidad. Llevamos Palestina en el corazón.

Como eurodiputado, en mi primera intervención en el plenario del Parlamento, en septiembre de 2024, reclamo a la Comisión que deje de apoyar al carnicero de Netanyahu tras los atentados terroristas de Israel en el Líbano. Suponía otro salto de escala. Lo que empezó en Gaza era solo un escalofriante estallido de bestialidad, un arrebato de venganza, pensaban algunos. Se negaban a creerse lo imposible. Algo así no podía durar en pleno siglo XXI. La inhumanidad tendría un límite. Pero solo fue el comienzo. Una vez Israel comprueba que puede llevar a cabo un genocidio en Gaza sin problemas, extiende el terror a otros lugares. Primero, Cisjordania. Luego Irán, Siria. Finalmente, Líbano. Israel incluso ataca varias posiciones de las fuerzas de la ONU, donde hay tropas españolas. Finalmente, prohíbe la actividad humanitaria de la UNRWA. La barbarie extiende descaradamente sus alas. El infierno está vacío, todos los demonios están en Oriente Próximo.

Ni el derecho internacional ni la idea de humanidad cuentan nada. Me bulle la sangre. Lanzo una pregunta —que no obtiene respuesta— a la futura comisaria de Política Exterior, Kaja Kallas.

—¿Cuántos miles de muertos más hacen falta para que dejemos de ser cómplices de esta barbarie? ¿Mil, cien mil, un millón? Es una hipocresía criminal venir aquí a lamentar, como hace usted, estas matanzas y después estar a favor de seguir proporcionando las armas para llevarlas a cabo. Es una hipocresía sancionar a Putin y no hacerlo con Netanyahu. Las víctimas valen igual en Ucrania que en Palestina. Y es una hipocresía aceptar lo que dice la ONU sobre los asentamientos ilegales y después financiarlos, comprar sus productos, mantener el acuerdo comercial entre la UE e Israel. Ante un genocidio no hay medias tintas. O se está con el victimario o con las víctimas.

La dimisión de Yolanda

El lunes 10 de junio de 2024, los malos resultados del domingo en las elecciones europeas destapan la caja de los truenos en Sumar. El viento ha dejado de soplar a favor nuestro. El golpe de mar es rotundo. Quien navega sufre siempre alguna tempestad. Yo salí elegido como eurodiputado. Han pasado diez años desde que Pablo me propuso acompañarle como su número dos en la aventura europea. Se cierra un ciclo. Un sueño postergado. No obstante, me siento bajo una fuerte resaca emocional. Desconcertado, desfondado, me da vueltas la cabeza. ¿Qué ha sucedido? El día es eléctrico. Los acontecimientos van a sucederse rápidos. Vamos a tocar fondo. De repente, a mediodía, aparece Yolanda Díaz en una comparecencia por la televisión desde una sala reservada en el Círculo de Bellas Artes de Madrid. Expectación. El rostro impertérrito, rígido, apagado, blanco como un sudario. Ya no es la mujer de la sonrisa perpetua. Parece trastornada por dentro. Lleva una americana blanca y un top lencero. El blanco es uno de sus colores favoritos. Con tono serio, asume en primera persona los cuatro batacazos electorales que pesan sobre Sumar y las críticas recibidas por el funcionamiento interno del espacio en los últimos meses.

Es una reacción fulminante. La comparecencia en *streaming* apenas dura un minuto. No hay preguntas. «Las últimas elecciones han servido de espejo, la ciudadanía no se equivoca cuando vota y tampoco se equivoca si decide no ir a votar», aclara de modo autocrítico antes de anunciar su dimisión como coordinadora general. En política, los fracasos no suelen tener ni padre ni madre, pero en esta historia ella tiene el coraje de dar un paso al lado.

Llevaba tiempo madurando la decisión. La última semana de campaña fue decisiva. El detonante es un resultado electoral por debajo de lo esperado. Lo comunica en la reunión de la ejecutiva del partido. Hay voces que le piden seguir; otras la aplauden. Pero ya no hay marcha atrás. A partir de ese momento, Yolanda decide centrarse en el gobierno. Dejar a los partidos integrantes de la coalición, fijar el rumbo en la articulación del espacio político. Como un mar embravecido, se oye un ruidoso movimiento. La sangre va a la herida. Los comunes llevan el debate interno sobre qué hacer con discreción, pero el resto de los actores formulan críticas en público. La frágil unidad da paso a un amargo caos. Tanto Más Madrid como Izquierda Unida o Compromís marcan distancias con la vicepresidenta en sus declaraciones públicas. Falta de debate. Verticalidad. Hiperliderazgo. Esos son los reproches. Otra vez, ventilados a los cuatro vientos.

El liderazgo de Yolanda se ha desplomado como un peso muerto en un instante. Ha durado un año y cuatro meses. Formalmente tan solo cuatro meses desde su ratificación como coordinadora general. La sensación es de final de época. Se cierra una etapa. Algo profundo se ha movido bajo nuestro suelo. Nos parecemos a esos conejos deslumbrados por los faros de un coche. Pocos vieron venir el trompazo.

Han pasado muchas cosas desde el 15M de 2011. El viento de la historia sopla en otra dirección. El sentido común de época ya no lo domina la izquierda. Se produce un cambio cultural lleno de resentimientos, odios y agravios. El desplazamiento más significativo e inquietante será el auge de la extrema derecha en España y el conjunto de Europa. El 15M fue un soplo de esperanza. Muchos ciudadanos no sentían que sus problemas tuvieran que ver con los emigrantes, los homosexuales ni las feministas, sino con los bancos y los poderes económicos. Ese ciclo político cayó en un pozo de desdén. Como advirtió el filósofo Walter Benjamin, detrás del fracaso de la izquierda viene la epifanía de la extrema derecha. La historia se repite a veces de forma asombrosa.

Tras las elecciones europeas, la orquesta enmudece. Volvemos a la casilla de salida. Se prefigura un paisaje político de cielo gris, devastado, de ruinas. Europa se derechiza, levanta el brazo. Se abraza al monstruo contra el que se enfrentó el europeísmo. Las derechas saben explotar los miedos a la guerra, insisten en la necesidad de rearmarse y prepararse para lo peor con Rusia. Durante la campaña electoral se habló más de defensa que de cualquier otro asunto. Los avances en feminismo o ecologismo generan una reacción iracunda en ciertos sectores de la población, sobre todo hombres jóvenes. Los conservadores aumentan su representación y la extrema derecha consolida su posición.

Como la peste, el bacilo del fascismo no muere nunca. Puede estar dormido durante décadas, pero en cualquier momento puede volver a despertar. Lo advirtió Albert Camus en la novela *La peste*. En Francia, cuna del régimen de Vichy, ganan los herederos políticos de Pétain tres días después del cincuenta aniversario del desembarco de Normandía. El presidente Macron responde convocando unas elecciones que en primera vuelta pierde frente a la ultraderecha de Marine Le Pen. En Italia, la cuna del fascismo, los neofascistas ya en el poder también ganan. En Alemania, la patria del nazismo, el partido neonazi queda en segunda posición como en los años treinta, agitando ahora la islamofobia en vez de la judeofobia, y se persigue a quien denuncia el genocidio en Palestina. Los liberales retroceden, la socialdemocracia cae moderadamente y la izquierda radical o los verdes sufren un descalabro.

En España, la oposición tan exagerada e histriónica del PP y sus medios afines contra el presidente Sánchez tiene un efecto bumerán. En todo plebiscito, hay dos sectores beneficiados: quien lo plantea y quien se defiende de él. Plantear el envite como un plebiscito concentra el voto progresista alrededor del PSOE, con un 30 por ciento de las papeletas, y a costa de Sumar, que no logra superar el 5 por ciento, con poco más de ochocientos mil apoyos.

Parece que quienes crean novedad son las derechas y nosotros vamos por detrás reaccionando a la defensiva. La propia renovación del gobierno de coalición fue producto de un mensaje defensivo: el miedo a la ultraderecha. Eso pasa factura. Si hay miedo a la ultraderecha, siempre se beneficia el PSOE, con una identidad consolidada. Sumar hasta ahora se define más por lo que hace que por lo que es.

Es como un cuerpo sin alma. No hay todavía una identificación fuerte con el proyecto. La legislatura empezó al ralentí, con solo la aprobación de la ley de amnistía. Además, las políticas públicas por sí solas no bastan. La batalla de las ideas y las emociones es fundamental.

A Podemos aún le va peor: se queda con un 3,26 por ciento. Los comunes logramos uno de nuestros principales objetivos: obtener representación en el Parlamento Europeo. No obstante, el resultado es un fracaso sin paliativos. Es la primera vez que concurrimos separados de Podemos a unas elecciones. Había dos papeletas diferentes. Desorientación. Confusión. Podemos nos aventaja en ocho mil votos. En la campaña, volcó la mayor parte de sus esfuerzos en Cataluña. La extrema izquierda catalana es más numerosa que en otras partes del Estado. Con una presencia regular de Pablo e Irene como contertulianos en los medios catalanes como TV3 o RAC1, es una de sus principales fortificaciones. Y más tras la decisión de la CUP de no presentarse a estas elecciones. Una consigna corría entre sus militantes: votar a una fuerza como Podemos con la que no compiten a nivel autonómico.

El PP crece a costa de un Cs que desaparece del arco parlamentario, pero lo hace de modo muy moderado. Vox saca un buen resultado e irrumpe un nuevo partido, Se Acabó la Fiesta (SALF), con Alvise Pérez, un bocazas ultra, a la derecha de Vox, propagador de bulos y estupideces. Exclusivamente desde las redes sociales logra doscientos mil votos más que Podemos —y casi los mismos que Sumar—. La normalización de la toxicidad en la esfera pública, el trumpismo ayusista, con su discurso sobre la ilegitimidad del gobierno de coalición, es seguido por una política de barra libre en los medios derechistas y en las redes. Internet ya no es el espacio hegemónico de la izquierda. Es el instrumento de movilización ultra. De pronto, vemos manifestaciones franquistas. Disturbios alentados por el PP y Vox. El rezo de rosarios por parte de falangistas en la calle Ferraz, sede del PSOE. La calle, hasta el momento, era el espacio para que se oyera la voz de quien no tenía poder. Ahora también ha cambiado de manos.

A partir de aquí, puede suceder cualquier cosa. El futuro proyecta siluetas inquietantes. Ya no es impensable que *influencers* enloquecidos lleguen al gobierno utilizando las redes y las calles. Sucedió en Argentina, donde ganó Javier Milei con una motosierra para recortar derechos, mientras su brazo derecho se declaraba convencido de que la tierra era plana y otra de sus candidatas proponía proteger legalmente a los varones argentinos de la «táctica feminista» de pinchar condones para cazar maridos. O uno de sus senadores propuso legalizar la venta de niños de familias pobres para salir de la miseria.

En ese contexto, Sumar y sus socios son como barcas perdidas en medio de la noche azul. Las olas son gigantescas. La niebla, profunda. La aparición de la coalición de Yolanda Díaz despertó mucha ilusión. Nació de la frustración por la autodestrucción de Podemos como sujeto político que supo canalizar la indignación, pero no estabilizar un proyecto sólido. Era necesario reconstruir, por enésima vez desde los años ochenta, un espacio político que permitiera impulsar políticas de transformación social. El reto de Sumar no era fácil. La construcción de ese sujeto requería habilidades de alquimista. Se trataba de articular un proyecto que no nacía de la nada, sino de varias tentativas, después de la ilusión inicial, que acabaron como el rosario de la aurora. No se podía caer en una actitud adanista, y de superioridad moral, con las organizaciones preexistentes. Los mismos ingredientes debían combinarse de modo diferente. Y a la vez añadir otros que se habían excluido en el pasado. Por otro lado, todos los actores concernidos debían esforzarse para superar sus actitudes tribales o autárquicas. Salir de sus poltronas. Las estrechas murallas de su zona de confort. Se trataba de construir un espacio plurinacional que se articulara de modo federal o confederal con soberanías compartidas, renunciando a los espacios de soberanía absoluta que algunos querían conservar. Sería un error de diagnóstico de lo sucedido limitarlo todo a las torpezas o miserias del factor humano.

Un año después asistimos una vez más a la evidente dificultad para articular un proyecto compartido con un nivel aceptable de coherencia interna, superando las diferencias y las contradicciones de un tiempo de gran complejidad o desconcierto. Sumar ahora es una nave sin timón, rodeada de brumosas olas. La ribera queda lejos.

Queda atrás el proceso de acumulación de fuerzas y votos desde la irrupción de Podemos y las confluencias municipales en 2014 que alcanzó seis millones de votos en 2015 y el 24 por ciento —con la coalición de los morados e IU—. Esas elecciones estaban planteadas también como una batalla entre la izquierda desde que Podemos decidiera aupar a Irene Montero como su candidata, en diciembre, después de romper con Sumar. El domingo 10, entre la coalición Sumar y Podemos se llegó al 8 por ciento raspado: hace diez años, en las europeas de 2014, el porcentaje fue del 18 por ciento.

Yolanda Díaz era la líder del Movimiento Sumar. Ella rehuyó públicamente de los partidos, bajo la premisa de que la sociedad descree de este tipo de organizaciones. Prefirió hablar de movimiento ciudadano. «Sumar no va de partidos», exclamó en el acto de su puesta de largo en Magariños. Era la vocación inicial. Con el tiempo Sumar se constituyó a la vez como todo y parte. Un sistema híbrido confuso para relegar a los partidos preexistentes a un segundo plano en beneficio del equipo de confianza de Yolanda.

El momento culminante de ese modelo fue la asamblea fundacional de Sumar, en Villaverde, en marzo de 2024. Se planteó una dirección con solo un tercio reservado a los partidos. La primera respuesta vino de Compromís, Més per Mallorca o la Chunta Aragonesista. Se excluyeron de entrada para mantener su independencia. Los otros partidos aceptaron a regañadientes. Por otro lado, el aforo de apenas mil quinientas personas contrastaba con la asamblea fundacional de Podemos diez años antes. Incluso, quedaba lejos del baño de masas de la propia Yolanda dos años antes en Magariños. La cosa iba a medio gas. Sin viento en las velas, reinaba una calma chicha. El segundo momento delicado llegó con las negociaciones de las listas para las elecciones europeas. Más Madrid, Izquierda Unida y Compromís se reunieron para debatir «una lista alternativa» sin que estuvieran presentes ni los comunes ni Sumar, que aspiraba a los dos primeros puestos de salida. Las discrepancias no tardaron en aflorar. Hubo reproches cruzados. La campaña electoral empezó manchada por la discordia. Una nube de polvo cubría el cielo. El viento aullaba colérico en los montes.

La caída de Errejón

24 de octubre de 2024. Íñigo dimite. Rugen otra vez las furias de la tempestad entre nubes bajas y pesadas. Huyen los pájaros. Olas de sangre se levantan en el océano. «Sumar ha iniciado un proceso para recabar información sobre

los testimonios surgidos en redes sobre Íñigo Errejón. Como resultado del proceso, hoy deja todos sus cargos», tuitea Yolanda Díaz. Íñigo le reconoce actitudes vejatorias y machistas, dice más tarde en una comparecencia con un nudo en la garganta, zarandeada por las olas. Como un personaje salido de un cuadro del Greco, la vicepresidenta está pálida. La mandíbula, tensa. La sonrisa, una mueca rígida. La viveza de sus ojos, apagada. A su vez, Íñigo habla de una «subjetividad tóxica» en su comunicado. El ritmo y el modo de vida en la primera línea política —alega— han desgastado su salud mental, su estructura afectiva y emocional.

Tras su dimisión, la dinámica del Me Too es una bola de nieve de catarsis colectiva que va a todo gas. Las redes explotan, braman como un huracán. Se acumulan las denuncias anónimas. Se levantan en torbellinos. Redoble de tambores. El odio colectivo se descarga contra Íñigo. Una mano de hierro inexorable aplasta su vida, oscurece su mundo. Se aparta a una concejala de Más Madrid, Loreto Arenillas, y a la jefa de gabinete de Íñigo, Marta Sanchiz, por posible encubrimiento. Sucede mientras en la pantalla de los cines se puede ver la película *Soy Nevenka*, dirigida por Icíar Bollaín. En 2001, la concejala leonesa denuncia al alcalde por acoso sexual. Pocos la creyeron. La lincharon. Acosada por las presiones, huyó a Londres. Incluso hubo una manifestación de apoyo al alcalde. El grupo político en el que ambos militaban, el PP, cerró filas con él. Hasta que en 2002 fue condenado, no dimitió. Veintidós años después, Íñigo es el primer político que dimite tras la publicación de una denuncia anónima de un comportamiento machista. La reacción del partido, saliendo al completo en tromba contra él, también parece inusual. La perplejidad es total. Cae un relámpago siniestro, brutal. Íñigo es un dirigente que hacía gala de un discurso feminista. Hablaba de nuevas masculinidades, de cuidados, de educación sexo-afectiva... Podemos y Sumar han hecho del feminismo y, muy concretamente, de la lucha contra la violencia sexual, una de sus grandes insignias políticas. La noticia impacta, por tanto, en el centro de su ideario.

«Lo personal es político» es el eslogan del feminismo de los años sesenta. El caso de Íñigo señala una desconexión abismal entre su relato y su comportamiento. Entre la «persona» y el «personaje», en palabras suyas. La vida personal de Íñigo se convierte en un asunto político de debate. Para nosotros, el listón ético es más alto que para otros. ¿Habría dimitido un dirigente de otro partido en la misma situación? No olvidemos, por ejemplo, que Pablo e Irene sometieron a consulta de las bases en 2018 su continuidad al frente del partido por la compra de una vivienda. Como ahora con el caso de Íñigo, nunca antes un asunto privado como la elección residencial generó una controversia de tales dimensiones. Situación diferente eran los célebres pisos bajo sospecha por su vinculación a compraventas irregulares o tramas corruptas. Vale la pena repasar lo que sucedió.

La tormenta cuajó y soltó un rayo. Hubo un linchamiento feroz contra la pareja. Me interpeló como amigo suyo. Como si fuera su abogado, salí en su defensa con un artículo titulado «El dilema del fango». No había ningún problema legal, pero ellos sintieron que debían exhibir todo lujo de detalles para defender su decisión. Su familia era avalista de una hipoteca contraída con una entidad cooperativa y ética a treinta años vista. La vivienda era para vivir, no para especular. Se mudaban al campo para proteger su intimidad cuando pronto iban a ser padre y madre de mellizos. Lejos de ser un capricho, la voluntad de parapetarse tras el cerco de un chalet respondía a sus dificultades por moverse. No querían ver a sus hijos crecer en un entorno asediado por los *paparazzi* y los curiosos. De hecho, las amenazas y el señalamiento público de periodistas como Jiménez Losantos o Eduardo Inda los convirtieron en diana para cualquier ultra o desaprensivo. ¿Era imaginable tener que dar todas esas explicaciones en otro partido? La decisión era torpe en términos de imagen pública pero comprensible e irreprochable en términos morales. Con toda probabilidad, Iglesias no habría renunciado nunca a su aspiración de vivir como cualquier otro vecino de Vallecas si no fuera padre y estuviera fuertemente asediado por el fango inquisitorial de la caverna mediática.

Ese caso no fue una flor de verano. Le ocurrió lo mismo al griego Yanis Varoufakis con su piso con vistas al Partenón o a la candidata vasca de Podemos, Pili Zabala, con su casa de lujo en Zarautz. En un momento u otro, casi todos los líderes morados sufren un severo hostigamiento a su vida privada. Ciertos sectores políticos y mediáticos se arrogan a sí mismos la potestad de alzarse en tribunales éticos por encima de las conciencias. Actúan bajo la creencia de que si eres progresista estás obligado a llevar una vida asceta, casta, o no puedes prosperar económicamente. El listón sobre la coherencia moral se eleva hasta niveles de pureza angelical.

Buen ejemplo de ello se observó cuando irrumpimos en el Congreso por primera vez. La imagen de las rastas del diputado canario, Alberto Rodríguez, o de Carolina Bescansa amamantando a su bebé se convirtieron rápidamente en un chismorreo público objeto de censura. Con posterioridad, el marcaje se volvió algo recurrente, más áspero. Se polemizaba sin rubor sobre una Coca-Cola que Ramón Espinar bebió en la cafetería del Congreso, el banquete de boda de Alberto Garzón, las vacaciones de la alcaldesa Carmena, el asistente de Echenique o la ropa de Alcampo del propio Iglesias.

¿Era ese el precio a pagar por haber hecho bandera de la ejemplaridad moral? A diferencia de los partidos tradicionales, los sacrificios exigidos eran numerosos. Ahora bien, ¿cuáles son los límites de esas reglas del juego? El «todo lo personal es político» pretende llamar la atención sobre la necesidad de actuar en coherencia en los dos mundos. Pero no puede ser una patente de corso para juzgar todo lo que ocurre en la esfera íntima de un político. De hecho, ningún código ético puede estipular dónde y cómo deben vivir; cuáles no deben ser sus vicios, cómo no follar, cómo deben peinarse o si deben llevar corbata o no. Tampoco se puede esperar que un partido conozca, y controle, las vicisitudes de la vida sexual de sus miembros. Eso forma parte de la esfera personal de cada uno. Lo contrario sería vivir en una casa de cristal, sin cortinas, a la vista de todo el mundo. Los que arrancan esas cortinas son criminales, escribió Milan Kundera. El respeto por la diferencia entre lo privado y lo público es —dice el escritor checo— la condición *sine qua non* para que un ser humano pueda vivir en libertad. La vieja utopía revolucionaria, fascista o estalinista, de una vida sin secretos, en que vida pública y privada no sean más que una, es una pretensión totalitaria digna de una distopía orwelliana.

Cuando ciertos medios escarban tras la vida personal de los políticos como la de Íñigo buscan cualquier flaqueza o doblez de su intimidad que permita esparcir la duda y hacer indistinguible unos políticos de otros. Fue Umberto Eco quien se atrevió a definir ese modo de operar como la «máquina del fango». Con el rancio mantra de» todos los políticos son iguales» se lanza una sospecha generalizada que despolitiza a la ciudadanía. La vuelve descreída, indiferente e individualista. No obstante, en esta ocasión el comportamiento machista y vejatorio de Íñigo en sus relaciones sexo-afectivas sí traspasa varias líneas rojas imprescindibles en cualquier organización. La ética se manifiesta en las acciones, no en las palabras. Es una grave incongruencia moral, merece su dimisión. Él fue el primero en verlo así. La bomba informativa cae como metralla sobre un cuerpo ya mutilado. Arrasa con lo que se encuentra en el camino. Y prefigura un paisaje político de cielo gris, devastado, de ruinas.

Tras el escándalo, nos parecemos a esos conejos deslumbrados por los faros de un coche. Somos un barco luchando contra viento y olas, y algo profundo se mueve bajo nuestro suelo. El colectivo y el personal. En primer lugar, están las mujeres denunciantes. No las conozco, pero empatizo con su dolor. No tengo elementos para dudar de su relato, y menos tras la confesión de Íñigo. Luego, están todos los miembros del espacio a la izquierda del PSOE. Especialmente, los hombres. La falta de cuidados, el machismo, las relaciones de poder tóxicas, los machos alfa, son un fenómeno transversal inscrito en todas las organizaciones políticas, también la nuestra. Eso merece una seria autocrítica colectiva.

Y claro, finalmente está el propio Íñigo. Cuando conozco la noticia, me la trago como saliva helada, con la boca abierta. Se me corta el aliento. Entro en *shock*. Los sentimientos son contradictorios. Sería un hipócrita si no reconozco que sentí una enorme pena al ver la caída política de una de las mentes más brillantes de la política española. No me resulta indiferente lo que le sucede a un compañero de espacio político. A Íñigo le conozco desde hacía casi veinte años. Fuimos amigos durante un tiempo, pero nos distanciamos cuando impulsó la escisión de Más País para competir con los comunes en Barcelona. Al comienzo de la última legislatura, intenté quedar con él, fue imposible. Mi último mensaje quedó sin respuesta. Le sentía altivo, distante. Quizá era mi impresión y simplemente era una actitud distraída, poco afectuosa. Apenas intercambiamos unas palabras alguna vez en el pasillo. No obstante, cuando es expulsado de la sociedad, con su muerte civil, siento pena por él. Su ex, Rita Maestre, en una entrevista en *Salvados*, le tacha de mentiroso, misógino o dominante. Se siente engañada por su doble vida. Le desprecia, dice. Me interpela, comprendo, su rabia. Pero yo siento la necesidad de acercarme a Íñigo cuando veo que tanto ella como muchos de sus amigos lo arrojan como un despojo a los leones. A las mujeres denunciantes no las conozco, a él sí. ¿Es compatible empatizar con ellas y a la vez con Íñigo? Hacerlo, ¿es una actitud poco feminista? La falta de benevolencia, la insensibilidad, la crueldad o la deshumanización me parecen incompatibles con la justicia, pero también con el feminismo. Cuando alguien cercano sufre queremos cuidarlo, ponernos en su lugar, hacernos cargo de su situación. Sin compasión no hay ética ni humanidad. Y eso también tiene algo que ver con nuestro ideario.

Como en la película *Minority Report* de Steven Spielberg, Íñigo ya ha sido condenado de antemano de todos los cargos. Es un cruel linchamiento digital. Le veo como víctima de sí mismo, de sus pulsiones tóxicas, pero también de la violencia desenfrenada de una turba enfurecida con sed de venganza. Nunca me he sumado a un linchamiento. Cuando se produce uno, me cuesta quedarme callado, aunque el afectado sea un adversario y el odio digital luego recaiga sobre mi espalda. Quizá influya que soy abogado. «El coraje moral es actuar de acuerdo con lo que se cree que es justo, incluso contra la opinión de la mayoría», escribió Hannah Arendt, judía alemana víctima del linchamiento sionista.

Las redes sociales se convierten en una plaza, como aquellas de la época medieval donde la gente iba a ver cómo se apaleaba a alguien: estaba permitido burlarse de él, insultarle o lanzarle objetos. El fenómeno es tan popular que incluso la serie de Netflix *Black Mirror* decidió trasladarlo a uno de sus episodios (llamado «Odio nacional»), que explica de manera macabra y tremendista los resultados del acoso viralizado a través de un *hashtag* (#deathto). Esa ficción distópica presenta una realidad no muy lejana de los linchamientos digitales actuales, donde la frivolidad y facilidad de escribir un *hashtag* en contra de alguien se convierte en asesinato. Es una vieja temática. Películas como la brillante *Incidente en Ox-Bow*, con Henry Fonda de protagonista, cuentan historias de linchamiento en el salvaje oeste.

Cuando hablo con él, le tiembla la voz. Esta magullado, estremecido, en un gran lago de soledad por los golpes recibidos. Su vida ha convulsionado bajo un rayo. Ha tocado fondo. Intensifica el acompañamiento psicológico. Ha perdido para siempre cualquier posibilidad de vivir como un ciudadano más. ¿Alguien le dará trabajo? ¿Deberá huir o esconderse para siempre? ¿No tiene derecho a la rehabilitación? Lo señala Santiago Alba Rico, Itziar Ziga, Raque Ogando y otros firmantes en su artículo «Linchamiento» publicado en *El País*: es tratado —dicen— como un apestado, un monstruo, un engendro inhumano que parece autorizarnos a suspender todas las reglas y todas las garantías que cuidadosamente nos impusimos respetar. Socialmente, es ya un cadáver. Ya lo hemos matado. Huye de Madrid. El suelo vacila bajo sus pies. Se cierra en su madriguera. No sale a la luz. Se desconecta del mundo exterior. Vive en el infierno de sus pensamientos. Está asustado. Le siento vulnerable. El dolor le humaniza. Está preocupado por su familia. El asedio llega a la casa de su padre. A su hermano lo confunden con él.

En ese clima inquisitivo, de patíbulo, brota el miedo. Quien en el debate público no se suma al linchamiento, quien sugiere los peligros de las denuncias anónimas o los tribunales ocultos, quien habla de la presunción de inocencia o el derecho de reinserción, es mirado con recelo. Golpes de maza, la cólera en el ceño. ¿Será también un machista? ¿Será el siguiente en ser señalado? Vibra el rayo. El aire se hace irrespirable, sobre todo para los hombres del partido, bajo la sombra de la sospecha. Se instaura un tribunal popular al margen de la justicia basado en el» yo sí te creo». Ese principio es útil en términos políticos o sociales para invertir una relación de poder desigual, o desenmascarar una justicia patriarcal, teñida demasiado a menudo de ribetes machistas. Las mujeres no deben ser sospechosas de mentir por principio. Ahora bien, tampoco deben ser tratadas como menores de edad. No están obligadas —como señala Clara Serra— a ser santas o puras. Como los hombres, están capacitadas para decir «no», pueden mentir, tergiversar los hechos, ejercer el poder de modo indebido o protagonizar dinámicas tóxicas en las relaciones.

Lo que vale ante los tribunales —explica la citada jueza Amaya Olivas— no son los «crímenes creídos», sino los «crímenes demostrados». Hasta que eso no suceda, Íñigo es inocente. No podemos renunciar a esa conquista civilizatoria. El Consejo General del Poder Judicial consideró precisamente que el anteproyecto de la ley del solo sí es sí vulneraba la Constitución española: obligaba al acusado

—en su opinión— a demostrar su inocencia. Como abogado conozco muy de cerca ese mundo. Estaba en el turno de oficio especial de violencia machista y de género. Lo hacía como una cuestión militante. El criterio del despacho era llevar solo a las víctimas. Tras la absolución de quien creía era culpable de una agresión sexual sentía rabia, impotencia. Me sucedió muy pocas veces, a diferencia de otras agresiones como las policiales, en que la impunidad era casi absoluta. Con todo, una cosa era mi convencimiento subjetivo personal, otra los hechos considerados probados. Siempre tuve claro que quien tiene que esclarecer lo sucedido es un tribunal. Y determinar con las pruebas si hubo comportamientos punibles. Esto, que debería ser una obviedad, parece que ha dejado de serlo.

En las redes se cae en un sensacionalismo morboso. Los periódicos escudriñan la vida sexual de Íñigo, publican rumores sin contrastar como nunca antes habían hecho con ningún otro político, y se banaliza lo que es una agresión sexual. Si todo es una agresión sexual, nada lo es, diría Ludwig Wittgenstein. El colectivo feminista Cantoneras considera que, tras la aprobación de la ley del solo sí es sí, la capacidad expansiva de ese concepto construye una narrativa acusatoria en la que se hace difícil deslindar distintas cuestiones. Las palabras importan. «No llamar a las cosas por su nombre agrava la desgracia del mundo», escribió Albert Camus. Cuando se hace un mal uso de las palabras, enferman y pierden su fuerza. Se confunde lo moralmente reprobable con lo penalmente condenable. La falta de empatía, la indiferencia, el egoísmo, pueden ser una expresión de machismo rampante. Pero no todo comportamiento machista, insatisfactorio o desconsiderado es delito. Tampoco violencia sexual. Ni siquiera todo sexo violento es violencia sexual. Tampoco todas las personas buscan lo mismo en un encuentro o relación sexual. El sexo se expresa de maneras diversas. Según las Cantoneras, hay un riesgo de volver a una concepción puritana de la sexualidad, en la que el sexo moralizante victimice a las mujeres, en que se condene el sexo ocasional o no romántico. «Cómo folla cada quien o si se mete rayas y dónde, no debería importarnos ni debería ser un argumento usado contra nadie», aclaran. El sexo consentido es aceptable en cualquiera de sus manifestaciones. No hubo consentimiento por parte de Gisèle Pelicot, ni de Nevenka Fernández o en los abusos en el seno de la Iglesia católica. En el caso de Íñigo, lo debe resolver todavía la justicia. No podemos confundir el significado de un rumor con el de una denuncia; y el de una denuncia anónima —con su posible instrumentalización— con una denuncia con datos conocidos. No podemos prescindir de ciertos límites éticos o jurídicos, del respeto a la dignidad humana, ni del derecho de defensa, del honor o la presunción de inocencia. Hasta que no se demuestre lo contrario, Íñigo es inocente.

Con todo, tras la «tormenta Errejón», se respira aroma de final de ciclo. Se esfuma el último fundador destacado de Podemos que seguía en primera línea política. La nave Sumar flota sin timonel, errante, rodeada de un mar revuelto, brumoso. La ribera queda ahora más lejos. Las nubes son espesas. El cielo vago. La niebla, profunda. Se recrudece la batalla interna. Un movimiento sordo, oscuro, vuela sobre un mar de penas El gobierno se tambalea. Truena. Cataratas de lluvia se desploman en el firmamento. Todo lo arrastra el viento.

Y ¿AHORA QUÉ?

El paso al lado de Íñigo y de Yolanda, junto al pobre resultado de las elecciones europeas, son un fracaso. La construcción de un paraguas aglutinador de diferentes actores está averiada. «No sabemos lo que nos pasa, y eso es lo que nos pasa», dijo irónicamente Ortega y Gasset. Las preguntas se acumulan. ¿Se podrá encontrar un liderazgo tan compartido como el de Yolanda? ¿Podrá existir la coalición como hasta ahora sin ella al frente? ¿El gran vacío de Iñigo podrá llenarse? En la nueva reconfiguración, ¿qué papel tendrán los partidos? ¿Deberían dar un paso atrás o uno al frente? Es probable que haya un golpe de timón. Pero ¿en qué sentido? Las sucesivas crisis de los partidos generan una constelación de estrellas que tienden a reencontrarse utilizando la técnica de las matrioskas. Una muñeca exterior contiene en su interior otra muñeca parecida que, a la vez, encierra otra más pequeña y así sucesivamente. En esa dinámica, la disputa se sitúa alrededor de quien ostenta el liderazgo o la función de muñeca exterior. Sumar en el futuro difícilmente será la nave nodriza como lo fue en el pasado Podemos, en palabras de Juan Carlos Monedero. ¿Será un actor más del todo? ¿Se extinguirá?

En ese contexto, la confluencia de partidos, ¿logrará reconstruirse y reconectar con las mayorías sociales como sucedió tras el 15M? ¿O será una pantalla pasada? El cuerpo está magullado, pero de nuevo tocará intentarlo una vez más sin tropezar con la misma piedra. Empezando por abandonar el espejismo del partido sin organización. Esta quimera ha tenido un alto precio en forma de estructuras políticas muy jerarquizadas y, en consecuencia, altamente sensibles a las crisis cupulares.

En el horizonte, algunos pensamos también en la reconciliación con Podemos, teniendo en cuenta que la siguiente encrucijada electoral trascendental será el año 2026 en Andalucía, allá donde en 2022 ya se materializó el divorcio entre Podemos e IU, a raíz de un pacto electoral *in extremis* al que se incorporaba Más País, en una candidatura que acabó sacando cinco escaños.

«Nos salvamos y avanzamos si actuamos juntos y no de uno en uno», decía Enrico Berlinguer, de cuyo fallecimiento se cumplieron cuarenta años dos días después de las elecciones. Teórico del *compromesso storico*, acuñado tras el golpe de las derechas de Augusto Pinochet y la muerte de Salvador Allende en 1973, lideró el campo de la izquierda con un partido transversal. Podemos en 2014 irrumpió con la misma pretensión, empujado por la ola del 15M, que quiso prolongar Yolanda Díaz. Hace diez años había una marea impugnatoria desde abajo. Ahora esa impugnación viene desde el extremo derecho del tablero.

¿Hay riesgo de italianización? Italia es un espejo donde nos miramos constantemente. En un tiempo con admiración. En otro, con temor. No queremos terminar igual: pasar del gobierno al extraparlamentarismo o la irrelevancia, con la extrema derecha en el poder. El PCI, fundado entre otros por Antonio Gramsci, fue un referente tras el fin de la Segunda Guerra Mundial. No solo por su militancia, dos millones de carnets, sino por su porosidad social e influencia cultural. En 1984, hace solo cuarenta años, llegó a ser el partido más votado —con el 33 por ciento— en una jornada celebrada bajo la conmoción de la muerte del histórico dirigente Enrico Berlinguer. Empujado por el espíritu del líder recién fallecido, superó por primera y única vez a la Democracia Cristiana. Después, todo se vino abajo muy rápido. Desde entonces todo es división, fundaciones y refundaciones, disoluciones y nostalgia. Ya no queda rastro de ese partido.

En España, tras los años de gobierno de coalición también es una cuestión de supervivencia. Quedan por delante hasta tres años para las elecciones municipales y autonómicas —donde se fraguó el éxito de 2015—. Siempre que no haya un adelanto de las elecciones generales. En ese escenario nada es inverosímil. En 2023 se logró una candidatura única que permitió salvar el gobierno de coalición y frenar a la ultraderecha. ¿Se podrá repetir? Si Sumar y Podemos no se ponen de acuerdo, ¿qué pasará en España? ¿Veremos por primera vez un gobierno español con la extrema derecha? La respuesta la tiene la ciudadanía con su voto, pero también los partidos.

Durante la campaña electoral admití que «me gustaría» que ambas fuerzas volvieran a «confluir» y alerté del coste político derivado de la fragmentación.

—No tiene sentido que a nivel estatal haya tres propuestas de izquierdas —aseguré.

No obstante, Irene Montero cerró esa puerta de modo tajante.

—Hemos pasado página —dijo, seca.

Quizá tiene razón. Lo que se ha roto es difícil recomponerlo. El mar todavía está muy picado. Una cuerda rota se puede volver a atar, pero nunca será entera. Pero no podemos resignarnos. Debemos seguir intentando entendernos entre nosotros. Rehacer la cuerda. Pablo me da alguna clave de su desplante: «En el momento en que se abriera cualquier puerta con unas palabras amables, los medios solo estarían interesados en entrar en esa dinámica interna que, por definición, es tóxica y más en campaña electoral».

El sistema electoral hace inviable la existencia de dos fuerzas estatales a la izquierda del PSOE. Ya se puso en evidencia con la emergencia de Más País, liderado por Íñigo Errejón. En el retrovisor está la experiencia de la izquierda francesa. Con la convocatoria anticipada de elecciones legislativas de Macron, la izquierda en apenas cuatro días de negociaciones consiguió unirse en un «nuevo frente popular». En España la división condena a todos a los juegos del hambre. Aunque la negociación será ardua, la necesidad de sobrevivir podría ser el catalizador para retomar el hilo roto. El entendimiento puede tardar, pero debe llegar. Hemos levantado una ciudad de afectos, complicidades, no destruida del todo. Sencillamente pasa a un estado de ciudad abandonada, donde quizá algún día podamos volver. Un buen comienzo sería una tregua para reconstruir los puentes dinamitados. No será fácil. Cuando conduces a tu militancia con antorchas al monte, luego bajarla, cuesta. Antes de nada, habrá que desinflamar. No se puede reconstruir nada en medio de las llamas.

Cuando aún no ha transcurrido un mes del rapapolvo electoral, volveré a coincidir como eurodiputado con Irene en el Parlamento Europeo. El ambiente europeo no tiene nada que ver con la persistente atmósfera eléctrica, tempestuosa, bronca y agresiva del Congreso. Madrid es un zarzal. Se alza la voz. Se grita. Se insulta. Es un mundo taxativo, estremecido por convulsiones y altas temperaturas. No hay matices. A veces, un sol abrasador y ráfagas de viento africano lo recalientan. En la capital del Estado se lucha a todas horas. Ese fragor bullicioso suelta vapor, tensa el alma y oculta el verdadero rostro humano de las cosas. Cuando era diputado, la extrema derecha llamó «bruja» a una diputada del PSOE, a Irene Montero, «gilipollas» o a Yolanda Díaz «fea», sin que sucediera nada. Y una vez que un diputado de Vox fue expulsado del pleno, se negó a acatarlo. Para ellos, era su patio del recreo. En Bruselas, en cambio, se dialoga. Se negocia amistosamente. La cadencia es más serena. Con otra respiración, el estado de ánimo es diferente. Hace un frío de mil demonios. Lejos del ruido ensordecedor de la política española, Bruselas es un lugar proclive a escuchar. Con el ascenso de la extrema derecha hay más aspavientos, las cosas pueden ir a peor, pero de momento la tónica general es de un mayor entendimiento. La ciudad, a menudo bajo la lluvia brumosa, invita a la melancolía. Sus cielos plomizos, su llovizna insidiosa, hacen de ella una ciudad triste. De una tristeza infinita pero liviana, calmada y a veces reconfortante.

La última vez que coincidí con Irene fue en el debate en la televisión catalana durante la campaña electoral de las europeas. En el plató no nos lanzamos ningún reproche, pero en privado tampoco nos cruzamos ni una palabra. La sentía lejana, esquiva, retraída. Como si llevara plomo en las entrañas, su rostro traslucía un cierto poso amargo o áspero. Irene no es tan amiga mía como Pablo, pero le tengo mucho aprecio. Me supo mal esa distancia. En Bruselas, estará en otra onda de frecuencia. Quizá porque los resultados electorales sacian sus expectativas. Tras convertirse en fuerza extraparlamentaria en las elecciones vascas o gallegas, muchos dieron por muerto a Podemos. En Europa resucita. Radiante, vivaz, confiada en sí misma, con el rostro relajado, vestida con sencillez elegante, los ojos grandes, la mirada resplandeciente, me regala jovial una amable sonrisa de bienvenida. Un aura gravita a su alrededor, se mueve con soltura por los pasillos del Europarlamento. Su carisma le precede. La cara más conocida. Al día siguiente me invita a unirme a la mesa donde come con su compañera Isa Serra, también eurodiputada. Luego, los dos iremos a cenar. Se esforzará en recomponer los puentes rotos. Quizá eso es el inicio de algo. Una puerta que se deja abierta en la fría noche. Las relaciones humanas son fundamentales en política. Si no hay confianza, complicidad personal, resulta difícil pulir diferencias. Habrá que tener paciencia. Si se quiere ascender por cuestas empinadas, es necesario al principio andar despacio. No importa lo lento que vayamos, siempre y cuando no nos detengamos.

Ella se integró en el grupo La Izquierda. En cambio, en mi caso lo hice en el de Los Verdes tras un debate intenso de varias horas en julio del Consejo Nacional del partido. Por primera vez, un grupo numeroso de militantes —sobre todo de Barcelona— proponía ir a La Izquierda.

Adopté un compromiso: hacer de puente entre las dos sensibilidades o tradiciones políticas de los comunes, y del conjunto a la izquierda del PSOE. En la misma dirección que el Frente Popular francés, debíamos aspirar a construir un único espacio europeo de confluencia amplia. En la familia europea de Los Verdes también está Compromís (Vicent Marzà), BNG (Ana Miranda) o ERC (Diana Riba). En La Izquierda, la número uno de Sumar (Estrella Galán) y Bildu (Pernando Barrena). El laberinto español. En Bruselas, son pocos los que lo entienden. Además, sobre Europa se cierne una amenaza: una propuesta de modificación de ley electoral que si prospera obligaría a todos los partidos a la izquierda del PSOE a ponerse de acuerdo para obtener representación parlamentaria. Entre nosotros hay más compañerismo y cooperación que competición. Nada que ver con el barrizal español. Cuando Irene se presenta como candidata a la presidencia del Parlamento Europeo no dudo en votarla. En su electrizante discurso, entre abucheos de la bancada de la derecha, defenderá el fin del genocidio en Gaza. La mayoría de los eurodiputados eligen a su rival, la conservadora Roberta Metsola.

Al día siguiente se vota la presidencia de la Comisión Europea. Ursula von der Leyen, vestida siempre con pantalón, el pelo rubio salpicado de algunas canas, la rigidez en su rostro germánico atemperada por una sonrisa franca, hace un discurso con guiños a la izquierda. A los eurodiputados del PP no les gusta. Es como la ex canciller alemana Angela Merkel, liberal ortodoxa pero comprometida con los derechos de los emigrantes y nada nacionalista. En un acto de partido llegó a retirar la bandera alemana porque «es de todos». Ambas vienen de una derecha con una tradición democrática, muy diferente a la rocosa y ceñuda derecha española. Ursula es reelegida con los votos de los liberales, socialistas y verdes. Algo impensable en España. Tras las negociaciones, se compromete a avanzar en el Pacto Verde, en inversiones en vivienda, mejoras en derechos sociales o un cordón sanitario a la extrema de Orbán, Le Pen o Vox. Es el mal menor. Pura ética de la responsabilidad. Sin su reelección, cae todo esto y el siguiente candidato sería peor. ¿Es un argumento suficiente para votarla? Y ¿más cuando su reelección está asegurada? Para nosotros, la delegación francesa e italiana de Los Verdes, no. Coincidimos otra vez en el voto con La Izquierda. La táctica, necesaria en política, no puede convertirse en tacticismo cínico y sin principios. Tenemos demasiadas discrepancias ideológicas. En mis declaraciones a los medios de mi voto contrario destaco su política fiscal, pero sobre todo su apoyo incondicional al criminal Netanyahu. La cuestión de Palestina es una línea ética que divide el mundo en dos bandos. En el futuro gobierno europeo estará la ministra Teresa Ribera, del PSOE, pero también un vicepresidente de los Hermanos de Italia, formación de ultraderecha que votó en contra de Von der Leyen. La correlación de fuerzas es la que es. La mayoría de los gobiernos europeos están escorados a la derecha.

Con todo, Europa suspira tranquila. El «apocalipsis de la Unión Europea deberá esperar», escribe Enric Juliana. La fracción más derechista de los conservadores —el PP o el alemán Manfred Weber— sufre una cierta derrota tras meses trabajando a favor de un pacto con la extrema derecha como el existente en España para marginar a la izquierda en las instituciones europeas. El cordón sanitario se aplicará al inicio contra la extrema derecha, dejándolos fuera de los puestos de representación de la Eurocámara.

Hay algún otro síntoma leve para la esperanza. Francia transita por el mismo carril central del entendimiento democrático. En la segunda vuelta de sus elecciones legislativas, la alianza entre la izquierda y la derecha liberal deja a la extrema derecha de Le Pen fuera de la ecuación. Y gana de modo sorprendente el Frente Popular liderado por Mélenchon. En Gran Bretaña otra flor se divisa en el oscuro campo de batalla. El Partido Conservador se hunde en las elecciones y resucitan los laboristas con una correosa mayoría absoluta. No habrá regreso inmediato de los británicos a la UE, pero sí una mayor colaboración tras el Brexit. El péndulo se empieza a mover en el panorama europeo. Con todo, apenas es un destello luminoso en un escenario lúgubre. El alivio es efímero.

En Francia, la llamada cuarta ola de la extrema derecha desde la Segunda Guerra Mundial, la de la normalización de su discurso, sigue avanzando de modo imparable. Es un tren que va a cruzar toda Europa a gran velocidad. En buena medida, a causa de que la derecha tradicional le compra su marco discursivo. Trata de absorber sus postulados para recuperar votantes, llega a acuerdos con ella. Con ello, legitima sus posiciones. Y entre el original y la copia, la ciudadanía prefiere el original. La victoria de la extrema derecha en Austria, el país donde nació Hitler, lo pone en evidencia.

Con casi un 30 por ciento, los ultras del Partido de la Libertad arrasan y recuerdan la advertencia de Thomas Mann: «Si alguna vez vuelve el fascismo lo hará en nombre de la libertad». El nuevo curso político de 2024 ya empieza con otra victoria de los ultras en unas elecciones regionales en Alemania, por primera vez desde 1945. Su líder fue condenado por emplear lemas nazis. En la Eurocámara, el PP va imponiendo poco a poco sus tesis. Es una de las delegaciones más numerosas de la derecha. En el día a día se empieza a levantar el veto a la ultraderecha, como ya sucede en varios países como España o Italia.

En la misma Gran Bretaña, la extrema derecha vuelve a ganar confianza bajo el gobierno laboralista. Los horribles asesinatos en Southport de tres niñas por parte de un galés le brindan la oportunidad para protagonizar decenas de disturbios racistas en pleno mes de agosto. La mentira de que el autor es un solicitante de asilo musulmán es el toque de corneta para salir en masa a incendiar edificios o apalear y apuñalar a personas vulnerables. En España, la extrema derecha intenta replicar el bulo que incendia Reino Unido. El asesinato de un niño en Mocejón da rienda suelta al discurso racista de Vox o Alvise Pérez —con la ayuda del nuevo Twitter de Elon Musk— para apuntar a la inmigración cuando el autor era otro español. En su competición electoral con la extrema derecha, el PP se deja arrastrar por un discurso que vincula inmigración con delincuencia. No es inocuo. Una publicidad electoral de Vox en la campaña madrileña de 2021 comparaba, con datos falsos, las ayudas a los menores no acompañados —caracterizados con capucha y pasamontañas— con las de una abuela jubilada. Cunde el miedo. El malestar. Aumentan las agresiones racistas. En España la ciudadanía piensa que la población inmigrante alcanza el 27,8 por ciento del total cuando el porcentaje real está diez puntos por debajo. En el último CIS de 2023, la preocupación sobre la inmigración no para de crecer. Se relaciona directamente con problemas como la seguridad ciudadana o la dedicación de recursos. Y eso, aunque las cifras oficiales demuestren exactamente lo contrario: la tasa de criminalidad baja tres puntos y medio desde 2008, la de homicidios está en su nivel más bajo en veinte años y la población extranjera aporta casi el 10 por ciento de lo que recaudamos en impuestos y apenas supone el 1 por ciento del gasto en ayudas públicas. Es una evidente desconexión entre la percepción y la realidad.

La época no deja de ser extremadamente confusa. Los horizontes, nublados. Tras el látigo de la pandemia, el estruendo de la guerra se entrecruza con las alarmas de emergencia de un planeta desbordado en sus límites por la dinámica depredadora de un modelo económico insostenible. Vivimos en un mundo convulso. Las olas van y vienen. No hemos logrado mantener para los jóvenes de hoy esa promesa creíble de democracia y justicia social, estabilidad y progreso, que es la base del sueño europeo. Buena parte de Europa, de hecho, ya está en manos de la extrema derecha. Rusia, China, India y muchos otros países a efectos prácticos también, aunque invocan ideologías que deberían simbolizar la opción contraria. Con la victoria del golpista y convicto Donald Trump en Estados Unidos llega un invierno glacial. Europa deberá afrontar un reto existencial. Su propia sostenibilidad como proyecto de futuro está en juego. Se abre una crisis de gobierno en Alemania: se convocan elecciones para febrero de 2025.

En este contexto, los proyectos emancipadores flotan a la deriva, aferrados a un madero. En España, el ciclo político iniciado en 2011 se desarrolló en una secuencia de cuatro fases. La primera, que va desde 2011 a 2014, arranca tras el acontecimiento del 15M. Fue el tiempo de la indignación y la movilización contra la política de recortes impulsada por la mayoría absoluta del PP y la agenda neoliberal europea. La segunda fue su plasmación en el panorama institucional, con la llegada de Podemos o candidaturas municipalistas como Barcelona en Comú. En ese periodo cambia el sistema político español y se logran grandes avances en las ciudades o comunidades autonómicas donde gobernamos. La tercera, desde 2019 hasta 2023, fue el tiempo de la ruptura del bipartidismo y el primer gobierno de coalición en España desde la Segunda República. Con la crisis de la COVID-19, se reforzó como nunca lo público y lo común, dejando por fin atrás los seculares tiempos de corrupción, clientelismo y recortes de derechos. La cuarta, desde 2023 hasta la actualidad, ha sido el tiempo de la resistencia ante el creciente poder cultural, social e institucional de la derecha. Si en las tres primeras etapas en el campo de la izquierda hubo esperanza y ambición, en esta hay resistencia y divisiones.

En realidad, el punto de inflexión llegó en algún momento de 2016, cuando el apoyo electoral a Unidas Podemos comenzó a debilitarse y empezaron a aflorar las diferencias. Desde entonces perdemos progresivamente fuelle electoral. Coincide en el tiempo con la ofensiva descarnada de los elementos más reaccionarios de los aparatos del Estado. El clima político se vuelve a menudo irrespirable. España no es ajena al proceso general que se está dando en muchas democracias occidentales, en las que hoy emerge un creciente rencor social.

El relato de un país siempre al borde del colapso, a punto de romperse, gana adeptos. Los datos objetivos reflejan justo lo contrario. La economía española lidera varios de los rankings de crecimiento de toda la Unión Europea, y Cataluña y Euskadi afrontan etapas de estabilidad política tras años de crisis territorial. La mejora salarial se ha hecho compatible con la creación de empleo. España ha sido el país de la UE donde más empleo asalariado se ha creado entre los años 2018 y 2022. Las cifras de temporalidad están en sus mínimos históricos de las últimas tres décadas.

Pero una cosa son las cifras y otra la vida de la gente. Hay desconfianza. Incertidumbre en el futuro. En los últimos dos o tres años, más de dos tercios de los hogares ve su situación económica buena o muy buena y, de forma simultánea, un porcentaje similar ve mal o muy mal la situación de España. La recuperación tras la pandemia no ha beneficiado a todos por igual. La buena marcha de la economía debe servir para socializar los frutos del crecimiento. O somos capaces de construir un nuevo contrato social, que garantice una prosperidad compartida en nuestras economías, o las democracias liberales como la española se verán erosionadas —e incluso cercenadas— por la ola reaccionaria. El nuevo gobierno de coalición puede emprender reformas de calado en el ámbito territorial o democrático, pero el sostén de la mayoría parlamentaria es más frágil y menos ambicioso. Con esos mimbres, resulta más difícil continuar con los avances en derechos sociales. Básicamente, la izquierda resiste, pero lo hace con una gran debilidad social, cultural y política.

Al pie del acantilado, hay algunos en la izquierda que caen en la tentación de replegarse a una posición defensiva. En el confort moral de la derrota de viejas identidades inflexibles. Llegan a la conclusión de que ya está todo perdido y que lo que toca en este momento histórico es conformarse con la noble tarea de resistir. Como el PSOE se mueve a la izquierda, arrastrado por nuestro empuje, entonces hay que desplazarse más lejos, al rincón de la extrema izquierda. Ocupar un nicho ideológico. Volver a levantar bien alto las banderas. Abandonar la política de la responsabilidad. Dejar de hacerse cargo de la situación. Regodearse en la pureza ideológica, con acusaciones de traición a la causa a quien se mueva de la fotografía. Suele suceder en los momentos descendentes de un ciclo político.

Podemos protagoniza uno de esos desplazamientos tácticos al rincón del tablero. Lo hace de un modo un tanto paradójico. Mientras en España enseña los colmillos para diferenciarse de los otros actores de la izquierda alternativa, en Europa concluye su aterrizaje con un movimiento opuesto. Allí, Podemos materializa su alianza con la Francia Insumisa de Jean-Luc Mélenchon tras las elecciones europeas en un nuevo partido político (Alianza Europea de Izquierdas), junto a otras formaciones. La nueva alianza agrupa a los partidos ideológicamente más moderados en lo económico o más proclives a alianzas militares como la OTAN. Es un movimiento para alejarse de la izquierda tradicional que representa el Partido de la Izquierda Europeo (PIE), donde está Syriza y Die Linke, pero también IU y el PCE. Es decir, Podemos en España se sitúa en la extrema izquierda. En Europa, se incluye en un espacio más transversal y moderado con una alianza con la Francia Insumisa, integrada en un frente popular electoral, con socialistas incluidos.

Visto en perspectiva, el conjunto de la izquierda transformadora parecemos una frágil nave solitaria a punto de ser engullida por una gigantesca ola de resignación, reproches e impotencia. No es un problema solo nuestro. Hay, de nuevo, una sensación general de intemperie que se agravará con la victoria de Trump. Los tiempos bajan turbios. Como mundo, ¿adónde vamos? No es fácil dibujar un panorama para los próximos años. Mandan los malos augurios. Se respira un aire peligroso incluso en el continente europeo. Más guerras, más muros en las fronteras, más miedo u odio, más desigualdades entre el Norte y el Sur, más catástrofes climáticas como la dana, el ascenso de la temperatura, la subida del nivel del mar, más interrogantes e incertidumbres, más egoísmo e insolidaridad, más nacionalismo excluyente, más militarización, más tensiones territoriales, más amenazas autoritarias. Más miedo, apatía, angustia y desilusión. Más confusión, desamparo, resentimiento y autorreferencialidad. El mundo se va quedando a oscuras al irse apagando una a una las bombillas de neón de colores. Probablemente nos dirigimos hacia una fase prolongada de declive. En la lejanía, silba el huracán. El epígrafe del último capítulo del libro *El mundo de ayer*, del escritor austriaco Stefan Zweig, reproduce unas palabras de Shakespeare en *Julio César*: «El sol de Roma se ha puesto. Nuestro día murió». Como es sabido, poco después de escribir esas palabras, Zweig se suicidó convencido de que su mundo se hundía de modo irremediable con la Segunda Guerra Mundial. El título del libro que tienes entre las manos es un homenaje velado a Zweig como se explicó en el prefacio.

Quizá la suerte ya está echada y algo está llegando irremediablemente a su fin. Pero una vez que se disipan las nubes, vienen los más bellos rayos de sol. El destino no está escrito. El resultado del porvenir dependerá de nosotros. La actitud que requieren los tiempos que están por venir no es la de la resignación de Zweig. «Mientras aún le quede luz a la estrella nada estará perdido. Nada», escribió el poeta Paul Celan. Hay que levantar la vista por encima del campo de batalla para evitar lo peor y construir algo mejor. Necesitamos una contranarrativa más potente frente a la narrativa populista autoritaria. El deber de los tiempos que están por venir es estar atentos a los matices. El momento exige una mayor paciencia ante los acontecimientos. «Sin paciencia, nada sale adelante», escribió Willy Brandt. Y, sobre todo, exige la fortaleza espiritual mostrada por otros combatientes contemporáneos a él que continuaron luchando hasta el último aliento por una Europa libre que llegaría incluso tras la noche más negra. La esperanza no es lo mismo que el optimismo. No es la convicción de una victoria. Es la certeza de que la lucha tiene sentido. Que vale la pena levantarse otra vez, plantar batalla, con independencia del resultado. Es una forma de resistencia ante la adversidad, la injusticia. Vencer y caer en los laureles es una derrota. Caer derrotado y no rendirse es una victoria. Como el aire que respiramos, necesitamos la esperanza. Si cedemos ante el miedo, la democracia puede derrumbarse.

Al igual que el artífice del régimen del 78 acabó siendo el PSOE, no podemos renunciar a ser la piedra sobre la que se construyan los futuros contratos sociales del futuro. Quizá ya no volvamos a tocar el cielo con los dedos. El reto se aleja de nuestro alcance, pero no podemos tirar la toalla. Hemos abierto brecha. Las principales transformaciones del gobierno de coalición llevan nuestro sello. Va a ser muy difícil que la derecha pueda desmantelarlas. Han venido para quedarse. El PSOE es quien lo capitaliza electoralmente. Pero no somos políticos profesionales. Eso debe ser secundario. Cuando a Margaret Thatcher le preguntaron cuál era su mejor logro, respondió sin titubeos: «Tony Blair y el nuevo laborismo». Su principal legado fue obligar a su adversario a asumir sus políticas de derechas. El gobierno de coalición, y el giro a la izquierda del PSOE es nuestro gran logro.

Lo importante es avanzar. Ganar más derechos y democracia. De la misma forma que todo el mundo sabe que fuimos el pilar fundamental sobre el que pivotó la respuesta social a la crisis, también se sabe que el próximo gobierno o será el del PP y Vox o volverá a ser uno con una coalición de izquierdas. Se terminaron los tiempos plácidos de los gobiernos de partido único del bipartidismo. De momento, no somos la fuerza hegemónica de la coalición. Pero aspiramos a seguir marcando el rumbo en medio de la marejada. Y no renunciamos a nuestros sueños. El vaivén del viento es imprevisible. Quizá algún día volvamos a disponer de otro cartucho.

No podemos volver atrás. La vida solo se comprende hacia atrás. No podemos darnos por vencidos. Ni renunciar a seguir intentando construir un espacio de izquierda amplio, transversal y diverso que interpele a las mayorías sociales, no a las minorías. La cancha ha cambiado. Nos podemos quejar del viento, o esperar que sople en otra dirección, ahora toca ajustar las velas para seguir con nuestro rumbo. La estrategia debe ser más precisa y compleja, pero la batalla por el mundo no está perdida. Dar la batalla no es ceder en todo, sino aspirar a que el resto de las personas puedan llegar a imaginar un mundo mejor como lo hacemos nosotros.

Necesitamos forjar una espada de hierro en el frío del alba. Gente dispuesta a arrancar a Europa del profundo letargo.

Dar la batalla significa disputar todas las dimensiones del Estado, peleando cada centímetro de terreno político. Es más una cuestión de hegemonía que de identidad. Supone, claro que sí, galopar contradicciones, moverse entre grises, asumir el coste personal de mancharse las manos. Es algo más ingrato que observar desde la barrera cómo de mal lo hacen los demás. Pero es, también, una tarea infinitamente más transformadora. En política la radicalidad no se mide por las camisetas que llevamos, por los golpes de pecho o la gesticulación. Tampoco se mide por las intenciones, sino por los resultados. Por la capacidad para transformar la vida de la gente.

Por otro lado, la batalla por este mundo doliente no puede librarse solo desde posiciones institucionales. Los partidos de izquierdas convertidos exclusivamente en organizaciones de cargos públicos están condenados a morir. Hay que partir de la máxima leninista: volver a empezar desde los orígenes, desde la sociedad civil. Con este convencimiento, Ada decide dimitir en octubre de 2024. Cuando lo hace no me coge por sorpresa. Hace meses que lo hablamos. Ella iba posponiendo el momento. Una vez se constata el desplazamiento del PSC hacia la derecha y que no es posible configurar en Barcelona un gobierno de coalición de izquierdas, siente que le queda poco por hacer en el ayuntamiento. Se cierra un ciclo político.

El mundo se mueve, retrocede, a veces incluso —como escribió Leszek Kołakowski— «avanza hacia atrás», se para, se vuelve a poner en marcha, acelera, tropieza, pero al final casi siempre se vuelve a avanzar. Tras ocho años, Ada ha perdido la alcaldía de Barcelona. Es una derrota. Pero no hay realmente derrota si hay aprendizaje. Todas las derrotas son provisionales. Una oportunidad para empezar otra vez con más inteligencia, para equivocarnos mejor, como diría Samuel Beckett. Estuvimos muy cerca de revalidar la victoria. No podemos cambiar el pasado, pero sí aprender de él para construir un futuro mejor. Ahora es un momento para hacer balance. Revisar el mapa. Sacar capas para ver lo que hay detrás. El balance requiere frenar. Reconstruir filas.

Ada recupera su identidad de activista. No es la única que hace ese viaje de ida y vuelta. Necesitamos a la sociedad civil cavando trincheras en los barrios, lugares de trabajo o universidades. Contrapoder popular. Personas como Ada deben seguir marcándonos desde la calle el camino a quienes continuemos en posiciones institucionales. Deben ser exigentes, vigilarnos de cerca. Quienes venimos de los movimientos sociales sabemos de la importancia de luchar contra el fuerte mientras se es débil, y luchar contra nosotros mismos cuando somos fuertes, como escribió el citado Xirinacs. Sabemos de la importancia de ser valientes para ir lo más lejos posible, pero también para decir a la gente la verdad cuando la correlación de fuerzas imponga sus límites. Este debe ser el doble compromiso de quien quiera hacer las cosas diferentes en política. Ir lo más lejos posible, decir la verdad a la gente sin renunciar a nada. Y por último, volver a tomar las plazas. Las futuras confluencias no caerán del cielo ni se producirán de modo químico en un laboratorio. Los antiguos adversarios deben rozarse en la promiscuidad de las luchas sociales. Codo con codo, volviéndonos a coger de las manos, las fronteras se pueden difuminar y la calle ser un lugar de reconciliación.

Solo así venceremos al miedo. Ese aguijón invisible que nubla la mente, te aparta del mundo y te convierte en un ser egoísta, desconfiado, conservador, impotente y resignado. Cuando surge el miedo, se vuelve pegadizo, envolvente, sofocante, y rápidamente contagioso como una enfermedad. Crea un ambiente depresivo. Te encoge, te paraliza. Erosiona el tejido social. La sociedad, al final, se ensimisma hasta cerrarse en la intolerancia. La extrema derecha o el fascismo se nutren de ese desasosiego. Lo vemos tras la tormenta asesina de la dana en Valencia. Mientras Sumar se impone un silencio penitencial de tres días para no agitar más la discusión pública, el grupo juvenil Revuelta, vinculado a Vox, inunda las redes y las calles de odio que luego se transforma en agresión contra el presidente Pedro Sánchez.

El miedo ha sido siempre un excelente instrumento de dominio. Una anestesia eficaz de la conciencia política. Frena cambios no deseados y, al mismo tiempo, favorecer otros. Las masas más peligrosas son aquellas cuyas venas han sido inyectadas por su veneno. Provoca un repliegue identitario. Permite buscar chivos expiatorios entre los de abajo. Con él, viene el odio: una intensa sensación de desagrado o aversión dirigida a quien se percibe como una amenaza. Los más vulnerables, los recién llegados o los diferentes.

Ahora que esos sentimientos vuelven a galopar, a un lado y otro del Atlántico, nuestra obligación es levantar la bandera de la esperanza en medio de la penumbra. La política es un juego de luces y sombras donde siempre debe quedar un espacio intermedio para ella. La esperanza significa mirar a lo lejos, al futuro. Lo opuesto al miedo. «Un arcoíris desplegándose sobre el manantial de la vida que se precipita en vertiginosa cascada», escribió Nietzsche. Abre las puertas de lo nuevo. Nos pone en el camino, vincula y une. Gana espacios de libertad. Más derechos. No habría la jornada laboral de ocho horas, las mujeres no podrían votar ni los enfermos ir a nuestros hospitales si no fuera por el esfuerzo inmenso, generoso, persistente de las movilizaciones de la gente organizada que perdió el miedo. No tendríamos salarios dignos si no fuera porque quienes perdieron el miedo a salir a la calle ejercieron la libertad de expresión, huelga o manifestación. La democracia no es un deporte de espectadores. Los derechos no son regalos caídos del cielo.

La esperanza no es un convencimiento personal. Es un verbo con las mangas de la camisa arremangada, que irrumpe al volver a ese trabajo colectivo. Quienes estamos por esta labor, sigamos. No podemos perder nuestra capacidad de soñar, imaginar, inventar o experimentar. El futuro es por definición, como recordaba Hannah Arendt, un «océano de inseguridad». La esperanza, la promesa, son las alas para imaginar en esa incertidumbre «islas de seguridad». En medio de la oscuridad reinante, no tenemos un manual de instrucciones infalible. Pero sí sabemos que no hemos llegado al final de la historia. Estamos apenas en su comienzo. Y debemos volver a encarnar esa promesa. Volver a tallar una roca de esperanza en la montaña de la desesperación. Abrir una grieta. A la esperanza le basta el espacio de una grieta para renacer. En todas las cosas hay una grieta. Es así como entra la luz, dice Leonard Cohen. Tras el actual eclipse, buscamos la luz al final del túnel. Una chispa para sumar y ser más. Una chispa para soñar. Porque seguimos soñando y tomándonos muy en serio nuestros sueños. Solo así la chispa se convertirá en llama. Y la llama, en un mundo mejor. La esperanza es el fermento de lo nuevo. La ilusión en circunstancias desesperadas. Exige prepararse para lo que todavía no ha sucedido. Saber que, por muy larga que sea la noche, luego amanecerá. El sol nunca se rinde. En nuestro interior, incluso en los inviernos más gélidos, siempre hay un verano invencible. Una oportunidad para constituir algo nuevo. Que eso ocurra no depende de ninguna ley divina. Depende de nosotros. Lo que no ha sucedido nunca no envejece. Sigue allí para quien tenga el coraje suficiente para intentar abrir de nuevo las grandes alamedas. Para levantarse contra el miedo, y por la libertad. Adelante, que sí se puede. A galopar hasta enterrarlos en el mar.

Agradecimientos

La existencia de este libro se debe a muchas personas. Agradezco a Ana Schlüter su generosidad incondicional y sus puntillosas revisiones.

A Jordi Amat, a quien admiro, por su lectura apasionada, atenta. Y por haberse prestado a hacerme el prólogo en la versión en catalán del libro.

Agradezco a José Luis Atienza su mirada lúcida, sensible, profunda de escritor, su apoyo en los momentos vacilantes de la escritura y sus estimulantes sugerencias que siempre he seguido.

A Joaquín Arias su ayuda para reescribir algunos pasajes, su visión de conjunto, su capacidad de ordenar el libro y, sobre todo, de desbrozar el texto, suprimiendo capítulos que se alejaban de la trama principal.

A Toni Comín su lectura precisa, su memoria, su insistencia para que no suprimiera un capítulo clave, sus correcciones a veces decisivas en el relato y la estructura del libro.

A August Gil Matamala su lectura apasionada, su exhaustiva revisión, su rigor intelectual y su infinidad de aportaciones precisas.

A Inés Llodrà sus advertencias para conservar una mirada generosa, y no rencorosa, de los hechos.

A Santiago Alba Rico su lectura atenta, su confianza y humanidad, las numerosas tardes de conversaciones y haberse prestado a hacerme un prólogo brillante.

A Jordi Molina su lealtad inquebrantable y que me convenciera de escribir este libro.

A Júlia Miralles, David Cid, Inés Garriga, Amaya Olivas, Jaume Bosch, Adriana Partal, Adrià Alemany, Marta Venceslao y Jéssica Albiach por no alejarse de mí y haberme acompañado en el proceso creativo.

A mis editores, Oriol Alcorta y Josep Lluch, su paciencia, su confianza en este libro, la libertad que me han dado a la hora de escribirlo.

Y, por último, agradezco a los dos protagonistas principales, además de mí, de este libro. A Ada Colau, por haberme abierto camino en tantas ocasiones en mi vida y ser una de las fuentes de inspiración de este libro. Y a Pablo Iglesias, que siempre me empujó a dar el paso a la política. Sin su confianza, o empuje, muchas de estas páginas no se habrían escrito. Mi gratitud hacia él es infinita.

Bibliografía

Alba Rico, Santiago, *Islamofobia*, Icaria, Barcelona, 2015.

—, *¿Podemos seguir siendo de izquierdas?*, Pol·len, Barcelona, 2023.

Alberoni, Francesco, *Enamoramiento y amor*, Gedisa, Barcelona, 1980.

Álvaro, Francesc-Marc, *Ensayo general de una revuelta*, Galaxia Gutenberg, Barcelona, 2019.

Anuari Contra-Infos, Virus, Barcelona, 2000.

Asens, Jaume, «La represión al "movimiento de la okupación": del aparato policial a los mass media», en *¿Dónde están las llaves?*, Catarata, Madrid, 2004.

—, *La criminalización del movimiento okupa*, Kasa de la Muntanya-Diatriba, Barcelona, 1999.

—, y Gerardo Pisarello, *No hay derecho*, Icaria, Barcelona, 2011.

—, y Gerardo Pisarello, *La bestia sin bozal*, Catarata, Madrid, 2014.

Campillo, Óscar, *Zapatero*, La Esfera de los Libros, Madrid, 2001.

Camus, Albert, *El verano*, Alianza, Madrid, 1998.

—, *El mito de Sísifo*, Debolsillo, Barcelona, 2021.

—, *El hombre rebelde*, Alianza, Madrid, 1982.

—, *La peste*, Edhasa, Barcelona, 2002.

Castells, Manuel, *Testimonio: viviendo historia*, Alianza, Madrid, 2023.

Colau, Ada, y Adrià Alemany, *¡Sí se puede!*, Destino, Barcelona, 2013.
Domínguez, Ana, y Luis Giménez, *Claro que Podemos*, Los Libros del Lince, Barcelona, 2014.
Echenique, Pablo, *Memorias de un piloto de combate*, Arpa, Barcelona, 2023.
Errejón, Íñigo, *Con todo*, Planeta, Barcelona, 2021.
—, y Álvaro García Linera, *Qué horizonte*, Lengua de Trapo, Madrid, 2019.
—, y Chantal Mouffe, *Construir pueblo*, Icaria, Barcelona, 2017.
Fernàndez, David, *Crónicas del 6 y otros trapos sucios de la cloaca policial*, Virus, Barcelona, 2009.
—, y Anna Gabriel, *August Gil Matamala*, Sembra Llibres, Valencia, 2017.
Fernández-Savater, Amador, *Habitar y gobernar*, Ned, Madrid, 2020.
Fina, Xavier, *Sense treva*, Pòrtic, Barcelona, 2015.
França, Joao, *Habitar la trinxera*, Fundación Periodismo Plural y Octaedro, Barcelona, 2017 y 2018.
García, Lola, *El naufragio*, Ediciones Península, Barcelona, 2018.
Iglesias, Pablo, *Verdades a la cara*, Navona, Barcelona, 2022.
—, *Ganar o morir*, Akal, Madrid, 2014.
—, *Maquiavelo frente a la gran pantalla*, Akal, Madrid, 2013.
—, y Enric Juliana, *Nudo España*, Arpa, Barcelona, 2018.
Juliana, Enric, *Tarjeta negra*, RBA, Barcelona, 2015.
—, *España: el pacto y la furia*, Arpa, Barcelona, 2024.
—, *España en el diván*, RBA, Barcelona, 2014.
Laraña, Enrique, *La construcción de los movimientos sociales*, Alianza, Madrid, 1999.
Llapart, María, y José Enrique Monrosi, *La coalición frente a la pandemia*, Ediciones Península, Barcelona, 2020.
Miró, Ivan, *Els vincles audaços*, Manifest, Barcelona, 2023.
Montero, Irene, *Algo habremos hecho: memoria para volver a ir demasiado lejos*, Navona, Barcelona, 2024.

Pascual Peña, Sergio, *Un cadáver en el Congreso*, Altamarea, Madrid, 2022.

Ramoneda, Josep, *Contra la indiferencia*, Galaxia Gutenberg, Barcelona, 2010.

Riveiro, Aitor, *El cielo tendrá que esperar*, Libros.com, Madrid, 2017.

Rodríguez López, Emmanuel, *La política en el ocaso de la clase media*, Traficantes de Sueños, Madrid, 2016.

Sánchez, Manuel, y Alexis Romis, *Yolanda Díaz, la dama roja*, Ediciones B, Barcelona, 2022.

Serra Carné, Joan, *Ada, la rebel·lió democràtica*, Ara, Barcelona, 2016.

—, y Sara González, *El part dels comuns*, Saldonar, Barcelona, 2017.

Sztulwark, Diego, y Miguel Bensayag, *Política y situación: de la potencia al contrapoder*, De Mano en Mano, Buenos Aires, 2000.

Trallero, Manuel, *Barcelona 2004 como mentira*, Norma, Barcelona, 2004.

Traverso, Enzo, *Las nuevas caras de la derecha*, Siglo XXI, Madrid, 2021.

—, *Gaza ante la historia*, Akal, Madrid, 2024.

Traugott, Mark, *Protesta social*, Hacer, Barcelona, 2002.

Vallín, Pedro, *C3PO en la corte del rey Felipe*, Arpa, Barcelona, 2021.

Vázquez Montalbán, Manuel, *Obra periodística 1974-1986*, Debate, Barcelona, 2011.

—, y Eduardo Moreno, *Barcelona, cap on vas?*, El Triangle, Barcelona, 1991.

Vergès, Jacques, *Estrategia judicial en los procesos políticos*, Anagrama, Barcelona, 2008.

Vila, Santi, *De héroes y traidores*, Ediciones Península, Barcelona, 2018.

Vilaregut Sáez, Ricard, Entrevista a Jaume Asens, en *Ajuntaments pel canvi*, Pagès, Lleida, 2019.

VILLACAÑAS, José Luis, *El lento aprendizaje de Podemos*, Catarata, Madrid, 2017.
WEBER, Max, *El político y el científico*, Alianza, Madrid, 1967.
ZERTAL, Idith, *La nación y la muerte*, RBA, Barcelona, 2024.
ZWEIG, Stefan, *La desintoxicación moral de Europa*, Plataforma, Barcelona, 2017.
—, *El mundo de ayer*, Acantilado, Barcelona, 2002.

Índice onomástico

Abascal, Santiago, 322, 381, 396
Aguirre, Esperanza, 138, 171, 180, 231
Alba Rico, Santiago, 13-18, 254, 294, 315, 474, 500
Albiach, Jéssica, 347, 365, 371, 372, 377, 427, 434, 500
Alegre, Luis, 36, 296
Álvarez, Nacho, 376, 430
Añoveros, Ignacio, 81
Aragonès, Pere, 158, 387, 391, 437
Aznar, José María, 78, 80, 89, 123, 253, 323, 356, 394, 399, 422

Bárcenas, Luis, 205, 229, 232
Bassa, Montserrat, 322
Batet, Meritxell, 310, 311, 324, 344
Batlle, Albert, 79
Belarra, Ione, 308, 312, 314, 333, 338, 341, 342, 343, 347, 350, 359, 360, 361, 366, 376, 391, 425, 427, 430, 431
Bescansa, Carolina, 36, 296, 306, 470
Birulés, Fina, 66
Boada, Júlia, 364
Bolaños, Félix, 318, 319, 350
Borja, Jordi, 70
Bosch, Alfred, 244
Boye, Gonzalo, 126, 141, 146, 147, 185, 205, 392, 393, 394, 395, 396, 397, 400, 401, 455
Burón, Javier, 249
Bush, George W. (padre), 89, 123, 126, 127

Calvet, Gemma, 112, 115, 126, 248
Calviño, Nadia, 333, 340
Campo, Juan Carlos, 313
Campuzano, Carles, 429
Carmena, Manuela, 115, 240, 297, 315, 471
Carrillo, Santiago, 408, 423
Casado, Pablo, 41, 305, 322
Castellà, Santi, 66
Castells, Josep, 44
Castells, Manuel, 41, 329, 330
Chao, Manu, 72
Chomsky, Noam, 223

Cifuentes, Cristina, 171
Clos, Joan, 89, 98, 99, 102, 135
Colau, Ada, 16, 40, 46, 51, 58, 61, 62, 63, 64, 65, 66, 68, 69, 70, 80, 90, 107, 135, 140, 160, 164, 166, 167, 168, 169, 170, 171, 172, 175, 210, 217, 220, 222, 223, 230, 231, 232, 233, 234, 235, 236, 237, 238, 241, 242, 243, 244, 245, 246, 256, 257, 258, 259, 261, 265, 267, 269, 270, 272, 273, 274, 275, 277, 278, 279, 315, 328, 329, 336, 341, 346, 350, 361, 362, 365, 369, 387, 397, 434, 435, 436, 437, 443, 444, 448, 445, 451, 453, 459, 494, 495, 500
Collboni, Jaume, 247, 256, 257, 434
Comín, Toni, 81, 155, 245, 246, 378, 382, 383, 384, 385, 395, 401, 499
Companyon, David, 221

Delgado, Dolores, 143
Delgado, Manuel, 49, 213
Del Olmo, Juanma, 308
Díaz, Yolanda, 213, 303, 308, 310, 311, 312, 317, 318, 324, 333, 335, 336, 337, 338, 339, 340, 341, 342, 343, 344, 345, 346, 348, 349, 350, 352, 353, 356, 358, 359, 360, 361, 369, 371, 375, 376, 385, 390, 392, 401, 403, 425, 427, 460, 461, 462, 465, 466, 467, 468, 478, 479, 481
Dolera, Leticia, 100
Domènech, Xavier, 47, 210, 215, 278, 365, 398

Echenique, Pablo, 296, 308, 312, 330, 331, 339, 343, 349, 350, 361, 391, 392, 427, 429, 471
Elizo, Gloria, 226, 349
Errejón, Íñigo, 13, 36, 91, 154, 207, 266, 270, 271, 282, 283, 284, 285, 286, 287, 288, 289, 291, 292, 294, 295, 296, 303, 315, 316, 340, 346, 347, 366, 467, 468, 471, 472, 473, 474, 475, 476, 477, 478, 481
Escolar, Nacho, 392
Espadaler, Ramon, 226
Espinar, Ramón, 292, 298, 470

Fabra, Andrea, 334
Fachin, Albano Dante, 215, 271
Felipe VI, 281, 293, 305, 321, 322, 415, 422, 423, 503
Fernàndez, David, 47, 91, 109, 116, 124, 178, 179, 210, 217, 221, 270, 389
Fernández Díaz, Alberto, 140
Fernández Díaz, Jorge, 140, 200, 228, 289
Ferrusola, Marta, 228
Forcades, Teresa, 215
Fraga Iribarne, Manuel, 312, 422

Gabriel, Anna, 116, 210
Garcés, Marina, 46
García, Mónica, 340, 341
García Linera, Álvaro, 202
Garzón, Alberto, 271, 290, 308,

309, 318, 324, 337, 346, 350, 386, 432, 433, 471
Gomà, Ricard, 99, 218, 221
Gómez, Laura, 175
Gómez-Reino, Antón, 348, 349, 425, 431
González, Itziar, 59, 210, 217
González «Kichi», José María, 240
González Pons, Esteban, 171, 188, 394
Gordo, Germà, 233
Grande-Marlaska, Fernando, 108, 128, 150, 193
Guardingo, Óscar, 279
Guijarro, Txema, 349
Guillot, Carles, 47, 84, 130

Hernández, Mateu, 45
Herrera, Joan, 45, 86, 217, 221

Iglesias, Pablo, 13, 16, 36, 91, 154, 213, 222, 230, 259, 260, 261, 262, 263, 264, 266, 266, 267, 268, 269, 270, 271, 272, 273, 274, 275, 276, 277, 278, 279, 280, 281, 282, 283, 284, 285, 286, 287, 288, 289, 290, 292, 293, 294, 295, 296, 297, 298, 299, 300, 301, 302, 303, 305, 306, 307, 308, 310, 311, 316, 317, 320, 321, 322, 324, 325, 327, 328, 329, 330, 331, 332, 333, 334, 335, 336, 337, 338, 339, 340, 341, 342, 346, 348, 350, 351, 353, 354, 356, 357, 359, 360, 361, 378, 390, 413, 425, 426,427, 428, 430, 431, 437, 460, 464, 469, 470, 471, 480, 482, 500
Illa, Salvador, 330, 383, 437

Jiménez Villarejo, Carlos, 226
Juliana, Enric, 189, 298, 394, 414, 415, 485
Junqueras, Oriol, 244, 246, 248, 305, 405, 414

Lanza, Rodrigo, 134, 135, 136, 140, 141
Lara, Cayo, 86, 217, 272
Lastra, Adriana, 312, 318, 319
Levi, Simona, 210, 214, 217
Llach, Lluís, 23, 72, 295
Llinares, Joan, 248, 249
Llonch, Pau, 210
Lluch, Rosa, 328, 363
López de Uralde, Juantxo, 308, 312, 318, 373
López Tena, Alfons, 192

Maestre, Rita, 473
Maragall, Pasqual, 56, 70, 226, 239, 240, 245, 247, 384, 419
Marchena, Manuel, 156, 162, 193, 194, 195
Martí, Jordi, 245, 248, 257
Mas, Artu,r 60, 178, 188, 189, 194, 195, 212, 216, 226, 233, 238, 331
Mayoral, Rafael, 295
Mejías, Carina, 140
Mélenchon, Jean-Luc, 485, 490
Millet, Fèlix, 40, 59, 60, 232
Minoves, David, 44-45

Monedero, Juan Carlos, 36, 287, 376, 425, 426, 478
Montero, Irene, 100, 101, 267, 287, 295, 304, 307, 308, 310, 318, 324, 330, 335, 337, 338, 342, 343, 347, 353, 355, 359, 361, 375, 430, 431, 464, 466, 467, 468, 469, 480, 481, 482, 483
Moreno, Eduard, 56
Moya, Jaume, 81
Mújica, José, 223
Muñoz, Jordi, 210

Nart, Javier, 144
Navarro, Vicenç, 215
Núñez Feijóo, Alberto, 54, 357, 381, 396, 422

Olivas, Amaya, 141, 267, 475
Oliveres, Arcadi, 215, 217, 260
Oltra, Mónica, 341, 346
Orriols, Sílvia, 228, 252
Otegi, Arnaldo, 386, 387, 390

Palà, Roger, 210, 213
Pascual, Sergio, 296, 299
Pérez, Alvise, 464, 486
Pérez Royo, Javier, 313
Pérez Rubalcaba, Alfredo, 406
Pisarello, Gerardo, 70, 170, 185, 197, 210, 215, 244, 272, 273, 275, 276, 328
Puig, Felip, 128, 131, 178, 180, 192, 198, 226
Puigdemont, Carles, 147, 198, 304, 375, 378, 382, 384, 389, 392, 394, 396, 397, 400, 401, 402, 403, 404, 405, 406, 407, 410, 413, 414, 415, 416, 418, 419, 422, 423, 424
Pujol, Jordi, 60, 78, 118, 154, 195, 218, 225, 226, 227, 228, 229, 231, 232, 233, 239, 394, 395, 399
Putin, Vladímir, 334, 460

Rajoy, Mariano, 121, 172, 181, 182, 197, 201, 205, 281, 290, 291, 303, 304, 305, 323, 324, 355, 398, 416, 422
Ramos, Alicia, 45
Recasens, Amadeu, 248, 400
Redondo, Iván, 318, 319, 320, 410
Reguant, Eulàlia, 45, 155
Ribera, Teresa, 484
Ribó, Joan, 240
Ridao, Joan, 44
Riveiro, Aitor, 292
Rodríguez, Alberto, 344, 470
Rodríguez, Teresa, 215, 285
Rodríguez Zapatero, José Luis, 164, 172, 174, 175, 181, 323, 402
Rojo, Alfonso, 279
Rovira, Marta, 155, 245, 248, 350, 379, 388

Sáenz de Ynestrillas, Ricardo, 49
Sáez, Ramón, 190
Salvadó, Lluís, 44, 158
Sánchez, Javier, 425
Sánchez, Pedro, 247, 288, 289, 291, 297, 300, 303, 305, 306, 307, 308, 310, 311, 316, 317,

319, 320, 321, 322, 324, 325, 326, 328, 329, 340, 349, 350, 361, 368, 377, 378, 381, 382, 385, 386, 390, 393, 401, 402, 404, 407, 410, 413, 424, 425, 433, 463, 496
Sánchez, Tania, 36, 267, 298
Santiago, Enrique, 101, 310, 312, 346, 348, 354, 355, 356, 359
Santiesteve, Pedro, 240
Saura, Joan, 86, 118, 129, 130, 131, 217
Semprún, Jorge, 68, 440
Simancas, Rafael, 318
Sirera, Daniel, 49
Sol, Sergi, 45
Suárez, Adolfo, 239, 327, 422
Subirats, Joan, 220, 274, 328

Terribas, Mònica, 158, 389
Trapero, Josep Lluís, 160, 190
Trias, Xavier, 101, 220, 231, 232, 233, 235, 237, 238, 247, 256, 258, 330, 395, 434
Tura, Montserrat, 87, 118, 143, 190

Ubasart, Gemma, 45, 91, 260
Urbán, Miguel, 36, 215, 270, 295
Urtasun, Ernest, 221, 328, 437

Vallín, Pedro, 293
Valls, Manuel, 242, 257
Vallugera, Pilar, 44
Vaquilla, El (Juan José Moreno Cuenca), 16, 108, 111, 112, 113
Vázquez Montalbán, Manuel, 58, 93, 111, 115, 265, 368, 384
Vilaró, Xavier, 130
Vives, Antoni, 233

Xirinacs, Lluís Maria, 16, 108, 110, 495